意志と自由　一つの系譜学

克衛と君が生きる時代に

意志と自由

——一つの系譜学——

大西克智著

知泉書館

« On aurait souhaité de n'être pas technique. A l'essai, il est apparu que, si l'on voulait épargner au lecteur les détails précis, il ne restait que des généralités vagues, et que toute démonstration manquait. »

Antoine Meillet, *Esquisse d'une histoire de la langue latine,* p. vii

« Ma tu perché ritorni a tanta noia ?
perché non sali il dilettoso monte
ch'è principio e cagion di tutta gioia ? »

Dante, *Divina Commedia / Inferno*, I, 76-78

専門的な技術性に訴えなくてもすむならば、それに越したことはなかっただろう。しかし、試みて判ったことだが、精確な細部へ立ち入る労から読者を免れさせようとすると漠然とした一般論ばかりが残り、およそ論証というものが成り立たなくなってしまうのである。

アントワヌ・メイエ『ラテン語史概説』vii頁

だがお前は、何故、あのような懊悩へと後退りする？ 何故、欣ばしい頂へ上ろうとしないのか？ かの山こそ、あらゆる喜びの元始にして源であるのに？

ダンテ『神曲・地獄篇』第一歌、七六〜七八
（寿岳文章訳を一部変更）

凡例

一、本書で取り上げる主要な思想家のテクストは、原則として次の版に拠った。

アウグスティヌス —— *Œuvres de saint Augustin*, éd. Institut d'Études augustiniennes (BA), Brepols, 1949-.

ストア派 —— *Stoicorum Veterum Fragmenta*, éd. J. von Arnim (SVF), B. G. Teubner, 4 vol., 1905-1924 / 1978-1979.

モリナ —— *Libri arbitrii cum gratiae donis, divina praescientia, providentia, praedestinatione et reprobatione Concordia*, éd. J. Rabeneck, Collegium Maximum s. j. et Soc., 1953.

スアレス —— *Opera omnia*, éd. M. D. André & C. Berton, Vivès (VIVÈS), 28 vol., 1856-1878 / G. Olms, 1965.

デカルト —— *Œuvres de Descartes*, éd. Ch. Adam & P. Tannery (AT), J. Vrin, 11 vol., 1964-1973.

一、右の各原典からテクストを引用するさいには、BA、SVF、VIVÈS、AT の略号に続けてその巻数とページ数を註記する。モリナの場合はRabeneck版のページ数のみ記す。その他の著者の出典は引用にさいして個別に示す。

一、デカルトの著作等に註で言及するさいには次の要領で略記する。

Med. 4^{a} —— 『省察』「第四省察」

5^{ae} *Resp.* —— 『省察』「第五答弁」（ラテン語版）

6ème *Réps.* —— 『省察』「第六答弁」（フランス語版）

Principia I, art. 41 —— 『哲学原理』第一部第四一項（ラテン語版）

Principes IV, art. 206 —— 『哲学原理』第四部第二〇六項（フランス語版）

Discours III ――『方法叙説』第三部

Regulae IX ――『精神指導の規則』第九規則

à Élisabeth, 06/10/1645 ――エリザベート宛書簡 一六四五年一〇月六日付

Passions, art. 41 ――『情念論』第四一項

一、欧文の日本語訳は、原則として、本書の執筆者が作成した。引用したテクストに付された強調のための傍点、整理のために振られた番号、および挿入された〔…〕による補足、いずれも断りない限り執筆者によるものである。段組みを変えて引用するテクストには通し番号を〔T－x〕として振っている。

一、研究文献を挙げるさいには、初出時に、著者名、著書名ないし論文名とその収録先、出版年を示し、二度目以降は著者名と著書名ないし論文名を再掲する。出版元や論文の収録ページ数その他の情報については引用文献一覧を参照されたい。

はしがき

西洋においてアウグスティヌスを源泉とする意志の自由という問題は、十六世紀後半ジェズイット（イエズス会）の思想家たちによる単純化を通して一つの極端にまで押し進められたあと、デカルトのもと伝統の総体が知らずにいた次元を具えて現れる――本書では、この間の経緯を明らかにする。同じテーマをフランス語で論じた筆者自身の博士論文（二〇一一年二月、*Volonté et indifférence chez Descartes*『デカルトにおける意志と非決定』という題目でパリ第一大学に受理された）を下敷にしているが、その翻訳ではない。不如意なところを少なからず残す外国語から母語に戻れば、提示の仕方も考える仕方も場合によっては内容さえもおのずと変わってくる。当初の考えをすべてこの変化に晒して一度分解し、組み立て直す過程が筆者には必要だった。その意味で、本書は実質的に書き下ろしの論考である。

探求の基本的な性格と方向性を確認する序章、アウグスティヌス、ジェズイット（モリナとスアレス）、デカルトを順に取り上げる六章立ての本論、そして一つの補論、本書は以上からなる。第一章以下の概要は、序章の最後（四一頁）で示すことにしよう。

目次

目次

意志と自由

――一つの系譜学　アウグスティヌス～モリナ＆スアレス～デカルト――

序章　意志の自由という問題

——人は「決定されていないから自由」なのか？——

哲学史とその背後

「天才の世紀」を代表する哲学者の一人であるデカルト（René Descartes, 1596~1650）、その世紀に隠然たる影響を及ぼしたジェズイット（イエズス）会派の神学者にして後期スコラ学者、モリナ（Luis de Molina, 1536~1600）とスアレス（Francisco Suárez, 1548~1617）、そして彼らの時代にもなお思索の響きを残していた古代末期の人アウグスティヌス（Augustinus, 354~430）。この四人を主要な登場人物として、本書の考察は次のような筋を辿ることになる——

「デカルト本来の考えによれば、知性に導かれて意志が真理を享受するそのことこそが最高度の自由である。ところが彼はある時点から、このような自由観とは矛盾する概念をジェズイットの学説に借りて、両者を併用するようになる。知性の導きを無視してその反対を選ぶことに自由の確証を見出す「非決定の自由」がそれである。いったい、デカルトは立場の一貫性を放棄してしまったのだろうか？」これが、今日に至る百年を通して、デカルトによる自由意志論の難点を最も端的に象徴すると考えられてきた問いである。「デカルトなりの一貫性はそれでも失われていないのだ」。そしてこちらが、この間ほぼすべての研究者たちによって望ましいとされてきた答えである。

しかし、答えを支える説得的な解釈が示されたことは未だない。だからこそ人は同じ問いを繰り返し、そうすることで、本来であれば立てるに値するはずの問いをわれ知らず意識から遠ざける。すなわち、解釈の失敗の連続は、右のような問い方がそもそも誤っていたことの必然的な帰結にすぎなかったのではないか？実際、先の問いの中心に「非決定の自由」があることを認めておきながら、この概念がもつ哲学・神学的な意義に研究者たちは無頓着でありすぎた。デカルトが何を借用したのか、そもそも何かを借用したのか、彼らは正確なところを知っておらず、ここから関連するテクスト群の幾重にも渡る誤読が生じることになる。一貫性の放棄云々がその一つであったとしても、不思議はない。

この点について確証を得るために、私たちはアウグスティヌスの意志論に問題全体の起源を見出して、そこからモリナおよびスアレスの方へと時代を下るという段取りを踏む。両者のあいだに伏在する思考の系譜を浮かび上がらせ、それに照らして「非決定の自由」がもつ概念的な価値を見極めるためである。その結果、デカルトの思考回路にこの概念が入り込む余地はなく、したがって最初の問いも成り立ちようがないということになれば、そこから、改めて、デカルトの自由意志論に固有の一貫性を見出すための作業に取り掛かることも可能になる。それはまた、アウグスティヌスという起源を分有しながらも、意志とその自由の捉え方においては傍流にとどまった、もう一つの系譜を見出す作業ともなるだろう。

この粗筋が示している通り、本書はまず哲学史研究である。アウグスティヌスから二人のジェズイットへ、そしてデカルトへ、彼らのあいだで自由意志論の何が継承され、何が変更され、そして何が途絶えまた新たに生まれたのかを私たちは検証する。古代末期から近世の初頭にかけて起こった意志の自由をめぐる思考のあり方の変化を明らかにし、それを踏まえて従来のデカルト解釈を全面的に書き換える。

その一方で、このような変化を通して浮かび上がる哲学史上の系譜には、実は必ずしも哲学史的なとは形容し難い背後がある。系譜が、固有名を冠した学説に帰されることを拒むようなものと深く関わり合っているためである。哲学史のいわば消失点の位置に一つの変わらないものが明滅し、その光と陰を通して初めて輪郭を顕すような系譜がここでは問題なのだと言ってもよい。

変わらないもの、それは、しかし、彼岸あるいは叡智界の高所に位置するがゆえに不変であるとされるようなものではない。経験の領野を超越したその先に——例えば「似像と類似」（クレルヴォーのベルナルドゥス）、「第三種の認識」（スピノザ）、「善意志」（カント）、「愛としての無底」（シェリング）といった装置を介して——渇仰されたような自由について語る機会は、一例を除けば、本書にはない。変わらないもの、それは、むしろ、自由意志と呼ばれる事象の底に流れ続ける一つのありふれた発想である。すなわち——

> 人は（私は）外的な要因によって決定されていないから自由なのだ。

「決定されていないことが自由である」としても同じである。表現を少し変えて「外部からの拘束を蒙っていないから自由なのだ」、あるいは「蒙っていないことが自由なのだ」でも構わない。このさい「外」や「自由」

といった言葉を使えるかどうかといった言語的な条件にはこだわらないでおこう。いま重要なのは、この発想が哲学的思考未満のものとして、概念に特有の媒介性を帯びてはいないという点である。積極的に言えば、人が自分の自由を想う、その想いの現実性が当人の実感によって、つねに、すでに、そして直接的に、保証されているということである。「だから」あるいは「すなわち」によって「決められていない」と「自由」を結びつける論理——以下、これを〈実感の論理〉と呼ぼう——が綻びを見せることは、通常であればまず起こらない。

ところがこのような発想も、哲学的な思考との関係に入るや一筋縄ではゆかない問題を惹き起こす。反省的な思考の働きを待たずにおのずと作動するのが実感の論理というものだが、その逆は必ずしも真でないためである。「決定されていないから自由だ」という発想は、事実、古来数多の自由意志論において出発点とされ、理論が自己確証を得るための拠りどころともされてきた。実感によって支えられ、賦活されることを哲学的思考はしばしばあたかも当然のごとくに受け容れる。そうして、反省とも論証とも無縁に人が得る自由感と概念的な思考あいだに本来ありうる懸隔は、縮減されてゆく。しかし他方で、稀にではあるが、実感の論理に依存した形跡の見当たらない思考というものも存在する。実感から流れ出る傾向性を——実感という名の自然性を——遡るような力を発揮することで、通例の対極に位置する思考である。

意志の自由の肯否とその論拠といった学説の内容を構成するもろもろの要素の次元にではなく、むしろ思考の態勢のレヴェルに見出される右のような双極性。これこそ、自由意志をめぐる哲学史を構成する諸学説の（したがって冒頭の粗筋の）背後に私たちが見据えておこうとするものである。実感の論理が指し示す方向に動く思考と、あえてかあるいはおのずとか、ともかくその逆を行く思考。厳密に見て、何が両者を分つのか。分たれるという事実の内部で問われているものは、果たして何か。分たれた二つの思考のベクトルを延ばした先には、それぞれどのような精神風景が立ち上がってくるか。

こういった一連の問いが、デカルト解釈史上の混乱を潜り抜けながら、アウグスティヌス、ジェズイット、デカルトの三者を繋ぐ系譜を浮かび上がらせる私たちの作業を導くことになる。しかし見方を変えれば、他でもないこの三者の思索に順次沈潜することで初めて、実感（自然）と思考（概念）の双極的な関係をめぐって右のように問い、答える試みが一つの体をなすということでもある。

いずれにしても、分離し難い二つの審級を本書の考察は抱え込むことになる。固有名を冠した学説群に象徴される哲学史的事実とその可能性が、何よりもまずテクストとして、私たちの眼前にある。同時にそのテクストの背後には、実感の論理と思考の関係に行き着く意志の自由という問題の一般構造が潜んでいる。前者に関心を寄せるのが文字通り哲学史研究であり、後者に注視するのが哲学的探求であると区別することは便宜的に可能だが、区別は、以下、どこまで行っても便宜でしかない。個々の学説の内に、それを唱えた者のいわゆる個性にも歴史の課す諸条件にも還元されない一般的なる何ごとかが現れる。実感の論理を通路として、歴史上の個別性（概念の歴史性）が事象の一般性（思考の一般構造）と結びつく。私たちにとって重要なのは、二元的な審級が同期するこのような構造を全体として捉えることである。

一つのテクストに含まれている、その著者に特有なものと固有名には還元され尽くさないものとを的確に腑分けして、それぞれへ向けるのにふさわしい質の注意力を維持することは、たしかに簡単ではない。それでも、本書では、二つの審級を切り離していずれか片方にのみ注意を限定することはせずに考察を進めたい。二元性をまるごと引き受けようとするさい否応なく生ずるさまざまな負荷に考察はどこまで堪えうるか。おそらく、意志の自由という問題に固有の難しさと可能性の双方が、この点に懸かっていると思われるからである。

私たちが取り組もうとする問題のつくりを圧縮して示せば、以上のようになる。引き続き、このつくりが含む二つの審級それぞれと両者の関係について事前に可能な範囲の説明を試みることで、本書全体の導入としよう。まず、自由意志をめぐる古来の論争の構図を大きく振り返りながら、双極性と呼んだものがどのようにして生まれてくるのかを一瞥する（第一節）。次いで、冒頭に粗述したデカルト解釈のこれまでを、テクストに即して少し丁寧に振り返る（第二節）。その上で、この両節がどのように関連し、この関連の中にどのような問題が孕まれているのかを明確にする（第三節）。

第一節　思考の双極性

1　二項対立

改めて、最も基本的なところから始めよう。

人は「考えよう」として、実際に考える。「この一歩を踏み出そう」として、実際に踏み出す。「いまは考えないようにしよう」として、実際に考えることを止める。「この一歩を踏み出さないようにしよう」として、実際に踏み出ることを止める。このようにして、人は、「しよう」あるいは「しないようにしよう」という心の働きによって何事かを実現することができ、そのことを自分の実感において、経験として、確かめることができる。心の働きが実現された事柄の原因であることは疑いようもなく、そのような働きを、あるいは働きの担い手を、人は意志と呼ぶ。意志によって何事かをすることができ、何事かを、あるいは何事をも、しないことができる。何事かを選び、選ばないことができる。「できる」というのは、みずから、他の拘束を受けずに、「できる」ことであり、この「できる」という事実を、そしてそこに含まれる能動的な実感を、人は自由と呼ぶ。「できる」ことを可能にするのが意志である以上、意志の本性には自由であることが含まれている。意志的に考え、振る舞うことが、自由に考え、振る舞うことである。したがって、意志を用いる可能性が完膚なきまでに奪い取られた極限状態を想定するのでない限り、人は、つねに、自由である。

二千五百年を超える哲学の歴史を通じて実に多くの人々が、右のような経験に伴う確信に基づいて、意志と自由の結びつきを認めてきた。しかしあえて認める必要があったのは、経験上の確信など哲学的には無意味であると見なした人々の数もまた決して少なくなかったためでもある。後者によれば、意志するには意志する対象をまず認識する必要がある。つまり意志は認識を担う理性の力に従っているのであり、自由ではない。あるいは、人間は自分の身心の内で何が起こっているのかを知らず、意志と呼びならわされているものも、その実体は無意識の情動や身体的欲求でしかない。そこまで言わずとも、意志がたやすく感情や欲望の虜になることは、誰もがやはり経験している事実である。あるいはまた、世界を律する原理――運命であれ、神の摂理であれ、自然科学的法則ないし因果性であれ――の必然性から意志だけを免れさせる理由はない。いずれにしても、意志の自由とは人間の事実から遊離した空虚な言葉でしかない。

こういった論駁に対して、実感の真実性を無視できない側に立つ者たちはどのように応じてきただろう。とりわけ哲学とキリスト教が分かち難くなって以降、「神が人間を自由なものとして創った」という考えに対する信がまず大きくものを言った。自由な存在としてこの世に送り出されたからこそ、「最初の悪」すなわち「原罪」

を犯すことも可能になる。「原罪」そのものは神話だが、ここには倫理の根幹に関わる意識が原型的に形象化されている。意志の自由を前提としなければ、責任にも後悔にも意味はない。みずから、他の拘束を受けずになされたのではない事柄について、人を非難することはできない。同じことは、人に向けるべき敬意と称讃にも、人に認めるべき尊厳にも、人が必要とする矜持にも、あてはまる。意志の自由を幻想として切り棄てれば人間同士が関係を築く根拠まで掘り崩されてしまうが、それでよいのか。

対立する論拠の一方にだけ従えば、意志の力と意志を制約する力いずれか一方の現実性だけを残して他方は放棄することになる。実際にはそこまで割り切らず、論拠双方を部分的に援用しながら二つの力の調停をはかろうとする場合もしばしばだった。いわく、理性による認識が意志の働きに先立つとしても、そのさい理性と意志は従属関係にではなく協働関係にある。いわく、しばしば欲望に屈するというのが事実だとしても、それによって、意志がなお欲望に打ち克つ力を保持していることまで否定されるわけではない。いわく、神の摂理の包括性とは、人間が自由であることまで含んだ包括性である。いわく、因果律と自由意志は相容れないが、それぞれが原理として働くのはそもそも異なる世界においてである……。こういった調停案のいずれにも細部の異なるヴァリエーションが多数あり、それらを枚挙しようとすれば大部な辞典一冊の分量が必要になるだろう。

とはいえ、そのいずれが相対的に優れているのかを判定しようとする必要は私たちにはない。解決のために様々な意匠を凝らした当事者たちには恐らくあまりに当然であったがゆえに疑われることのなかった論争の基本的な構図こそが、ここでは問題だからである。すなわち、一方に意志の力があり、他方にそれを制約する何らかの力があるという二項対立である。意志の自由と不自由を考えることは、対立する二項のどちらがより強い力を具え、現に発揮できるのかを決めること、あるいはせめて、二項間のどこかに適当な妥協点を見出すことであった。その限り、結論はどうであれほとんどすべての論者が二項対立そのものを思考の枠組みとして受け入れている。同時に、枠組みと一体になった思考のモードを暗黙裏に受け容れ、共有している。

2　外挿的思考

外から来る何らかの拘束力を蒙ることは意志にとって不可避の事態ではないか。意志を取り巻く諸力の方にこそ人の思考と行為のイニシアティヴを認めるべきではないのか。こういった主張と共に、意志の自由が一つの問題となる。いきおい、意志の側に立ってその自由を擁護しようとする者は、意志を被拘束性から免れさせようと努めることになる。「外的要因によって意志が決定されることはありえない」。こうして、二項対立の枠組みに従って意志の自由を問うことは、何らかの外的要因によって意志は決められているのか、いないのかと問うことへ帰着する。同時にここでは、認めるにせよ認めないにせよ、自由とは非・被拘束性ないし非・被決定性のことだと了解されている。

一方の陣営にとって、「人間は決定されていないから自由だ」という考え方は、現に自分はそうやって考え、振る舞っているのだ、という実感に照らして自明である。しかし他方にとっての自明性は、人の思考も行為も外界の影響を免れないという圧倒的な事実の方にあり、この事実の重さに比べれば、実感などは取るに足らないものである。肯定論者は意志の非・被決定性に関する証言を自分の内面に聴き、否定論者は外界の側に立って意志の被決定性すなわち従属性を説く。立脚点の違いは実感の声をどう評価するかに関わり、だからこそ議論は往々にして噛み合ない。虚偽だと指摘されても訴えることを止めず、むしろその指摘こそ鈍感の所産だと反論するのが実感というものだからである。そして相手方は、実感の論理が直接には効かない次元で得られる理論的確信に基づいて、反論に耳を貸すのを拒むからである。

それにもかかわらず、双方の立場は自由の肯否を決するための基準を共有している。「被決定にはあらぬがゆえに自由である」と考えるか、「被決定であるがゆえに自由にあらず」と考えるか。結論は反対でも思考のパターンとして見れば、両者は同じ基準を異なる仕方で適用したヴァリアントでしかない。このような場合、基準自体の妥当性を問う意識はおのずと希薄になり、そのことがまた論争を頑なにし、場合によっては不毛に近くする。そして、必ずしも誤りではないが決して万全でもない一つの言い換えの力によって、意識の希釈化は後戻りできないところまで進められることになるだろう。すなわち――

外的要因によって決められていれば人は思うことを思うようにできず、言い換えれば、決められていないからこそ思う通りにすることができるのであり、自由なのだ。

「言い換え」を梃子にして、「決められていない」ことが、「自由」であることへ、横滑りしてゆく。横滑りというのは、先に使った表現を改めて用いれば、「みずから、他の拘束を受けずに」という二要素の内、本来は外的条件にすぎない「他の拘束を受けずに」が、考え、振る舞うことの原因である「みずから」の存在を忘れさせるように作用しているからである。「決められていない」という条件なしには「自分がなす」ということも考えられないかのように思わせるからである。結果として、「意志は外的要因によって決められているのか、いないのか」という問いが、「意志は自由であるのか、否か」という問いに取って代わるかたちになる。意志に属するのではない力の側から、意志の力は測られることになる。「非・被決定＝自由」という暗黙裡に共有されている思考のモードは、外部を起点に外部を取り込みながら自己を捉えようとする、本質的に外挿的な性格の考え方である。

3　実感と概念

外挿的な思考を介して、古来の論争に共通する構図が成立する。正確には、つねにすでに現実的である実感の論理の延長線上に思考は外挿的な仕方で働き出し、その働きと共に、二項対立の構図が成立する。この「延長線上に」という点について、もう少し詰めて考えておこう。

哲学や神学の論争が何であれ、人は普遍的に——とあえて言おう——自分を拘束するものから逃れようとする。人がまず求めるのは拘束されることではなく拘束されないことである。このさい、現実の政治や社会は人々の「自発的な隷従」（ラ・ボエシ）と「相互的な監視」（フーコー）によって支えられているではないかという類いの政治哲学的議論や、「人間は自由の刑に処されている」（サルトル）といった実存主義的認識は慮外にしておいて構わない。いま肝心なのは、身体を木に縛りつけられれば、誰でも、たとえ「自由」や「解放」といった語彙を持ち合わせていなくとも、力を失っていない限り束縛から逃れようと藻掻くであろうという基本的な事実である。このように原基的な心身の感覚が、「奴隷（δοῦλοι）」ではない市民が「特定の目的から解放された人（ἐλεύθεροι）」と呼ばれた時代を経て[1]、あらゆる種類の抑圧や差別を失くそうとする政治・経済・社会的運動にまで、根底においては保たれているのではないか。イデオロギー闘争として醜態を晒すのがこの種の運動の行く末であることがしばしばだとしても、多くの運動が、安定した食ないし住の確保という譲歩のできない、そして不当不要な拘束から逃れなくては実現できない要請に、端を発しているというのもまた事実だろう。

こう考えてみると、人間的な意識のどのような深部にまで穿たれているのか容易には見極め難いような自由感に、あるいは自由であることへの憧憬に、「決められていないから自由だ」という発想は最終的な基盤をもっていると想定しても、誇張にも空想にもならないのではないかと思われる。意志の自由というテーマが哲学的な問題とされるよりも前の時代に属するホメロスやエウリピデスが行為の自発性（ἑκών）や意志（βούλομαι, ἐθέλω）を語るとき、それはしばしば、暴力（βία）や諸種の桎梏（ἀνάγκη）や宿命（τύχη）との緊張関係において、そういったものがもたらす桎梏から逃れることへの希望や諦めを語ることであった。こういった語り口は、原基的な自由感の所在をその古さと深さともども示す、少なくとも傍証にはなるだろう(2)。プラトン（Platon, A.C. 428/427~A.C. 348/347）になると事情はさらにはっきりしてくる。たとえば『国家』第八巻（560b-e）において、「自由（ἐλευθερία）」は「無統制（ἀναρχία）」と――私たちの言葉では非・被拘束状態と――同一視される。言うまでもなく、プラトンの意図はそのような自由を肯定することにではなく、むしろ退けることにある。そのために、他による統制を受けていない状態こそ自由であるという「偽りとまやかしの言論」が容易く「青年の魂の城砦」を占有してしまう、その情動的な基盤を明るみに出すことにある。非・被拘束、非・被決定状態をもって自由とする発想が人の精神に根深いと見なければ、プラトンがこのような考察に乗り出すことはなかったであろう(3)。

無統制を悦ぶ欲望にプラトンが認めた根深さを、私たちは非・被拘束を求める心身の感覚の原基性と呼んだ。それは、プラトンとは異なって、統制を被っていない状態に満足しあるいは安堵し、そういう状態の実現と持続を希求する心性を「偽りとまやかし」の部類に含めて切り捨ててしまわないためである。非難してもし切れないリアリティが具わっていればこそ、「青年の魂の城砦」はこういった心性に対して無防備になるのではないか。

同様のリアリティが、非・被決定状態をもって自由と感ずる原基的な感覚と、自由をめぐる後の哲学的言説に広く認められるようになる外挿的思考とを結びつけているのではないか。神学・哲学という学的認識における思考のモードが、学知だというだけで、束縛の拒否という人間の心身に根ざした直接的反応と無縁であるということにはならないだろう。むしろ、概念をつくりあげる反省的な次元で展開されるものでありながら、意志の自由をめぐる思考の内部には、右のような反応を成り立たせる意識の直接的な次元が——手足の束縛から解放されたいという希いの自然さが——何らかの仕方で保持されていることもままあるのではないか。心身を非・被拘束状態に保つという生の一次的な必要性に由来するという意味での生なものが、自由をめぐる哲学的な思考の内になお滞留しているという事態が稀にではなくあるのではないか。このような意味で、実感の「延長線上に」思考が形成される場合が少なからずあると言えるのではないか。

　概念未満の実感として抱かれる発想が概念を形成する思考の中に入り込んでおり、その限り両者の関係を問題にする余地があるというそのことは、哲学者たち自身がしばしばするものの言いようにも、はっきり見て取れる。とりわけ自由を肯定する論陣において頻用される、「意志の自由は経験に照らして自明なことだ」という表現がそれである。「経験に照らして」は、ほぼ例外なく、「実感に照らして」と言い換えて差し支えない。この場合、実感というのは、哲学者として感ずる実感といった特殊なものでは何らない。むしろごく普通の意味での実感、すなわち学的認識に長けていようがいまいが心におのずと生まれる実感である。拘束からの解放と共におのずと抱かれるような自由感である。「決められていないから自由だ」をその最大公約数的な表現とするような、感じである。

　もちろん、このような実感の「延長線上に」概念が形成されると言う場合、その概念それ自体が実感そのものであるわけではない。哲学的概念と言説はあくまでも思考の働きを介して形成されるのであり、「決められていないから自由だ」という実感的発想そのものには、この媒介性も、それによって生ずる内容の分節性や複雑性も具わってはいない。それにもかかわらず、実感の論理とその働きを思考に関わる事実として無視できないとすれば、それは、実感との連続（実感への依存）および実感からの離脱（思考に固有の概念形成）という二重性が思考の内部に生ずるためである。そして、そうであるとすれば、原基的な感覚に対して思考はどのような位置をとりうるのか、実感の説得力に対する思考の身振りが問題になるためである(4)。

冒頭の粗筋に続けて述べたように、当初の実感に具わった直接的なリアリティが思考の内部でもなお失われていない場合、したがって実感への依存とその追認が思考の働きの実質をなしている場合が一方の極にある。しかし、繰り返せば、すべての思考がこの極に収斂するわけではない。同じ実感のリアリティが思考にとっては付随的ないし二次的にすぎないような場合があり、こちらがもう一方の極をなす。二重性が一次的なリアリティの追認というかたちをとるのではなく、むしろそこからのある種の解離として成立するような場合である。「意志が自由であることは経験に照らして明らかだ」という言い回しは、「意志が自由であることは考えるまでもなく明らかだ」、要するに自明だと主張するために用いられる。しかしその「経験」の構造は、実は決して一枚岩ではない(5)。

追認の極をジェズイットが象徴し、解離の極にデカルトが立つ。このように本源的なところで両者の思考は異質であることを、私たちは本論を通して明らかにしようとする。そのような試みにあえて乗り出すことを強く促したのが、両者のむしろ親近性を大多数のデカルト研究者が信じて疑わなかったという一世紀に渡る事実であった。それにしても、なぜ、信が妄信である可能性に誰も想到しなかったのだろう。なぜ、妄信から生ずる歪みの深刻さに誰も思いをめぐらそうとしなかったのだろう。大まかな事情をあらかじめ知っておくために、デカルト解釈の歴史に目を転じよう。実感と思考の関係については、そのあとで改めて考える。

第二節　百年の困惑——「非決定の自由（libertas indifferentiae）」をめぐって

1　従順と放恣

デカルト哲学における自由意志の問題が本格的な学術研究の対象とされるようになって、百年が経つ。粗筋の出だしに掲げた問いがもたらす困惑を払拭しようとしてできなかった百年であり、この困惑に関わるさまざまな要因の中心には、つねに、次に引く二つのいずれもよく知られたテクストがあった。前者は、デカルトの主著『省察』（初版一六四一年／二版一六四二年）の中で真偽の判断と判断を担う意志について語る「第四省察」の一節。意志というものがどのように働くのかを定義する箇所の後半部分である。後者は、ジェズイット会派の神父メランに宛てた一六四五年の書簡に含まれる一節。「第四省察」で述べた考えをメランに向けていっそう詳細に説明する意図で、デカルトはこの書簡をしたためている。つまり二つのテクストは同一の主題を扱っており、それにもかかわらず、語られている思想が示すベクトルは一見したところ正反対の方向を指している。

意志とは、知性によってわれわれに提示されるものを肯定し、あるいは否定するために、ないしは追求し、あるいは忌避するために、いかなる外的な力によっても決定されてはいないと感ずるような仕方でわれわれがみずからを赴かしゆく、ということにのみ存するものである。

〔T−1〕『省察』「第四省察」(6)

すこぶる明証的な根拠がわれわれを一方の側へと動かしているまさにそのとき反対側へ赴くことは実際上ほとんど不可能であるが、絶対的にみればやはり可能である。明晰に認識した善を追及し、あるいは分明な真理を認容することから自分を翻すことも、それによってわれわれがもつ意志の自由を証すのは善いことであると考える限りで、つねに許されているのだから。

〔T−2〕メラン宛書簡 一六四五年二月九日付(7)

「第四省察」のテクストは知性に対する意志の従属性を説いている。「肯定し、あるいは否定する」と言われてはいるが、知性によって見出されたものが真である場合には、意志はその真理をおのずから、過つことなく、肯定する。肯定への推移は精神の内側で、何の障害にも出会うことなく完了する。「いかなる外的な力によっても……赴かしゆく」という箇所は、そのような思考の流れの滞りなさを表現するものである。そして、このような仕方で意志が真理を肯定するその推移のただ中に『省察』における最高度の「自由」が見出される。

知性における大いなる光に続いて意志の内に大いなる傾向性が生じ、実際そのようにして、当のそのこと「明晰に知解すること」に対して非決定的であることが少なければ少ないほど、それだけおのずから、それだけ自由に、私はそのことを信じたのである。

〔T−3〕『省察』「第四省察」(8)

『省察』の意志は知性に対して〈従順〉であることを旨とする。「真理の確実で明証的な認識に私が到達するのに与って力あったと思われる思索そのものを……示す」（読者への序言）という『省察』の大綱からして当然の考え方であると言ってよいだろう。真理を拒否する権能を意志に認めては、思索における「根拠の連鎖と脈絡」（同序言）がいつ断ち切れるとも知れないことになるのだから。

ところが、『省察』の初版から四年を隔てた書簡は、他でもないこの拒否権を意志に与えているように見える。究極において（「絶対的にみれば」）、自分が自由であることを確かめて自己満足を得るために、意志は明証性から身を翻し、『省察』を支えた動機を放棄することができる。そのようにしてみずからの〈放恣〉を悦ぶことが意志には「つねに許されている」。書簡の受取人の思想傾向を考慮するばかりについ筆を滑らせてしまったというような状況説明で片付く事柄ではない。『省察』に続くデカルトの主著である『哲学原理』（一六四四年／仏語版一六四七年）が、『省察』のではなく書簡の考えとの連続性を示しているからである。「自由に、すなわち意志によって行為することが、人間の最高の完全性である。これによって、人間は称讃あるいは非難に値するものとなる」という標題をもつ第一部第三七項、その末尾を見てみよう。

真理を抱懐するにあたっては、そうしないわけにはゆかずに抱懐することになる場合より、意志によって抱懐する場合の方が、明らかに、より多くをわれわれ自身に帰することができる。

〔T－4〕『哲学原理』第一部第三七項(9)

なるほどこのテクストにおいてはあからさまな〈放恣〉が肯定されているわけではない。しかし推奨されているのは、みずからの意志によって積極的になすという〈自律〉的な態勢であり、〈従順〉の価値は「明らかに」それよりも下である。

このようにいくつかのテクストを眺めてみると、デカルトの考えに変化が起こったことは否定できない事実であるように思われてくる。『省察』においては知性の促しに従う意志と、従う動きに伴う自由。『哲学原理』においては自律性を発揮する意志と、この発揮が証する自由。後者の意志とその自由はメラン宛書簡が認める放恣なる意志とその自己確証が与える自由に繋がっており、この自己確証は、第一の自由をあえて否定することで得られるものである。ただし、『哲学原理』にはもちろん、その翌年のメラン宛書簡にも、『省察』由来の考えははっきりと残されている。したがって、デカルトが〈従順〉を棄てて〈放恣＝自律〉を取った、その意味で方針を百八十度転換したと理解することはできない。しかしそうであるからこそ、まずはメラン宛書簡と『哲学原理』の内部において、矛盾が問題となる。デカルトの意志概念は分裂を起こしているのではないか？〈放恣＝自律〉の契機を前面に押し出すことで、デカルトは『省察』の成果をみずから掘り崩し、概念の一貫性を放棄してしまっているのではないか？

この問いと共に、デカルトによる自由意志論の研究は始まった。正確を期して言えば、この分野の泰斗であるジルソン（E. Gilson）が一九一三年公刊の処女作である『デカルトにおける自由と神学』によって打ち出したテーゼが、この問いを避け難いものとして後代に突きつけた。ジルソンによれば、デカルトの自由意志論は〈従順〉と〈自律〉をそれぞれの指導原理とする異なった二系列の思想を含む「折衷主義」の産物にすぎない。(10) あまりにも外連味のないこのテーゼが、ジルソンのあとに来て、しかしこの先達には同調できない研究者たち、実際にはほとんどすべての研究者たちに、否定形で答えなければならない問いとして、右の問いを強く意識させることになる。(11) 象徴的な一例として、一九七〇年代後半からのデカルト研究を導いてきたマリオン（J.-L. Marion）が先ほど引用したメラン宛書簡の一節について述べた言葉を引いておこう。「[明証的な真理の無視という]どのように見ても善であるとは思われないことへの欲求とは、いったい何を意味するのだろうか。このような、いわば自殺的な主張は端的に言って意味をなさないのではないか」(12)。マリオンは彼なりに、矛盾がもたらす困惑を解消する方向に、解釈を進めてゆく。他の専門家たちの足取りも、今日に至るまで基本的には同じである。にもかかわらず今日に至ってなお同じ問いが研究の現場で意識されざるをえないのは、問いそのものを抹消することに成功したと認めうるような解釈が提出されていないからである。ジルソン批判の旨を公言していようといまいと、前世紀の前半から今世紀に連なるデカルト的自由意志論の解釈はほぼすべて、この先駆者に抗してデカルトによる意志概念の独自性と一貫性を擁護する試み、少なくともあからさまな破綻からこの概念を救う試みとして、位置づけることができる。(13)「自殺的（suicidaire）」な——「悲劇的（tragique）」でもあり「悪魔的（diabolique）」でもある(14)——意志という考え方に覚えざるをえない困惑を解消しようとする試みとして。

ただし、これだけではジルソンが後代に及ぼした影響力の評価として十分ではない。重要なのはむしろ、後のほのぼのすべての反折衷主義的解釈が、折衷主義という認定の前提となっている〈従順〉対〈放恣＝自律〉の二項対立それ自体を根底から疑おうとはしなかった、という事実である(15)。この点で、ジルソンが提出した解釈図式は今日でもなお有効性を失くしていない。たんに批判の対象としてではない。むしろ解釈の出発点として共有され続けている。そうして、次のように問う必要性のみならず可能性さえも見え難くする機能を果たし続けている意志の自由に関するデカルトの思考は、そもそも右のような二項対立とは無縁の独自な原理で動いているのではないか？

もしも無縁であるのなら、矛盾を矛盾として放置することはもちろん、「どうすれば矛盾を解消できるのか」という問いもまた、的外れであったということになる。

2　ジルソンの呪縛

しかし、すぐさま反論が寄せられるだろう。〈従順〉と〈放恣＝自律〉という対立する二つの契機をデカルト的意志が孕んでいること自体は、先に挙げられたテクスト群からして認めざるをえないのであり、したがって、右のような問いは成り立たない。解釈する者の任務は、「折衷主義」というレッテルを貼って済ませることではなく、あくまでも、対立を合理的な仕方で説明し、それによって縮減し、あわよくば解消することにあり、それ以外ではありえない。

それでも、対立が実はテクスト上の事実ですらないとしたら、どうなるだろうか。あらかじめ検討しておくべきことを検討しないままテクストを眺めているがゆえに対立以外のものをそこに読めなくなっている、というのが実情だとしたら。実際、二項対立に目を奪われる前に、とりわけ、メラン宛書簡の一節に対して「自殺的」、「悲劇的」、「悪魔的」といった派手な語彙を持ち出す前に、本来であればまず初めに検討しておくべき要因がある。ジルソンの解釈を支えている「非決定の自由（libertas indifferentiae / liberté d'indifférence）」がそれである。

『省察』において、デカルトは非決定の自由を攻撃した。モリナに異議を唱えたのである。しかし『哲学の原理』で彼は反対のことを言う。「われわれは、みずからのうちに自由（liberté）と非決定（indifférence）があることを確信している」。彼にとってはいまや非決定こそが自由である、あるいは自由を構成するために不可欠の要素である。こうしてデカルトはモリナを信奉する者となる。

〔T－5〕『デカルトにおける自由と神学』[16]

概略的に言えば、「非決定の自由」というのは、神が人間に賦与しようとする恩寵をあえて無視してその反対項を意志がほしいままに選び取る自由として、モリナが十六世紀の終わり頃に定式化した概念である。[17] 人間精神の内部で考えた場合には、知性によって与えられる指示を無視して意志がその反対に赴く自由である。いずれにしても、意志の自由は「反対項選択能力（potestas ad opposita, potestas ad utrumlibet）」によって保証される。この能力を発揮することで、人間はみずからの自律性を誇示できる。

メラン宛書簡（一六四五年）で打ち出された〈放恣なる意志〉が「非決定の自由」を担うためのものであることは、ジルソンにとって、検討するまでもなく明らかであった。『哲学原理』（一六四四年）においてデカルトが「非決定の自由」をすでに公認していたことも（「みずからのうちに自由と非決定があることを確信している」という箇所は、『哲学原理』第一部第四一項からの引用である）、「非決定の自由」が『省察』的自由と矛盾することも（そうであればこそ、デカルトは当初「非決定の自由を攻撃した」）、同じく明らかであった。遡って、〈知性に従う意志〉が享受する『省察』の自由の方は、ジルソンによれば、トマス的な知性主義のレプリカである。だから結局のところ、従順と放恣の折衷主義というのはトミズムとモリニズムの「神学的折衷主義」のことであり、デカルトの考えは「神の恩寵をめぐる論争の中で長いあいだ敵対して来た二つの学説を共に受け入れ、両者を正当化(18)」しようとするものであったということになる。要するにデカルトの自由意志論に独自なものは何もない、ということである。

このようにして、ジルソンはデカルトの考えを十七世紀までの神学論争と結びつけ、その独自性も一貫性も否定する。先ほど述べたように、この全面否定に同調する研究者は皆無に近い。ところが、同調することは拒みながらも、全面否定を導く歴史還元主義的手法に関しては、誰もがこれをジルソンから継承している。つまり、デカルト的意志における放恣の契機をジェズイットによる「非決定の自由」と論証抜きで同一視する。そうすることで、彼らは先駆者による解釈手続の決定的な誤りを無自覚に繰り返している。

一般的に言って、二つの概念の同一性を認めるためには、それぞれを駆動させている内的な論理を分析した上で、その論理の次元における同一性を示さなければならない。言葉遣いの一致が思想の一致を保証するわけではないからである。当然の弁えとはいえ、固有の考え方を新造語に託することに関心を示さないデカルトのような人を読む場合には自戒してよいことである。実際、今日に至るまで、デカルトが用いる語彙の内実を明らかにするという仕方で、伝統を引き受けながらもしばしばそこから離脱するデカルトの思考に固有の動きがさまざまな観点から明らかにされてきた。ところが、こと自由意志というテーマに関しては、同様の注意力が働かなくなってしまう。『哲学原理』第一部第四一項の扱いが、そのことをはっきりと示している。ジルソンのみならず誰もが、「非決定の自由」をデカルトが採用したことの根拠としてこのテクストを挙げる。その理由は？「「自由と非決定があることを確信する」とデカルトが記しているから」と誰もが答えるだろう。

しかし、これでは答えになっていない。ジェズイットによる「非決定の自由」がジェズイットの理論装置としてどのような概念的価値をもっているのかを検討しなければ、デカルトがそれに依拠しているのかを判定することは本来できないはずだからである。デカルトの考える「自由と非決定」とは何であるのかをデカルトの思考に即して示さなければ、他との異同を云々することはできないはずである。これらの初歩的な作業を、研究者たちは百年のあいだ怠ってきた。

その結果、あらゆる解釈は避け難く二項対立のジレンマを抱え込む。言葉づらだけ眺めれば、メラン宛書簡も『哲学原理』第一部第四一項も、たしかに「非決定の自由」を認めているように見える。書簡の〈放恣〉はまさに「反対を選ぶ力」に基づくものであり、一度そう見えてしまえば、第四一項の「非決定と自由」も別物ではありえなくなる。先立つ第三七項に認められた〈自律〉も〈放恣〉という過剰ないし倒錯に繋がるものとしてしか見えなくなるだろう。そうなってしまえば、本来この繋がりは自明でも何でもないにもかかわらず、『省察』的〈従順〉との対立は避けられない。しかもこの対立は、最終的に、「第四省察」の定義後半と、現時点での引用を控えた定義の前半――意志の働きをシンプルに「することが、あるいはしないことが、できる」とする――の、あいだにも、投影されることになる。「第四省察」の内部に持ち込まれるこの対立こそが、実は〈放恣〉と〈従順〉という見えやすい対立よりもはるかに根深く、扱いの困難な、そして哲学的に重要なものであるのだが、この点はデカルトを論ずる第四章になってから改めて取り上げることにしよう。序章の情報量をこれ以上増やすのは得策でないし、そもそも序章の枠組みで中途半端に言及しても、かえって混乱を招くおそれの方が強いからである。

最後のものも含めて、一連の対立をそれでも何かを緩和することで概念を崩壊から救おうとする解釈の中には、細部において優れた洞察を含むものも少なくない。しかしそういった洞察の射程をも著しく狭めてしまうのが、あらゆる解釈の基盤にまで浸透してそれらを混乱させている、「デカルト的自由の少なくとも一半は、ジェズイットによる「非決定の自由」に他ならない」という思い込みなのである。デカルトのコーパスには、「非決定の自由」というテクニカルタームも、これと実質的に同義でかつより一般的に流通していた「反対項選択能力」という表現も、唯一の例外を除いて見出されない。テクスト的に明白なこの事実から専門家たちの意識を遠ざけていたのも、同じ思い込みであると見て間違いないだろう。

3 「最初の土台」、あるいはデカルト的「非決定」

意志の自由に関するデカルトの思考は、研究者たちの意識を捉えてきた二項対立とはまったく無縁の独自な原理で動いているのではないか？

二項対立の現実性を是認する限り、私たちが先に掲げたこの問いは、無意味なものと判定される他ないだろう。しかし繰り返せば、この是認と判定は「非決定の自由」という概念を支える内的論理の検討を踏まえていない。その限り、いずれも思い込みの域を出ない。思い込みを共有しないためには、本当の問いと偽の問いを見分けること、要するに問題の立て方自体を改めて考え直すことから始める必要がある。「すべてを抜本的に覆し、最初の土台から改めて始めなければならない」[19]というのが、幸か不幸か、私たちの取り組む問題の実情なのである。

二項対立的な発想が拠って立つ基盤を崩す作業は、実際上、デカルトによる自由意志概念の一貫性と固有性を回復する作業と表裏をなす。そして、この回復作業を支える「最初の土台」を私たちに提供してくれるのが、再び、「非決定（indifferentia）」の概念である。とはいえ、ジェズイットの誇る非決定の自由のことではない。デカルト自身が示す非決定、一瞥する限りネガティヴな心理状態としか見えないような非決定である。意志の定義後半〔十八頁〔T–1〕〕に続けて、迷う余地、そして選ぶ余地のないほど明らかな真理を抱き取ることこそがより高度な自由であると述べたあと、デカルトはその反対の場合を「自由の最低段階」として、次のように規定する。

> いかなる根拠も他方の側よりは一方の側へと私を駆りやることのまったくないときに私が経験するあの非決定（indifferentia）は、自由の最も低い段階（infimus gradus libertatis）であり、自由における完全性を立証するものでは何らなく、たんに認識における欠陥を、ないしは何らかの否定を、証しているにすぎない。[20]
>
> 〔T–6〕『省察』「第四省察」

「私が経験する非決定」という表現は、実質的には「私の意志が経験する非決定」あるいは「私が経験する意志の非決定」を意味している。つまり非決定とは知性の導きが得られないでいる意志の状態であり、いわば〈迷える意志〉の別名である。このような非決定にデカルトは「第四省察」を通じて五回言及するが、いずれの場合も、非決定状態にある意志は自由を奪われているように見える（「非決定的であることが少なければそれだけ自由である」と述べた十八頁〔T–3〕もその一例）。意志の本質にある力の契機は完全に失われているように見える。

〈迷える意志〉の非決定に関するこのような考えは、〈放恣なる意志〉を肯定していると一般に解されるメラン宛書簡でも繰り返されている。しかもこの書簡では、先にも指摘したように、知性に促されて真を摑む〈従順なる意志〉とその自由に関する「第四省察」の考えもまた、繰り返されている。放恣と従順そして迷いという意志の働きの三契機が、決して長くはないテクストにすべて盛り込まれている。この場合、放恣と従順の対立を前提とする一般的な解釈によれば、迷いは従順に関係づけられることになるだろう。従順の条件となる明証性が欠けているために何を選べばよいのか分からない場合が迷いである、というふうに。全体としては〈迷い↕従順〉↕〈放恣＝自律〉というかたちになり、二項対立はそのまま保持される。

二項対立の事実性そのものが疑わしいという点を繰り返すことはやめよう。迷える意志という第三の契機に注意を向けているいま重要なのは、非決定に関する決定的な一事が右のような理解からは抜け落ちていることである。すなわち、非決定をたんに自由が奪われた状態に還元するとき、非決定がそれでも「自由の最低段階（infimus gradus *libertatis*）」とされている点が見失われてしまう。しかし、「自由の（libertatis）」という属格で置かれた名詞は、当然のことながら、「非決定（indifferentia）」があくまでも「自由（libertas）」の一様態であることを示している。実際、非決定は意志の働き方の一つであり、意志が自由の担い手である以上――「意志的であるあらゆるものを私は一般的に自由と呼ぶ[(21)]」――、非決定にも何らかの仕方で自由が宿っていると考える方がむしろ理に適っている。たしかにそれは、真理をおのずから肯定する、ないし力をみずから発揮するといったポジティヴなかたちで意識に現れる自由ではないかもしれない。しかし、意志の働きが意識に上る仕方の多様性を捨象して、つまり、たとえ目下の意識を領しているのが迷いであっても、意志の自由を意志に帰属する事実として考えることはできる。むしろそれが意志の本性に自由を見るということである。改めて右のテクストを眺めれば、非決定が自由の欠如であるとデカルトが言っているのでないことは明らかである。非決定が証しているのは「認識の欠陥」であり、意志のそれではない。「最低」であれ、つまり「完全」には程遠くとも、それでもやはり非決定は度合いをなす自由の一「段階」なのである。

「認識における欠陥」とは何かなど、非決定を規定した「第四省察」のテクストにはいくつか注釈が必要である。もちろん、前後の文脈の検討も欠かせない。しかしこれらがどうなるのであれ、核心は、非決定もまた自由であるという一点にある。この一点を曖昧にしたままデカルトの考えを理解できるとは思わない方がよく、逆にここから出て来る次の問いが、私たちのデカルト論を、そして自由意志論を、導くことになる――

知性の指示を得られず迷うのも、その指示に従うのも、（時にその放恣を疑われながら）自律的に働くのも、同じ一つの意志である。それぞれが意識に現れる仕方は異なるが、意識されているのが意志の働きであることには変わりがない。いずれも意志に帰属する働きであるからこそ、迷いも従順も自律もそれぞれ何らかの仕方で自由を表現することになる。それならば、個々の働き方は意志が自由の度合いに応じて纏う様態として、理解されるべきではないか？　さまざまな働き方の関係は、〈迷い↕従順〉↕〈放恣＝自律〉という固定した対立としてではなく、度合いの上で展開される連続的な過程として、理解されるべきではないか？

一見したところただ無力なデカルト的「非決定」。その底に流れる肯定性を見出そうとするこの問いは、冒頭の粗筋に続けて立てた問いと密接にリンクしている。すなわち、実感の論理ないし自然の論理に従う思考と、この論理を遡ろうとする思考、何が思考を二つの極に分つのか。いま一度「非決定の自由（libertas indifferentiae）」に立ち戻って、二つの問いの関連を明確にしておこう。

第三節　再び、哲学史の背後

1　選択と自己決定

〈迷い↕従順〉↕〈放恣＝自律〉という対立図式はデカルトの考えを理解する枠組みとして不適切であり、そのような図式を成り立たせているのが非決定の自由であると仮定してみよう。その場合、デカルト自由意志論の解釈を刷新しようとする者にとって、非決定の自由はいわば敵性概念、退けることにのみ注力すべき概念ということになるのだろうか。ある意味ではそうであり、しかし別の意味ではそうではない。一方で、非決定の自由がデカルトの思考とは本質的に無縁であるとすれば、そのようなものをデカルトの持ち駒に数えれば誤りであることは論を俟たない。その意味で、デカルト自身の思考の内部を探ろうとする場合に非決定の自由を説明のツールとして積極的に用いるようなことは許されない。この点に関する根本的な誤解がジルソンに発する解釈の主流を支えてきたのである。

とはいえ、それですべてではない。研究者たちの思い込み云々という二次的事象とは切り離して評価する必要のある固有の価値が、非決定の自由という概念には具わっている。私たちの見るところ、意志の自由という問題のなかで不可触にされてきた部分を指し示す一種の兆候として、ジェズイットによるこの概念は掛け値なしの重要性をもっている。この観点からすれば、非決定の自由はたんに妨害的で場違いな概念として廃棄されるべきものではなく、むしろその論理構造を徹底的に分析されるべき対象である。意志の自由という事象の一般構造を析出するために。またそこから翻って、デカルトによる自由意志論の特異性を理解するためにも。非決定の自由という概念を媒介とすることで、眼前にある明白さのゆえに普段は却って問われることのないような問題がその輪郭を露わにするだろう。

この点は、ジェズイットの理論家たちが非決定の自由を打ち出すさいに示す徹底ぶりと、すなわち意志の自由を「選択」に集約する彼らの理論的一元化志向と関わっている。非決定の自由は反対項選択能力によって実現される。あるいは、端的に非決定の自由とは反対項選択能力のことであると言っても実質に大差はない。いずれにしても、ポイントは、たんなる選ぶ力ではなく、反対を選ぶ力であるという点にある。意志がほしいままに反対を選べるということは、意志が一方を選ぶようには決定されていないことを意味する。すなわち、反対を選ぶ力として自由を定義することは、「決められていないから自由だ」という実感の論理を理論的に徹底することと一体をなしている。それは、逆に言えば、「非・被決定＝自由」という考えを貫徹し、非決定の自由を概念として不屈のものに仕立てるには、たんなる選択能力を措定するだけでは不十分ということでもある。もう一歩踏み出して、対立する二項の一方を選べる力を想定すればこそ、次のように主張することも初めてできるようになる——

> 対立項の一方が揮う拘束力がどれほど強くても、意志はその反対側に赴くことができる、つまり、現に被っている拘束力によって意志が決定され尽くしてしまうことはありえない。すなわち、意志は徹頭徹尾、自由なのだ。

これが、後に見るように、ジェズイットによる自由意志論を根本で支える考え方になる。このようにして自由を反対項選択能力に一元化するその徹底ぶりは、まずジェズイットの思想的特徴であり、そのようなものとして哲学史的に正しく把握される必要がある。神の全知全能と人間の自由をめぐって十六世紀後半から繰り広げられた仮借ない神学・政治的論争、いわゆる「恩寵論争（De Auxiliis）」を背景にして、徹底は過剰ないし倒錯と紙一重にまで至ることを考えればなおさらそうである。しかし同時に、このような選択能力一元主義は実感の論理に基づく外挿的思考の徹底でもある。その徹底ぶりによって、彼らの自由意志論は同じ主題に関して数多ある学説の一つという位置づけを越えてゆく。自由意志と呼ばれる事象の構造そのものに関わる一般的な問題の輪郭が、ジェズイットの思考を通してかつてなく明瞭になる。原理的には、外挿的性格を帯びていた過去のあらゆる自由意志論に、だから実質的にはほとんどすべての自由意志論に、読み取ることが可能であるはずの問題ではあるのだが、それが顕在化するためには外挿的思考を実感の論理ともども極北にまで押し進めたジェズイットの思想家たちを待つ必要がある。

ともあれまずは、彼らの一元主義によっていまさらながら呼び起こされる一見きわめて単純な次の問いに注意を向けてみよう——

意志の自由というのは、もっぱら（反対項）選択能力とその行使に懸かっているものなのだろうか？

デカルト的な〈従順〉としての自由を持ち出すことで、この問いに否と答えることは容易い。しかしそれでは〈迷い↕従順〉↕〈放恣＝自律〉の対立図式を蒸し返す結果にしかならないことも目に見えている。そのような堂々巡りを避けるには、選択の特権化と同時にジェズイットの学説においては周縁に追いやられる一つの基本的な要素のことを考えてみるのがよい。すなわち、「選択能力（facultas eligendi）」と並んで意志の自律性ないし能動性を担うものと考えられても一般的にはおかしくはない、「みずからを決定する力（potestas se determinandi）」である。

非決定の自由を絶対化したいジェズイットにとって、この力は厄介者である。とりわけスアレスはこの点に敏感で、意志の力の自己決定性を周到に余剰概念の地位に押し止めようとする。その委細は後に辿るとして、ここでは、自己決定能力と選択能力の関係の何が問題であるのかをはっきりさせておこう。そのために、右の問いを次のように言い換えてみる。意志の力と自由を「選択」に集約させることは、ジェズイット的自由意志論のロジックによれば、意志は「決定されていないからこそ自由だ」という発想を貫き通すことでもある。しかし——「決定されていない」という条件を考慮に入れなければ、意志の自由を考えることは本当にできないのだろうか？

2　思考における順序と秩序

「決定されていない」という条件を考慮に入れなくても、自由を考えることはできる。「できる」、すなわち助動詞《posse》の表す能力によって、さまざまな「する」が自由な営為として実現されると考えればそれでよい。こう考えるために、「決定されていない」という条件を意識に差し挟む必要は必ずしもない。「できる」が「する」の原因だとすれば、「決められていない」は原因が作用する条件ないし理由であり、条件ないし理由を慮外にして原因を、すなわち意志の力を考えることはできるからである。この可能性を見え難くするのが、「外的要因によって決められていれば思うようにできない」を「決められていないから自由だ」へと転ずる言い換えであることを私たちは先ほど確認した（十二頁）。

こうして、「決定されていない」こと、すなわち非・被決定性を思考の条件とするのかしないのかという問題が、ジェズイットの自由論を介して前面に現れる。思考を駆動させる仕方の問題であり、とりわけ思考を駆動させる順序の問題である。「決定されていない」を条件として先立てる、それはまず意志の外に思いをめぐらせる、つまり外から自分に働きかけてくる諸要因の方にまず目を向けることである。「決定されていない」を要件とはしない、それは、反対に、意志が働く場である自己の内側にまず一度視線を向け、考えや振る舞いの起点にまず一度、みずからの意志を見出すことである。

非・被決定性を先行させることは、意志の力とそれを阻害する力との対立図式を思考に導入することでもあり、この場合、自由はもっぱら選択の自由によって代表されることになる。選択という考え方が、構造上、選択の対象となるもの——意志の外側に位置するもの——の一つによっては意志が決定されていないことを前提として成り立つものだからである。外挿的思考と選択の観念は互いに支え合う。この相互依存性は、先ほど触れたジェズイット的思考の基本的な論理にもはっきりと映し出されている。「対立項の一方が揮う拘束力がどれほど強くても、意志はその反対側に赴くことができる、つまり、現に被っている拘束力によって意志が決定され尽くしてしまうことはありえない」。ここで「反対側に赴く」というのが「反対項を選ぶ」の意味であることは言うまでもない。

それでは、非・被決定性を駆動条件として求めない思考にとっては何が自由を主導する原理となるのだろう。いましがた言及した、何ごとかをなすべく「みずからを決定する力」である。つまり「することができる」という能力である。選択の場合とは異なって、この考え方の組成には、少なくともその出発点において、意志の外側に属するものは含まれていない。二項対立が前提とされているわけでもない。

　自由の契機を意志の外へ外へと求めてゆくジェズイット的な思考の動きが典型的に外挿的性格のものであるならば、自己決定性に基づく行き方がデカルトのものであり、それは、一応、内在志向的と形容されておかしくないものである。ただし、語り難き内奥の闇を求めてそこに沈潜するような内在志向性ではない。むしろ外界を捉える意識と相携えて進むような内在指向性、正確には、意識と外界の関係そのものを可能にするような内在志向性である。

　思考を駆動させる順序が異なると、具体的には何が変わることになるのだろう。まず何よりも、選択と自己決定の関係が変わる。ジェズイットの外挿的思考は自己決定と選択を切り離し、前者を理論の前景から排除しようとする。「みずからを決定する力」では、「反対項選択能力」に比して、意志の恣意性を表現する概念装置として弱すぎるからである。後者の強度を損ねるような弱さであり、だからこそ言説の中心から遠ざけておく必要がある。それに対して自己決定を原理とする内在志向性に従う場合、選択は自己決定が纏う一つの姿となり、両者のあいだには、後者が前者を実現するという意味で、実効的な関係が保たれる。

　程度はどうあれ、選ぶ主体において選ぶことは選ぶこととして意識される。当の主体の心的事実として、選びはまず、そして通常であればおそらくどこまでいっても選びであろう。少なくとも、そのように想定するのが無難であり自然でもあるだろう。しかしだからといって、事態が意識にどう現れているか、どう現れうるかを括弧に括って意志の働きを考える可能性までこの想定によって否定されるわけではない。具体的には、選択として意識される所作の中に対象を摑む所作を認めること、その対象に向けた意志の自己決定を認めることは、つねに可能である。実際このような仕方で、デカルトは「みずからを決定する実象的で肯定的な力能（puissance réelle et positive de se déterminer）」と彼が呼ぶものを見出してゆく。直接的な自己意識との関係をまず一度断つようにして思考を働かせるその働かせ方を、デカルトは「絶対的な仕方（absolute）」と呼び、これが形而上学における思考のメインモードになる。他方で、意識の事実に改めて注意を向け直すことで現象を捉える思考の働かせ方は「意識に即した仕方（moraliter）」と呼ばれ、こちらは心理学に割り当てられるだろう。この観点から見るならば、自己決定が選択として意識されることを拒む理由はない。

《absolute》と《moraliter》という審級の区別それ自体はデカルトの創案でも何でもなく、中世を通じて一般的に用いられていたものである。大まかに言えば、前者は神に関わる事柄を指し、後者は人間に関わる事柄を指す。デカルトはこの区別を、自由の根拠となる力それ自体と、その力が外界と関わり合いながら意識に上るさまざまなありようとのあいだに適用する。この区別に基づいて——デカルトにおいて区別（distinction）と分離（séparation）はまったく別の操作である——、意識が力を捉える仕方を問題にする。根拠となる力能が意識に現れるさまざまな仕方を秩序立ててゆく。順序を確立するためには、駆動する思考が初めから外挿性を帯びていてはならない。つまりまず外を見るのではなく、まず一度、みずからの意志の自存性に立ち返る必要がある。世界を見出すのは、あるいは世界に打って出るのは、それからである。このような順序を明確にするために私たちが用いている「まず一度」という表現は、『省察』という試みそのものについてデカルト自身が用いた「一生に一度は（semel in vita）」[22]という表現に、類比されてよい意味合いをもっている。

外挿的思考に依拠しない。つまり、大小の伝統が保存してきた二項対立を前提としない。遡れば、実感の論理が揮う自然な説得力に流されない。このようにして注意力をまず一度、意志の内側に向けること。この点で、実感の論理を遡ろうとする思考は、この論理に忠実な思考と本質的に異なっている。遡行の可能性と条件と帰結を厳密に考えることが、意志の自由という問題を思考の順序と秩序の問題として再構成することへ繋がってゆく。

デカルトによる自由意志論を再構成する契機として非決定に関して先ほど立てた問い（二九頁）は、同時に、この一般的な再構成に向けられた問いでもある。意志のさまざまな働き方の側から、つまり〈迷い〉や〈従順〉や〈自律〉として意識に投影された現象の側からではなく、そういった個別の様態が帰属する根拠としての意志の側から考える。意志の自由の現なる象の代表格と一般に目される選択に基準を求めるのではなく、具体性に乏しいという意味で抽象的な自己決定をあえて基準として考える。そうして初めて、「非決定」を「最低段階であっても自由」である意志の状態として捉えることもできるようになるだろう。度合および過程という視点は、対立項の設定による思考の単純化を予防する効果を発揮してくれるだろう。また、私たちの意図が内在志向性とその根拠である「実象的で肯定的な力能」という概念を絶対化する点にあるのではないことを表示する役割も果たしてくれるだろう。

3 〈自然性という坂を遡る〉

何が思考を二極に分つのか、という問いに対する最低限の答えは以上で一応のところ示せたのではないかと思う。その上で、本論へ進む前に、この問いがもう一段階深いところで問うている事柄――本書の探求を通底するモティーフに相当するもの――にまで触れておきたい。すなわち、思考が二極に分たれるという事実の内部で問われているものは何か。あるいは、順序と秩序（ordre）ということで問われているものは何か。

手掛かりとして、モリナが神学者として活動したのと同じ十六世紀の後半を市井に生きたモンテーニュ（Michel de Montaigne, 1533~1592）、「最初の近代人」とも評される彼が手にしていた一連の認識を集約する、次の言葉を見てみよう。

> われわれ自身は不満だらけのものである。そこにあるものは悲惨と空虚だけである。そこで自然は、われわれを失望させないために、上手い具合にわれわれの見る働きを外へ向けてくれた。われわれは流れに従って前へ進む。だが、流れを自分の方へと遡るのは辛い運動である。
>
> 〔T-7〕『エセー』第三巻 第九章(23)

人は、精神の「見る働きを外に向け」、「流れに従って前へ進む」。このように記すモンテーニュは、たんに、自然的な欲求の対象とは異なるものを人は選ぶことができるが実際にそうするのは困難であるという一般的な事柄を語っているのではない。むしろ、私たちが問題にしようとする思考の外挿的な働き方についての洞察が、これらの表現には含まれている。自分自身に注意の焦点を合わせようなどとはしない方がよい。自分自身のもとに立ち返ろうなどとは思わない方がよい。そうしたところで自身の内に見つかるのは「悲惨と空虚」だけなのだから。事実、「自然」という巧者のもとでは「誰も自分の内に降りてゆこうとはしない（nemo in sese tentat descendere）」(24)。

たしかに、人はかつて「遡れ」という「逆説的な命令」を「デルフォイの神」から与えられたことがある。「お前の内を見よ。お前を知れ。お前自身を考えよ。外で費やされるお前の精神と意志をお前自身の中に引き戻せ」(25)。この命令が「逆説的」であるのは、日々の暮らしに打ち込む人々に自然が授けた「健康な智慧」ないし

「純朴な正しさ」――外を眺め、流れに身を委ねることができる者こそ、健康であり、純朴である――とはあえて反対の方向に進むよう命ずるものだからである。その意味で、自然の「流れを自分の方へと遡る」こと、精神の眼を自分の内側に差し向けることは、「辛い運動」である。

自然の流れに即した外挿的思考の方が精神の「健康」にはよい。そのことは、何よりもまず、この思考モードが廃棄を云々すべき性質のものではなく、そもそも廃棄を云々できる性質のものですらないことを、意味している。この点は、外挿的思考が実感の論理の延長線上にあることから、そして、「選択」という基本的な観念が、多くの場合、同じ線上で形成されるということからも、認められるだろう。思考の外挿性は、哲学的に誤ったものとして、あるいは倫理的に望ましくないものとして、いずれにせよ思考のネガティヴな傾向性として片づければ済むようなものでは決してないのである。固有名的なもの（哲学史上のもの）と匿名的なもの（一般構造）が同時に顕在化してしまう点に自由意志の問題に固有の難しさがあると冒頭近くで述べた（七頁）。これが本書で試みる考察の審級に関わる困難だとすれば、外挿的思考の価値を一義的には決められないということが、問題の外延画定を、ないしは私たちの考察言語が妥当する範囲の画定を、困難にする。

しかしそれでも、思考の外挿的な働き方にまつわる問題群を浮かび上がらせ、その射程を測ろうとすること自体は可能だし、必要でもある。とりわけ、モンテーニュの言葉には汲み上げられていない微妙な機微が、そして、ネガティヴなと形容せざるをえない傾向性が、みずからの内なる「悲惨と空虚」から眼を逸らすという事態の底に隠されているとするならば。この傾向性は、外挿的思考を徹底することで「健康＝純朴」とは正反対の極にまで近づくジェズイットの思想の中に明確な居場所を見出すだろう。ジェズイットの自由意志論が示すのと同等の極端さを示す理論は哲学史上にたとえあっても稀であり、しかも彼らの学説に特徴的なことは、その極、端、さ、が、一方ではたしかに思考それ自体の本質的な革新性を示しつつ、同時に、おのれの「悲惨と空虚」を避けようとする一般的な心性に含まれる冥い部分の兆候ともなっている、という点にある。このような両極端を一挙に体現してしまうところにジェズイットによる自由意志論の驚くに値する伝播力は根差していると思われる。「流れに従って前へ進む」ことを、モンテーニュは「自然性という坂を下るに身を委ねる（se laisser aller vers la pente naturelle）」[26]こととも言い換える。果たして、下る流れに身を任せた人間は、精神のいかなる境地まで運ばれてゆくものなのか。実感の声を仲立ちにして自然の要求を追認するジェズイットの自由論が、行き着く地点を一つ示してくれるだろう。

翻って、「流れを自分の方へと遡る」、つまり自己に回帰し自己を喚起することに努めた場合、見出されるのは本当に「悲惨と空虚」だけなのか。仮にそうであるとしても、哲学と共に古い要請――「汝自身を知れ」――に応じて〈自然性という坂を遡る（remonter à la pente naturelle）〉過程そのものには固有の現実性が具わっているはずである。その現実性は本当にただ「辛い」ばかりのものであるのかどうなのか。実感に対する解離として成立するデカルトの自由論が、二項対立の枠組みとも外挿的思考とも無縁なる自由の範型（exemplar）として、この問いに対する答えを一つ与えてくれるだろう。

ジェズイットとの関連においてデカルト自由意志論を再構築する哲学史上の試みは、自由の経験を支える実感に対して思考が示す身振りの双極性を問題として取り上げようとする端的に哲学的な試みでもある。

「自然性という坂を下るのか、遡るのか」[27]。隠喩への過剰な依存を自戒しつつも、この言葉は本書の最後まで保存して、折りに触れ思い出すことにしよう。意志の自由という問題は、観念とも概念とも一概には呼び難い「自然」なるものと、ないしは人間の自然（本）性なるものと、この表現が示唆するような仕方で深く関わっている。扱いの極めて困難なこの関わり合いを示す手段としては隠喩の方が優れているのではないか。そういう可能性を除去できるほど十分に「自然」が明瞭に語られたことは、自由意志論においてはもちろん哲学全般においてもおそらくは未だなく、私たちもまたこの点ではおのれの無力を託つ他にできることはほとんどないからである。

本論の大まかな構成と解釈の指針を確認して、序章を終えよう。

＊　＊

本論の構成

ジェズイットによる非・被決定性の絶対化であれ、デカルト的非決定に内蔵された自由であれ、これらが何を意味しているのかを知るためには、意志の自由という問題の哲学的にして哲学史的な起源を見極め、起源からの距離をたえず意識しておく必要がある。その起源に位置する思想として私たちはアウグスティヌスの意志論と自由論を取り上げる。しかし、例えばなぜストア派ではなく、アウグスティヌスなのか。その理由も含めて、序章では言及しなかったアウグスティヌスの代えが効かない重要性を本論の第一章では示したい。第二章では、主に十三世紀から十四世紀のスコラ哲学を踏まえつつ、「非決定の自由」を哲学史に導入したモリナの理論を検討する。自由意志をめぐる形而上学的思考を引き寄せ続けた「悪」の問題がアウグスティヌスとモリナを繋ぐ中心的なモティーフになる。第三章では、ジェズイットによる自由意志論の展開を担ったスアレスに注目する。モリナを継ぎながら、スアレスは自由意志論を決定的な仕方で心理学の次元に引き移す。ここでは、二項対立と外挿的思考の問題が、先ほど述べた選択と自己決定という基本的な所作の捉え方をめぐって浮き彫りになるだろう。

以上を踏まえて、デカルト論に入る。その前半となる第四章では、いくつかの基本的な確認事項を踏まえた上で、意志の自由という問題を意志と知性が織りなす主観性の領域にデカルトが見出していることを確認する。第五章では、その主観性の核となる自己覚知のありようについて述べてから、メラン宛書簡と「第四省察」の齟齬を解消し、デカルト自由論の全体像を回復する(28)。最後に、アウグスティヌスとデカルトのあいだに伏在する系譜の性質を明らかにして、終章としよう。

解釈の指針

実感の論理と外挿的思考を指標としながら、私たちは意志の自由をめぐる思考の態勢と身振り、あるいは思考の生成過程を描こうとする。歴史の異なる時点に属する態勢のあいだに何らかの繋がりを見出そうとする。捩じれた繋がりであればこそ、その捻れ具合を明確に見極める必要のある場合が一つ(「悪」をめぐるアウグスティヌスとジェズイット)。ほとんど断絶に等しいさらなる捻れの内に辛うじて軌跡を見分けうるような繋がりであればこそ、その軌跡の意味するところを明らかにするべき場合がもう一つ(「自己知」をめぐるアウグスティヌスとデカルト)。

本書で跡づけようとする繋がりは、哲学史の構成要素としていわば公認された概念や学説の次元で確認される対立や同調あるいは影響関係といったものの手前にある。概念や学説を生み出す思考の動きそのものの水準における、忘却と継承、連続性と変質、さらには断絶。こういった関係を捉えるためには、私たちが実感の論理と呼んだものを考慮に入れる必要があり、概念や学説を分析する場合以上に、哲学者たちの思考における無自覚な部分へ、あるいは彼らが語らずにとどめている部分へ、注意深く入り込もうとする必要がある。そして、このような必要に見合った議論を組み立ててゆくさいの拠りどころとなるものは、矛盾しているように聞こえるかもしれないが、テクストしかない。言葉の背後に動いている思考をその動態のままに摑み取るためには、テクニカルな知識も最大限に活かしながら緻密にテクストを分析してゆく以外にない。それ以外の手段を、少なくとも私たちは持ち合わせていない。

この緻密さを蔑ろにしないこと。これを、いまから積み重ねてゆく解釈の作業を導く基本的な指針にしよう。この点で妥協をすれば、扉に借りた古典語の碩学の言葉にあるように、「漠然とした一般論しか残らず、論証そのものが成り立たなくなってしまう」結果に終わることはおそらく避け難い。デカルト的自由に関する従来の諸解釈に手続きの面で共通するのがまさしく「論証」の不足か欠如であり、しかし、私たちは、同じ轍を本書に踏ませたくはない。

註

（1）«eleutheros»/«liber»/«free» の語源的考察として、C. S. Lewis, *Studies in Words*, 1960, chap. 5 は今日でもなお有用である。

（2）古代ギリシア人の心性を自由の観点から考えるためには狭義の哲学研究の外にまで参照先を広げる必要が出てくる。以下はそのなかでも古典的、基本的なもの。E. R. Dodds, *The Greeks and the Irrational*, 1959, p. 236-269 ; J.-P. Vernant, *Mythe et pensée chez les Grecs*, 1971, p. 355-370 ; R. B. Onians, *The Origins of European Thought*, 1973, p. 558-566 ; K. J. Dover, *Greek Popular Morality in the Time of Plato and Aristote*, 1974, p. 114-116.

（3）ホメロスは『イリアス』の第六歌（520-529）、『オデュッセイア』の第五歌（94-115）、エウリピデスは『ヘラクレスの子供たち』（547-551）、プラトンは『国家』のここに引用した箇所とその前後（557b, 562b- 563d）、『リュシス』（208c1, 209c1, 210b4）、『法律』の第三巻（687a-d）等のテクストは、いずれも、プラトン哲学に勝義の自由論は存在しないという一般的な見解を覆そうとする次の著作に挙げられているもの。R. Muller, *La doctrine platonicienne de la liberté*, 1997, p. 70-73 & 96-97.「意志は妨げなく発揮される」べきであるという「哲学に先立つ要請」（p. 309-310）がプラトンにおける自由論の研究を混乱させてきたという著者ミュレルの着眼の仕方には、私たちの場合と一脈通じるものがある。実際、プラトンがどうかという点を括弧に入れれば、ミュレルの次のような見解はほぼそのまま私たちのものでもある。「事実上の所与として、あるいは公認の自明事というかたちで、プラトンは〔非・被拘束イコール自由という〕ありふれた考えに言及する。この考えは何よりもまず、「自分のやりたいようにする」という言い回し（およびそのヴァリアント）に依拠しているが、そのさいに了解されているのは、「〜しよう」という個人の意欲に対する陥穽ないし障害として現れうるものはすべからく拒絶する、ということである」（p. 70）。惜しまれるのは、非・被拘束感を「普遍的に共有された感覚」（p. 72）と正しく位置づけたミュレルが、普遍的であるがゆえにこの「感覚」と哲学的思考とのあいだに何らかの仕方で生まれるはずの関係までは視野に入れなかった点である。「哲学に先立つ要請」を「民衆的（vulgaire）」と躊躇なく形容できたミュレルは、そういう仕方でプラトンに忠実だったということなのかもしれない。

（4）　思考の外挿的性格に関連して、私たちは「「みずから、他の拘束を受けずに」という二要素の内、本来は外的条件にすぎない「他の拘束を受けずに」が、考え、振る舞うことの原因である「みずから」の存在を忘れさせるように作用する」（十二頁）と述べた。この二つの要素は、バーリンが『自由に関する四つの試論』（一九六九年／拡張版である『自由』が二〇〇二年）で提示した周知の二区分である、「消極的自由（不当な拘束から逃れることに存する« freedom from »）」と「積極的自由（自律的主体が行使する« freedom to »）」に対応するのではないかと思われた読者もいるかもしれない。概略的には、日本国憲法において原則無制約とされる「消極的自由」と、公共の福祉との調整により制約を蒙る「積極的自由」との区別を考えても、ほぼ同じことになるだろう。しかし表面的にはどうであれ、意志の非・被拘束性と自律性に関する本書の考察がバーリンの議論と噛み合うことはない。「拘禁されている者、木に縛りつけられている者」であればそのような「不自由」から逃れようとするという基本的な事実の内にバーリンは「消極的自由」の起源を見出している（I. Berlin, *Liberty*, p. 326）。この点に限ってみれば「原初的感覚」について私たちが述べたことはバーリンの考えからさほど遠くない。しかし、「消極」の方はミルはじめ英国流、「積極」

の方はルソーはじめ大陸流と、二つの自由を異質のものと見なすバーリンの区分は、その概括的で図式的な性格のゆえに政治哲学的自由論における問題提起としては有効だったかもしれないが、立ち入った哲学的考察の参考にするには粗すぎる。むしろバーリンの言う「積極的自由」が実は「消極的自由」の原初的性格に深く依拠しているという思考内部の機制の方が、私たちにとってははるかに重要な問題である。「実感との連続（実感への依拠）および実感からの離脱（思考に固有の概念形成）という二重性」を指摘するのも、この機制について考えるためである。

（5）　本書で取り上げる主要な四人の思想家は、いずれも広い意味で自由意志ないし意志の自立性を肯定する。実際、実感の論理と思考の働きの関係という問題は、否定論にではなく肯定論において明瞭に現れる。そのため、本論では自由意志をそもそも否定する立場に対する言及は相対的に少なくなるのだが、この間の事情をここで手短に説明しておきたい。

（1）まず、混乱を避けるために、否定論を差し当たり二つに区分する必要がある。一方で、中世後期から末期、そして近世初期に熾烈を極めた自由意志論争においては、人間の意志が何らかの意味で自律性を保持し、自由であることを前提として、その上で、その自由をどの範囲で認めるかが争われた。この文脈では範囲を制限的に画定しようとする側が否定論と呼ばれ（本論で言及する例では十六世紀のトマス主義者たち）、範囲を拡張しようとする側が肯定論と呼ばれることになる（同じく、フランシスコ会系の思想家たち、そしてイエズス会士たち）。他方で、右の前提自体を拒む厳密な否定論者というのもたしかに存在するが、その数はごくわずかである。近世までに限れば、ルターとカルヴァン、スピノザ、そしてパスカルとジャンセニストたち、以上で重要な名前は尽きるのではないかと思われる。

（2）ただし実際には、否定論の内部に引いた右のような分割線はしばしば見え難くなる。論争を構成する個別の論点においては、部分的否定論に立つ者も自由を断固否定しているのと変わらない言い回しをしばしばするためである。個別の局面では（典型的には、知性と意志のいずれに人の振る舞いの主導権を認めるかという局面、あるいは、恩寵の効力を意志にどの程度認めるかという局面）、彼らの言辞が徹底した否定論者のものと見分けがつかないことは稀ではない。一般的には、自由意志論争というと、徹底した肯定論者と徹底した否定論者がフィフティ・フィフティで争っているようにイメージされがちであり、それは実体的には必ずしも正しくないのだが、この点まで考慮に入れればあながち誤っているとも言えないだろう。

（3）それでは改めて、実感の論理と自由意志否定論の関係はどうなっているのか。結論から言えば、実感が発揮する自然な説得力から完全に離脱することは、たとえ厳密な否定論者においても起こらない。後に瞥見するが、ルター（Martin

Luther, 1483~1546）も信仰と救済に関する場面以外では「非・被決定＝自由」というプリミティヴな発想に基づいて、選択の自由を考えている。「感情への隷属」（『エティカ』第四部）を「自由に至る方法」（第五部）に先立てたスピノザ（Baruch de Spinoza, 1632~1677）にとっても、非・被決定性は自由を構成する上で不可欠の契機となっている（この点は、自由を意志に委ねるか否かとは必ずしも関係ない。非・被決定性の問題は、デカルト的自由意志に対するスピノザの批判意識には届かない次元にまで食い込んでいる）。パスカルに至っては、その考え方が意志の非・被決定性を理論化したジェズイットの自由論に深く捉われていることを私たちは第一章で確認する。以上を踏まえて、部分的なものであれ全面的なものであれ自由意志否定論と実感の論理の関係をまとめれば、この論理の力は思考の埒外に放置され、しかし放置というかたちで保存されている、ということになるだろう。否定論者は「実感の論理が直接には効かない次元で得られる理論的確信に基づいて」肯定論に耳を貸そうとはしないと述べたのは、彼らがこの論理を否定しているのではなく、たんにそれをみずからの理論的言説に直接は組み込んでいないこと、だからこそ実感との連続性を保った立場との論争は調子はずれにならざるをえないことを、言うためである。

（4）このようなかたちでの放置＝保存まで視野に入れる限り、実感の論理をほぼ遍在的なものとして想定することができると私たちは考える。もっともその上で、放置＝保存にとどまるということは、実感の論理と思考の関係が否定論者にあってはやはり希薄であり、実際、強い意味で関係と呼びうるものは彼らのテクストに見出し難い。この関係——私たちが「二重性」として特徴づけるもの——を重視する本書において、ジェズイットと緊密な関係を結ぶパスカルを別にすれば、否定論者、とりわけ徹底した否定論者に言及することが少なくなるゆえんである。

最後に、本書で試みる考察の妥当範囲について、断っておきたい。私たちが立てる外挿的思考、実感の論理と思考の二重性、二項対立といった観点は、第一義的には古代から近世までの思想の推移を辿るためのものだが、本節で述べたように、時代を問わず妥当するものでもある。とはいえ、これらがあらゆる思想史上のあらゆる自由論を扱う上で最適の観点であると強弁するつもりは私たちにはまったくない。近世までであっても、右に一言したルターやスピノザを扱うにはそれぞれに即した問題の立て方が必要であるし、そういった配慮は、例えばシェリングではどうか、ヘーゲルではどうか等々、十八世紀以降に目を転ずる場合には、いっそう強く必要になってくるだろう。

（6）R. Descartes, *Med.* 4^{a}, AT VII, 57 : « [voluntas] in eo tantum [consistit], quod ad id quod nobis ab intellectu proponitur affirmandum vel negandum, sive prosequendum vel fugiendum, ita feramur, ut a nulla vi externa nos ad id determinari sentiamus. »

(7) R. Descartes, *à Mesland*, 09/02/1645, AT IV, 173 : « cum valde evidens ratio nos in unam partem movet, etsi, moraliter loquendo, vix possimus in contrariam ferri, absolute tamen possimus. Semper enim nobis licet nos revocare a bono clare cognito prosequendo, vel a perspicua veritate admitenda, modo tantum cogitemus bonum libertatem arbitrii nostri per hoc testari. »

(8) R. Descartes, *Med. 4*^{a}, AT VII, 59 : « ex magna luce in intellectu magna consequuta est propensio in voluntate, atque ita tanto magis sponte et libere illud credidi, quanto minus fui ad istud ipsum indifferens. » ここで「実際そのようにして……信じた」と過去形が用いられているのは、「第二省察」におけるコギトと「第三省察」における神の存在証明の両件を振り返っているためである。

(9) R. Descartes, *Principia I*, art. 37, AT VIII, 19 : « magis profecto nobis tribuendum est, quod verum amplectamur, cum amplectimur, quia voluntarie id agimus, quam si non possemus non amplect. »

(10) E. Gilson, *La liberté chez Descartes et la théologie*, 1913 / 1987.「折衷主義」云々は結論に先立って全体を総括した箇所で述べられている（p. 432）。この著作の原型はジルソンによる国家博士論文の主論文であり、副論文は、デカルトの語彙といわゆるスコラ哲学の諸概念の繋がりを明らかにした *Index scolastico-cartésien*, 1913 / 1979 である。

(11) L. Laberthonnière, *Études sur Descartes*, 1935, t. 1, p. 418-419 & p. 430-432 が全面的にジルソンの解釈を受け容れているおそらく唯一の解釈例である。

(12) J.-L. Marion, *Sur la théologie blanche de Descartes*, 1981, p. 420.

(13) ジルソン以降、デカルトにおける意志と自由の問題を取り上げている論考を主だったものに絞って挙げておこう。J. Laporte, *Études d'histoire de la philosophie française au XVII*^{e} *siècle*, 1951, p. 37-87 ; J.-M. Gabaude, *Liberté et raison*, t. 1, 1970 ; A. Kenny, « Descartes on the Will », in *Cartesian Studies*, éd. R. J. Butler, 1972 ; J.-M. Beyssade, *La philosophie première de Descartes*, 1979, p. 177-201, & *Descartes au fil de l'ordre*, 2001, p. 259-276 ; D. Kambouchner, *L'homme des passions*, t. 2, 1995, p. 34-76, & *Descartes et la philosophie morale*, 2008, p. 25-75 ; V. Chappell, « Descartes's Compatibilism », in *Reason, Will, and Sensation*, éd. J. Cottingham, 1994 ; H. Bouchilloux, *La question de la liberté chez Descartes, Libre arbitre, liberté et indifférence*, 2003 ; T. Gontier, *Descartes et la* Causa sui, 2005. 廣瀬京一郎「デカルトの自由意志論について」、『聖心女子大学論叢』一九五四年、第五号。西村嘉彦「デカルトの自由意志論」、『哲学研究』一九八二年、第四七の二号。山田弘明『デカルト『省察』の研究』一九九四年、二七〇～二八八頁。小林道夫『デカルト哲学の体系』一九九五年、二二三～二四三頁。福居純『デカルトの「観念」論』

二〇〇五年、一四〇～一五五頁。村上勝三『デカルト形而上学の成立（第二版）』二〇一二年、一九四～三四三頁。

（14）「悲劇的」はアルキエの表現。*Œuvres philosophiques*, éd. F. Alquié, t. 3, 1973, p. 552, n. 1.「悪魔的」はベサッドの表現。J.-M. Beyssade, *Descartes au fil de l'ordre*, p. 267.

（15）私たちが例外として把握しているのは、右に掲げた山田弘明と村上勝三の論考に限られる。ただしいずれも『省察』全体を対象とする著作であり、次に掲げる問いがデカルト的自由意志論の全体においてもつ意味まで展開されているわけではない。

（16）E. Gilson, *La liberté chez Descartes et la théologie*, p. 318-319.

（17）いわゆる『シェリング講義』（一九七一年）の中で、ハイデガーは「非決定の自由」に次のような説明を与えている。もし「自由とは人間が善に関しても悪に関しても完全に未規定であるということなら、自由はたんに消極的にしか捉えられていない、つまりその前にも後にも何もなく、こうしてそれ自身取るに足らないものであり続ける、たんなる未‐決定性としてしか捉えられていないことになる。つまり、このように捉えられた自由は……およそ自分から外に出ることのできないまったくの無規定性である自由である。こうした［消極的な］自由概念は……思想の歴史では libertas indifferentiae として知られているものであり……」(M. Heidegger, *Schellings Abhandlung über das Wesen der menschlichen Freiheit (1809)*, p. 123)。非決定の自由とは意志が「未決定の状態」であり、それ自体で自由としての積極的な何かを表わしているわけではないという右の理解は、今日の哲学史研究者にもかなり広く受け入れられているように思われる。そこで三点、注釈を付しておこう。

（1）思想史において意志の未決状態を重要な問題として扱ったのはまずストア派であり、彼らはこれを「価値中立的である（こと）」と捉えた。すなわち「アディアフォロス（ἀδιάφορος）／アディアフォリア（ἀδιαφορία）」であり、キケロがこれを« indifferens / indifferentia »とラテン語訳する（『目的について』第三巻 五三）。価値中立的というのは、欲求や認識の対象が「善い」と「悪い」や「幸福」と「不幸」を中心に組織された「価値」体系から外れているということであり、ついで、詳論は省くが、対象の属性を示すこのような元来の意味が、対象に向き合う主体の側にも転用され、諸価値に対する「無関心的な」態度を示すことにもなる。その「無関心」はストア的賢者の「アパテイア（不動心）」に欠かせない条件であるから、ハイデガーの理解とは異なって、« indifferens / indifferentia »は決して一概に「それ自身取るに足らないもの」ではなかった。またこの段階では« libertas indifferentiae »という述語はおそらく存在していなかった。

（2）他方で、意志の未決状態がストア的意味とは異なる積極的意味を担う場合がある。すなわち、次のような一般的発想に組み込まれる場合である。「いまは未だ決まっていない、決められてもいない、だからこれから自由にできる、選べる」。そして、日常意識とも通ずるこのような考え方——私たち実感の論理と呼ぶのも——が思想の問題として前面に出てくる十三世紀頃から使用されるようになってゆくのが、« libertas indifferentiae » ないし二語の修飾関係を入れ替えた « indifferentia libertatis» なのである。本文に述べた通り、「外的影響に屈することなく反対項を選べる自由」である。その背後には「いかなる外的拘束によっても意志は決定されない」という考えがある。いずれにしても、ハイデガーが言うのとはここでも反対に、« libertas indifferentiae » は積極的なものとしてまず提示されたのであり、この積極性を最も強固にかつ体系的にしたのがモリナとスアレスであると私たちは考えている。ただし « libertas indifferentiae » という述語の哲学史的な位置づけには一筋縄でゆかないところがある。この点については第四章註（41）を参照されたい。

（3）とはいえ、このような積極的意味がハイデガーの捉えた消極的意味と背中合わせになっていることもまた事実である。むしろこの相即性こそが非決定の一般的な構造であると言ってもよく、実際、この構造が議論をしばしば混乱させる。「その時点での意志の無力を示す消極的な未決定状態」と捉えるか、「意志の力の発動を準備する積極的状態」と捉える（この場合「非決定」と「非決定の自由」は実質的に同義となる）のか、視点の置き方によって非決定はいずれの意味にも容易に反転する。非決定の自由という概念を打ち出すことは、消極的意味を脇にやりながら積極的意味を強調することであり、とはいえそれによって消極的意味そのものがなくなるわけではない。モリナが作った文脈の外にいる人間が、例えばハイデガーのように、必要に応じて消極的な意味の方を強調し、こちらを非決定の自由の実質として理解することが起こっても不思議ではない。

（18）E. Gilson, *La liberté chez Descartes et la théologie*, p. 432.

（19）R. Descartes, *Med. I*^{a}, AT VII, 17 : « funditus omnia [...] esse evertenda, atque a primis fundamentis denuo inchoandum ». 『省察』に赴く動機をデカルト自身が述べた「第一省察」冒頭近くの言葉である。

（20）R. Descartes, *Med.*, 4^{a}, AT VII, 58 : « Indifferentia autem illa, quam experior, cum nulla me ratio in unam partem magis quam in alteram impellit, est infimus gradus libertatis, et nullam in ea perfectionem, sed tantummodo in cognitione defectum, sive negationem quandam, testatur ».

（21）R. Descartes, *à Mesland*, 02/05/1644, AT IV, 116 : «je nomme généralement libre, tout ce qui est volontaire ». 自由意志論をメランに語る第一の書簡が、この一六四四年五月二日付である。ここでデカルトが試みた説明に満足しなかったメランに向けて、より詳細な二月九日付書簡が執筆されるという流れになる。

(22) R. Descartes, *Med.* I^a, AT VII, 17. 註（19）に引いたテクストの省略部分にあった表現である。

(23) M. de Montaigne, *Les Essais*, éd. Villey-Saulnier, 2004, liv. III, chap. 9, p. 1000.

(24) M. de Montaigne, *op. cit.* liv. II, chap. 17, p. 658.

(25) M. de Montaigne, *op. cit.*, liv. III, chap. 9, p. 1001.

(26) M. de Montaigne, *loc. cit.*, chap. 13, p. 1106.

(27) もっとも、私たちの探求に方向性を一つ示唆してくれたモンテーニュではあるが、示唆以上のことを求めて彼の『エセー』に本論で言及する機会はないだろう。遡行の可能性を垣間みながらも、その流れに深入りすることに伴う困難をあらかじめ察知して巧みに回避する。ここにモンテーニュの魅力と限界のいずれもがあると思われるからである。この点についてもう少し詳しくは、次の拙論の最終節を参照されたい。「ヘレニズム復興」、神崎・熊野・鈴木編『西洋哲学史Ⅲ ポストモダンの前に』二〇一二年所収。

(28) ただし、デカルトの生前に公刊された最後の著作である『情念論（*Les Passions de l'âme*）』（一六四七年）については、二箇所の例外を除いて、本論本文では言及していない。その代わりに、形而上学と心理学が交差するところに成り立つ『省察』やメラン宛書簡の意志論と、生理学および心理学を領域とする『情念論』との意志論の繋がりを示唆する半ば独立した論考を、補論として加えることにした。

第一章　問題の淵源

——アウグスティヌスと〈在りて在りうべからざるもの〉——

第四カノン

意志の非・被決定性を絶対化するところに「非決定の自由」という概念が成立する。概念化のプロセスはモリナの主著『コンコルディア』に即して第二章で詳しく検討するが、絶対化という点をあらかじめ約言しておけば、それは、最も強い拘束力を発揮するポテンシャルをもったものによっても意志が決定されることはありえないと打ち出すことである。具体的には、原則として人間のあらゆる振る舞いに関与する神によっても意志が決定されることはありえない、と打ち出すことである。一方で、神の知性は「先知（praescientia）」によって人為をあらかじめことごとく把握しているが、そのような把握によっても万事が即座に必然と化すわけではなく、人間の意志には偶然性の余地が、すなわちみずから振る舞う余地が、残されている。他方で、神の意志は人為に「助力（auxilium）」ないし「一般的協働（concursus generalis）」——この中で特に信仰上の救済に関わるものが「恩寵（gratia）」ないし「特殊的協働（concursus specialis）」と呼ばれる——を与えるが、その力もまた人間の意志が固有のイニシアティヴを取ることを認めている。こうして、被造意志は創造主の知性と意志のいずれからも自由となる。そのような完全性を意志が享受すればこそ、人間は神との真に相互補完的な関係に入り、書名として掲げられるに相応しい「調和（concordia）」を実現する。

一五三四年に創立され、一五四〇年に教皇の認可を受けたジェズイット会派（Societas Jesu）に間もなく加わったモリナがこのような理論を構想するに至った背景には、宗教改革の拡大に対抗してカトリック勢力が組織したトリエント公会議（一五四五～一五六三年）があった。とりわけ、近世スコラ学の諸派によって十六世紀後半から百年に渡って繰り広げられる自由意志をめぐる論争にモリナの手を介して火をつけることになったのが、次のカノン（一五五四年）である。

> 神によって動かされ、促される人間の意志が、その神に同意するさい……神と共に働くことは何らしていないと主張する者は、異端である。同じく、意志は、たとえそう欲しても神に同意しないことはできない、あたかも生命を欠いたものであるかのように何もせず、たんに受動的に振る舞うだけである、と主張する者もまた、異端である。〔T-8〕トリエント公会議 第六総会 第四カノン(1)

「たとえそう欲しても人間の意志は神に同意しないことはできないと主張する者は異端である」。神による救済への関与を人間の意志には一切認めないルター派の思想を排撃するために置かれたこの一文によって、神への同意を拒む力が人間の意志には具わっているという考えがカトリック全体の公式見解となる。ただし、同意を拒むことが、即、一つの自由である、とまでこのカノンによって規定されているわけではない。神への不同意すなわち神からの離反行為が真の自由に値するという考えは、当時の常識にむしろ反するようなものだった。正確には、主張も何も大体が思いつくことさえ出来ないような性質のものだった。モリナこそ、右の一文に埋め込まれた「欲するならば、同意しないことができる（posse dissentire, si velit）」という一句はまさしく同意の拒否を自由な行為として認めているという確信の上に、自由意志論を構築した最初の人物なのである。みずからに割り当てられた偶然性とイニシアティヴに基づいて意志的になされたものである以上、不同意も当然に自由な行為である。救済云々ではなく、例えば法規を破るという場面で考えてみれば、今日一般に受け容れられている考えであると言ってよいだろう。そのような考え方が理論的に正当化されたのは、せいぜい四世紀ほど前、いまとなっては読まれることも少なくなった『コンコルディア』という一冊の書物を通してのことだった。

　いずれにしても、非・被決定性を絶対化する先の論理を逆に用いれば、最大の拘束力を乗り越えてなされるこのような不同意こそ最も自由な行為である、ということになる。そしてもう一歩、最大の自由を得るためにあえて最強の拘束力を退ける、つまり自由を悦ぶために意図して神から離反するという方向に考えを進めれば、ここに、デカルト研究者たちを困惑させてきた「自殺的」ないし「悪魔的」な意志の問題（序章十八頁〔T−2〕）を透かし見ることは難しくない。

　このような考え方の源を求めて、私たちはいったんアウグスティヌスの思考圏にまで遡る。第四カノンの背後にある「最初の悪意志」――神に対する最初の不同意である「原罪」――の問題に[2]、まず、そして誰よりも強く、思索の緊張を強いられた人がアウグスティヌスであった。他方で、そのあとに来た数多の神学者、哲学者、思想家たちは、アウグスティヌスを権威と仰ぎながら、彼が堪えたのと質的に等しい緊張感を覚えることが徐々になくなってゆく。それと共に、意志の自由という問題は序章で瞥見した二項対立の問題へと図式化されてゆく。その過程を完遂する決定的な一歩をジェズイットに踏ませる機縁となったのが、右に引用したカノンである。

以下、第一節では、アウグスティヌスによる意志論と自由論の基本線をまず押さえ、それを踏まえて「原罪すなわち「悪の起源」の問題を第二節で取り上げよう。その上で、第三節では十七世紀を望見しながらアウグスティヌス的思索が自由意志論の歴史に占める特異な位置を確認する。

第一節　意志と自由

1　神の掌中にある人間の意志

アウグスティヌスの思想形成を促した要因は多様だが、周知のように哲学の面ではキケロ（Marcus Tullius Cicero, A.C. 106~A.C. 43）の著作がプロティノス哲学と並んで重要な位置を占める。かつて多くを学んだこの弁論家に対してヒッポの司教となったアウグスティヌスが向ける批判には容赦というものがない。とりわけ、神の完全性を損ねることに繋がるような見解に対してそうである。この点から始めて、アウグスティヌスの思索が向かうその先には何が待ち受けているのか、まず確認しよう。

最初に引用するのは、キケロが『運命について（*De fato*）』（前四五年）で示した人間的自由の擁護論を、アウグスティヌスが『神の国（*De civitate Dei*）』（四二六年）で取り上げ直したテクストである。言葉遣いは大きく変更されているが、考えそのものはオリジナルと変わらない。厳密に言うとそのオリジナルは実はキケロ自身の考えを示したものではなく、そこを誤解したままアウグスティヌスはキケロを批判している。それでも、いまはアウグスティヌス自身の考えを知ろうとしているのだし、左の言葉は思想としてみれば究極のところキケロが口にしてもおかしくないものでもある。要するに、アウグスティヌスの記すままを考察の出発点にして何も不都合はないということである（『運命について』の対応するテクストは、本章の最後、第四節で取り上げる）。アウグスティヌスによれば、キケロは次のように考えていた。

もし、生成するあらゆるものが従う諸原因の秩序が不動であるなら一切のものは運命的に生成し、もしそうであるのなら、われわれの力の内には何も残らず、意志が裁量をもつ余地もないことになる。加えて言うに、もしわれわれがこの点に同意するなら、人間の生活は根本から覆されることになる。法を作っても無駄になり、譴責あるいは賞賛に、批難あるいは励行に訴えても無駄になる。善き人々に報い、悪しき人々を罰するための正義というものが、もはや存在しないことになる。〔T-9〕『神の国』第五巻九・二〇四(3)

運命による一元的な決定論を認めたのではおよそ倫理というものが崩壊してしまうというのが、自由を擁護するためにキケロが（とアウグスティヌスは思っている）ここで提出している理由である。

アウグスティヌスが異を唱えるのは、しかし、後世を通じて繰り返されるこのタイプの理由に対してではない。キケロは『運命について』の別の箇所で、人間の意志と運命の関係を単純に切断することによって人間の自由を救出するのだが、この解決方法にもアウグスティヌスは関心を示さない。他の何を措いてもアウグスティヌスにとって赦し難いのは、運命の支配力を解除して、その代わりに自由を立てるというキケロの——これは真実キケロの、と言ってよい——発想である。もちろん、異教の概念である「運命」の拘束力をアウグスティヌスが積極的に認めるということではない。何であれ上位の審級の力から免れたところに自由を見出そうとする発想は、構造的に、全知なる神への冒瀆を含意しかねないためである。「あらゆる原因の秩序は完全に確定されており、その秩序が神によってあらかじめ知悉されていることを否定する」ことになるキケロの考えは、「嫌悪すべきもの」（『神の国』第五巻 九・二〇七）[4]である。すべてを神は知り、すべてを神は思うままになす。この点は、一切の妥協を容れずに認められなくてはならない。「したがって」とアウグスティヌスは続ける——

> われわれの意志が力をもてるのも、まず神がそう望み、それをあらかじめ知っていた限りのことでしかない。[5]
>
> 〔T-10〕『神の国』同箇所

こうしてまず神の全能と全知を何の留保もなく肯定することで、アウグスティヌスはキケロを退ける。それでは、この肯定と同時に、人間の意志が固有の仕方で働くための場も閉じられてしまうのだろうか。つまり意志の自律性の肯定否定という点でも、アウグスティヌスはキケロの正反対を行くのだろうか。そのようなことはない。「われわれの意志が力をもてるのも、まず神がそう望み、それをあらかじめ知っていた限りのことでしかない」という一節は、裏返せば、自律的に行使する力を神は望んで人間の意志に与えたということでもある。「運命」の観念に基づくヘレニズム的な必然性にこの自律性を対置して、アウグスティヌスは次のように言う。

> 何ごとかを欲するとき、われわれは意志によって欲しているのでなければならない。実際これは疑いようのない真理であり、だからわれわれは、自由を除去する必然性に意志を従属させないのである。したがって意志はわれわれに属するものであり、その意志が、われわれが欲してなすあらゆることをなす。われわれが欲

さないことはなさない。

〔T－11〕『神の国』第五巻十・二〇九(6)

意志を自律的に用いうることと、意志が人間の精神に内在していることは厳密に等価である。『神の国』に先立つ『意志論（*De libero arbitrio*）』（三九五年）に見出される次の幾分か同語反復的にも響くテクストが、この等価性をすでにはっきりと認めていた。

われわれの意志は、われわれの力の内にあるのでないとしたら、意志ではなくなってしまうだろう。しかし意志はわれわれの力の内にあるのだから、われわれにとって自由なものである。というのも、われわれが力の内にもっていないものはわれわれにとって自由ではなく、力の内にもっているものが自由でないことはありえないからである。

〔T－12〕『意志論』第三巻三・八(7)

神の全知と全能を無条件的に認めつつ、アウグスティヌスは同時に意志の内在性と自律性を微塵も疑わない。神は被造意志に固有の力を与えたというのがキリスト教の真実だからというだけでない。内在性と自律性は、アウグスティヌス自身の実感に照らしてもまた、疑いえないものだった。

自分が意志をもっており、何ごとかを享受するようその意志によって自分が動かされるということ以上に、私にとってより堅く、また自分の奥深くで感ずることはない。

〔T－13〕『意志論』第三巻一・三(8)

「意志によって動かされる」ことを「自分の奥深くで感ずる」。時代を問わず、自由意志を肯定する者はその根拠に「経験」を挙げる。その経験は、おおよそ、アウグスティヌスがここで言っているような「感じ」に基づくものである。あるいは、こういう感じの属する審級を示すために経験という言葉が広く用いられると言うことも可能だろう。ともあれ、当面の問題は、われわれの奥深くに感じられる意志も被造物として神の掌中にある、という構図の全体である。どうすれば、われわれの意志でありながら神の意志でもあるという、意志がもつ二つの帰属関係を両立させることができるのだろう。被造意志の自律性を認めることは、キケロがそうしたように、神がもつ先知の網羅性を侵害しかねない。同時に、神的意志の実効性をも侵害しかねない。後者がいわゆる恩寵の問題であり、この問題の性格に関してアウグスティヌスは次のように述べている。

> われわれの探求の途は、理《ことわり》そのものによって厳しく狭められている。意志を人間から取り去るような仕方で神の恩寵を立てることはできず、かといって、意志を是認することで、われわれが神の恩寵に値しない不敬な者と判断されるようなことがあってもならないのである。
>
> 〔T-14〕『罪の報いと赦しについて、および幼子の洗礼について』第二巻十八・二八(9)

恩寵を与えるか否かは全面的に神の意志次第である。その意志決定に人間の意向と振る舞いが影響すると考えること、とりわけ、「善く振る舞えば神様はきっと私を救って下さるに違いない」といった類いの期待を抱くことは、神を人間の尺度に引き下げることであり赦されるものではない（引用後半）。しかし、恩寵の絶対性と引き換えに意志を無力化することは、「われわれの意志が力をもつことを神が望んだ」（〔T-10〕）というキリスト教的真理と、「何事かを享受するよう意志によって動かされている」（〔T–13〕）という経験を、ともども無視することである（引用前半）。

２　二項対立の不在と唯一の自由

アウグスティヌスが抱いた考えにはっきりと認められる右のような双方向性が、意志の自由をめぐる後世の論争を用意した。概略的に見れば、そのようになっている。神の意志と人間の意志をどう両立させるのか。中世から十七世紀まで連綿と続く自由意志論の中心にはつねにこの問題があった。問題の扱い難さを端的に表現した右の言葉（〔T–14〕）は、千二百年後の例えばスアレスにとってもなお、その意味を失くしていない。スアレスは神学的著作の一つの冒頭でこの言葉を引用し、アウグスティヌスの教えに自分が忠実な者であることを示しつつ、両立を可能にする理論の構築に乗り出してゆく。実際には、ジェズイットとして、被造意志に最大限の自由を保証するような理論の構築に(10)。

しかし、概略的にはそうであれ、ジェズイットの先にデカルトまで見据えようとする場合には、対立二項のあいだを縫うように進む探求の途を設定した――後代によってそう受け止められた――という理由でアウグスティヌスの思想を問題の起源の位置に据えるようなことはしない方がよい。むしろまず考慮するべきは、「厳しく狭められた」探求の可能性について右のように語りはするものの、アウグスティヌスがみずからこの途に深入りしようとしたことは実は一度もない、という事実である。右の著作においても、また膨大な著作群のおそらくどこにおいても、神の力と人間の力を二項対立的に捉えた上でそれを理論的に調停しようとアウグスティヌスが試みた形跡は見当たらない。それは、そのような仕方で理論を提示することに意を砕く必要がそもそも彼にはなかったからであり、このことには、アウグスティヌスの思考に固有の布置に即した明確な理由がある。この理由が、私たちにとっては重要である。

改めて、先に引用した『神の国』（〔T-11〕）と『意志論』（〔T-12〕）が属する文脈に目を向けよう。たしかに、これらの箇所では人間がもつ意志の自律性と内在性が自由と結びつけられている。「意志はわれわれの力の内にあるのだから、われわれにとって自由なものである」。〔T-11〕の少し前では、キケロとちがって「信心に篤い魂の持ち主は、〔神的先知の完全性と人間の意志の自律性の〕双方を選ぶ。どちらをも真実であると認め、どちらをも固い信仰によって受け容れる」と強調されてもいる（『神の国』第五巻九・二〇四）。

それにもかかわらず、意志の自律性と内在性をもって自由とする考えを、アウグスティヌスの本来的な見解と見なすとすれば、それは誤りである。いずれのテクストも、〔T-11〕の直前に傍点を付して断ったように、運命の支配力と引き換えに人間の自律性を放棄するギリシャ由来の決定論を反駁する点に意図を限定している。なるほどこの文脈に限っては、意志の内在性と自律性を自由に結びつけることをアウグスティヌスは躊躇わない。みずからの責任で意志を行使するという神が人間に委ねた権利は運命という誤った観念によって否定されるものではない、という点を強調するために。しかしこの特定の文脈の外で、アウグスティヌスが意志の自律的な行使を自由と積極的に結びつけることはない。そのような発想は、アウグスティヌス本来の視野からは出て来ようがない。この点は、彼の視野を深く横切る「みずからに従う（secundum se）」ことと「神に従う（secundum Deum）」ことの区別に基づいている。

「神に」ではなく「みずからに従う」ことで意志は自律性を発揮する。自律的であるというのはすなわち神から離れることであり、すなわち、「悪徳と罪に隷従する」ことである。そしてこの離反と隷従の下に生きるということが「地上の国」に生きるということであり、そうである以上、この世の意志に自由が訪れることはありえない。

意志の働きが真に自由であるのは、意志が悪徳と罪に隷従していない場合だけである。

〔T－15〕『神の国』第十四巻十一・二九[11]

このような自由は、したがって、夢見られたものでしかない。我執を棄てられない現世の人間からは「真の自由」を享受する権利がそもそも奪われている。この世の人間は、原罪を犯したアダムの子孫であるという原-事実によって、「悪徳と罪への隷従」を余儀なくされている。否も応もないままに、「神的であり真に恒常的なものから逸脱し（avertitur）、移ろい易く不確実なものへと身を向け変える（convertitur）」（『意志論』第一巻十六・三五[12]）。「神にではなくみずからに従う」以外になす術を知らない。これが、アウグスティヌスによって捉えられた、原罪後の世界における意志の実態である。「神の恩寵が人間の意志を助け給うならば人間は現世において罪なしに生きることが可能であるのに、なぜ実際にはそうでないのか。この問いに対して私は何にもまして容易に、また何より以上に真実のこととして、次のように答えよう。すなわち、人間がそれを望まないからである」（『罪の報いと赦しについて、および幼子の洗礼について』第二巻十七・二六[13]）。正確には、望もうにも望むという心の働きは「みずからに従う」ことを通してしか成り立たず、その限り、望むそのことが神からの離反と悪徳への隷従を示す格好になってしまうからである。その意味で、望むことができないからである。

もちろん、拘束から、例えば運命の支配から逃れるという意味で、つまり非・被決定状態にあるという意味で自由という言葉を用いることは実際上可能だが、そのような自由は「人間である主人に従わない者がみずからを自由と思う場合の自由」、あるいは「この世の主人から解放されたいと欲するような者たちが願う自由」（同箇所）にすぎず、本来的な自由の名には値しない。本来の、唯一真性な自由というのは、あくまでも、次のようなものである。

> われわれの自由はこのことに、かの真理に従う（subdimur）ことに存している。そして神御みずからが、われわれを死から、すなわち罪に穢れた状態から救い出す。(14)
>
> 〔T−16〕『意志論』第二巻十三・三七

> この自由なる意志は、より聖なるものとなればそれだけ自由なものになり、より恩寵に従属すれば（subjectior）それだけ聖なるものとなる。(15)
>
> 〔T−17〕書簡一五七・二・七〜八

「従属する」ことがなぜ自由なのか。従属しているとき、意志はどのような状態にあるのか。アウグスティヌスが別の箇所で「大いなる自由」と呼ぶものを享受している意志のあり方についてはもっと正確に考える余地があるが、差し当たりここまでを一度まとめよう。

意志が神からの「授かり物（donum）」であることへの信に照らして（〔T−10〕）、同時に、みずから感ずる経験に基づいて（〔T−13〕）、アウグスティヌスは意志の内在性と自律性を肯定する。この性格を無視して意志を考えることは不可能である。ところが、彼に先立つストア派とも、中世から近世を通じて自由意志を論じたほとんどすべての人々の場合とも異なって、アウグスティヌスの思考圏において意志の自律性がそれだけで自由の証となることはない。意志を用いる経験に伴う不可疑性もこの点では無力である。したがって、『神の国』（〔T－11〕）と『意志論』（〔T－12〕）における意志の内在性および自律性の肯定は文字通りに解してよいとしても、これを自由の肯定と直結するアウグスティヌスの議論は、状況に、つまり先ほど述べたヘレニズム的決定論を反駁するという限定的な必要性に応じた例外的措置と考える必要がある。翻って、神の全知全能と人間の意志の関係を、対立する二項の調停問題として捉える後世ほとんどすべての場合には、その前提として、人間による意志の自律的な行使それ自体に何らかの積極的な価値が認められている。つまり意志の自律的な行使が何らかの意味で自由であることが前提とされている。この前提が、アウグスティヌスには欠けている。そうである以上、彼の意識に神の万能と人間の自律との対立が解決を求める問題として姿を現すことは原理的にありえない。端的に、両者は包括的な仕方でそれぞれそのまま肯定されるべき対象なのである。

3　自律性の向かう先

それでは、神に従うかどうかの選択について語っている次のようなテクストはどのように理解したらよいのだろう。「恩寵のもとにとどまる」のか、「恩寵を拒む」のか。この選択は、「従属」による自由を享受する理想的な境地（神の国）とその外部（地上の国）との境界線上で、意志が自律的になすものである。その限りではやはり、神への従属を通して得られる自由とは別に、アウグスティヌスも「選択の自由」を認めているのではないか。

この救い〔恩寵〕は、そう望むなら拒否できるもの（quod desereret cum vellet）であり、そう望むならそこにとどまることのできるものである。

〔T－18〕『譴責と恩寵について』十一・三一[16]

最初の人間アダムが「移ろい易く不確実なものへと身を向け変え」てしまって以降、だから世のほとんど初めから、「望むなら恩寵のもとにとどまる」という事態はありえないものになっている。右のテクストが想定しているのは、したがって、現世の人間ではない。とどまるか、拒否するか、この点が未だ問題でありえた最初の人間、アダムである。それでもよい。アウグスティヌスも少なくともアダムには、拒否するかとどまるかを選択する自由を認めているのではないか。少なくともアダムと神のあいだには、前者による恩寵の拒否権行使を介して、二項対立の問題が生ずるのではないか。

このように理解することも、やはりできない。たしかに、「救い」の内に「とどまる」ことをみずから「望める」ような意志を、つまり「悪を犯さないことができる（posse non peccare）」意志を、そのような「堅忍（perseverantia）」を、神はアダムに与えた。そしてアダムはそのような意志をみずから放棄した。それがすなわち原罪を犯したということである。アウグスティヌスが反語的に問うように――

もし堅忍を神から受け取らず、ゆえにそれをもっていなかったのであれば、どのようにして、堅忍をそもそも受け取らなかった者が堅忍を棄てることで罪を犯したということになりうるのか？

〔T－19〕『譴責と恩寵について』十・二六[17]

やはり、堅忍の放棄を可能にするような意志をアダムに与えたのは神だったのか。それによって、神はアダムに恩寵の諾否に関わる選択の自由を与えたのか。それもまたありえない。そのような自由を認めるということは、神のもとにとどまる力と一緒に悪へ赴く力をもアダムに与えるということである。その場合、もしも実際に後者の力が行使されるならば、遠くからであれ実は神が悪を用意したということになりかねない。「どうか私に言って下さい。神が悪の創り手なのですか」（『意志論』第一巻冒頭の言葉）。答えは否である。神が最初の人間に授けたのは、最初の人間が神のもとにとどまることを、つまり神に従い続けることを可能にするような意志であり、それだけである。

善き意志こそ神の創ったものである。そのような意志と共に人間は創られたのだから。

〔T–20〕『神の国』第十四巻十一・二八(18)

そうである以上、アダムの場合でもやはり意志の自律と自由が結びつくことはない。選択の自由の行使を介してアダムが神と対立関係に入ることはない。アダムの自律性が向かう先は「悪」である。このあとで見るように、悪は「無」として、あるいは辛うじて「深淵」として観念されうるだけであり、悪と神とのあいだに実効的な関係が生ずることはない。果たして、そのような悪になぜ最初の人間の意志は向かってしまったのか。「堅忍」を放棄するための意志を、つまり「最初の悪意志（mala voluntas prima）」を、いったいどこからアダムは手に入れたのか。意志に関するアウグスティヌスの思索は、たえず、アダムがもつことになってしまった「罪を犯す力（peccandi facultas）」（『意志論』第三巻二四・七二）の由来ないし根拠へと送り返される。

なぜ人間は神から離反することになったのか（Unde haec aversio）？　〔T–21〕『意志論』第一巻十六・三五

これがヒッポの司教による意志論を象徴する問いになる。「悪はどこから来たのか（Unde malum）？」と端的に問うても同じである。

こうしてアウグスティヌスの意志論は、「原罪」論すなわち「悪」論ないし「悪意志」論として、展開されることになる。場合によってはその傍らに、「大いなる自由」という地上の国からは失われてしまった甘美なる生のありさまについての叙述が添えられもしよう。しかし、意志論と自由論が後世のように重ねられることはない。意志と自由、それぞれについての考察がアウグスティヌスの思索において深く交わることはない。原理的にありえないと言い切ってよいだろう。このような思索の結構は、アウグスティヌスの著作群の中では比較的前期に属する『意志論』（三九五年）でも、そのあとに来る『告白（*Confessiones*）』（四〇〇年頃）でも、後の神学・哲学からカノンとして遇される『神の国』（四一六年）でも、さらには自由論として極めて重要な晩年の小著『譴責と恩寵について（*De correptione et gratia*）』（四二六年）でも、基本的に変わらない。

そこで、私たちも、悪の起源をめぐるアウグスティヌスの思索を追うことにしよう。原罪そのものは、なるほど一つの神話でしかない。しかし神話の創出と継承は、あくまでも、現実の悪に何らかの仕方で対処しようとする人間の思考を介して可能になるものである。《Unde malum ?》という問いもまた対処の試みの一例であり、その限り、神話という書き割りに左右されない現実性が、問いと、問いに応えようとする思考には具わっているはずである。

第二節　悪の由来

1　「欠損（defectus, defectio）」あるいは〈在りて在りうべからざるもの〉

神からの離反は、原罪は、悪は、なぜ生じたのか？　この問いに対するアウグスティヌスの答えは一貫しており、しかし一見して何とも摑み難い。

最初の悪しき意志は人間のなすあらゆる悪しき所業に先立つものであり、それは働きではなくむしろ働きの欠損（defectus）である。その欠損を通して、人間は神の働きを打ち棄てみずからの所業に堕ちて行く。神にではなくみずからに従う（secundum se, non secundum Deum）そのような所業は当然に悪しきものである。
〔T–22〕『神の国』第十四巻十一・二六(19)

人間が神から離反することは自己に従うことと表裏一体である。それでは、意志のそのような「所業（opera）」が、たしかに一つの所業であるにもかかわらず、「欠損（defectus）」であるというのはどういうことなのか。

誰も、悪しき意志の実効的な原因（causam efficientem）を求めてはならない。この原因は実効的なもの（efficiens）ではなく欠損したもの（deficiens）であり、悪しき意志は結果を生み出しうるもの（effectio）ではなく、むしろ何も生み出しえないもの（defectio）だからである。

〔T-23〕『神の国』第十二巻 七・五二二[20]

《efficiens》は動詞《efficio, -ere》の現在分詞で、同じくその過去分詞から作られたのが名詞《effectus》である。《efficio》の組成は《ex + facio》で、「外へ向けてなす」を原義とする。そのようにしてなされたものが「結果、効果（effectus）」、そのようになせる状態にあること、つまり現実的な結果を生み出しうる力をもっていることが「実効的（efficiens）」、そしてこれを名詞的に捉えれば「実効性（effectio）」となる。この反対に来るのが動詞《deficio, -ere》から派生する《deficiens》、《defectus》、《defectio》である。動詞の組成は《de + facio》であり、接頭辞の《de》はここでは否定を意味するから、「放棄する（＝なすべきことをしない）」や「欠損している（＝なすべきことがなされていない）」が基本義になる。《deficiens》はこの動詞の現在分詞である。ただし《defectus》と《defectio》という二つの名詞に関しては意味上の区別をつけ難く、アウグスティヌスも区別はしていない。[21] いずれも、日本語に移すには、文脈と文の構造を考慮して端的に「欠損」とするか、動詞に遡りつつ反意語も考慮して「何も生み出しえないもの」とするのが妥当な処理になる。

ともあれこのように見てみれば、悪意志が「欠損」と言われる理由も一応のところは理解できる。すなわち、現実的な結果と呼ぶに値するものを何も生み出さないからである。言い換えれば、悪意志が実現するものは、次に引くテクストで言われるように、存在の系列から外れた「無（nihil）」に属するからである。そのような悪意志に「実効的な原因を求めてはならない」のは、実効的原因とは、定義上、現実的な結果を生み出すものだからである。反対に（〔T-23〕第二文）、悪意志の原因が非実効的＝欠損的であると言うことは、事実上、悪意志を非実効的＝欠損的にしている原因などそもそも存在せず、悪意志というものが端的に非実効的＝欠損的なのだ、と言うことに等しいだろう。

さらに、悪意志が意志としての本来的な働きの「欠損」とされることの意味と並んで重要なのが、その存在論的なステータスであり、この点は『意志論』に含まれる次のテクストによってコンパクトに示されている（『意志論』は、この引用で「君」と呼ばれているエヴォディウスとアウグスティヌスとの対話編という体裁で書かれている）。

> したがって、神から意志が離反するあの動き（motus ille aversionis）――われわれはこれこそ罪を構成するものであると考える――は欠損した動き（defectivus motus）であり、およそ欠損は無に由来する（omnis autem defectus ex nihilo est）。そうであるなら、この欠損がどこに属するかを一考すれば、それが神に属さないことを君は疑うまい。そして、意志的なものである以上、欠損がわれわれの意志の力の内に据えられたものであるということも、また。
>
> 〔T－24〕『意志論』第二巻二〇・五四(22)

「欠損は無に由来する」。しかし、「欠損した」ものとはいえ、罪＝悪を構成する「動き」ないし「みずからの所業（sua opera）」（〔T－22〕）はやはり在ると言わなくてはならない。「意志的な」所業である以上、それは意志の内に在るのでなくてはならない。しかし、この「在る」は一切の存在を領する神の埒外にある点で、本来は在りえないはずのものである。すなわち、《defectus, defectio》は、〈在りて在りうべからざるもの〉として、意志の内に在る。

2 「中間（medium）」という〈規定不能性〉

「欠損」であり、「悪＝無」以外の「何も生み出しえないもの」であり、そのようなものとして〈在りて在りうべからざるもの〉である《defectus, defectio》。その性質を別の角度から眺めることで理解をもう少し先まで進めよう。手掛かりを与えてくれるのは『意志論』もほぼ終わり近くにある次の議論である。「神からの離反はいったいどこから生じたのか」の問いに関して、ここでのアウグスティヌスは「欠損」ではなく「中間（medium）」という概念に訴える。

賢から愚へ移行する（ad stultitiam a sapientia transitur）さいには何らかの中間（medium）がある。移行は賢によってなされたとも愚によってなされたとも言えないからであるが、現世の人間はこの中間を賢と愚の対立する二項を介してしか理解することができない。実際、この世の人間の中に賢から愚へ移行することなしに賢者となる者はおらず、ところが、この移行が愚に基づいてなされたのならそれは善でないことになるが、このように言うのは明らかにおかしい。逆に賢に基づいてなされたのなら、その人間には賢への移行より前に賢が具わっていたことになるが、これも等しく不条理である。以上から、賢とも愚とも言えない中間のあることが分かる。このような仕方で最初の人間は賢の頂から愚へと移行したのであり、この移行自体は賢でも愚でもなかったのである。

〔T–25〕『意志論』第三巻二四・七三(23)

賢から愚であれその逆であれ、「移行は賢によってなされたとも愚によってなされたとも言えない」。この事実は、賢と愚、善と悪を基準とする一般的な考え方では捉え難い何かを倫理というものが孕んでいることを意味している。すなわち、善くなる、あるいは悪くなるというプロセスである。このプロセス自体を可能にするものは、厳密に考えれば、善でもなく悪でもない。とりわけ、悪へのプロセスの捉え難さは、先行する悪を一切想定できない「最初の悪」において、すなわち原罪の成立経緯として、際立つことになる。

　アウグスティヌスも認めているように、何かから何かへというふうに始点と終点を想定しないで「なる」を語ることはたしかに難しい。何かと何かを想定しないで「中間」を語ることも同様である。逆に言えば、アウグスティヌスがやむなく善悪の「中間」と呼ぶプロセスは、人間の手にする語彙では規定できないというそのことを性質としている。これでは性質という言葉の通常の理解にはそぐわないかもしれない。しかし、「中間」それ自体について何かを理解しようとするならば、〈規定を拒むもの〉、あるいは、〈規定不能性そのもの〉という点は残るし、残す必要がある。基本的に同じことが「欠損」にもあてはまる。賢から愚へ、愚から賢への移行をなるという観点から捉えたのが「中間」だとすれば、同じ移行を生み出すという観点から、すなわち原因と結果の問題として捉えたのが「欠損」である。しかし悪意志（原因）が悪（結果）を生み出したと言ってもそれだけでは悪の起源の説明にならず、善なる意志が悪を生み出したと言ったのでは矛盾にはまるか謎掛けに終わる。原因と結果のあいだで生じている事態はやはりどうにも規定困難である。

　ところで、〈規定不能〉という考えには、「決めることができない」、したがって「決められていない」という考えが含まれている。また「中間」は「中立」とも言い換えることができる。そして、興味深いことに、キケロは「中立であること（esse medium）」を「非決定（indifferentia）」と同一視していた。たしかに、この「非決定」はストア派に固有の「価値中立的態度」ないし「無関心」としての「非決定（ἀδιαφορία）」であり、「決められていないから自由だ」という発想に基づいて後世ジェズイットが打ち出す「非決定の自由」と同じものではない。しかし、特定の関心に縛られていないという状態は、捉え方次第で、だから今から自由に選択できるという考え方とも結びつく（序章註（17）を参照されたい）。古ストアであれ帝政期であれ、ストア派の哲学者たちによっては必ずしも明瞭に意識されてはいなかったと思われるこの結びつきを、ジェズイットは彼らの自由意志論におけるむしろ前提とするだろう。実際、十七世紀のあるジェズイット神学者は、「非決定の自由」の思想史的な根拠の一つとしてキケロの言う« esse medium »を挙げるのだが、「特定事項に注意ないし関心を縛られていない」という古代賢者の精神状態を、「だから自由に選べるのだ」という趣旨で理解しているのでなければ、この表現が援用に値すると判断することもなかったはずである[24]。

とはいえ、概念間のこのような緩い継承関係――アウグスティヌスにおいて「欠損（defectus, defectio）」は「中間（medium）」に対応し、キケロにも見出される後者が後に「非決定の自由（libertas indifferentiae）」と関係づけられる――に基づいて、だからアウグスティヌス的「欠損」概念が「非決定の自由」の出どころなのだという話にするつもりは私たちにはない。二つの概念の関連は、それぞれが蔵しているもっと内的な論理の次元に見出されなくてはならない。二項対立的な探求の可能性をアウグスティヌスは示唆した、だから彼が問題の起源に来るのだ、という見方をまず除外したのも（五九頁）、考察をこの次元で展開することを初めから目指していたためである。

そこで、アウグスティヌスの「欠損」概念に関して摑んでおくべき事項を二つの観点からまとめた上で、議論を「非決定の自由」との実質的な関連性の方へと進めてゆくことにしよう。

3 「深淵（profundum）」と思考の内在志向性

ⅰ／限界概念としての「欠損」――第一に、「欠損」はあらゆる肯定的な規定の外に残されたという消極的な意味で、アウグスティヌスの思考における限界概念であったと考えることができる。その限界性に僅かでも光を当てようと、私たちは「欠損」の存在論的な地位を〈在りて在りうべからざるもの〉と名づけ、その性質を「中間」経由で〈規定不能性そのもの〉として摑もうとした。それでも結局のところは、存在とも非存在とも言えないようなあり方をしているもの、具体的な性質によっては言い当てられないことを性質にしているもの、そのようにして謎めいたものであることに変わりはない。悪意志の原因を探ろうとする過程で浮上してきたこのような「欠損」を前にしてアウグスティヌス自身が非常な困惑を覚えたとしても無理はないだろう。(25) その困惑は、『告白』中に記された次のような言葉の行間に、暫しの緩解すらも拒むがごとく、響き続けている。

意志みずからの裁量こそ、われわれが悪しく振る舞うことの原因であり、あなたの正しいお言葉こそ、われわれが苦しむ原因である。しかしこの原因を、私は明瞭に見極めることができない。そこで私はこの深淵から精神の眼を逸らそうと努めるのだが、しかしそこへと呑み込まれる。幾度も努力を繰り返し、しかしその都度呑み込まれてゆく。

〔T-26〕『告白』第七巻三・五(26)

ⅱ／「習癖」と「悪」の落差――しかし第二に、アウグスティヌスの憾み節にもかかわらず、「欠損」には積極的な意味合いがあると考えることもまた可能である。そのためには「欠損」と「肉体に由来する習癖

（consuetudo carnalis）」の概念的な地位を比べてみるのがよいだろう。一方でアウグスティヌスは次のような嘆きを繰り返す。このような「習癖」すなわち「私自身の重みによって（pondere meo）、私はあなたから遠く切り離され、この世の有象無象のなかに呻きながら身を崩した」（『告白』第七巻十七・二三）[27]。「重み」には「高慢（superbia）」であれ「情欲（libido）」であれ、肉体に湧き上がるあらゆる種類の感情的経験が含まれる。しかし他方で、アウグスティヌスの意識をどれほど強く苛むものであるとしても、したがってアウグスティヌスにおける、そしてキリスト教的人間学における重要なテーマの一つになるものであるとしても、この「重み」と重みの具体的な現れとなる諸々の悪しき感情が、アウグスティヌスを神から切り離す原因として扱われることはない。「重みによって」という奪格表現は一般に手段、理由、原因などを広く柔軟に表すが、ここで原因を指示する用法と解することは不可能である。たしかに、「肉の習癖」に引き摺られている自分を嘆くことは、悪に塗れた自分を嘆くことと同じである。それほどまで密接に、この「習癖」と悪は連動している。しかしそのことと、悪の原因が何であるかという問題は厳密に別である。この問題に関するアウグスティヌス的な思考の順序において、「肉体に由来する習癖」が意志に先立つことはありえない。

　どういうことなのか、悪のプロトタイプである原罪の神話に即してもう少し説明を続けよう。この世の人間に付き纏う「習癖」とりわけ「情欲」の原型となるのが、最初の人間アダム（厳密には「女」＝イヴだが、この点にはこだわらずにおく）を悪へ誘った「蛇の誘惑」および誘惑に身を任せることで彼が覚えた「悦楽（delectatio）」である。では、この「誘惑」と「悦楽」が、最初の悪すなわち神からの離反の原因だったのか。いやむしろ、これらは離反を促した条件ないし誘因であっても、厳密な意味での原因ではないのではないか。後に見るデカルトの場合がそうであるように、後者がアウグスティヌスの考えである。人間が営める一切の可視的ないし可感的な苦渋の原因は人間の悪意志にある。なぜ、そう考える必要があるのか。なぜ、欲望ないし誘惑に屈したがゆえにアダムは意志を悪しき方向に向けてしまったという説明では原因の説明にならないのか。神からの離反行為をアダムその人へ帰するには、理論上、アダムの行為のアダム自身への帰属性を担保する何かがアダム自身の内側に必要であり、ところが、「誘惑」という外的要因に由来する「悦楽」では、この帰属性の担保とはなりえないからである。分かりやすく言い換えれば、「誘惑と悦楽に溺れたから」離反したと言ったのでは、「ではなぜ誘惑と悦楽に溺れたのか」という問いがさらに生ずることを止められないからである。理由の後退がそれ以上ありえないものでなければ原因の名に値せず、アダムの、そして人間の精神においてそのようなものは、意志以外にない。

放っておけばおのずと外の世界に対象を求めようとする「精神の眼」を、みずからの内側に向けて固定する。意志がみずからする働きに対する注視力を弛緩させない。アウグスティヌスが試みる悪の原因探求は徹底した内在志向性を本質とする。「欠損は意志的なものである以上、われわれの意志の力の内に据えられたものである」(〔T-24〕)という単純にも見える言葉の背後に認めなくてはならないのは、アウグスティヌスという精神において確立されていた、このような思索の態勢である。「欠損」の概念は悪意志の原因を厳密に意志の内部にだけ求め続けた——二項対立の枠組みにも外挿的な思考のモードにも依存しなかった——結果として現れたものであり、アウグスティヌスの視線を呑み込む「深淵」の開けは、彼の思考に固有のぶれのなさのいわば代償だったのである。「深淵から精神の眼を逸らせようと努めて」そうできないアウグスティヌスは、序章の最後に導入した視点からすれば、「自然性という坂を下るに身を委ねる」ことがそもそもできない人であった。その点で、自由意志の哲学史における例外的人物であった。

しかし取り立てて内在志向性などと持ち上げなくても、原因の概念を普通に理解すれば、「誘惑」なり「悦楽」なりがそれに値しないことはすぐ分かるだろう、と思われるかもしれない（断るべきタイミングであったのに友人の誘いに乗って呑みに出かけたという類いの他愛ないケースに関して、本人が自分の意志で出かけたこと、つまり当人の意志が少なくとも最終的な原因であることを否定する人はおそらく多くないだろう）。ところが話はさほど容易ではないことを、私たちはヒッポの司教よりあとの哲学史の中で知ることになる（飲酒の場合に意志の原因性を肯定した人の多くが、上官の命令で俘虜を望まずして銃殺した兵士について同じように考えることを躊躇うだろう――この躊躇の根拠を場当たり的にではなく説明することは存外に難しい。意志の自由という問題の核心に触れる難しさである）。

ともあれ一度ここまでを整理しよう。人間の力に関して原因という語を使えるとすれば、それは唯一意志である。この一点をアウグスティヌスが曖昧にすることは決してない。当然、悪の原因探求にも彼は同じ態勢で臨む。しかし、悪に固有の存在様態、正確には無という非・存在的な様態に対応して、悪の原因は「現実的な結果を残しえないような（deficiens）」原因、つまり原因という観念と齟齬を来すような原因としてしか思考に上りえない。こうして、意志の内部に〈在りて在りうべからざるもの〉が現れる。〈もの〉とはいっても存在する「もの（res）」ではなく、現れることがそのまま「深淵」の開けとなってしまうような〈もの〉である。内在志向性を曲げないことを知っている精神に限ってその底に滞留する冥さそのものである。

以上を念頭に置きながら、次の節では後の歴史へと目を転ずることにする。「欠損」に収斂するアウグスティヌスの意志論と十六世紀の後半から十七世紀の前半に一つの頂点を迎える自由意志論の展開とのあいだに、とりわけその展開に決定的な役割を果たしたモリナおよびスアレスの学説とのあいだに、いったいどのような繋がりを認めることができるのか。私たちは未だ彼らの理論をテクストに即して検討していない。それでもこの繋がりの大筋は示せるし、そうすることで、次章の詳細な分析が進む方向性もはっきりしてくるだろう。同時に、アウグスティヌスについて指摘した内在志向性と序章でデカルトについて指摘したそれとの繋がりも考察の視野に入ってくるだろう。

そこでモリナとスアレスそしてデカルトを一度飛び越して、十七世紀も半ばすぎ、パスカル（Blaise Pascal, 1623~1662）の視点から事態を捉え返してみることにしよう。自分こそがアウグスティヌスの精神的な弟子であると強烈に自認していたパスカルは、「神に従う」ことをひたすら夢見た師の精神に反すると自分が見なすあらゆる立場を厳しく糾弾する。ジェズイットの論陣を代表するモリニズムは、そのような立場の筆頭である。「神に発する完璧な光」によって「意志に苦痛を与え」、「尊大を低めること」（『パンセ』ブランシュヴィック版五八一）を求めるパスカルに言わせれば、「尊大」を「自由」と取り違えてひたすら「みずからに従い」自己を膨張させることしか知らないのがモリナだということになるだろう。それなりに正しい評価ではある。[28] しかし、一見犀利なパスカルのモリニズム批判が、実はモリナの論理によって最も端的に代表されるような思考圏の内部で初めて可能になったものであったとしたら、どうなるか。批判の調子が辛辣であればそれだけ、その的外れがいっそう際立つようなことにはならないか。

第三節　閉ざされた深淵

1　失われた「大いなる自由」

『恩寵に関する文書』

アウグスティヌス、パスカル、ジェズイット。三者の関係を明らかにする上で何よりの手掛かりとなるのが、パスカルが遺した『恩寵に関する文書（*Écrits sur la grâce*）』に含まれている、次のテクストである。

この均衡状態、すなわち、対立二項のどちらにも即座に赴くことができる非決定状態（indifférence prochaine aux opposites）――アダムがそうであった非決定状態――に入る力をこの世の人間がもっていないのは、アダムの意志はいかなる肉欲にも引き摺られることがなかった〔が、この世の人間は肉欲の虜となっている〕からである。聖アウグスティヌスが言う通り、アダムの意志には肉欲に発して意志の障害となるいかなるものも含まれておらず、この点に異論を立てる者はない。こうしてアダムは完全に自由で完全に解き放たれた状態にあり（étant entièrement libre et dégagé）、神による最低限の援助さえあれば即座に、義の内にとどまることも義から遠ざかることもできたのである。何ら強いられることもなく、一方あるいは他方からの牽引力を蒙ることもなく。

〔T-27〕『恩寵に関する文書』「第三の文書」／「書簡」[29]

パスカルは「非決定」を「均衡状態」と捉えているが、これがストア派的な「無関心」としての「非決定」と異なることは文脈上明らかであろう。「均衡」というのは、いまから「対立二項のどちらにも即座に赴くことができる」状態、つまり一種の臨戦態勢であり、実質的には「反対項選択能力（potestas ad opposita）」と区別ない。「非決定」に加えられた「近い」ないし「隔てない」を基本義とする«prochain»という形容詞は、力がいつでも発動可能な状態にあることを示している(30)。ところで、原罪前のアダムが享受していた非決定状態をパスカルがこのように強調するのは、この状態を原罪後のいまここに生きる人間にも拡張しようとする者たちの誤りを証明し、彼らの傲慢を告発するためであった。告発を受けた側の代表が、七十年ほど先立って次のように述べていたモリナである。

いま仮にそれ〔「非決定の自由」の否定〕を百歩譲って最初の人間失墜後の人間について認めたとしても、いかなる理由で天使と無垢であった人間に関して同じことを認めえよう。彼らは何の困難もなく、あらゆる罪に赴くことを踏み止まることができたのであり、しかしまた、彼らに内的な自由によって罪を犯すこともできたのである。〔T-28〕モリナ『コンコルディア』第五十討論 第十三節(31)

問題は、「無垢であった人間」すなわちアダムのもっていた自由を原罪前に限定するのか、原罪後にも拡げるのか、にある。モリナが対峙した論敵（意志の自由を制限的に捉える十六世紀のトマス主義者、バニェス）は限定論を主張し、モリナがそれに対して拡張論を支持していることは、「仮に百歩譲ってそのことを認めたとしても」という反実仮想から明らかである。パスカルにしてみれば、このようなモリナの立場ほどアウグスティヌスの考えから遠いものはない。原罪を境に「神に従う（secundum Deum）」ことと「みずからに従う（secundum se）」ことのあいだに穿たれた断絶はいかにしても埋めようがなく、現世の人間がするあらゆる意志の行使は「みずからに従う」ものでしかありえない。つまり現世の人間による意志の自律的な行使はすべて「傲慢」の徴でしかなく（すぐ見るように、パスカルによれば自律的に何ごとかをなせるという思いも幻想でしかないのだが）、原罪前のアダムが「対立二項のどちらにも即座に赴くことができる非決定」として享受していた自由は金輪際回復不能になっている。このようなアウグスティヌスの教えを「疑う者は、この教えに充ちている「譴責と恩寵に関する」〔アウグスティヌスの〕書物を開いてみればよい[32]」。

『譴責と恩寵について』

「義の内にとどまる＝罪に赴くことを踏み止まる」、「義から遠ざかる＝罪を犯す」、いずれかを選ぶ自由をアダムはもっていたのだが、みずから犯した原罪によってそれを失ってしまった、とパスカルは言う。そしてこれがアウグスティヌスの考えであった、と。しかし、理論上そうではありえないことを私たちはすでに知っている。アウグスティヌスが考えていたアダムの自由は、選択の自由ではない（六三〜六五頁）。パスカルの指示に従って、『譴責と恩寵について（*De correptione et gratia*）』を開いてみよう。当然のことながら、パスカルが語るような話はこの書のどこにも見当たらない[33]。たしかにアウグスティヌスはアダムに与えられていた自由について語っている。けれどもそれが非決定の自由とは本質的に異なるものであることは、次のテクストにははっきりと示されている。そしてまさにこのテクストを、あるいは少なくともここで典型的に示されているアウグスティヌスの一貫した考えを、パスカルは誤解したのだろうと思われる。

もし、最初の人間が善の内にとどまる力を神からの賜物として受け取らず、むしろ善の内にとどまるか否かは彼の意志に委ねられていたとすれば、それは彼の意志――罪とは無縁に創られ、情欲の抵抗を受けることの一切なかった意志――がもっていた力が次のような状態にあったからである。すなわち、善の内にとどまる力がこの上ない善性に、そして善く生きることのこの上ない安寧に（tantae bonitati et tantae bene vivendi facilitati）委ねられた状態に。……しかし、罪の報いとしてこの大いなる自由（illa magna libertas）が失われて後……

〔T–29〕『譴責と恩寵について』十二・三七[34]

私たちが参照している校訂版の編者が指摘しているように（BA 24, p. 355, n. 3）、右のテクスト第一文の仮定節は次のような反実仮想を含意している。「もし、最初の人間が善の内にとどまる力を賜り物として受け取る必要がなく（n'eût pas à recevoir）、善の内にとどまるか否かを彼の意志に委ねることが可能だった（pût être laissé）とすれば、それは彼の意志がもっていた力が、当初からすでに次のような状態にあった（avait été mise en possession）からである。すなわち……」。

原罪の前と後

現実には、「罪に赴くことを踏み止まるための助け（adiutorium perseverantiae）」すなわち「堅忍（perseverantia）」を神から授けられると同時に、アダムは「罪を犯さないことができる（posse non peccare）」力、つまり「善の内にとどまる力」を受け取った。ところで、このような力は神の国へ入ることをあらかじめ定められた聖者たちには必要ない。彼らにはそもそも善の内に踏み止まろうなどと力む必要がない。それが、あらかじめ選ばれた者ということである。そして、「罪を犯すことがありえない（non posse peccare）」聖者たちが享受する意志の自由こそ「最も高貴なものであり」、意志の自由とは「元来そのようなものであった（prima erat）」（『譴責と恩寵について』十二・三三および三四）とアウグスティヌスは言う。

では、現実には「善の内にとどまる力」を受け取ったにもかかわらず、なぜあえてその反対を想定する必要があるのか。想定する意味があるのか。それは、原罪を視野に入れずにアダムのことを考えた場合には、そもそも「善の内にとどまる力」を受け取る必要はアダムにはやはりなかった、というのが神の国の現実に照らして正しいからである。原罪の前、善から離反してしまうかもしれないなどという懸念はアダムには一切なかった。それが原罪の前ということである。原罪を云々する以前、ことの「当初からすでに」、善の内にとどまるか否かという選択がそもそも問題になりえないような状態にアダムの力はあり、そのような意味で「善の内にとどまるか否かを彼の意志に委ねることが可能だった」と言われているのである。このような状態こそ、アウグスティヌスが「善く生きることのこの上ない安寧に委ねられた状態」と呼んでいるものに他ならない。

この安寧状態を享受しているアダムが堅忍を実際に受け取っても、それによって彼に、また彼を取り巻く状況に、何か変化が起こるわけではない。アダムの享受している理想的な状態に関しては、堅忍の受領前と受領後で幾ばくかの変化もない。それではなぜ、堅忍を受け取ったという話がわざわざ出てくるのか。それは、堅忍の放棄である原罪というものが実際に起こってしまったというのがキリスト教的な事実だからである。神の国の後に地上の国ができてしまったという現実に照らせば、原罪があったと認めざるをえないからである。この先を繰り返す必要はないだろう。放棄はなぜ起こったのか？ 放棄を可能にした悪意志はどこから来たのか？ 問いはアウグスティヌスを「深淵」へと連れてゆく。

むしろ繰り返しておきたいのは、堅忍を保持するのか放棄するのかは選択の自由と関係がないという点である。神がアダムに選択の自由を与えたという想定には、神が悪への道をアダムに開いてやったという考えが追い払えども纏わりつく。これに対して、保持か放棄かが選択の問題でないということは、逆に、「堅忍を保持する力」ないし「善の内にとどまる力」の行使が、事実上、「安寧」の享受に等しいことを意味している。たとえ力という観念にはそぐわないように見えるとしても、とどまる力を現にいまそうと意識する必要すらないままに行使しているということが、力がそのようにして現に発動されているということが、安寧を現にいま享受した状態にあるということなのである。たとえ「罪を犯すことがありえない」聖者と「罪を犯さないことができる」力をもったアダムを区別する必要があるとしても——区別しなければ、神による救済の予定と現実に起こってしまった原罪の双方を考えることができなくなってしまう——、両者が享受していたのは同じ一つの「大いなる自由」であり、それだけが唯一の「真なる自由」であると理解しなくてはならない。原罪の報いとして失われてしまった「大いなる自由」とは、力の決然たる行使を通して感得される類いの自律と自由ではない。そうではなく、いまこの時点で生が完璧に充足し切った状態としての自由、端的に言えば「至福である（beatus）」こととしての自由である。この充足と安寧と至福を、アウグスティヌスは『神の国』で次のように語る。

恐れや苦しみに苛まれている者が真の意味で至福の境地にいるなどと、果たして言われうるものか？　反して、ありとある善の充ち満ちた中にあったかの人々（illi homines in tantorum tanta afluentia bonorum）に何事かを恐れ何事かに苦しむなどということが果たしてありえたか——死も身体上の不都合も何ら懸念せず、善なる意志が手にするべきあらゆるものに欠けるところなく、祝福されて生きる人間の肉体と魂を乱す何も

のもない、かの至福にあった人々に？　〔T-30〕『神の国』第十四巻十・二六(35)

パスカルの目に映らなかったもの

二つのテクストをあわせて考えれば、未だ原罪とは無縁なまま、「ありとある善の充ち満ちた中にあった」最初の人が享受していた自由というのは、これから何か――とどまるか堕ちるか――を選べるという、現時点では潜在的な状態にある力に基づくような自由ではない。アウグスティヌスの語る自由は、「善く生きることのこの上ない安寧に」、「ありとある善の充ち満ちた中に」、いまこの瞬間みずからを現に「委ねている」という意志のあり方そのものに由来する。すなわち、みずからに具わっている「罪を犯さないことができる力」あるいは「堅忍を保持する力」を意志がいま働かせている、その働きの現在性そのものに由来する。

たしかに、アウグスティヌスは「罪とは無縁に創られ、情欲の抵抗を受けることの一切なかった意志」（〔T-29〕）という表現で、アダムの意志の非・被拘束性を語っている。しかしその意図は、「いまは決められていない、だからこれからできる」というふうに、潜在的な力の力たる性格を保証する点にあるのではない。右のような現在性を観念するために、「決められていない」という条件を考慮する必要は少なくともアウグスティヌス的にはまったくない。このことが、パスカルには見えていなかった。その代わりにパスカルは、「アダムの意志には肉欲に発して意志の障害となるいかなるものも含まれてはおらず」、「アダムは完全に自由で完全に解き放たれた状態にある」ということを、アダムは「義の内にとどまることも義から遠ざかることも出来た」（〔T-27〕）という考えに結びつけ、それをジェズイットに由来する「対立二項への非決定」という名で呼んでしまう。自由に関してこのような外挿的思考とは異なる思考の働かせ方がありうるとは、しかも、この異なる仕方こそ自分の師である人のものであったとは、パスカルには思いもよらないことであったろう。そうでなければ、アウグスティヌスが示唆すらしていない「対立二項への非決定」という自分の論敵の概念を、しかも「聖アウグスティヌスが言う通り」と念を押しつつ、『譴責と恩寵について』に読み込んでしまうような曲解は起こらなかったはずである。

「おのれとは憎むべきものである（Le moi est haïssable）」（『パンセ』ブランシュヴィック版四五五）と考え、「人間としてのおのれ（le moi humain）の無化」（アルノー・ニコル『ポールロワイヤル論理学』第三部 第十九章）を指向するのがジャンセニストであってみれば、「おのれ」の力を最大化しようとするジェズイットの学説を援用するなど本来あってはならない妥協である。しかし、そういった硬い論争意識にさえ巧みに働きかける分かりやすさを具えているのが、非決定の自由という概念であった[36]。パスカルはアダムに限って適用する意図でこの概念を援用したのであり、人間の自由を一般的に認めてジェズイットに与するためではない、という反論はこのさい意味をなさない。たしかにパスカル自身の意図はジェズイットを退けることであってその逆ではない。しかし問題は、論敵が確立した概念の有効性をたとえ原罪前のアダムに限ってであれ信じることがパスカルには可能であった、という一点にある。そのような信と、みずからをアウグスティヌス主義者とするパスカルの自己規定は、原理的に矛盾する。「おのれとは憎むべきものである」と記すパスカルの真剣さは疑うべくもなく、疑おうとする必要もないが、そのような真剣さよりもさらに深い次元に、つまりパスカル自身の意識を逃れたところに、このように矛盾した事態が潜んでいたという点は見過ごすべきでない。

2　「悦楽の原理」とモリニスト・パスカル

モリナと自分の見解の相違点としてパスカルが自覚していたものを改めて検討してみよう。論点は、非決定の自由をアダムの子孫であるこの世の人間に認めるか否かにあった。パスカルは認めない。そもそも彼はこの世の人間に意志の自由などというものを認めない。「魂と肉体が汚辱に塗れたいまとなっては、湧き上がる肉欲によって人間は悦楽の虜となってしまった」[37]。この変化は不可逆的であり、現状が改善される見込みはない。「意志の働き方の根拠として聖アウグスティヌスが打ち出した格律」――「悦楽の原理」の名で後世に広く知られるもの――に照らしてこれ以外の現実認識はありえない。パスカルはそう考える。

われわれこの世の人間がより大きな悦びをもたらすもの（quod amplius delectat）に従って働くことは必然である。
〔T－31〕『ガラテヤ人への手紙講解』四九[38]

人間のあらゆる行為はその行為に関わる何らかの「悦楽（délectation）」に導かれており、意志の自由などは幻想でしかない。これが、アウグスティヌスに負うとパスカルが言う意志の働き方の原理である。

したがって、自分の力を誇示するためであれば意志は時に自分にとっての悦びには最もならないものを選びさえする、などと主張して事態を誤魔化してはならない。そのような場合にも、意志は、手放そうとする善を欲することに、またそれ以上に自分の力を誇示することに、より大きな悦びを見出しているにすぎないのである。結局のところ、意志が悦ばしいものからあえて離れようとする場合、それもまた自分にとって悦びとなるものを求めるためでしかない。欲することが悦びとなるのではない対象を意志が欲するなどということは、ありえない。
〔T－32〕『恩寵に関する文書』「第三の文書」／「書簡」[39]

パスカルのこの言葉がアウグスティヌスによる『ガラテヤ人への手紙講解』から引いた〔T－31〕を直接の根拠にしているのかどうか、参照先は示されていないので分からない。姦淫への欲望に伴う悦びによってよりも、キリストへの信仰と恩寵が与えてくれる悦びによって信仰心はより強く動かされるというのが『講解』の文脈であり、悪しき欲望の虜である人間云々が問題ではないところを見れば（つまり〔T－31〕は意志の自由という問題系に属しているのではない）、パスカルの知識の出どころは別にあると推測するべきかもしれない。実際、中世から近世にかけて、悦楽の原理は意志の無力を主張するために広く援用されるようになってゆく。[40] そういった背景の中で、例えば、「いかなる意志も意志の作用も、何らかの悦びによって促されることなしには行使されえない」[41]というジャンセニウス（Cornelius Jansenius, 1585~1638）の著書にある一節を通して、パスカルもこの原理を知ったのかもしれない。ともかく、アウグスティヌスの真意をパスカルが考慮していないという点は問わないでおこう。重要なのは、悦楽の原理に依拠するパスカルが、その思索の態勢のレヴェルにおいて、極めてジェズイット的であるという事実の方だからである。パスカルの論争意識がどれほど透徹したものであれ、そのことは、彼の思考がその働き方の次元で論敵のそれと親近的であることを必ずしも妨げない。次の三点を通して、この親近性を確認してゆこう。

i／行為の帰属性と自由――文脈を無視すれば、「人間の意志がより大きな悦びをもたらすものに従って働くことは必然である」という『講解』の言葉が意志の自由の否定を含んでいる、と解釈することはたしかに可能である。実際、すでに見たように、アウグスティヌスは現世的意志に自由を認めない。しかしこの否認は、アウグスティヌスにおいて、意志の自律性の肯否とはほぼ完全に別の問題だった。「みずからなす」という意識が立っていようといまいと、ともかく一切の行為の帰属先として意志というものを残さなければ、人のなす行為の責任を、遡ればアダムのなした原罪の責任を、当人に問えなくなってしまう。これがアウグスティヌス的思考の筋である。意志が自律的であればこそ、個々の行為の行為主への帰属性を認めうる。意志は「何らかの悦びによって促される」としても、促されるということはあくまでも意志に帰属する。こう考えるアウグスティヌスに対して、パスカルは、意志の自律性ないし行為の帰属性の問題と、意志の自由の問題を区別しない。悦楽の原理に基づく意志の自由の否定によって、意志が行為の主体＝原因であることも否定されると考える。

ii／一幅対——ジェズイットはパスカルに正反対であるように見える。自律性の全面肯定をもって自由の全面肯定とするのが彼らの自由論なのだから。しかし思考の動き方に即して見れば、パスカル的に捉えられた悦楽の原理と非決定の自由は対立せず、むしろ正確に一幅対をなす。「欲望等の虜になっている、そういったものに決定されている、だからこの世の意志は自由でない」と主張するのがパスカルなら、「一切の決定を免れているから自由だ」と主張するのがジェズイットである。いずれも、外的要因の側から意志の力を規定するという順序で、つまり外挿的な仕方で、事態を捉えている。このことは、同時に、彼らの考察基準が「決められているか、いないか」という（自覚を欠いた場合も含めた）心理的事実にあることも意味している。悦楽の原理にまつわる考察をパスカル自身はいくらか自嘲気味に「形而上学的（métaphysique）」と形容する。ジェズイットの学説にも、特に次章で取り上げるモリナの『コンコルディア』には、「自由意志の形而上学（Metaphysik der Willensfreiheit）」と呼ぶのにふさわしい側面がたしかにある。(42) しかしその場合でも、思考を根底において支えているのは「心理学的（psychologique）」な観察である。パスカルの場合、本人が何と言おうと「悦楽の原理」というのがそういうものであるし、モリナの場合は『コンコルディア』という書物の方向性を規定する自由の定義に同じことがはっきりと見て取れる。スアレスの『形而上学討論集』第十九討論において、心理学化の傾向はさらに顕著になるだろう。

ⅲ／「欠損」の放棄——このようにして思考の論理を共有する者たち同士だからこそ、非決定の自由と悦楽の原理のいずれを原罪後の人間に適用するかというかたちで争うことができる。非決定の自由の妥当範囲を原罪後にまで拡張することを食い止めようとしてジェズイットと争うパスカルは、そうすることで、論敵の概念それ自体の有効性を認めている。そしてこの点に躊躇のないパスカルの視野には——当然、ジェズイットの視野にも——アウグスティヌス的意志論の限界を画した「欠損」の概念が現れることはない。アウグスティヌスがやむなく執拗に語った「欠損」への言及は、パスカルの『恩寵に関する文書』を通じて一度も見当たらない。決して偶然の不在ではないだろう。むしろ、非決定の自由という自由のあり方を理解して、その概念的な有効性を部分的にであれ是認することと、「欠損」の概念が要請される理由を理解することが、両立し難いためである。アウグスティヌスにおいて、「欠損」は原因の概念を徹底したところに現れる。反対に、非決定の自由は、そして対をなす悦楽の原理も、この徹底をむしろ避けることによって成立する。非決定の自由に疑いを抱かなかったパスカルには、アウグスティヌスが「欠損」に触れなければならなかった本当の理由を理解するための素地が欠けていた。

モリナはどうか。アウグスティヌスの言う「欠損」が何を意味しているのかを理解せず、その結果、意図的にか無自覚にか、ともかく言及を避けるという仕方でこの概念を処理したのがパスカルであったとすれば、先立ってモリナの方は、「欠損」など無用の代物だと断言して憚らない。

> 古人の多くは悪しき行為の根拠を次のように考えた。すなわち、罪とは、本質的に見て、耐えて従うべき神

の理法との適合性を欠いたものであり、したがって、本質的に欠損であり欠如であり無以外の何ものでもない（non sit aliud quam defectus, privatio et nihil）以上、罪に関して求められるべきものは実効的原因ではなく非実効的原因である（causa deficiens peccati quam efficiens）。……しかし、このような理解は事柄を十分に説明しておらず、あるいは端的に、意味がない。

〔T−33〕モリナ『コンコルディア』第三二討論第二節〜第三節[43]

アウグスティヌスに喫緊の問題が何であったのかを知っている私たちから見れば、「意味がない」というモリナの断定は、実質上、「欠損」に関する形而上学的な思考回路の欠如の自己告白に等しい。モリナも、パスカルも、〈在りて在りうべからざるもの〉としてあるという「欠損」の逆説的な存在性格に向かうような質の注意力を持ち合わせていなかった。意志の力とその自由を外界の諸力との関係の中で測定しようとする彼らの意識の内側にアウグスティヌスの視線を呑み込んだ「深淵（profundum）」が開ける余地は存在していなかった。

3　近世自由論の淵源

原因か理由か

善き意志こそ神の創ったものであり、善き意志を具えたものとして人間は創られた。その意志がなぜ悪に向かったのか。なぜ、人間は神から離反することになったのか（六五頁〔T−20〕および〔T−21〕）。問いは、文字通り、意志が悪を実現した、意志が悪の原因であるという事態に向けられている。このようにして問われている事柄をアウグスティヌスは注視し続けた。その一環として、善きものとして創られた意志も原罪を犯したその時点では「すでに悪かった（jam mali erant）」（『意志論』第三巻二五・七四）と言わざるをえなかった。悪なる結果が善なる原因から生じたというのでは端的に矛盾であり、それ以上に、善なる原因の創り手である神にまで悪が遡及しかねない。罪は、やはり、悪なる原因すなわち「悪意志」以外からは生じえない。では、その悪意志はどこから生じたのか？　善から悪への移行は、どのようにしてなされたのか？　答えを求めるアウグスティヌスの内在志向的な精神の眼は、遅かれ早かれ「欠損」として開ける精神の闇に呑み込まれることになる。

ここでモリナとパスカルに倣って非決定の自由を説明原理として用いれば、アウグスティヌスが脱け出せなかった隘路を避けて問いに答えることができたような格好になる。すなわち、「アダムの意志はいかなる肉欲にも引き摺られることがなかった」（七八頁〔T-27〕）、だから、善であれ悪であれ自由に選べたのだ。

しかし、これでは悪の原因説明にはまったくなっていない。どちらでも自由に選べたとして、それではなぜ善ではなく悪を選んだのかが相変わらず不明だからである。あるいは、自由に選べたというなら選ばないこともできたはずであり、それならばなぜ「選ばない」のではなく「選んだ」のかが不明なままだからである。この点は、原罪後の人間にパスカルが適用する悦楽の原理の説明能力不足と表裏の関係にある。「肉の悦びに捉われて悪をなした」という説明では、「なぜ肉の悦びに引かれるままに任せたのか」が不明であり、「肉の悦びに捉われていなかったから自由に悪をなした」という説明では、「なぜ悪をなしたのか」が不明である。いずれの説明も、悪しき行為が意志に帰属する、その帰属性にまで届いていない。

なぜ選ばないのではなく選んだのか。なさないのではなく、なしたのか。なぜ善ではなく悪を選んだのか。善ではなく悪をする方を選んだのか。きわめて初歩的な問いを立てる余地があることを非決定の自由という概念は忘れさせる。同時に、原罪の原因を意志の内部に求める必要性を忘れさせる。この概念に訴える意識の領野にまず現れてくるのは、意志が求める対立的な二つの外的対象である。非決定の自由とは、対象の一方（甲）が発揮する吸引力をはねのけて他方（乙）を選ぶ力である。甲が発揮する力が大きければ大きいほど、その力を退けて実現される自由も大きくなる。最終的に選び取られる乙と退けられる甲とのコントラストが大きければそれだけ、自由のインパクトは強くなる。意志が選択肢とのあいだに作る三角関係の中に意志の力を見出すこのような発想を、ジェズイットによる「選択」概念の下位区分が明確に映し出すことになるだろう。[44]「選ぶか、選ばないか（するか、しないか）」を選ぶ「行為の発動に至る自由（libertas quoad exercitum）」と、「甲（恩寵）と乙（悪）から一方」を選ぶ「行為の特定化に至る自由（libertas quoad specificationem）」を区別した上で、後者こそが非決定の自由の本質をよりよく示すとジェズイットは考える。恩寵を受け取らないという消極的な身振りとして現れるだけにとどまるのが「発動に至る自由」であるのに対して、恩寵をあえて退けながら悪を選ぶことで、選ぶという所作の恣意性すなわち自由度をより際立たせながら実現されるのが「特定化に至る自由」だからである。

アウグスティヌスからジェズイットとパスカルを――こと自由意志の問題に関してはモリニストであるパスカルを――分け隔てる内在志向性と外挿的傾向性の違い。それは、言い換えれば、意志に固有の原因性を求め続けようとするのか、それとも、意志の働きに関与する理由ないし条件の説明方式を洗練させることに腐心するかの違いであり、この違いが、人間の意志とその自由をめぐって問題を立てる基本的な仕方の違いに繋がってゆく。一方で、アウグスティヌス的な思考の布置においては被造意志に関する一連の問題が意志による選択の問題として取り扱われることは原則としてない。人間的意志の問題は、むしろ、善とのあいだに選択の問題を惹き起こすことのありえないような悪――アウグスティヌスによれば悪とはそういうものである――へ向けて意志がした自己決定の根拠の問題に収斂する。「神の被造物として、意志とは本性上善いはずのものである」。この確信からすれば不可解としか言いようのないアダムによる自己決定をいかに理解するかという問題に集約される。他方で、モリナとパスカルの属する近世的思考圏においては、自由意志の問題の中心に選択可能性の問題を据えること、あるいは後者が前者を代表すると考えることの方が、むしろ当たり前になっている。当然、その場合、意志というのは善悪の双方をほしいままになす力、善悪のいずれかを自由に選ぶ力であり、たとえ自由意志を否定する場合でも、否定の対象となるのはこのような力をもった意志である。

　アウグスティヌスの抱いた右のような確信が、彼の信仰から切り離し難いものであったことは言うまでもない。「欠損」という「深淵」に臨んで彼が覚えた戦《おのの》きにしても、「アブラハムの神、イサクの神、ヤコブの神」に対する畏れと一体のものであっただろう。しかし、その畏れだけから即座に深淵への戦きが生まれるわけではない。アウグスティヌスに強い困惑を強いたのは、あくまでも、まず深淵の開けを見てしまうことができる彼自身の思考に特徴的な徹底した内在志向性であった。このような志向性が近世において纏うことになる二つの形態と、そこに至る二つの経緯を、私たちはこのあと終章までかけて見届けることになる。それぞれの経緯について、いまの段階で述べうるだけのことを記して、本章におけるアウグスティヌス論の区切りとしよう。

捩じれた系譜

アウグスティヌスの意志論を特徴づける内在志向性と、ジェズイットの自由意志論に極まる思考の外挿的な傾向性。私たちはここまで、モリニスト・パスカル——哲学史の常識に照らせば奇異にも響くこの呼称によって、近世自由意志論にジェズイットの与えた影響力の大きさを的確かつ象徴的に示すことができる——のアウグスティヌス理解を通して、二つの思考がそれぞれの基本的な身振りにおいて対極にあることを強調しながら考察を進めてきた。しかし、対極にあるということは、双方が無関係であることを意味するわけでは必ずしもない。むしろ、遷移という意味での実質的な関係を両者のあいだには認めることができるし、認める必要がある。

鍵はアウグスティヌスの「欠損（defectus, defectio）」概念にある。アウグスティヌスによる悪の原因探求が「欠損」の〈規定不能性（indéterminabilité）〉に逢着したとき、この逆説的な規定性、実定性をほとんど欠いたぎりぎりの規定性は、心理的な事実とは何も関係ないものだった。「欠損」が悪の原因探求の途における限界であることを示すだけの、すぐれて形而上学的な規定だった。ところが、不可解なる〈規定不能性〉から離れようにも離れることができなかった「精神の眼」（七三頁〔T-26〕）は、モリニストであるパスカルからはもはや失われている。「欠損」概念の存在意義は、彼にはもう見えなくなっている。そのことと、「決められていない（indéterminée）、だから、自由なのだ」という外挿的な思考に基づく心理学的な自由の概念をパスカルが受け容れたことは、表裏の関係にある。以上のような経緯の全体を回顧的に眺め渡してみると――

すべてはあたかも、〈規定不能性〉に含まれている「決定不能」の念が、「非決定の自由」を支える心理的な〈非・被決定性〉へと転換されていったかのようになっている。あたかも、並行して、「欠損」という「深淵」の絶対的な不透明性が、非決定の自由を享受する自己における自己肯定の無際限性に、つまり際限のない放埒的性格へと、変質されていったかのようになっている。そうして、あたかも、「欠損」の形而上学的な冥さが、自己を肯《がえ》んずることへの飽くなき欲求という人間心理の冥い部分へと転じていったかのようになっている。« defectus, defectio » という古代末期の概念を近世の黎明期に構想された « libertas indifferentiae » の側から眺めれば、前者のあった場所が、ちょうど、虚の消点のごとくになっている。

「欠損」を見失うこと、かつて開けてしまった「深淵」を閉ざすこと、これが非決定の自由を構成する決定的な要件になっている以上、見失われ、閉ざされたものは、非決定の自由にとって、純然たる無ではありえない。見失われたものとして、「欠損」は非決定の自由の淵源をなす。そのような仕方でアウグスティヌスからジェズイットへ、意志の自由をめぐる哲学史を織りなす一本の捩じれた系譜がある。

もう一つの内在志向性へ

モリニスト・パスカルというのが思想史の常識に反するような呼称だとすれば、モリニスト・デカルトの方は、非常識どころかジルソンの著名なテーゼとして（一二三頁〔T−5〕）、多くのデカルト研究者が――たいていの場合は否認を介して――保存してきたものである。パスカルの場合とは反対に、この呼称に対応する実体の不在を示すことを本書は主要な課題の一つにしている。そのために、私たちは思考における外挿的傾向性と内在志向性の区別をまず一般的な仕方で導入し、前者をジェズイットに、後者をデカルトに見てゆくと序章で予告した。本章を読み進めてきた読者の眼にはおそらくもう明らかなように、デカルト的内在志向性を、私たちはアウグスティヌス的なそれが近世に至って取ることになるもう一つの形態として想定している。とはいえ、とりわけコギトをめぐってすでにデカルトの同時代人たちが気づいていたアウグスティヌスとの類似(45)を改めて強調しようといった意図からのことではない。使用される用語の同一性だけを目印にして言えるような影響云々よりも深い次元での関係が問題であることは、アウグスティヌスとジェズイットの場合も、ジェズイットとデカルトの場合も、アウグスティヌスとデカルトの場合も、変わらない。そしてこの三つ目の場合に関する解釈を進める上で一つの重要な目印になるのが、再び、「欠損」の概念である。

デカルトは、「第四省察」において、アウグスティヌスに由来すると考えられる「欠損」と「欠如」の概念に言及する。「〔判断における〕過誤は……神に依拠する実在的なものではなくて、たんに欠損である（defectum）にすぎない(46)」。「欠如（privatio）はと言えば――虚偽と過誤の形相的な根拠はただ欠如においてのみ存立しているのだが――、神のいかなる協働をも必要とせず……(47)」。第四日目の「省察」は、一種の「悪」である「過誤」の原因探求を重要な課題の一つにしている。その探求が行き着くところに「欠損」ないし「欠如」が現れている。モリナによるこれら一連の概念の無効宣言は（九〇頁〔T-33〕）、デカルトの耳には届いていなかった。あるいは、そのような声に貸す耳をデカルトはもっていなかった。

しかし、だからといって、デカルトこそが、パスカルとは違ってアウグスティヌスの思想を一部であれ忠実に伝えている、あるいはその影響下にあるというような認定を下すことは、控えなければならない。というのも、ある意味ではジェズイット（としてのパスカル）のように、しかし彼らとはまったく異なる思索の態勢に基づいて、デカルトもまた「深淵」に対する戦きをアウグスティヌスと共有してはいなかったからである。そのことは、アウグスティヌスとデカルトそれぞれの内在志向性のあいだに容易な架橋を許さない断絶が生じていることを示唆しているだろう。宗教という書き割りの欠落を一因とし、実感の論理と概念形成の二重性という問題の前面化をもう一因とするような断絶である。この断絶がどのようなものであるのかについては、意志の自由に関するデカルト自身の考えをすべて再構成したあと、本書の終章で示すことになる。

振り返ってみれば、ここまでのアウグスティヌス論において、序章で重要性を強調した実感と概念の二重性という論点に私たちは一度も触れなかった。アウグスティヌスにおいては、意志の自由という問題が主観の内部に生ずる二重性というかたちを取ることが未だなかったためである。嘆きや怒りがテクストからどれほど頻繁に聞こえてくるとしても、そういった生な声がアウグスティヌスの思考と絡まり合うことはない。少なくとも、第一次的にはない。アウグスティヌスの思考を呑み込みながらその方向性を規定していたのは、あくまでも、形而上学的な冥さであった。

パスカル経由でエッセンスだけを先取りしてきたジェズイットの自由意志論をモリナとスアレスの学説に即して検討する作業へ進む前に、本章の枠内で処理しておくべき論点が実は未だもう一つ残っている。すなわち、ストア派の哲学を本書の問題の中にどう位置づけるか。意志の自由という問題を表象するさいの定型と言ってよい二項対立をシステマティックな仕方で採用した――少なくとも、そのように見える――おそらくは哲学史上最初の人が、ストア派を代表するクリュシッポス（Chrysippos, A.C. 280?~A.C. 207?）であった。しかも、この派の倫理観にデカルトが一通り以上の関心を示していたことは、デカルト自身の言葉からして否定しようがない(48)。さらには、問題となるメラン宛一六四五年の書簡の後半で、デカルトは《indifferentia》の概念をストア派の考えた「アディアフォリア（ἀδιαφορία）」によって言い換えてもいる。そうであるならば、デカルトの思考圏を目指して意志の自由という問題一般の起源を探ろうとする試みは、アウグスティヌスをさらに越えて、ストア派の哲学にまで遡るべきではないのか。

仮に遡ってみても、目下の問題に関する理解の精度を本質的に高めてくれるような要素を見出すことはできないと私たちは考えているのだが、そう考える理由はやはり示すべきであろう。伝統的な論証作法に言う「否定的部分（pars destruens）」――本来的に重要な考察対象とそれに紛らわしいものとを区別して、後者を脇に寄せておくための論述――として、以下に第四節を加えるゆえんである。

第四節　ストア派の自由意志論について

1　『神の国』から『運命について』へ遡る

本章のアウグスティヌス論を始めるにあたって引用した『神の国』第五巻の次のテクストを出発点にしよう。「〔キケロの考えるところ〕もし、生成するあらゆるものが従う諸原因の秩序が不動であるなら一切のものは運命的に生成し、もしそうであるのなら、われわれの力の内には何も残らず、意志が裁量をもつ余地もないことになる。加えて言うに、もしわれわれがこの点に同意するのなら、人間の生活は根本から覆されることになる。法を作っても無駄になり、譴責あるいは賞賛に、批難あるいは励行に訴えても無駄になる。善き人々に報い、悪しき人々を罰するための正義というものが、もはや存在しないことになる」（五五頁〔T-9〕）。人間の自由と引き換えに神の先知の完全性を傷つけるこのような考えは、アウグスティヌスに言わせれば、「破廉恥にして馬鹿げたしかも危険な」（『神の国』第五巻九・二〇五）もの以外の何ものでもない。

言葉遣いは引用したアウグスティヌスの手でかなり変更されているものの、この一節がキケロによる『運命について（*De fato*）』にあるよく知られた次の一節を下敷きにしていることは間違いない。「もしすべてが運命によって起こるなら、すべては先行する原因によって起こることになる（Si omnia fato fiunt, omnia fiunt causa antecedente）。そしてまた、衝動（adpetitus）がそうであるなら、衝動の結果生ずるものもそうであることになり、したがって同意もそうであることになる。ところが、衝動の原因がわれわれの内にあるのでないなら、衝動そのものもわれわれの力によって左右されるものではなくなる。そうであるなら、衝動の結果引き起こされるものもわれわれの内にはないことになり、したがって、同意も行為もわれわれの力で左右されるものではなくなる。この結果、賞嘆や非難も顕彰や罰も正当なものではないことになる[49]」。

アウグスティヌスによる書き換え版の検討にさいして断ったように、このテクストはキケロ自身の考えを示したものではない。弁論家の意図は、運命か自由かという二項対立を土俵としてこれまで示されてきた「往年の哲学者たちの見解」を右のようなものとして踏まえた上で（言うまでもなく、人間的自由を擁護する側の考えである）、批判の矛先をついでクリュシッポスへと向けることにあった。ストア派と言えば、宇宙の万事に浸透した運命による完全な決定論――「〔運命とは〕物事の永遠的な原因であり、それによって、何ゆえに過去にあったものが生じたのか、いまあるものが生じているのか、未来のことがあることになるのかが決定する」（キケロ『卜占について』一・一二六[50]）――というのが紋切型になっているが、キケロの見立てるところ、クリュシッポスはたんなる自由論者でも、たんなる運命論者でもない。クリュシッポスは、たしかに、「必然性を拒みながら、同時に、いかなる物事も先立つ原因なしでは生起しないというふうに考えようとした」（『運命について』十七・四[51]）。もっとも、必然性の及ばない領域に意志の自由を確保して、かつその領域を諸原因の連鎖たる「運命（fatum）」の観念と共に肯定しようとする理論は結局のところ失敗に終わっているのだが[52]。

このようにキケロが認定した正確な理由は分からない。エピクロス派とストア派それぞれの自由論をキケロの代弁者である新アカデメイア派のカルネアデス（Carneades, A.C. 214~A.C. 129/8）が斬り捨てるという体裁の『運命について』には残念ながらかなりの欠落部分があり、理由はそこに含まれていたものと推測される。それでも、倫理学（エーティカ）、認識論と神論も含めた広義の自然学（ピュシカ）、そして論理学（ロギケー）を横断しながらクリュシッポスがどのようにして自由の擁護を試みていたのかは残されたテクストから再現できる。その先に、ストア派の自由論に特徴的な限界を見極めることもできる。また同時に、カルネアデス＝キケロの自称解決が意味するところを摑むこともできるだろう。

2 禁じられた反実仮想

原因性の二区分

クリュシッポスによる自由の擁護論を倫理学と認識論の両次元に渡って支えるのが、『運命について』の次のテクストに示されている原因性の二区分である。「原因の内には、完全で主導的なもの（perfectae et principales）と、補助的で直前に働くもの（adiuvantes et proximae）がある。そこで、われわれがすべては先行する原因によって運命的に起こる（omnia fato fieri causis antecedentibus）と言う場合、それは完全で主導的な原因によってという意味ではなくて、補助的で直前に働く原因によってという意味で理解されたい。……〔後者のタイプの〕原因がわれわれの力の内にはないからといって、〔同意を通して生まれ、行為を可能にする〕衝動までもわれわれの力の内にはない、ということは帰結しない」（十八・四二）[53]。

「往年の見解」をまとめたものとして先に引用したキケロのテクストとは「衝動（ὁρμή / adpetitus）」の位置が異なっているが、問題とされていることの根本に変わりはない。何らかの「表象（φαντασία / visum）」に対する意志的な「同意（συγκατάθεσις / adsensio）」を介して行為に至るというストア派認識論の基本的な構図において、クリュシッポスは「衝動」を「同意」のあとに位置づけているが（同意によって発動される行為への衝動）、帝政期のストア派においては「衝動」をむしろ「同意」の前に位置づけることもある（同意への衝動）。キケロは新しい方の見解に即して、従来の一般的な自由擁護論を代弁しているというわけである。いずれにしても、自由を確保するためには、先行する諸原因の連鎖に「同意」の自律性を搦めとられてはならず（新しい考えでは「同意への衝動」を、古い考えでは「同意の結果生ずる衝動」を、いずれにしても搦めとられてはならない）、しかし、「同意」に対する「表象」の先行性——同意とはつねに何かについての同意である——によって、同意の自律性には疑義が呈されることになる。

この疑いを解除するべく、クリュシッポスは次のように説明する。「円筒を押した人は、円筒に動きの端緒を与えるが、しかし転がりやすさを与えるわけではない。これと同様に、引き起こされた表象はみずからの姿を魂に押しつけ、いわば刻印するであろうが、同意はわれわれの権能の内にある。この同意は、円筒の例に見られたように、外から押されたものであっても、そのあとはそれ自身の力と本性によって動くことになる」（十九・四三）(54)。なぜそのように言えるのか。「表象」は「同意」にとっての「補助的で直前に働く原因」にすぎず、他方で「同意」そのものの「完全で主導的な原因」は魂みずからの意志にあるからである。「ゼノンは精神の同意をわれわれの内にあってわれわれの意志に懸かっているとした」（キケロ『アカデミカ後書』四〇）(55)。

このようにして、クリュシッポスは、「運命（εἱμαρμένη）」の包括性、つまり「何ものも先行する原因なしには生じない」という考えと、「すべてが必然的に生起するわけではない」、すなわちその限り人間は自由であるという考えの双方を肯定する。原因性の二区分に基づくこの双方的な肯定は理論として十分理解可能なものである。それだけでなく、少しあとで確認するように、この理論を批判するカルネアデス＝キケロが立てる別案よりもクリュシッポスの考えの方が知的に誠実でもある。しかしいずれにしても、いま重要なのは、クリュシッポスによる原因二区分理論(56)そのものを評価することではない。次章を見越して明確にしておく必要があるのは、むしろ、意志の自律性を認めることで責任と倫理の観念を無に帰さぬよう努めるクリュシッポスが、それにもかかわらず、責任と倫理の前提として一般にほぼ例外なく是認されている発想を頑なに抑圧せざるをえなかったという事実である。

硬直した完全性

「同意と行為」が人間の自由にならないのなら、「賞嘆も非難も顕彰も罰も」無意味になってしまう。「責任」の観念も無意味になってしまう。そうならないために、クリュシッポスは原因性の二区分を設えた。しかし、この理論だけで倫理の基礎となる自由と責任を基礎づけることが本当にできるのだろうか。古代であれ、現代であれ、ストア派を奉ずる人でないならば、真ではなく偽を、善ではなく悪を人間はみずからの意志で選ぶことができるという点を加える必要がある、と考えるのではないか。ある振る舞いを善（悪）と呼べるのは、悪（善）への誘惑を振り切って、なそうと思えば悪（善）もなすことはできたのに、それでも悪（善）の反対側に向かったからである。自由と責任の根拠づけにはたしかにまず同意と行為の自律性が求められる。しかし、それだけでは十分でない。「賞嘆と非難」を人へ向けるには、「反対を選ぶ力」が人には具わっているという点まで考慮に入れる必要がある。

ところでこの反対項選択能力という考え方は、「現になしたことの反対もなしえたはずだったのに」という反実仮想と密接に関わっている。ある事柄を思い、ある事柄をなす、たとえその時点では特に選んでこれを思い、あるいは特に選んでこれをなすという意識が立ってはいなかった場合でも、「これではなくあれを思うことも私にはできた」、「これではなくあれをなすことも私にはできた」、つまり「反対の事柄を私はできた＝選べたはずだった」と事態を回顧することが人にはできる。自分以外の人間に関してなら、時制を問わず、「あの人は反対の事柄もできる＝選べるのに」と考えることも当たり前にできる。いずれにせよあくまでも一般的な心理の働きに属するこのような反実仮想を、ストア派の哲学者たちは彼らの倫理的ヴィジョンから排除しようとする。なぜなのか。アリストテレスの註解者として知られるアプロディシアスのアレクサンドロス（Alexander of Aphrodisias, 150?–215?）が、ストア派の運命論を批判する著作の中で、彼らの考えを次のように要約している。

「〔ストア派の言うところ〕もし、その反対をもなしうるような事柄がわれわれの力の及ぶ範囲内にあり（*ταῦτά ἐστιν ἐφ᾽ ἡμῖν, ὧν καὶ τὰ ἀντικείμενα δυνάμεθα*）、かつ、そういった場合に称讃や非難、奨励や禁止、罰や報いが与えられるというのなら、思慮深くあり、もろもろの徳を具えていることは、思慮深さや徳を〔現に〕具えている人の手中にはないことになるだろう。というのも、徳に対立する悪徳を身に帯びることが彼らにはもはやありえないのだから。同様に、諸々の悪徳は〔現に〕悪徳に染まっている人の手中にはないことになるだろう。というのも、もはや悪しき人でなくなるということは、彼らの意のままになることではないのだから」（『運命について』[57]）。

反対を為すことができるかどうかは振る舞いの徳性とは関係がない。現に有徳であるというそのことによって、徳を具えた者からは悪徳の観念が、悪徳に染まった者からは徳の観念が、遠ざけられるからである。ところで、右に見たような反実仮想が成り立つということは、その成立可能な範囲であれば種別を問わず、したがって実際上は人間の思念や行為の大部分が反対項選択能力のカヴァーする範囲に入り、この能力の所産として数えられるということである。徳性の意味を潜在的な悪徳性と関連づける反実仮想をストア派が拒むとき、拒んでいるのは、したがって、反対項選択能力そのものでもある。自由と責任の根拠に反対項選択能力を据えるという発想そのものを彼らは拒否しているのである。潜在的な悪徳性など想定しなくても、彼らのもとでは徳性の意味が一義的に揺らぎなく定まっている。反対を選ぶという考えはその一義性に矛盾する以上、排斥しなくてはならない。アレクサンドロスが代弁するストア派の論理が形式的に聞こえるとすれば、それは徳性の一義性に要請された形式性である。なぜしかし、そのような形式性に固執しなければならないのか。五世紀頃の人ストバイオス（Stobaeus）の表現を借りるなら、「万事を善くなすのが賢者（σοφός）である」という定義のためである。「賢者は万事を正直な理性に即して（κατὰ λόγον ὀρθόν）、また徳に即して（κατ᾽ ἀρετήν）――徳こそ生の総体に関わる術であるのだが――、成し遂げる」（『抜粋集』[58]）。

賢者こそがもろもろの徳を一身に体現する。その賢者が理性の指図に背くことはありえない。徳に対立する性質であればその微かな兆しを帯びることさえ賢者の振る舞いにはありえない。対立項を選ぶ可能性をわずかであれ認めることが、すでに完全なる徳性の観念を損ねることである以上、賢者はそのような可能性とはどこまでも無縁である。そのような賢者こそが倫理の絶対的な範例として据えられている以上、選択能力が自由と結びつくことは、ストア派による倫理学のいかなる場面においても原則として起こらない。

恣意性の排除

硬直的と批判されてもやむをえない仕方で賢者の完全性を守ろうとするストア派の哲学者たちであってみれば、悪をなすことの倫理的な意味や、悪をもたらす行為の成立条件に対して彼らが本当の関心を示さないとしても、また、悪を怖れつつその冥さに魅入られてしまうようなことが彼らには起こらなくとも、驚くには当たらないだろう。たしかにクリュシッポスは、「摂理（πρόνοια / providentia）」に反する「悪（κακά / mala）」の存在を無視してはいない。「〔クリュシッポスによれば〕善は悪の反対であるのだから、どちらも互いに対立しながら存在しなければならない。……不正の観念が存在しないなら、どうして正義の観念がありえようか。……臆病と対置させられることなしに、どうして勇敢さが理解されようか」（ゲリウス『アッティカの夜』）[59]。ここではたしかに、「不正」と「正義」や「臆病」と「勇敢」といった本来的に倫理と関わる語彙と同じ平面で「悪」が語られている。しかし、「一方がなければ他方もない」という価値的に対立する二項の相関性をクリュシッポスが右のような形式的な議論の外に持ち出して、人間の認識と行為の具体相に適用することはない。そのような現実的考察の必要性を掻き消してしまうのが、普遍的なるロゴスの理法に寸分違わず従うことのできるストア的賢者に託された倫理の不動性であり、硬直性であった[60]。

「悪」が倫理の問題として先鋭化する——同時に反対項選択能力の恣意性が先鋭化する——余地が、自由をめぐるストア派の思考回路にはそもそも存在していなかった[61]。別の言い方をすれば、〈自律性〉という意志の基本的でそれ自体としてはニュートラルなあり方が〈恣意性〉という過剰な形態に転じてゆくことを許すような思考回路が、あるいは転じてゆかざるをえないようにする背景的事情が、ストア派においては存在していなかった。たしかに、この点は、「意志とは理性と相携えて何ごとかを望むものである（voluntas est, quae quid cum ratione desiderat）」（キケロ『トゥスクルム荘対談集』[62]）というストア派の定義に当初から含意されていた、その意味で予想された結果であるとも言えるだろう。それでも、「理性と相携えて」進む意志を肯定するストア派の哲学者たちが返す刀で何を切り落とすのか、何を否定するのか、この点は、すでに一言したが、再度強調しておくに値する。再びアプロディシアスのアレクサンドロスによれば、彼らは、相反することを選択したり行為したりできる力を人間がもっていることを否定する（ἀναιροῦντες γὰρ τὸ ἐξουσίαν ἔχειν τὸν ἄνθρωπον τῆς αἱρέσεώς τε καὶ πράξεως τῶν ἀντικειμένων）。

〔T–34〕『運命について』一八一・一三[63]

ここで否定されている « ἐξουσία τῶν ἀντικειμένων » をラテン語に翻訳すれば、« potestas ad opposita » すなわち「反対項選択能力」となる。« libertas indifferentiae » すなわち「非決定の自由」の別名として、近世におけるほとんどすべての自由意志論にとって不可欠なピースとなる概念である[64]。

3　« potestas ad opposita » の否認が意味するもの

二項対立をめぐる思考の質

意図的な悪の選択に自由の確証を求める意志概念の生成過程は、意志の非・被決定性を前面に押し出しながら二項対立の図式をより堅固にし、そうして思考がみずからを定型化してゆく過程でもある。自由意志論が近世において示すこのような展開を、デカルト研究者たちの表面的にはさまざまな解釈を通底する〈迷い↕従順〉↕〈放恣＝自律〉という解釈図式が、三百年そして四百年の後に繰り返す。そのような展開を遠くからであれ予告する要素をストア派による自由意志論に見出すことは難しい。反対項選択能力を否定された意志が極端な恣意性を発揮することは、原理的にありえないからである。

これが、ストアの思想を考察の本筋から私たちが外す直接的な理由である。しかし、主に哲学史的な観点からするこの理由を確認しただけでは、あえてストア派論に一節を割いて得た成果として十分ではない。もう一歩踏み込んで、反対項選択能力の否認が自由をめぐるストア派的な思考の質に関して何を意味しているのかという点にまで探りを入れる必要がある。そのために、アウグスティヌス、カルネアデス＝キケロ、クリュシッポス、三者のテクストを比較してみよう。いずれも、一見したところ、少なくとも緩い意味では二項対立的と言えそうではあるのだが、それぞれの思考の動き方はずいぶん異なっている。その差異を私たちとしては摑んでおきたい。

まず、アウグスティヌスに関して基本的なところを思い出しておく。

> 信心に篤い魂の持ち主は、〔神的先知の完全性と人間の意志の自律性の〕双方を選ぶ。どちらをも真実であると認め、どちらをも固い信仰によって受け容れる。
>
> 〔T－35〕『神の国』第五巻九・二〇四[65]

神的先知と人間的意志の自律性は双方がともども包括的な仕方で認められるべきものである、というアウグスティヌスの確信を示すテクストである（このテクストには六〇頁で触れている。包括的肯定の難しさに力点を置いているためトーンはこの〔T－35〕とは異なるが、同じ確信をやはり強く反映した箇所として五八頁の〔T－14〕も振り返られたい）。本章を通して詳述した通り、人間精神の眼には互いに矛盾するとしか映らないような二項である神の先知と被造意志の自律性のそれぞれを、そのままに、アウグスティヌスは肯定する。ただし、双方向的で包括的な肯定は、その代償として、悪意志をめぐる行き場のない思索に堪えることを精神に強いる。そのような負荷を帯びたものである以上、この肯定はただの肯定ではない。双方向性に引き裂かれまいとする精神の張力に支えられた肯定である。[66]

二つ目のテクストは、キケロが従うカルネアデスの見解を示すものである。

精神の自由意志による動きに外的な原因を求めてはならない。なぜなら、自由意志による動きは、われわれの力の内にあってわれわれに従うという本性を、それ自体の内に含んでいるのだから。

〔T—36〕『運命について』十一・二五(67)

この引用の少し前で、カルネアデスは「先行する外的な原因(cedens et externa causa)」(十一・二四)という概念を導入していた。原因概念はこの外的原因と内的原因に二分される。右のテクストで述べられている通り、もっぱらみずからに従うことを本性とする意志が内的原因であり、人間の行為はそのような意志に依拠するものとして、本来的に自由である。

内的原因としての意志という考え方は、アウグスティヌスのものであると言っても、デカルトのものであると言っても、おかしくはないと思われるかもしれない。あるいは、アウグスティヌス的な困難を伴った包括的で双方向的な肯定ではないにせよ、少なくとも意志の自由を肯定する仕方においては、アウグスティヌスについて私たちが指摘した内在志向性に一脈通ずるものをカルネアデス＝キケロにも認めてよいのではないか、と思われるかもしれない。しかし、『運命について』の現存する紙幅から判断する限り、このような方向に解釈を進めることは無理だろう。というのも、カルネアデス＝キケロが意志とその他の原因を内的／外的と区別するのは、実質的に、意志以外の要因を棚上げするためでしかないと考えられるからである。意志の力とそれ以外の力、とりわけ運命の力の関係を断つという言い方でさえなお正確ではない。対立しかねない二力の関係をそもそも考えずに済ませる、右の区別はそのための方便になっている。すなわち、二つの異質な要素をともども注視するということが彼らにはない。内的原因というもののこのような見出し方と悪の原因を求めるさいのアウグスティヌス的な行き方では、またクリュシッポスと比べても、いわば背負っているものの重みがまったく違うのである。

三つ目のテクストは、そのクリュシッポス的な思考の基本的なベクトルを示すもの（九九頁で引用済み）。

〔クリュシッポスは〕必然性を拒みながら、同時に、いかなる物事も先立つ原因なしでは生起しないというふうに考えようとした。
〔T－37〕『運命について』十七・四一

必然性を拒みながら万事に原因があることを認めるというのは、裏返せば、意志の自由を擁護しつつ運命に由来する拘束力も認めるということである。この連言的な肯定のために、クリュシッポスが原因概念を「補助的で直前に働く原因」（運命ないし表象）と「完全で主導的な原因」（意志）に区分したことを、私たちはすでに確認した。たしかに、この区分は、一方を立てれば他方が立たなくなりかねないことへの懸念から出ているものに違いない。その点で、この区分には二項対立を調停するための策という側面が間違いなくある。それは認めた上で、次の二点、とりわけ第二点目こそ、ここで再確認したい事柄である。

第一に、クリュシッポスによる二区分は、人間の意志と運命という二つの力をあくまでも同一平面上で思考するために設えられている。あるところまでは運命に、あるところからは意志に、それぞれ原因の役割を割り当てるクリュシッポスは、二つの原因を連続性の相の下に捉えようとしている。この点で、カルネアデス＝キケロのように事態の一面を切り落として他面だけを見る性急さをクリュシッポスが免れていたという点は正しく評価しておく必要がある。

しかし、第二に、この連続性に関してはさらに次の点まで考える必要がある。すなわち、自由と運命を相容れ難いものと認めつつ両者の調停をはかるさい、その相容れ難さがどの程度の鋭さをもってクリュシッポスの意識に上っていたのか。ストア派の自然学ないしコスモロジーの基本設定からすれば、運命と意志が本質的な齟齬を来すことは元来ありえない。理性と共に歩む意志には、そのことによって、普遍的なロゴスに一致する可能性が少なくとも理念の上ではつねに保証されている(68)。そうである以上、運命による意志の決定という問題が真に懸念すべき事態として哲学者たちの意識を深く持続的に苛むことがあるとは考え難い。二種類の原因性を双方認めるとはいっても、神の先知と被造意志の自律の双方を、両者間にはっきりとした齟齬を見据えたまま肯定してしまうアウグスティヌスの場合とは、肯定の意味合いがやはり本質的に異なっている。近世の方を遠く見ながら別の言い方をすれば、運命と意志を二項対立的に表象するクリュシッポスにおいて、その対立性はしかしきわめて弱いものにとどまっており、その限り、「(運命によって)拘束されていない、だから、自由だ」という外挿的思考が先鋭化する可能性はない。したがって、意志の放恣なる側面が現れてくる可能性もない。「悪魔的」な意志の萌芽は、ストア派の思考圏において、あらかじめ摘み取られている。

「根本的経験」

以上を踏まえて、もう一度問い直そう。反対項選択能力の否認と連動した意志の恣意性の排除は、果たして何を意味しているのか。答えは、第二章以降前面に現れてくる、意志の自由というテーマに固有の二重性と関わっている。「非決定」に関するハイデガー(Martin Heidegger, 1889~1976)の哲学史的説明を鵜呑みにしないよう序章では注意を促したが(註(17))、カントないしシェリングに仮託した彼の自由論にはこの二重性に関して興味深い洞察が散見される。その一つを入り口にして(もう一つ、より明瞭にハイデガー的と言える見解を第五章の冒頭で取り上げる)、何と何の二重性が問題であるのか思い出しながら、私たちの問題意識の輪郭をここでもう少しはっきりさせておきたい。

> 自己を解放する、足枷を払い除ける、迫り来る暴力と抑圧的な権力を押し返す。これらは人間にとっての根本的な経験(Grunderfahrung)であるに相違ない。〔T-38〕『人間的自由の本質について』[69]

「解放」の経験が、それを妨げる要因を排して求めるに値するものであることは、誰にとっても同じである。「根本的」という形容詞は、事態がそのように普遍的であることを捉えていると私たちは解釈する。この普遍性を、序章では「原基的」(十三頁)という言葉で捉えようとした。たしかに、外部から来る圧迫的な力から逃れることを強くしかし漠然と希うだけでなく、自己の精神の態勢を恒常的な解放へ向けて整えておこうとする努力の形跡をよりはっきりと認めることができるのは、思索を糧とする人間においてである場合が多いと一応は言えるかもしれない。少なくとも、解放による自律への自覚的で方法論的な欲求を、日常的な、言語による分節化を経ていない自由への漠然とした憧れと完全に同一視することはやはり不適切であろう。しかしそれでも、自己解放、足枷の破棄、抑圧の除去、要するに非・被拘束であることとして、つまり外挿的な仕方で自由を定義する必要性が、哲学的・自己反省的な意識であればどのような意識にでも現れるかといえば、決してそうではない。そのような必要性に突き動かされるところまでゆかない限り、哲学者の意識といっても日常の意識と基本的には同じ水準にとどまっているのではないかと考えられる。あるいは、後者との疎隔ではなくむしろ連続性の方が、前者の意識の実体のより大きな部分を占めているのではないかと推測される。

例えば、右のような努力の形跡を明らかに読み取ることができるエピクテートスの言葉が典型的に示しているように、反対項選択能力というものを認めないストア派も、一般的に外挿的な仕方で自由を語ることがないわけでは決してない。次の一節を見てみよう。

いったい誰が、誤った表象に同意を与えるよう君を強いることができるというのか？——誰も。——また、真の表象に同意しないようにと？——誰も。——ご覧なさい、君の内にはこのようにして本性的に自由である何かがあるということを。(70)
〔T-39〕『語録』三・二二・四二〜四三

意志による同意はこうして「自由で妨げのない活動」とされるのだが、それでいて、エピクテートスが、また一般にストア派が、意志の非・被決定性を突出させることはない。ここまで見届けてきたように、彼らの倫理意識の頂点にある賢者の像が、そして遡れば彼らの思考を宰領するロゴス主義が、このような突出を硬く禁ずるからである。その限り、束縛からの解放を日々折々に願う日常の意識と、妨げのなさに自由を見るストア派哲学者の意識とのあいだに明瞭な疎隔と言えるほどのものが生ずることはないだろう。それをさらに言い換えれば、原基的な自由感ないし実感の論理と概念を形成する哲学的な思考のあいだに、詳しい分析に耐えるだけの有徴性を帯びた二重性は未だ生じていないということになるだろう。(71)そして、この疎隔を視野に入れずに近世的な自由意志論に固有の複雑さを浮かび上がらせようとしても、おそらく、うまくはゆかない。これが、私たちがストア派論に割く紙幅を限定した、より根本的な理由である。(72)

近世へ

いやしかしまさしくそうであればこそ、と見方を反転させる余地があるのではないか。つまり、二項対立に捉われていない理性一元主義に基づく自由論であればこそ、デカルトとの親近性をストア派に改めて探す甲斐もあるのではないか。近世のジェズイットがデカルト理解における負の参照項であるならば、古代のストア派こそ、正の参照項になるのではないか。

しかしながら、序章の主に第三節で述べたことを別の言い方で繰り返せば、私たちがジェズイットの自由意志論を特別視するのは、その学説がジルソンに由来するデカルト解釈上の混乱の原因であるためだけではないし、突き詰めれば、異質なものとの対照を通してデカルトの考えをよりよく照らすという比較研究の一般的なメリットを期待してのことでもない。ジェズイットにおいて確認できる実感と概念の明らかな疎隔——この疎隔が実は概念の実感に対する深い依存と循環的な関係にあることを、私たちは次章の最後で確認する——と共に、意志の自由という問題は、主観性の問題として構造化されることになる。そのプロセスを見届けておく必要があるためである。スアレスにおいてかつてなく明瞭になるこの構造化こそ、自由意志論の哲学史における重要なターニングポイントをなすと私たちは考えている。そしてデカルトを、この構造化が遂行されたあとの人として、とりわけ、構造化にジェズイットが見なかった可能性を与えた人として、位置づけようと試みる。その限り、本書の探求過程においてジェズイットを論ずることには肯定的にして発見的な役割がある。そして、ターニングポイントということの意味も、構造化ということの意味も、アウグスティヌスの見た「欠損」とそれに対する戦きを考察の視野の消失点の位置に見据えておけばこそ画定できる性質のものであり、しかし、「欠損」も戦きも、彩色柱廊に集った哲学者たちには未だ無縁な代物であった。

それでは、非・被拘束であることをもって意志の享受する自由とせよ、非・被決定によって意志の自由を定義せよ、そのような要請が神学・哲学的思考の中に入り込むようになったのは、いつのことであり、誰のもとにおいてであったのか。あえてこう問うのもいまさらだろう。歴史を大きく下った十六世紀も後半、ジェズイットのもとで、というのが私たちの答えである。しかしこの点を実際に論証してゆくとなると、考慮に入れなくてはならない事項の数は非常に多い。その中の重要ないくつかを確認するところから、第二章を始めることにしよう。

註

（1） Concile de Trente, Session VI, canon 4, *Les conciles œcuméniques*, t. 2-2, p. 1382 : « Si quis dixerit, liberum hominis arbitrium a Deo motum excitatum nihil cooperari assentiendo Deo excitanti atque vocanti [...], neque posse dissentire, si velit, sed velut inanime quoddam nihil omnino agere mereque passive se habere: anathema sit ».

（2） この問題のアウトラインを確かめるために私たちが参照した論考を三つに絞って挙げておく。M. Huftier, « Libre arbitre, liberté et péché chez saint Augustin », *Recherche de théologie ancienne et médiévale*, n° 33, 1966 ; P. Watté, *Structures philosophiques du péché originel — S. Augustin, S. Thomas, Kant*, 1974 ; G. Madec, « Du libre arbitre à la liberté par la grâce de Dieu », in *Lectures augustiniennes*, éd. Institut d'Études Augustiniennes, 2001.

（3） Augustinus, *De civitate Dei*, V, 9, 204, BA 33, p. 675 : « si [...] certus est ordo causarum, quo fit omne quod fit, fato, inquit, fiunt omnia quae fiunt. Quod si ita est, nihil est in nostra potestate nullumque est arbitrium uoluntatis ; quod si concedimus, inquit, omnis humana uita subuertitur, frustra leges dantur, frustra obiurgationes laudes, uituperationes exhortationes adhibentur, neque ulla iustitia bonis praemia et malis supplicia constituta sunt. »

« voluntas »と« liberum arbitrium »に当てる訳語の選択は非常に難しい。訳し分けるとすれば、前者はもちろん「意志」であり、後者は「自由裁量」、「自由意思」、「自由選択」、「自由決定」といったところになるだろう。実際、« voluntas »と« liberum arbitrium »は形態の異なる二つの表現なのだから訳し分けるのが本来であるようにも思われるのだが、しかし、そううまくはゆかないという点に関して、順に三点を断っておきたい。

（1）まずアウグスティヌスの場合、《voluntas》と《liberum arbitrium》に実質的な区別が施されているとは考え難い。両者の等価性は少しあとで引用する〔T-11〕の原文に典型的な仕方で現れている。しかも、後者を「自由〜」と「自由」の語を加えて訳し分けることは、アウグスティヌス自由論の決定的なところを捉え損ねる原因になりかねない。これから詳しく検討するが、アウグスティヌスは《voluntas》であれ《liberum arbitrium》であれ、これらの自律的な行使を本来的な「自由」とは考えていないからである。そこで私たちはいずれをもあえてシンプルに「意志」と訳すことを原則とする。ただしここ〔T-9〕のような《arbitrium voluntatis》、つまり《voluntas》を属格にして《arbitrium》にかけた形の場合には、「意志がみずからする裁量、決定、選択」といった訳にする。

（2）一般的にも、《liberum arbitrium》と《voluntas》は実質的にほぼ等価なものとして扱われていることが多い。しかしなぜ、いつから、そうなのだろうか。《arbitrium》は《arbiter》から出て、後者は「証人、裁判官、調停者、陪審員」を意味する。例えばキケロの『ウェッレス弾劾』において、その名に値する真の陪審員は「自由で縛られない（liberi solutique）精神で審理に臨む」とされている（*In Verrem*, II, 2. Cf. C. S. Lewis, *Studies in Words*, p. 113）。証言も裁定も調停も陪審も、第三者として当事者の影響を受けずにするべきもの、つまり普通の意味で、意志的に、自由にするものと考えられていただろう。そういった具体的事情を背景に、《liberum arbitrium》と《voluntas》が結びつけられたのではないか。「なぜ」についてはこのように、具体から抽象へ、身分語から心性へという語の一般的な形成過程を考慮した推測が一応可能だが、やはり推測の域を出るものではない。山内志朗が「自由意思・決定（liberum arbitrium）」と「意志（voluntas）」の区別を重視しながら私たちとは異なる説明をしているので、そちらも参照されたい（『存在の一義性を求めて』二〇一一年、七三〜七四頁）。他方で「いつ」に関しては、私たちには見当もつけられないし、これを明らかにした研究も寡聞にして知らない。

（3）《arbitrium》を判断の一種と捉えた上で、これを担うのは意志なのか知性なのかという議論がアウグスティヌスの後に起こっている。レバクツによれば、議論の発端はボエティウス（Boethius, 480〜524?）に帰される《liberum de voluntate arbitrium（意志の働きに関して知性がする自由な判断）》という表現にある（J. Lebacqz, *Libre arbitre et jugement*, 1960, p.16-17）。たしかに、もしもこの表現が示唆するように《voluntas》とは異なって《liberum arbitrium》はもっぱら知性が担う認識的な働きであると言い切れれば、話はシンプルになっていただろう。しかし、大勢において、少なくとも本書で取り上げるモリナ、スアレス、デカルトにおいては、« liberum arbitrium » は « voluntas » と等しくやはりまず意志に関係づけられる。ただし、では彼らの場合も「意志」に訳語を統一するべきかとなると、これも難しい。« liberum arbitrium » であれ « voluntas » であれ「意志」と「自由」のあいだにアウグスティヌスが立てた区別はその後徐々に不鮮明になり、むしろ意志の行使それ自体が何らかの意味で自由を実現するという考えの方がはるかに一般的になってゆく。したがって « liberum arbitrium » をたんに「意志」とではなく「自由意志」ないし「意志の自由」と訳す方がよい場合も少なからず出てくることになる。

（4） Augustinus, *De civitate Dei*, V, 9, 207, BA 33, p. 682 : « Quod uero negat ordinem omnium causarum esse certissimum et Dei praescientiae notissimum, [...] eum [...] detestamur. »

（5） Augustinus, *ibid.* : « voluntates nostrae tantum valent, quantum Deus eas valere voluit atque praescivit » .

（6） Augustinus, *loc. cit.*, 10, 209, BA 33, p. 684 & 686 : « [dicimus] necesse esse, ut, cum uolumus, libero uelimus arbitrio : et uerum procul dubio dicimus, et non ideo ipsum liberum arbitrium necessitati subicimus, quae adimit libertatem. Sunt igitur nostrae uoluntates et ipsae faciunt, quidquid uolendo facimus, quod non fieret, si nollemus. »

（7） Augustinus, *De libero arbitrio,* III, 3, 8, BA 6, p. 398 : « Voluntas [...] nostra nec voluntas esset nisi esset in nostra potestate. Porro, quia est in potestate, libera est in nobis. Non enim est nobis liberum quod in potestate non habemus, aut potest non esse quod habemus. »

（8） Augustinus, *loc. cit.*, 1, 3, BA 6, p. 386 : « Non enim quidquam tam firme atque intime sentio quam me habere voluntatem eaque me moveri ad aliquid fruendum ».

（9） Augustinus, *De peccatorum meritis et remissione et de baptismo parvulorum,* II, 18, 28, *Opera omnia*, t. 10-1 (*Patrologiae latinae*, t. 44), col. 168 : « Ipsa etiam ratio [...] quemlibet nostrum quaerentem vehementer angustat, ne sic defendamus gratiam, ut liberum arbitrium auferre videamur, rursus, ne liberum sic asseramus arbitrium, ut superba impietate ingrati Dei gratiae iudicemur. »

（10） Cf. F. Suárez, *Opuscula theologica sex inedita, Opusculum primum de concursu, motione et auxilio Dei, Prooemium*, VIVÈS 11, p. 1.

（11） Augustinus, *De civitate Dei,* XIV, 11, 29, BA 35, p. 405 : « Arbitrium igitur uoluntatis tunc est uere liberum, cum uitiis peccatisque non seruit. »

（12） Augustinus, *De libero arbitrio*, I, 16, 35, BA 6, p. 260 & 262 : « [adsentior] peccata omnia hoc uno genere contineri, cum quisque avertitur a divinis vereque manentibus et ad mutabilia atque incerta convertitur. »

(13) Augustinus, *De peccatorum meritis et remissione et de vaptismo parvolum,* II, 17, 26, *Opera omnia*, t. 10-1 (*Patrologiae latinae*, t. 44), col. 167 : « Cum voluntatem humanam gratia adiuvante divina sine peccato in hac vita possit homo esse, cur non sit, possem facillime ac veracissime respondere : Quia homines nolunt. »

(14) Augustinus, *De libero arbitrio*, II, 13, 37, BA 6, p. 342 : « Haec est libertas nostra, cum isti subdimur veritati ; et ipse est Deus noster qui nos liberat a morte, id est a conditione peccati ».

(15) Augustinus, *Epistrae* 157, II, 7-8 : « Haec enim voluntas libera tanto erit liberior quanto sanior ; tanto autem sanior, quanto divinae misericordiae gratiaeque subjectior ». テクストは E. Gilson, *Introduction à l'étude de saint Augustin*, 1987, p. 214 による。

(16) Augustinus, *De correptione et gratia*, XI, 31, BA 24, p. 338 : « Tale quippe erat adiutorium, quod desereret cum vellet, et in quo permaneret si vellet. »

(17) Augustinus, *op. cit.*, X, 26, BA 24, p. 329 : « si propterea non habuit, quia non accepit, quid ipse non perseverando peccavit, qui perseverantiam non accepit ? »

(18) Augustinus, *De civitate Dei*, XIV, 11, 28, BA 35, p. 402 : « Bona igitur voluntas opus est Dei ; cum ea quippe ab illo factus est homo.»

(19) Augustinus, *ibid.* : « Mala vero voluntas prima, quoniam omnia opera praecessit in homine, defectus potius fuit quidam ab opere Dei ad sua opera quam opus ullum, et ideo mala opera, quia secundum se, non secundum Deum ».

(20) Augustinus, *op. cit.*, XII, 7, 522, BA. 35, p. 170 : « Nemo igitur quaerat efficientem causam malae voluntatis ; non enim est efficiens, sed deficiens, quia nec illa effectio, sed defectio. »

(21) アウグスティヌスによるこれら一連の語の使用法は、次の語彙集が « Defectus » の項目で扱っている。*Augustinus-Lexikon*, éd. C. Mayer, 1996-2002, t. 2, col. 259. この語に関するさらに一般的な情報は次の辞典からも得ることができる。*Thesaurus linguae latinae*, 1909-1934, t. 5, I, p. 286-290, art. « defectio » & p. 323-329, art. « deficio ».

(22) Augustinus, *De libero arbitrio*, II, 20, 54, BA 6, p. 376 & 378: « Motus ergo ille aversionis, quod fatemur esse peccatum, quoniam defectivus motus est, omnis autem defectus ex nihilo est, vide quo pertineat, et ad Deum non pertinere ne dubites. Qui tamen defectus quoniam est voluntarius in nostra est positus potestate. »

(23) Augustinus, *op. cit.*, III, 24, 73, BA 6, p. 520 & 522 : « [Ex quo apparet] esse quiddam medium quo ad stultitiam a sapientia transitur, quod neque stulte neque sapienter factum dici potest, quod ab hominibus in hac vita constitutis non nisi ex contrario datur intellegi. Sicut enim nullus mortalium fit sapiens, nisi ab stultitia in sapientiam transeat ; ipse autem transitus si stulte fit non utique bene fit, quod dementissimum est dicere ; si autem sapienter fit, iam erat sapientia in homine antequam transisset ad sapientiam, quod nihilominus absurdum est ; ex quo intellegitur esse medium, quod neutrum dici possit : ita et ex arce sapientiae ut ad stultitiam primus homo transiret, nec stultus nec sapiens ille transitus fuit. » プルタルコス（Plutarchus, 45?~125?）は『共通観念について』の中で、「中間」を認めない限り、「盲目の人は、わずか後に視力を回復するだろうとしても〔その時点では〕盲目であるように、〔徳性の点で〕向上している最中の人もまた徳を手に入れるまでは無知で劣悪なままにとどまっている」ことになってしまう、とストア派を批判する（*De communibus notitiis*, cap. 10, SVF III, 539）。ストア派が賢者を一分の隙もありえないものに仕立て上げようという点は、このあと第四節で私たちも取り上げる。

(24) 序章で言及したデカルトのメラン宛書簡はジェズイットの神父メランとの遣り取りだが、そのメランには同会の有力な神学者プトー（Denis Petau , 1583~1652）の代弁者という側面もある。「非決定の自由」とキケロの « esse medium » を関連づけているのはそのプトーである。デカルトの当時人々に知られたプトーの著作のタイトルは『自由意志について（*De Libero Arbitrio*）』（一六四三年）。そのあと、この著作はおそらく著者の最晩年の著作である『世の始めの六日の御業について（*De sex primorum mundi dierum opificio*）』にその第三巻から第五巻として組み込まれ、私たちが確認したのは十九世紀に編纂された全集本第四巻に収められている後者の方である。「中間」の件はその第三巻第五章第十一項にある。

(25) 金子晴勇は、「アウグスティヌスがマニ教と対決して自由意志を肯定し、これにより「悪」の問題を解決するに至った」と述べている（『アウグスティヌスの恩恵論』二〇〇六年、三九頁）。しかし、この問題が解決を見ることはその性質上ありえない。にもかかわらず解決したと思い込む、あるいは問題を別のかたちにすり替える、そういうことがなかった点にこそ、アウグスティヌスの思索に固有の一貫性が認められると私たちは考えている。

(26) Augustinus, *Confessiones*, XII, 3, 5, BA 13, p. 584 & 586 : « liberum voluntatis arbitrium causam esse, ut male faceremus et rectum iudicium tuum ut pateremur, et eam liquidam cernere non valebam. itaque aciem mentis de profundo educere conatus mergebar iterum et saepe conatus mergebar iterum atque iterum. »

(27) Augustinus, *ibid.* : « diripiebar abs te pondere meo et ruebam in ista cum gemitu ; et pondus hoc consuetudo carnalis. »

(28) マリタンが下した次の判断は、トミストの立場からなされたものである点を割り引いてもなお一般的に是認できるものであることを、私たちは次章で確認する。「モリニズムが被造物のために求めるものはたしかに一つの役割でしかない。しかしその役割とは、結局のところ、善悪の秩序において第一の、そして絶対的な主導権を握ることなのである」(J. Maritain, *Humanisme intégral*, 1947, p. 26)。

(29) B. Pascal, *Écrits sur la grâce, 3e écrit, Œuvres complètes*, éd. L. Lafuma, p. 332 / *Œuvres complètes III*, éd. J. Mesnard, *Lettre*, p. 703 : « La raison de cette incapacité qui est maintenant en l'homme d'entrer dans cet équilibre et d'entrer dans cette indifférence prochaine aux opposites, qui était dans Adam, est que le libéral arbitre d'Adam, n'était attiré par aucune concupiscence. Sa volonté, dit saint Augustin, n'avait rien dans elle-même qui lui résistât de la part de la concupiscence, ce qui n'est contesté par personne : de sorte qu'étant entièrement libre et dégagé, il pouvait par ce secours prochainement suffisant demeurer dans la justice, ou s'en éloigner, sans être ni forcé, ni attiré de part ni d'autre ».

『恩寵に関する文書』は数カ所に分散していたパスカルの草稿をその歿後に取りまとめたものである。「第一の文書」、「第二の文書」、「第三の文書」にテクスト群を分配整理するラフュマの版がクラシックなものだとすれば、今日の校訂版と呼びうるメナールの版では、まったく異なる編纂方針に基づいて、「書簡（*Lettre*）」、「叙説（*Discours*）」、「論考（*Traité*）」の三区分が採用されている。以下、引用個所のページ数は éd. Lafuma / éd. Mesnard の順に併記する。

(30) パスカルは « indifférence prochaine » を « indifférence prochainement suffisante » とも表記する。いずれもパスカルに固有の表現である。「近い」、「隔てない」という点をもう少し正確に言うと、神の側からの助力ないし恩寵はもう充分に届いており、あとは人間の側で望むような結果を意志するだけとなっているような状態ということである。しかしそれでは神の恩寵は実質的に何もしていないではないか、と思われるかもしれない。まさしくそのような恩寵概念が「充分的恩寵（grâce suffisante）」と呼ばれ（「充分的」というのは「最低限、ミニマル」という意味）、人間の行為をその結果まで拘束する「実効的恩寵（grâce efficace）」と対比させられる。ジェズイットは現世的意志の自由を確保するために、恩寵とは原則としてすべて「充分的恩寵」であると主張し、トミストは神の力を有名無実化しないために、現世的意志に与えられるのは「実効的恩寵」であると考える。詳細は第二章で扱う。

(31) L. de Molina, *Concordia*, disp. 50, sec. 13, p. 322 : « Licet enim id gratis admitteretur in hominibus post lapsum primorum parentum [...] quanam ratione admittendum esset in angelis et in hominibus in statu innocentiae qui sine ulla difficultate continere se poterant ab omni peccato et nihilominus pro sua innata libertate poterant peccare ? »

(32) B. Pascal, *Écrits sur la grâce, 3e écrit*, p. 331 / *Lettre*, p. 701.

(33) メナール版では、「……「譴責と恩寵に関する」書物を開いてみればよい」という一節の直前に、アウグスティヌスの『堅忍の賜物について（*De dono perseverantiae*）』第七節第十三項から取られた興味深いテクストがパスカル自身によるフランス語訳で配置されている。「失墜前の人間の内には〔神のもとから離反しないための〕自由意志の力があった。意志のこの自由は、まず天使たちのあり方の内に卓越した仕方で現れていた。悪魔がみずからの自由意志の力と共に堕ちたとき、天使たちは真理の内に断固とどまって、それがゆえに彼らは永久の安寧に至るに値したのである」。ここで言及されている天使たちの自由を、パスカルは「踏み止まることも、踏み止まらないことも（persévérer et ne pas persévérer）」できる自由だと受け止めている。要するに、選択の自由であると。しかしアウグスティヌスは本当に選択を問題にしているのか。テクストを字義通りに読めば明らかにそうではない。「天使は踏み止まり、悪魔は堕ちた」という神話的事実の他には何も述べられていない。この箇所からも、パスカルがどれほど深く「自由」イコール「選択の自由」という先入見に捉われていたのかを窺い知ることができる。

(34) Augustinus, *De correptione et gratia*, XII, 37, BA 24, p. 352 : « Ut ergo non acciperet hoc donum Dei, id est in bono perseverantiam, primus homo, sed perseverare vel non perseverare in eius relinqueretur arbitrio, tales vires habebat eius voluntas, quae sine ullo fuerat instituta peccato, et nihil illi ex se ipso concupiscentialiter resistebat, ut digne tantae bonitati et tantae bene vivendi facilitati perperseverandi committeretur arbitrium [...]. Nunc vero posteaquam est illa magna peccati merito amissa libertas ».

(35) Augustinus, *De civitate Dei*, XIV, 10, 26, BA 35, p. 398 : « Quis tandem absolute dici beatus potest, qui timore afficitur vel dolore ? Quid autem timere aut dolere poterant illi homines in tantorum tanta afluentia bonorum, ubi nec mors metuebatur nec ulla corporis mala ualetudo, nec aberat quicquam, quod bona uoluntas adipisceretur, nec inerat quod carnem animumue hominis feliciter uiuentis offenderet ? »

(36) ジェズイットの学説が十七世紀の知的雰囲気に与えたインパクトの大きさに関しては次の論考を参照されたい。O. Boulnois, « Le refoulement de la liberté d'indifférence et les polémiques anti-scotistes de la métaphysique moderne », *Les Études*

Philosophiques, 2002-2.

(37)　B. Pascal, *Écrits sur la grâce, 3*^{e} *écrit*, p. 332 / *Lettre*, p. 704.

(38)　Augustinus, *Epistolae ad Galatas expositionis*, 49, *Opera omnia*, t. 3-2 (*Patrologiae latinae*, t. 35), col. 2141 : « Quod enim amplius delectat, secundum id operemur necesse est. »

(39)　B. Pascal, *Écrits sur la grâce, 3*^{e} *écrit,* p. 332 / *Lettre*, p. 704 : « Et qu'on ne prétende pas subtiliser en disant que la volonté, pour marquer sa puissance, choisira quelquefois ce qui lui plaît le moins ; car alors il lui plaira davantage de marquer sa puissance que de vouloir le bien qu'elle quitte, de sorte que, quand elle s'efforce de fuir ce qu'il lui plaît, ce n'est que pour faire ce qu'il lui plaît, étant impossible qu'elle veuille autre chose que ce qu'il lui plaît de vouloir. »

(40)　中世の事例は第一章でいくつか取り上げる。パスカル後の例としては、(1)まずライプニッツ（Gottfried Wilhelm Leibniz, 1646~1716）のことがすぐに想い起こされる。『弁神論』（一七一〇年）によれば、「意志が決定されるのは対象の内に認められるより大きな善性によってであり、…… 人がみずからの自由を示すためにほしいまま選ぶ場合でも、自由を示したいという欲求の中に見出せると思った快楽あるいは利点が、人をそうさせる理由の一つになっている」（*Essai de théodicée*, I, 45）。ただしパスカルではアウグスティヌスに即して原罪の前後が思考の分水嶺であったのに対して、ライプニッツが悦楽の原理に言及するのは、神の意志と人間の意志の落差を強調するためである。「快楽」に主導された恣意性ないし「気まぐれ（caprice）」という後者の特徴は前者にはもちろん無縁である。「神が気まぐれで、あたかも偶然のように、つまり純粋な非決定によって（par une indifférence toute pure）何かを選ぶということはありえない」（*loc. cit.*, 2）。なお人間に関しても、「そうさせる理由の一つ」という言い方は、ライプニッツが悦楽の原理を絶対化していないことを示唆している。(2)同じくパスカルよりあとのこと、『真理の探究』（一六七四~七五年）においてジェズイットとパスカルの中間の立場を取るのが、非決定の自由を概念として認めつつ、それが同意不同意の恣意性を意味することのないように配慮するマルブランシュ（Nicholas Malebranche, 1638~1715）である。恣意性が排除されるのは、そもそも非決定の自由とは「誤りに陥ることをみずから避けるために、神から」（*De la recherche de la vérité*, liv. I, chap. 2, 3）与えられたものだからである。そしてもう一つの理由が、悦楽の原理と同型の理屈に基づいている。すなわち、「同意する（consentir）にはまず動因（motif）が必要である。言ってみればまず感ずる（sentir）ことが必要なのである。…… どれほど些細な行動の内にであっても、隠れまた混乱した何らかの動因がつねにあることは確かである」（*op. cit.*, I^{e}

Éclaircissement, *Œuvres I*, éd. Rodis-Lewis, p. 809-810）。このいわば穏当な非決定の自由概念の背後には、選択をめぐる微妙で重要な問題が隠れている。序章の最後に触れた「第四省察」の定義内部の対立も、この問題と関わっている。この点は第四章で改めて取り上げよう。⑶以上に対して、デカルトが悦楽の原理に言及することはない。後々明らかになるように、デカルト的思考の機序が、この原理による事態の説明をまったく必要としないからである。

（41）　Cf. C. Jansenius, *Augustinus*, III, col. 721 : « nulla voluntas seu volitio exseri potest, nisi delectatione aliqua suscitetur ». テクストは E. Gilson, *La Liberté chez Descartes et la théologie*, p. 367, n. 1 による。

（42）　Cf. J. Schmutz, « Du péché de l'ange à la liberté d'indifférence », *Les Etudes Philosophiques*, 2002-2, p. 197. とりわけ、本書では立ち入らない「様相・存在論（Modalontologie）」的側面については、S. K. Knebel, *Wille, Würfel und Wahrscheinlichkeit*, 2000, p. 143-159 が詳しい。

（43）　L. de Molina, *Concordia*, disp. 32, sec. 2 - sec. 3, p. 197 : « Plerique antiquorum eam rationem reddunt, quod, cum peccatum formaliter sumptum in defectu conformitatis cum regula quam operans tenetur sequi sit positum eaque ratione formaliter non sit aliud quam defectus, privatio et nihil, potius quaerenda est causa deficiens peccati quam efficiens. [...] Ratio haec vel rem non explicat, quantum est satis, vel certe nullius est momenti. »

（44）　モリナによれば、「意志は、みずからが自由であることの根拠をどのような行為からでも引き出せるわけではない。まずは選ばないことができるような行為からであり、選び・選ばないことができるということの内に、行為の発動に至る自由が認められる。そしてさらに、同時に意志がこの行為あるいはその反対の行為をほしいままになすことができるのなら、そこにはいわゆる行為の特定化に至る自由が認められる。このような自由にこそ、自由の観念として充実した、完全なものが具わっている」（*Concordia*, disp. 2, sec. 5, p. 14）。

（45）　当時なされた指摘の中でも象徴的なのが、アルノー（Antoine Arnauld, 1612~694）による『省察』に対する「第四反論」、その実質上の第一文である。「ここで第一に驚嘆されますことは、尊敬すべき著者が、彼の全哲学の原理として、神的なるアウグスティヌス……が定立したのと同じことを定立しているという点であります。と申しますのも、『意志論』第二巻第三章において、アリピウス［ママ］はエヴォディウスと議論し、神の存在を証明しようとして次のように言います。「まず最も明白なものの端緒を捉えるために君に尋ねよう。君自身はあるのか、あるいは、君はもしかするとこの質問で誤ることをおそれてはいないか？　というのも、いずれにしても、もし君があるのでなければ、君が誤ることはまったくありえないのだから」。われわれの著者の言葉はこれに類似しています。「しかし誰かしら、この上ない力能を具え、この上なく狡知に長けた欺瞞者がいて、故意に私をつねに欺いている。彼が私を欺いているならばこの私もあるということは疑うべくもない」。……」（4^{ae} *Obj.*, AT VII, 197-198）。アウグスティヌス・デカルト間の親近性に関するデカルト研究者による考察として最初期のものと、異なる立場からの最新の論考も、それぞれ一点挙げておこう。E. Gilson, *Études sur le rôle de la pensée médiévale dans la formation du système cartésien*, 1930 / 1975, p. 191-201. 熊野純彦「アウグスティヌス主義の射程・素描」、神崎・熊野・鈴木編『西洋哲学史Ⅲ ポストモダンの前に』二〇一二年所収。

(46)　R. Descartes, *Med.* 4^{a}, AT VII, 57 : « errorem, quatenus error est, non esse quid reale quod a Deo dependeat, sed tantummodo esse defectum. »

(47)　R. Descartes, *loc. cit.*, AT VII, 60 : « Privatio autem, in qua sola ratio formalis falsitatis et culpae consistit, nullo Dei concursu indiget, quia non est res, neque ad illum relata ut causam privatio, sed tantummodo negatio dici debet ».

(48)　(1)『方法叙説』の第三部で示される、いわゆる「暫定的道徳」のことがまず思い起こされる。「運命にではなく自分自身に打ち克とう、そして変えるなら世界の秩序ではなく自分の欲望を変えようとたえず努力すること、そして、一般的に言えば、完全にわれわれ自身の力の内にあると言えるものはわれわれの思惟の他にないという考えに馴染むこと」を求める第三の格律は、「かつて運命の支配から免れることのできた哲学者たち［すなわちストア派］の秘密」に通じているとデカルトみずから述べている（AT VI, 25 & 26）。(2)同じく明瞭なのが、『哲学原理』第四部第一九〇項で取り上げられる「知的喜び（gaudium intellectuale）」（AT VIII-1, 317）。『情念論』第九〇、一四七、一九〇項等でデカルトはこの概念を独自に展開するが、概念の出どころはストア派による三つの「善き感情（εὐπάθειαι）」（Diogenes Laertius, VII, 116, SVF III, 431）にある。(3)やはり『情念論』の第一四四項、「みずからに依存するもの」と「依存しないもの」の区別による過剰な欲望の治癒方法も、明らかに、*Enchiridion*（『提要』とも訳されるが、要するに「手引き」である）の冒頭個所でエピクテートスが提示した « τὰ ἐφ᾽ ἡμῖν » と « τὰ οὐκ ἐφ᾽ ἡμῖν » の区別に想を得たものである。(4)以上のように、ストア派との関連は道徳論の領域に目立つのだが　――　エリザベートとの書簡を通じた対話の素材としてセネカの『幸福な生について（*De vita beata*）』をデカルトが選んだことも加えておこう（AT IV, 263-267）　――　、十七世紀のデカルト主義者ルイ・ドゥ・ラ・フォルジュ（Louis de la Forge, 1632~1666）がつとに目をつけた次の点は、「第四省察」における判断論に関わるものだった。「デカルト氏が、意志に属するものの内に判断を数え入れた最初の人であったわけではない。というのも……エピクテートスがこの考えを採用していたと思われるからである」（*Traité de l'esprit de l'homme, de ses facultés ou fonctions et de son union avec le corps : suivant les principes de René Descartes*, 1666 / 1984, p. 176）。

たしかに、『方法叙説』第一部にある次の言葉も、等しくデカルトがストア派に向けたものである。「私は、古代異教の人々が人間の振る舞い方を扱った著作を、あまりにも見事で壮麗ではあるが、実は砂と泥の上に立てられている楼閣に擬えたものでした。彼らはもろもろの徳を高所の極みに持ち上げて、この世のありとあるものより高い価値があるかのごとくに見せようとします。しかし、そういった徳をどうすれば学ぶことができるのかについては十分に語りません。そしてしばしば、彼らがかくも麗しい名で呼ぶものは、実は、鈍感さであったり、傲慢であったり、絶望であったり、あるいは親殺しであったりするのです」（AT VI, 7-8）。ほとんど揶揄か嘲弄であるが、だからといってストア派の思想がデカルトの哲学に何らかの痕跡を残しているという一連の事実が消えるわけではない（『方法叙説』より前のデカルトのテクストに見出されるストアの思想については次の論考を参照されたい。E. Mehl, « Les méditations stoïciennes de Descartes », in *Le Stoïcisme au* XVIe *et au* XVIIe *siècle*, éd. P.-F. Moreau, 1999）。そうである以上、「ストア主義者デカルト」（V. Brochard, *Études de philosophie ancienne et de philosophie moderne*, 4e éd., p. 320-326）といった単純なスローガンを立てることは論外だとしても、両者の関係を緻密に探る哲学史研究の必要性は今日でもなお失われていない。

ただし、その上で、デカルト解釈においては —— 他の哲学者に関しても同様の注意が必要になる場合は稀ならずあると思う —— 先立つ哲学者たちからの影響を云々するには相当の慎重さが求められるという点を、ここでは強調しておきたい。過去の思想を自分のものとして消化しないままデカルトがみずからの思想に組み込むことは原則としてない。そうである以上、近くのであれ、遠くのであれ、哲学史の過去に由来する要素は、デカルトによる消化作業を蒙ったもの、その意味で痕跡として捉える方が妥当な場合が圧倒的に多い。ストア派の哲学もその例外でないことは、カンブシュネルが次のような言葉で指摘する通りである。「学徒時代、ストア派の著者たちに頻繁に触れた経験は、デカルトの思想に、場合によっては感受性にまで確実にまた深く浸透し、思想と感受性の形成に与った。しかし同じく明白なのは、展開しつつあったデカルトの思想がこれらの著者に対して自由を保っていたということである」（D. Kambouchner, *L'homme des passions*, t. 2, p. 113）。

(49) Cicero, *De fato*, XVII, 40 / *Traité du destin*, éd. A. Yon, 1950, p. 21. 以下、キケロによる『運命論』からの引用は上記の版に拠る。また、*Stoicorum Veterum Fragmenta* に収録されたテクストの邦訳に関しては、中川純男ほか訳『初期ストア派断片集』から多くを学んだこともここで断っておきたい。

(50) Cicero, *De divinatione*, I, 126, SVF II, 921.

(51) Cicero, *De fato*, XVII, 41, éd. Yon, p. 21.

(52) 「クリュシッポスは、あたかも〔運命と自由それぞれを肯定する考えの〕私的な仲裁者のようにして、中庸を射当てようと望んだようである。ただし、どちらかと言えば、彼は、心の動きが必然から自由になっていると見たがる人々に親近感をもっているが、ところが自分自身の説明を行っているうちに……不本意にも運命の必然性を主張するはめに陥った」(*De fato*, XVII, 39, éd. Yon, p. 20)。アウグスティヌスは、ストア派と一括りにしつつクリュシッポス的両面作戦に一言はするが (*De civitate Dei*, V, 9, 203, BA t. 33, p. 674)、目立った関心を寄せることはない。彼の眼中にあるのはともかくキケロであり、ストア派はせいぜい、あからさまかつ一方的に神の先知の完全性を無視するキケロほどの嫌悪感を自分には惹き起こさない、という程度である (*loc. cit.*, 207, p. 682)。

(53) Cicero, *De fato*, XVIII, 41, éd. Yon, p. 21-22.

(54) Cicero, *op. cit*, XIX, 43, éd. Yon, p. 22.

(55) Cicero, *Academica II*, 40, SVF I, 55.

(56) この点については、古典的なものと比較的最近のもの、二つの研究を私たちは参照した。V. Goldschmidt, *Le système stoïcien et l'idée de temps*, 1953 / 1979, p. 110-111, & M. Frede, *Essays in Ancient Philosohy*, 1987, p. 125-150.

(57) Alexander of Aphrodisias, *De fato*, 196, 24 - 197, 3, SVF II, 984. 著者は次のように続ける。「しかし、徳や悪徳がわれわれの手の内にあり、称讃や非難はそれとの関連でなされることを否定するとは馬鹿げたことだ(ἄτοπον)」。

(58) Stobaeus, *Eclogarum physicarum et ethicarum*, II, 66, 14 - 67, 4, svf III, 560.

(59) Gellius, *Noctes Atticae*, VII, 1, SVF II, 1169.

(60) あらゆる正の倫理的価値を賢者に収斂させてその完全性を絶対化することで、「賢者」とそうでない者とのあいだに断絶が穿たれる。倫理における段階的な向上ないし進歩を問題にすることができなくなる。この点は、つとにプルタルコスの『いかにしてみずからの徳の進歩に気づきうるかについて』によって批判されていた。「〔ストア派の〕哲学においては、魂が愚かさを免れ愚かさから清められない限り、向上しているともそのことに気づいているとも考えてはならない。絶対的な完全性を手にするまでは、完全な錯乱に塗れているということになっているのだから」(Plutarchus, *Quo modo quis in virtute sentiat profectus*, 1, 75, SVF III, 539b)。

(61) 「悪」を「偽」と置き換えて、「真」ではなくあえて倒錯的に「偽」に同意する可能性が可能性としてでもありうるか、と問題を立て換えてみても、同じ結論が得られるだろう。先に見た「表象」と「同意」の理論は感覚知覚と認識についての一般理論だが、「表象」の中には「存在するものそれ自体からやって来て真理の基準となる把捉的表象(φαντασία καταληπτική)」(Diogenes Laertius, VII, 54)と呼ばれるものがある。そのような「把捉的表象に対する同意が、知的把握(κατάληψις)〔すなわち強い意味での認識〕である」。ストア派の哲学者たちによれば、「この把捉的表象は、明証的にして精神を強く打ち、いわば髪ごと摑んでわれわれを離さず同意へと駆り立てる」(Sextus Empiricus, *Adversus Mathematicos*, VIII, 397 & VII, 255)。あるいは、「秤に重しを載せればその台が必然的に下がるのと同様に、精神は明証なるものに屈するのである。みずからの本性に適っていると思われるものを欲しないことはいかなる生物にもできないのと同様に、精神は眼前の明証性を是認せずにはいられないからである」(Cicero, *Academica II*, 38)。最後の二つのテクストは、把握的表象をあえて無視して何ごとかを把握する可能性などストア派においては想定外であったことを示しているだろう(引用は順に *The Hellenistic philosophers*, éd. Long & Sedley, t. 2, 40A, 40K, 40O より)。

では、メラン宛書簡のデカルトはどうなのかという問いがここでもおのずと浮かぶだろう。ストア派とはまた別の仕方で合理主義の権化とされるデカルトのスキャンダラスな側面が耳目を集めるためか、序章で〔T-2〕として引用した(十八頁)一節に関するいびつな理解はフランスにおける哲学史研究に広く浸透しているように見受けられる。現に、ストア派においては真理を意図的に破棄するという類いの非合理主義が罷り通ることはないという点を強調するために、次の新旧二人の古代哲学研究者が「件の一節に窺われるデカルトの場合とは異なって」とわざわざ断っている。A.-J. Voelke, *L'idée de volonté dans le stoïcisme*, 1973, p. 38, & R. Muller, *Les Stoïciens, la liberté et l'ordre du monde*, 2006, p. 161, n. 2.

(62) Cicero, *Tusculanae Disputationes*, IV, 6, 12, éd. G. Fohlen, t. 2, p. 60. この定義を含む一節の全体を引用しておこう。「いかなるものであれ善きものと見える対象が現れるや否や、本性そのものがそれを手に入れるように人を駆り立てる。それが抑制と思慮の効いた仕方でなされる場合、そうした欲求（adpetitionem）をストア派はブーレーシス（βούλησιν）と呼び、われわれはヴォルンタス（voluntatem）と呼ぶ。ストア派によればこの意志はただ賢者の内にのみあり、「意志とは、理性と相携えて何ごとかを望むものである」と定義されることになる」。

(63)　Alexander of Aphrodisias, *De fato*, 181, 13, SVF II, 979.

(64)　十六世紀から十七世紀にかけて、キリスト教の思想とヘレニズム期の哲学を融合しようとするかたちで、懐疑主義（ピュロニズム）およびエピクロス主義と共にストア派の思想が復興を見る。しかし本書の考察に資するめぼしい要因が見当たらないという点では、元来のストア哲学よりもむしろこのネオ・ストア哲学ないし「キリスト教的ストイシズム」（H. Gouhier, *L'antihumanisme au XVIIe siècle*, 1987, p. 118）の方が、さらにはっきりしている。それでも念のために、主立った名前をいくつか挙げておこう。(1)まず、ストア派哲学の近世的再解釈を最初に示したリプシウス（Justus Lipsius, 1547~1606）の場合。「世の人々が嘗めている辛酸を和らげる方法を模索」することを主著の一つである『精神の不屈について』（一五九四年）における喫緊の課題としてみずからに課したリプシウスは、キリスト教的「摂理」の下位にストア的「運命」を置き、ペストや宗教戦争に起因する惨憺たる現実をもっぱら後者によるものとした上で、その重みに耐える精神のあり方を模索する（*De constantia*, I, 4-19）。また、「共通本性との一致」というストア的発想を「キリスト教的真理との一致」と言い換えて、ここに至高の善を見る（cf. J.-E. d'Angers, *Recherches sur le stoïcisme aux XVIe et XVIIe siècles*, 1976, p. 22）。通俗的なモラルの次元に半ば降り立つこのような思想の中に、「悪魔的」意志というラディカルな問題へ通ずる要素が入り込む余地はない。(2)リプシウスの影響を受けたデュ・ヴェール（Guillaume Du Vair, 1556~1621）にも基本的に同じことがあてはまる。政治にも携わったこの実際活動家にとっては理性こそが人間精神の最上位を占めて他の諸能力を差配するものであり（cf. P. Mesnard, « Du Vair et le néo-stoïcisme », *Revue de l'histoire de la philosophie*, 1928-2, p. 145）、そのような理性的精神こそが宗教的救済の可能性に最も近いとされる（cf. V. Carraud, *Pascal et la philosophie*, p. 207）。(3)他方でイヴ・ド・パリ（Yves de Paris, 1588~1678）は、主著のタイトルである『非決定について』（一六三八年）によって私たちの注意を引くのだが、この書において非決定の至上形態とされる「キリスト教的非決定」というのは「おのれを全面的に神の摂理へ委ねること」（*De l'indifférence*, p. 20-30）であり、意志の自律とは正反対のものである。なお、おのれを低めることとしての「非決定」という思想は、フランソワ・ド・サル（François de Sales, 1567~1622）が、『神の愛に関する論考』（一六一六年）において「聖なる非決定（sainte indifférence）」というかたちですでに打ち出していたものである（*Traité de l'amour de Dieu*, liv. IX, chap. 5）。(4) 最後に、シャロン（Pierre Charron, 1541~1600）の『智慧について』（初版一六〇一年／二版一六〇四年）を一瞥すれば、「非決定」は「心の均衡」と並んで「智慧に至る第二の態勢」を形成するものであり（*De la sagesse*, liv. II, chap. 2, p. 414）、この場合の非決定がストア的賢者の「不動心」に戻ったものであることは文脈上明らかである。以上、いずれも、近世スコラ哲学の展開に関与した神学者たちとは違って、それぞれの素養をルネサンスの残光に浴する人文主義の系譜から得た人々であったという点も指摘しておこう。

(65) Augustinus, *De civitate Dei*, V, 9, 204, BA 33, p. 676 : « Religiosus [...] animus utrumque eligit, utrumque confitetur et fide pietatis utrumque confirmat. »

(66) アウグスティヌスは『意志論』において、被造意志の自律性と神的先知の網羅性の関係を悪意志の問題とは別に論じているが、この場合にも両者を二項対立的に捉えてそれを緩和ないし調停するという問題意識は認められない。先知の課す必然性から被造意志を免れさせよう、そうして意志の非・被決定性を守り、その自由を確保しようという発想そのものがアウグスティヌスにはないのである。この点は、対立の調停をはかる後世の理論がほぼ例外なくこの発想に基づいていることを考えれば、やはり特記に値する。

(67) Cicero, *De fato*, XI, 25, éd. Yon, p. 13 : « ad animorum motus uoluntarios non est requirenda externa causa : motus enim uoluntarius eam naturam in se ipse continet, ut sit in nostra potestate nobisque pareat. »

(68) この間の事情を、ヴォエルクは次のようにまとめている。「運命への同意を介して、すなわち万事が運命の生み出す通りに起こるよう欲することで、ストアにおける道徳的主体はみずからを宇宙的秩序のいわば原因となす。……このように考えられた欲求は理性としての自然と完全に一体となり、普遍的なロゴスの命に忠実であること以上に高い目的をみずからに与えることがない。そこからは、したがって、およそ原因を欠いた気まぐれな自律性への欲求、あるいは、宇宙的な秩序から解き放たれた欲求というような考え方は、排除される」（A.-J. Voelke, *L'idée de volonté dans le stoïcisme*, p. 196-197）。

(69) M. Heidegger, *Von Wesen der menschlichen Freiheit, Einleitung in die Philosophie*, 1982, p. 20.

(70) Epictetus, *Diatribai*, III, 22, 42-43, éd. J. Souilhé, p. 76 : « — Καὶ τίς ὑμᾶς ἀναγκάσαι δύναται συγκαταθέσθαι τῷ ψευδεῖ φαινομένῳ ; — Οὐδείς. — Τίς δὲ μὴ συγκαταθέσθαι τῷ φαινομένῳ ἀληθεῖ ; — Οὐδείς. — Ἐνθάδ᾽ οὖν ὁρᾶτε ὅτι ἔστι τι ἐν ὑμῖν ἐλεύθερον φύσει. »

(71)　アドによれば、「〔古代ギリシャ〕哲学のあらゆる学派において、哲学というものはおのれの独立を、内的な自由を、すなわち〈私〉がもっぱら私自身にのみ依拠した状態を、手に入れるための方法とされていた」（P. Hadot, *Exercices spirituels et philosophie antique*, 2002, p. 292）。外部によって精神を掻き乱されないことを理想の境地とする点では、懐疑主義（ピュロニズム）、エピクロス主義、ストア主義の三者はたしかに一致する。「幸福な生とは何か。魂の平安と恒常的な静謐である」というセネカの言葉は、ピュロンが言っても、エピクロスが言っても、基本的にはおかしくない。この点に関する三派の異なりは、むしろ、静謐に至る経路にある。エポケーなのか、快なのか、賢者の不動心なのか。いずれが最も妥当な見解であるのかにヘレニズム期の哲学者たちがもっぱら思考を集中させる一方で、その基盤においては前・哲学的な自由感を共有しており、だからこそアドも右のように事態を概括することができたのではないかと考えられる。

(72)　このことをさらに別の観点から言い直すために、エピクテートスの『語録』から引いた〔T-39〕に少し先立つ箇所にある次のテクストにも触れておこう。「君が望むなら、君は君自身の内に善を見出すだろう。善が君の外にあるなどと君は想像しないだろう。君には無縁なものを自分に固有なものだと思い込んで探しまわったりはしないだろう。注意力を君自身の上にめぐらせなさい」（*op. cit.*, III, 22, 38-39, p. 75）。「注意力を君自身の上にめぐらせよ（Ἐπιστρέψατε αὐτοὶ ἐφ᾽ ἑαυτούς）」とは、「みずからの内に還れ」と訳すこともできる表現である。このストアにおける自己回帰、自己喚起あるいは自覚というテーマに関して、ゴールドシュミットは次のように述べている。「ストア派的な自己回帰は〔新プラトン主義的な〕忘我とは異なる。現実的なるものとの接触が、そこでは途切れることなく保持されているのである」（V. Goldschmidt, *Le système stoïcien et l'idée de temps*, p. 121）。

問題は、「現実的なるもの」ということで何を考えるかである。ストア哲学の「目指すところ（τέλος）」が「自然に従って生きること（τὸ ζῆν κατὰ φύσιν）」であるならば、自己の自己性の確証もその一致を通して得られるべきものであり、そうであるなら、ゴールドシュミットの意図にはおそらく反するが、「現実的なるもの」とは現象界の有象無象ではなくむしろヌーメナルなものであるだろう。その限り、たとえ自由をめぐって発動される場合でも、束縛を嫌う日常意識が属する卑近な意味での現実を捉え返そうとするベクトルをストア的自覚が示すことはないだろう。そしてもしも、ストア的自己回帰が「自然」との一致を目指すのだとすれば、同じく自己回帰と言っても、デルフォイの神託を「自然の流れ」に逆らう営みとして受け止めざるをえないような場合（序章三八頁〔T-7〕）とは、問題の組まれ方が根本的に異なっていることにもなるだろう。

第二章　問題の臨界点

——モリナによる『コンコルディア』と「罪を犯す自由」——

破　断

なぜモリナなのか

他からの拘束を被るということが本質的にない。一項の発揮する引力がどれほど強くともそれを撥ね除けて反対項を選ぶことができる。そのような力として意志を定義する。そのような力を保持し、行使することをもって自由の定義とする。それは、言い換えれば、「決められていないから自由」だという〈実感の論理〉を学説として、厳密に、しかも徹底した仕方で肯定することである。「非決定の自由」という概念に込めたこの厳密さと徹底ぶりにおいて、モリナの前にモリナと並び立つ者はおそらくいない。それはまた、実感の論理とこの論理に理論的な確証を与えようとする思考との距離が、モリナにおいてかつてなく明瞭になるということでもある。

とはいえ、彗星のごとく現れたモリナが一人で従来の考えをことごとく破棄した上に新たな思想をぶち上げたという単純な話では決してない。モリナの重要性を訴えるに急いてそのような語り方をするならば、さまざまな要因が複雑に絡まり合って進む歴史の現実に対してあまりにナイーヴであると批判されても仕方がないだろう。

概して、人の耳目を奪うような思想史上の変化は、最終的にその変化へと輻輳する準備的な諸変化を経て初めて実現されるものである。たとえそれが「決定的な」という評価に真実見合った変化でも、そういったものの多くは当の変化を受容する知的雰囲気の醸成過程に先立たれているものである。私たちが本章で扱うケースも例外ではない。他による拘束や決定を被っていないという事実に自由を感取する直接的な経験の真実性を、あえて思弁的に保証しようとする。このような意識の輪郭が、とりわけ十三世紀以降の神学・哲学を通して次第に明確になってゆき、時熟して残った最後の一押しをする役目を担ったのがモリナであった。そのように考える方が、歴史の推移の実態により近いだろう。(1) この時熟を告げる象徴的な要因が、対抗宗教改革の中で掲げられたカノンの一つである(第一章五二頁〔T-8〕)。

このようにして徐々に進行する決して短くはない過程が背後にあることはたえず念頭に置きながら、私たちは、この過程がモリナによって仕上げられる局面を検証することに本章の紙幅の八割方を割こうと思う。過程の全体を細部に渡って再構成するためには、少なくとも十三世紀からのあらゆる自由意志論を虱つぶしに検討する必要があり、しかしそのような作業は、私たちの能力の限界を越えているという点は別にしても、デカルトの自由意志論に最終的な焦点を合わせている本書本来の筋道から離れすぎてしまう。

しかし、たとえそうであっても、モリナの前に同様の試みを企てた人物が本当に不在であったことを網羅的調査に基づいて証明しなければ、モリナその人において伝統的な意志の概念が根底から組み換えられたなどとはやはり主張できないのではないか。実際、モリナより前にも「非決定(indifferentia)」の概念を肯定的な意味合いで用いていた者は少なからずいたではないか——このような反論があるかもしれない。これに対しては、モリナの『コンコルディア(*Concordia*)』(初版一五八五年/二版一五九九年)とスアレスの『形而上学討論集（*Disputationes metaphysicae*）』（一五九七年）に含まれているいくつかの要素が明らかに示す革新性によって、彼らジェズイットのもとで生じた意志概念の破断が決定的であった、つまり修復不能に近いものであったという点は十分に示すことができると答えておこう。(2) 非決定概念の肯定的な使用例が彼らの前にも見出されるというのが事実だとしても、問題は、意志の非・被決定性をどのように肯定するか、肯定をどこまで徹底するかに懸かっているという点を強調しておこう。モリナに比せば、それより前の非決定理論はいずれも徹底性において不十分なのである。

主意主義者たち

この点についてさしあたり必要な範囲で見当をつけておくために、いわゆる主意主義の論陣に入る重要な名前をいくつか思い起こしてみよう。まずは、驚異博士（Doctor mirabilis）と呼ばれたロジャー・ベーコン（Roger Bacon, 1214?~1294?）の場合。「意志の非決定（indifferentia voluntatis）」によって「何であれ望むままになすことができる力」を保有する者が「自由なる者（liber）」であるとベーコンはたしかに言うのだが、しかしこの博士にとって本当に重要であったのは、むしろ善の獲得に向けて「望むままになす力」を「統御する（ordinare）」ことであり、統御を能くなすことができる「高邁なる者（liberalis）」こそが、「自由なる者」に上位する。(3) ブリュージュのヴァルター（Gauthier de Bruge / Walter of Bruges, 1227~1307）においても、基本的なところは変わらない。「非決定の自由（libertas indifferentiae）」という述語をヴァルターは用いるが、この名称で呼ばれるものが自由を最終的に担保するわけではない。非決定の自由とは、ヴァルターにおいて、意志が理性から受け取る選択の可能性といった程度の意味である。他方で、意志自身は「他のものではない一つのものを好む自由

(libertatem praeferendi unum alii)」をたしかにもってはいるのだが、この自由の無制約的な享受をヴァルターが意志に許すことはないだろう(4)。要するに、ベーコンにもヴァルターにも意志の非・被決定性を徹底するという意図は認められない。

一般に、意志の自律性を重視するのはアウグスティヌスに親近性を覚えるフランシスコ会系の人々であり、右に挙げた二人もそうである。前章でみたように、アウグスティヌス本人は、「みずからに従う」ことと同義である意志の自律的な行使それ自体には微塵の価値も見出そうとしなかった。そうである以上、ヒッポの司教を仰いで小さき兄弟会の人々が主意主義の立場を取るということの内には一つの忘却ないしヴィジョンの変質が含まれていると言わなければならない。ただそれにもかかわらず、前者の思想に最も固有な部分の一つ――パスカルの視野にはもはや残ることのない部分――を後者が継承していることもまた事実である。フランシスコ会士で一般に主意主義の代表格と見なされるドゥンス・スコトゥス(Duns Scotus, 1266~1308)による「積極的非決定(indifferentia positiva)」の理論はまさしくこの引き継いだものによって、その射程の限界を明らかにするだろう。この点は、モリナによるスコトゥス評を通して本章第二節で確認する。『コンコルディア』の展開途上、反対項選択能力に関するスコトゥスの洞察をモリナはまず高く評価した上で、最終的にはその中途半端さを手厳しく批判して一蹴に伏す。モリナの眼には、「決められていない」と「自由」を結ぶ実感の論理を正当化する精密博士の操作には徹底性がなお欠けていると映ったのである。そのようなモリナのスコトゥス評が実体的にどこまで正しいのかは当然問題になりうるが、私たちにとって重要なのは、自由意志の理論化という点で最先端を行っていると見なされていたスコトゥスこそ、ジェズイットによる自由意志論の歴史的な位置を見定めるさいの指標になるという点である。人間的意志の自由が及ぶ範囲をスコトゥスがしたよりもさらに拡張しようと気負うジェズイットの自意識は、そのような意識につきものの単純化と図式化を露呈しながらも、たんなる思い込みとして片づけられるものではない(5)。

主意主義者に関するこの短いリストの最後に、念のため、トリエント公会議の精神を伝播させる上で重要な役割を演じたとされるドミニコ会士、ソト（Domingo de Soto, 1491~1560）の名前も加えておこう。私たちはこのあとすぐ、モリナによる自由意志の定義――不屈なる反対項選択能力をもって意志の本質とする定義――を検討することで本章の本論を始めるが、その定義に字面の上でほぼ等しいものをモリナに三十年以上先だって提示していたのがソトだった。しかし、ソトの全体的な意図が意志の非・被決定性を極北にまで押し進める点にあったと認めることはやはりできない。ソトの主著『自然と恩寵について』（一五四七年）を調べてみれば、公会議の第四カノンがジェズイットに比べればはるかに穏健な仕方で解釈されていることはすぐに見て取れる。自由意志の定義の革新性を真に評定するためにはその字義の背後に動く思考の論理を見なければならず、モリナの定義がソトの借用であるのかどうかを言葉の類似に基づいて議論してみても、本質的な何かが明らかになるわけではない(6)。

スアレスによるカノン

以上を踏まえて、第四カノンをめぐる論争の状況を一度大きくまとめておこう。対抗宗教改革勢力がこのカノンをいわば錦の御旗としていたことを、次のスアレスの言葉が明瞭に伝えてくれている。

次のように提示された〔自由意志の〕定義こそ、トリエント公会議の構築基盤をなす。すなわち、第六総会による第五章、第四カノンであり、それによれば、神によって動かされ、促される人間の意志は、その働きかけと促しに同意しながら振る舞い、神と協働するのだが、それは、欲するならば同意しないこともできるという仕方において（ut possit dissentire, si velit）のことである。

〔T-40〕『神による協働と働きかけ、そして援助について』第三部 第十二章(7)

第四カノンこそが、対抗宗教改革運動の「構築基盤（basis aedificii）」をなす。つまりこのカノンはルターに発する新教的思想の排撃をまず意図しており、この基盤に依拠する神学者たちの念頭には当然いつも、次のように考えた改革者の姿あるいはその思想があった。「救済と劫罰に関して人間に自由意志といったものはなく、人間はむしろ神の意志か悪魔の意志、そのいずれかに捕われ、従い、いずれかの奴隷となる」(8)。ただし、右のカノンが「恩寵論争（De Auxiliis）」を惹き起こしたという場合、その実態の相当部分はむしろ旧教内部における解釈の相違に由来する争いによって占められていた。カノンが認めているように見える反対項選択能力の実効性をどの程度の範囲で認めるのか。意志の自律性に抑制をかけるのか、一切の条件を取り払うところまで行ってしまうのか、そもそも、このカノンを自由についてのカノンと読むのかどうか。こういった点をめぐって、カトリック内部で、とりわけ抑制論に傾くトマス主義者と、あらゆる抑制を排除しようとするジェズイットのあいだで、緻密にして仮借ない、時にまさしくスコラスティックな論争が展開されることになる。そのさいには、いずれの立場も、過去の思想を権威として、あるいは退けるべき相手として、それぞれの都合に応じて呼び戻す。

論争にはこうして幾本もの力線が絡み合い、その全貌を描こうとなれば大変な労力が必要になることは間違いない。しかし、スコトゥスとの関係に絡めて述べたように、ジェズイットの視界に何が映っていたのかを知ることができれば本書の考察にとっては基本的に十分である。彼らにとって、ルターの、トミストの、はたまたより根本的にはスコトゥスの、何が認め難かったのか。このような視点を取ることで、歴史的な複雑性を幾分か縮減できるだろう。そうすることで、本章では、アウグスティヌスの思索が後世に残した余韻を掻き消して進む——そうして、伝統的な意志の概念に破断をもたらす——ところにモリナの面目が躍如とするさまを正確に見届けることができるだろう。(9)

第一節ではモリナによる自由の定義とスコトゥスに由来する「同時性の自由」、第二節では『コンコルディア』の革新性を象徴する「同時的協働」、第三節ではこの著作で成し遂げられたことの哲学（史）的な意義、以上の順序で考察を進めてゆく。

第一節　定義に賭けられたもの

1　「必然性からの自由（libertas a necessitate）」をめぐって

モリナの定義と『神学大全』

『コンコルディア』の冒頭近く、第二討論でモリナが示す自由の定義を引用することから始めよう。この定義によってモリナは何を実現しようとしていたのか。先立つ自由意志論の歴史から何を引き継ぎ、何を変更しようとしていたのか。この点を明確にしておくことが、モリナの学説を論ずる上で必要な最初の作業である。

自由という語は別の意味で、すなわち必然に対置されるものとして、理解されうる。この意味においては次のような行為者が自由と呼ばれることになる。すなわち、ある行為の必要条件がすべて揃っている場合でも、それをなすことなさないことのいずれをもできる者、あるいは、一つのことをなしつつも、それに反対のことをなすこともまたできる者（positis omnibus requisitis ad agendum, potest agere et non agere, aut ita agere unum, ut contrarium etiam agere possit）。……この意味での自由な行為者は、自然に行為する者と区別される。後者は、なし、あるいはなさない力を持ち合わせておらず、このような行為者は、行為の必要条件がすべて揃えばそれに従って必然的になすのであり、定められた一事をなすさい、その反対を実行することはできない。

〔T-41〕『コンコルディア』第二討論 第三節[10]

この定義が踏まえている理論上の前提事項を理解するためには、中世哲学の多岐に渡る見解を取りまとめたエウスタキウス（Eustachius a Sancto Paulo, 1537~1640）の記述が参考になる[11]。それによれば、自由の概念はまず「強制からの自由（libertas a coactione）」と「必然性からの自由（libertas a necessitate）」に大きく二区分される。「強制からの自由」というのは、文字通り、肉体に強制を受けていないがゆえに可能になる、したがって「人間のみならず動物にも具わっている、自発的な動き（motus spontanei）」を指す。本能的なという意味で自然的な行為が外から来る拘束力によって妨害され、抑圧されてしまうことはしばしば起こる。逆に言えば、妨害を受けずにこういった行為がなされるならば、それは「強制からの自由」を実現する行為である。他方、「必然性からの自由」の方はもっぱら「人間的な、すなわち本来的に自由な行為」に関わっており、これが「行為の発動に至る自由（libertas quoad exercitum actus）」と「行為の特定化に至る自由（libertas quoad specificationem actus）」の二種類に下位区別される（第一章註（44））。「行為の発動に至る自由」は、するかしないかの一方を選ぶ自由。「行為の特定化に至る自由」は、あれをするか、これをするかの一方を選ぶ自由。以上をまとめれば、「必然性からの自由」というのは、意志の主体が非・被拘束状態にあることを前提として、当該の行為がたんなる本能的＝自然的な衝動による行為であることによってではなく、むしろ「行為者が反対をなしうること（posse contrarium agere）」、すなわち意志的に反対を選べることによって担保され、実現されるような自由である。

右のような考え方が十六世紀に先立って広く認められていたことは、トマス・アクィナス（Thomas Aquinas, 1225?–1274）の所論に見て取れる。そこで、『神学大全』（一二六五年頃～）の第一部、«voluntas»と«liberum arbitrium»を順に取り上げる第八二問と第八三問を一瞥してみよう。トマスは«voluntas»を「知的欲求（appetitus intellectivus）」と、«liberum arbitrium»を「選択する力（vis electiva）」と、それぞれ特徴づける。ただし二つの力は異種のものではなく、むしろ同じ一つの力能（potentia）が示す二つの側面である（実際にはこの区別もあえて焦点の当て方を欲求という本質と選択という働き方に絞ってみればという程度のものであり、トマスが区別を厳密に維持しているとは言い難い。トマスの記述がぶれているということではなく、第一章註（3）で指摘した«voluntas»と«liberum arbitrium»の本来的な近さによるものと考えるべきだろう）。

まず第八二問において、意志の自由を否定するのではないかと懸念される「必然性」という言葉の多義性を検討しながら、トマスはその意味の一つを次のような場合に割り当てている。

ある行為者が他の行為者によって強制され、反対をなすことができなくなる（non possit contrarium agere）場合。これが強制による必然性（necessitas coactionis）と呼ばれるものである。この意味での必然性は意志と完全に衝突する。

〔T−42〕『神学大全』第一部第八二問第一項主文(12)

それでは、必然性と相容れない意志に本来的なものとは何か。第八三問の第三項によれば、

意志に固有なるものは選択であり（proprium liberi arbitrii est electio）、このことから、あるものを受け取り他のものを退ける――すなわち選ぶ――ことがわれわれにはできるということが意志に帰属すると言われるのである。

〔T−43〕『神学大全』第一部第八三問第三項主文(13)

「強制からの自由」と「必然性からの自由」という対の述語は未だトマスの語彙に入っていない。〔T−42〕では、「強制」と「必然」が組み合わされている。しかしこの点は、実質的に、後代の言う「必然性からの自由」に当たるものをトマスもまた意志に認めており、そのような自由の先行要件として意志の非・被決定状態を求めていることに矛盾はしない。

ところで、「意志に固有なるもの」である「選択」について、トマスは同じ第八三問の一項前で次のようにも述べていた。

意志は indifferenter に、あるいは善へ、あるいは悪へ、みずから赴く力をもっている。

〔T−44〕『神学大全』第一部第八三問第二項主文(14)

「あるいは善、あるいは悪」を「indifferenter に」選ぶ力が意志にはある。そう思って振り返えれば、〔T－42〕では「反対をなすことができる（posse contrarium agere）」力を意志が具えていることも認められていた。

果たして、トマスは、ジェズイット的自由の核をなす「反対項選択能力」の概念を先取りしていたのだろうか。《indifferenter》という副詞には、モリナの定義に繋がってゆく何かが含まれているのだろうか。

モリナがトマスと共有するもの、しないもの

この問いに対しては、あるところまではそうであり、しかしそうでない部分もある、という二面的な答えが必要になる。

まず、そうであるという側面、つまりトマスからモリナへの連続性に関しては、自由の定義にあたってモリナが伝統的な考え方に依拠しているという事実がこれを肯定する。『コンコルディア』第二討論に戻ってみよう。〔T－41〕の出だしに言われた「別の意味」というのは、引用箇所の前で言及されていた「強制からの自由」に対する「別の意味」ということである。「自然的な衝動」による行為をも自由と認める「強制からの自由」では、人間的自由の本質には届かない。勝義の自由はあくまでも「必然性からの自由」として定義されなくてはならない。そしてこの「必然性からの自由」は、非・被決定状態をその成立要件とし、また、選択を典型的な発現形態とする。この二点を認める点では、トマスもモリナも変わらない。もっと一般的に言って、主知主義に傾く者も、主意主義を標榜する者も、この二点を思考の前提事項とする点では何ら変わりがない[15]。

ついで、そうではないという側面。トマスとモリナ、両者とも等しく右の二点を思考の内に取り込んでいるが、取り込み方には大きな違いがある。意志の非・被決定性を自由の要件として固守しようとする意識、選択を

自由のたんなる典型と見なすのではなく、選択のみが自由であると厳格に限定しようとする意識、いずれもモリナにしか認められない。[16]たしかに、トマスは「選択」を「反対をなす」力と結びつける。しかしそれは、「選択」という観念を「反対を選ぶ」という観念で置き換えても、事実上、不都合は生じないからでしかない。あるいは、「反対を選ぶ」というふうに考える方が、事実上、「選択」という所作の輪郭が鮮明になるためであり、しかしそれ以上ではない。反対項選択能力を意志の自由の本質にあえて組み込もうとする戦略的な意図がトマスには未だないとすれば、その限り、《indifferenter》という語も、トマスにおいてはおおよそ古来の意味を担うにとどまるだろう。すなわち、「二つの対象が意志にとっては価値的に中立であり、だから意志も両者の中間にとどまっており、だからいまから無差別的に（indifferenter）あるいは一方を、あるいは他方を、選ぶことが意志にはできる」[17]。このようにして肯定される選択能力と、認識した善をあえて無視して悪を選ぶという「自殺的」ないし「悪魔的」な選択能力のあいだには、黙視できない落差がある。

本章冒頭で私たちが述べたところからすれば、トマスとモリナの落差を指摘しても特に何か新しい理解を得たことにはならないと思われるかもしれない。主意主義者たちでさえ《indifferentia / indifferens / indifferenter》の戦略的使用という点ではあとから来たモリナに追い越されたのなら、知性の働きに重きを置く主知主義への傾斜がより顕著なトマスについては言わずもがなではないか。しかし、その点は承知の上でトマスを経由したのは、右に指摘した第一の側面を記憶に残しておきたかったからである。すなわち、意志についての何がどこまで肯定されているのか、とりわけその下限の広さを確認しておきたかったからである。非決定の自由という概念の背後には、「必然性からの自由」という一般的な観念が、人間的自由の下限として、横たわっている。そしてこの一般性のさらなる背後には、実感の論理と私たちが呼ぶものによって象徴される、哲学史的記述によるのみでは汲み尽くし難い領域が広がっている。非決定の自由の名の下にモリナが右の観念をどれほど尖鋭化の極へ押し進めたとしても、その尖鋭さはあくまでも一般性の中から引き出された尖鋭さであり、人間の意識の古層にまで及ぶ領域から汲み出された尖鋭さである。このような意味で、モリナの思想には類稀な両面性がある。

『コンコルディア』の論証方針

この両面性がもつ哲学上の意味については、本章のモリナ論を締め括るさいに改めて論じよう。差し当たりは、『コンコルディア』における自由の定義によって自由意志論の歴史をモリナがどのように書き換えたのか、見極める作業を先へ進める必要がある。「自由の定義によって」という点を具体的にすれば、選択力行使の要件である意志の非・被決定性を最高度にまで高めることによって、となる。さらに言えば、「ある行為の必要条件がすべて揃っている場合でも、それをなすことなさないことのいずれもできる、あるいは、一つのことをなしつつも、それに反対のことをなすこともまたできる」という文言に例外はないと証明することによって、となる。そのためには、意志に具わっている「反対のことをなす」力を最も強い仕方で脅かすものに絞って、その拘束力を解除してやればよい。すなわち、第一に、「在るものが、在るあいだ、在るのでないことはありえない（id quod est, quando est, non potest non esse）」という、アリストテレスに由来する論理学上の格律をかわしておくこと[18]。「在る（esse）」を広く捉えて「なす（agere）」まで含めれば、つまり「行為が在る」と考えれば、この格律は、一事をなしているときに意志がその反対事をなす可能性を否定しかねない。第二に、神学の次元で、神が人間の行為に賦与する「協働（concursus）」と「恩寵（gratia）」の効力を限定しておくこと。神の意志に発する協働と恩寵の実効性を無制約に認めたのでは、被造意志の自由に必要な行為のイニシアティヴが抹消されてしまいかねない。

第一の懸念を解消するために『コンコルディア』の第一部を締め括る第二四討論が、第二の懸念に関しては同書の第二部と第三部が、それぞれ当てられる。私たちもこの順に、鍵となるテクストを読み解いてゆこう。さらに第三の懸念事項として、神のもつ先知が被造意志の自由を否定しないかという論点があるのだが、『コンコルディア』の第四部で詳細に扱われるこの問題は註記の扱いで足りるだろう。一般にはモリナというと、「充分的恩寵(gratia sufficiens / grâce suffisante)」の理論と「中間知(scientia media / science moyenne)」の理論の創案者として知られているが、私たちは、恩寵論ないし協働論に即してこそ、これまで評価されることの少なかった『コンコルディア』の哲学史的意義もより明確になると考えている。その意義を捉まえておけば、先知論によってモリナが目指したところを見越すことも難しくはない。

2　継起性の自由

「在るものが、在るあいだ、在るのでないことはありえない」。現在性の必然性を述べた格律である。矛盾律を「在る」ことにあてはめた格律であるとも言えるだろう。この格律を目下の問題に適用してみよう。「意志は、一つの行為をなしているあいだ、それと反対の行為をなすことはできない」。単純な例を挙げれば、腰を下ろすまさにそのとき、腰を下ろさないことはできないし、立ち上がることもできない。経験的な意識には、当然のことだと思われるかもしれない。しかしここで意志の無力を認めれば、モリナによる自由の定義の切れ味は大きく鈍ることになるだろう。反対項選択能力は、一項を選ぶというかたちでそれが発揮されているその間、反対に赴く力というみずからの本質規定を失う格好になるのだから。しかし幸いなことに、このような不都合を回避するための精巧な理論を組み上げた先駆者がモリナにはいた。ドゥンス・スコトゥスである。その考えの輪郭は、同じ格律に関するオッカム（William Ockham, 1285?~1347）の考えとの対照において明らかになる。

そこでまず、「継起性の自由（liberté diachronique）」と通称されるオッカムの概念について確認しておこう。その核心に相当する内容をモリナが次のようにまとめている。引用に続けて三点、このテクストに含まれているポイントを指摘しよう。

〔オッカムによれば〕意志は、ある意欲（volitio）を発動するその瞬間、その意欲を発動しない自由、あるいは反対の行為を発動する自由をもたず、また逆に、意志しない、あるいは拒意（nolitio）を選ぶその瞬間、その対象を欲する自由をもたない。そういった瞬間に先立ってのみ自由は意志の内にあった（fuisse）のであり、意志がその瞬間に至るであろう（perveniret）とき、意志は無差別に対象を意志し、意志せず、あるいは拒意する（non vellet nolletive）だろうというのである。しかしその瞬間に至るや、意志の自由は――意志はその瞬間に先立つ自由によって意志するのだから――その瞬間の直後に関して言われることになる。その直後において、意志は〔その瞬間に先立つ自由によって〕、自分の意欲に固執し、あるいはそれを放棄し、あるいは、そう欲するなら、反対の意欲を選ぶであろう。…… かくして、意志が自由であるのは、同じ瞬間に同一のものを indifferenter に欲し、あるいは拒意し、というようにしてではないのである。

〔T-45〕『コンコルディア』第二四討論第一節[19]

i／明滅する自由――ある行為との関係で意志の自由を肯定できるのは、その行為がなされる瞬間よりも時間的に前の段階に意志がある限りのことである。その行為と反対の行為を意志がなしうるのは、その行為をなすよりも時間的に前の段階に意志がある場合に限られるからである。裏を返せば、ある行為をなすその瞬間、意志は自由を余儀なく手放すということだが、オッカム的にはそれで構わない。その行為をなし遂げてしまえば、新たになされるべき行為がその反対行為と共に新たな選択肢となって意志の前に現れて、そうして意志は選択の自由を回復するからである。その選択肢の一方を選ぶそのとき、自由は再び消失する。しかし選択が完了すればまた次なる選択肢とともに意志は自由を回復し云々……。こうして、時間の軸を先へ先へと逃げてゆくというのが——次に指摘する様相論的な観点から捉えた場合の——意志の自由のあり方になる。この点を認めた上で、さらにしかじかの行為が自由であることに主観的な確証を得ようとする場合には、行為が遂行されたあと、だから時間軸のむしろ後方に、自由は見出されるかたちになるだろう。どちらにしても、行為が遂行されるいまこの瞬間に、自由はない。

ii／力能と作用の排他性——力能としての意志は、力能である限り、潜勢態にある。その力能から生ずる行為の方は、現実態にある。そのような二つの契機を時間軸上に位置づけようとする場合、おのずとそれは順繰りの仕方、つまり継起的な仕方になる。力能と行為が時間軸上の同じ一点を占めることがあってはならないという発想である。この発想は、おおむね、アリストテレスを起源とする様相の捉え方に従っている。潜勢態を不完全なものと見なし、現実態にこそ完全性を認める考え方からすれば、同一時点に力能と行為の所在を同時に認める必要などそもそもない。ましてや、力能がある行為へ至るその過程のいわば裏側に、同じ力能が反対の行為を目指す余地を残してやる必要などさらにない。

iii／「複合的意味」と「離隔的意味」——「座るときに立ち上がることはできない」という経験的に自明な事柄を理論的に突き詰めた挙げ句、「いま自分がなしたこの行為そのものは自由ではない」という、経験的な自明性とは相容れ難い結論に至る。このような逆説は、しかしながら、意志の自由を論ずるさいの伝統的な区別によって長らく認められてきたものだった。すなわち「複合的意味において（in sensu composito）」と「離隔的意味において（in sensu diviso）」の区別である。意志の作用をそれがなされている瞬間において捉えることが「複合的意味で」意志を考えることであり、意志の作用をこれから実現されるものとして捉えることが「離隔的意味で」考えることである。言い換えれば、力能と行為を、あるいは潜勢態と現実態を、時間の観点から同時に考えるのが「複合」で、これらを継起する二契機として区別して考えるのが「離隔」である。前者の意味では意志は自由ではない。なぜなら、現在性の必然性を言う格律の通り、ある作用をなしているそのときに別の作用をなすことはできないから。後者の意味では意志は他の行為に赴く自由をもっている。なぜなら、想定上、意志は未だ特定の行為の遂行に乗り出してはいないから。

第二四討論は「時間上の一点において何かを欲する意志に、その同じものを欲しない、あるいは拒む自由があるかどうか」という問いを標題とするが、右に見たオッカムの考えによれば、そのような自由はありえない。「意志が自由であるのは、同じ瞬間に同一のものを indifferenter に欲し、あるいは拒意し、というようにしてではない」（〔T-45〕）。しかしモリナにしてみれば、このような結論は「誤りであるばかりか、危険にして不遜なものである」（第二四討論 第五節）。問いに対しては、「時間上の一点」を厳密に捉えつつ、どこまでも肯定によって答えなければならない。そうしなければ、トリエント公会議の精神を裏切ることになってしまう。第二討論で掲げられた定義の強度を保てなくなってしまう。天使のであれ人間のであれ、およそ被造物の行為を称讃しあるいは非難するさいの根拠が曖昧になってしまう（第二四討論 第六節および第七節）。

たしかに、「複合的意味」と「離隔的意味」という伝統的な区別に従う限り、行為そのものが自由であると主張することは厳密にはできない。件の格律が行為の自由を否定しかねないという懸念を本当の意味で解消することはできていない。それにもかかわらず区別が保存され、重用されてきた背後には、矛盾律に触れる格律に背くくらいなら人間的行為の自由を擁護する点での理論的な妥協も仕方がない、といった判断が働いていたのではないかと思われる。しかし本当に、矛盾律か行為の自由かという二者択一だけが事態の捉え方なのだろうか。そうではないということを、区別の意味の抜本的な変更に基づく「同時性の自由（liberté synchronique）」という概念によって示したのがドゥンス・スコトゥスだった。

モリナは、この概念に依拠して、「同じ瞬間に同一のものを indifferenter に欲し、あるいは拒意」できることを意志に保証しようとする。この « indifferenter » もトマスの場合（〔T-44〕）と同じく「無差別に」と訳すのが日本語としては自然だが、語の実質は決して同じではない。選択の対象に価値の上下を見出しておらず、だから、あちらに向かうかもしれないし、こちらに向かうかもしれない。そういった純粋にニュートラルな意志の状態を示すのがトマスの場合なら、モリナにとっての無差別性は、あちらに向かうよう促されてはいるけれど、その促しは断固無視してこちらに向かう、そのような態勢を意志が整えていることである。

引き続き、同時性の自由に関するスコトゥス＝モリナの説明を聞くことにしよう。

3　同時性の自由

「本性上の先行性」

まず、注意しよう。問題は、モリナにとっても、二つの行為を文字通り同時になしうるような能力を意志に認めるか否かではない。「時間上の同じ一点で同じ一つの対象を同時に欲しかつ欲しないような能力を意志はもっている。意志は、同一の時点において、対立する一方の側へ自己決定したあと、連続的にもう一方の側に就くことができる」（第二四討論 第八節）[20]。アリストテレス由来の格律と正面衝突するこのような考え方を退けた点は、その点に関してだけは、モリナもオッカムに賛同する（同箇所）[21]。その上で、改めて真に問うべきことは、行為そのものが行為の瞬間に自由であるという考えを本当に放棄しなければならないのかどうか。放棄しないためには、自由の根拠となる意志の力能を行為の時点に先立つ時点に封じ込めるのではなく、行為がなされるその時点に認める必要がある。そのためには、「本性上の先行性（prioritas naturae）」という考え方ないし視点を導入して、事態を次のように把握すればよいだろう。

いかなる時点に至っても、意志がその本性上の先行性によって意志みずからのする行為に先立つことは、他のいかなる原因であれその結果に先立つのと同じことである。いかなる時点においてであれ、意志が在るということは、意志の本性上、その時点で意志から行為が発することに先立つのである。

〔T－46〕『コンコルディア』第二四討論 第八節[22]

少し言葉を補えば、行為（actus）に先立つ意志の力能（potentia）は、潜勢態においてではあるが、しかしそうであるがゆえに反対の行為を選ぶ力能として、行為のその時点に伏在する。「本性上の先行性」の創案者ドゥンス・スコトゥスによれば、本性においてその行為に先立つものは、本性において行為に先立つ間、その行為と反対の行為と共にあることができる。〔T―47〕『オルディナチオ』第一巻第三八編から第三九編への補遺A(23)

同じ箇所でスコトゥスが注意を促すように、「あらゆる能力が〈行為と共に、あるいは行為の前に〉あるという場合、この〈前〉を時間的持続における先行性と捉えてはならない(24)」。先行性はあくまでも、行為を現実化する力能としての意志という、意志そのもののあり方ないし秩序に即して考えられるべきものである。モリナによる総括的な表現を引用すれば、

時間上のいかなる一点に意志がある場合でも、その一点に先立つ点において――この点において、意志はその本性の秩序によってみずからなす行為に先立つものとして捉えられるのだが、そう把握することは事象そのものに基づいている――、意志は、何らの行為もしない能力を、あるいは意欲を選びまた拒意を選ぶ能力をもっている。〔T―48〕『コンコルディア』第一四討論第八節(25)

修正された「離隔的意味」と「複合的意味」

「本性上の先行性」という視点を立てることで、「離隔的意味」と「複合的意味」の区別はどのような変更を蒙るのだろう。区別の伝統的な理解に基づくオッカムの自由観を振り返ると、意志は発動するまで眼前の選択肢に関して自由であり、発動すなわち選択の瞬間この自由を失くし、その完了を待って新たな自由をまた見出すというのがそのアウトラインだった。言い換えれば、「離隔的意味」(意志の力能を発動前の潜勢態において捉える視点

——力能とは潜勢的なものである）から「複合的意味」（意志による行為を発動中の現実態において捉える視点——行為とは現実的なものである）へと時間軸に沿って視点を移行させながら、前者の範囲に自由のありかを限定するということである。

　これに対してスコトゥスの理解では、「離隔的意味」も「複合的意味」も、意志が行為を実現するその一点に適用される。同一の一時点の内側に、したがって継起的にではなく同時的に、潜勢的なる力能と現実的なる行為が見出される。潜勢的にあるというあり方と、現実的にあるというあり方が、互いに相手を排除せず、むしろ二重化されつつ同時的に肯定される。アリストテレス由来の伝統的なパラダイムには現れようのない二重性＝同時性を浮かび上がらせる触媒の役目を「本性上の先行性」が果たしている。この視点を通路にして事象の内側に入り込み、二重性＝同時性をそれとして認識するのが「離隔的意味」である。この内側において、反対項選択能力としての意志には選択という行為から独立した現実性が認められる。すなわち、反対項を選ぶ力は一項を選ぶその瞬間にも反対項を選ぶ力＝自由を失わず、こうして、「選択能力」と「選択する行為」の双方が同時に肯定される。取り立てて騒ぐほどの結論ではないように見えるかもしれない[26]。しかしこの同時的肯定こそ、« id quod est, quando est, non potest non esse » という格律から引き出される、「作用しているものが、ある方向に作用しているあいだ、反対の方向にも作用することは不可能である」という考えによって、古くから禁じられてきたものだった。

　他方で、右のような洞察をすべて括弧に入れて、つまり「本性上の先行性」も「潜勢態としての意志」も視野へ入れずに意志による選択という行為をいわば外側から眺めるだけにとどめておくのが、「複合的意味」である。この場合、一項を選ぶその瞬間にその反対項を選ぶこと（座るそのときに立ち上がること）が意志にはできないという、経験的にも矛盾律に照らしても自明な不可能性が確認されることになる。この結論それ自体は継起性の自由から出てくるものと変わらない。自由の範囲はやはり「離隔」の場合に限定される。ただし、継起性と同時性では「離隔」の捉え方が本質的に違う。行為そのものを自由と見るのかどうか――問題は結局この点に集約される――に直結する違いである。オッカム的には、座るそのときに立ち上がることはできない、だから座ることそのものは自由ではないという結論だけが残る。座るそのとき、意志は座るという行為に向けて決定されている。スコトゥス的には、座るそのときに立ち上がることはもちろんできないが、しかし座るその瞬間にも立ち上がる能力を意志は失くしておらず、その限り、つまり反対へ赴く力能を保持している限り、座ることそのものは自由になされたと考えてよい。力能としての意志が座るという唯一の行為に向けて決定され尽くしてしまうことはありえない。

決定論者ドゥンス・スコトゥス

以上のようなスコトゥスの理論は、座るときに立ち上がることはできないという経験上の自明性を越えた次元で事態を捉えようとしている点で、形而上学的なものと形容されてよいだろう。そのような理論に依拠することで、モリナは、対立する二行為を同時的に遂行することの不可能性を言う格律の効力から意志を免れさせる。実現される行為の現在性によって意志の力能は拘束されるという考え方を排除する必要があるのは、モリナの意図を遡れば、意志の非・被決定性をわずかであれ損ねないためであり、それはまた、意志とその自由の本質を選択する力として、とりわけ反対項を選択する力として、規定するためである。

修正された「複合的意味」と「離隔的意味」の区別、およびその修正を可能にする「本性上の先行性」という考え方、以上を導入した第二四討論は全面的にスコトゥスに依拠したものであり、モリナに固有の思想はそこに何も含まれていない。そのモリナが、第一部を閉じて第二部に入るや手の平を返したように、同じスコトゥスを決定論者呼ばわりする。トリエント公会議の精神を無に帰するという理由でオッカムによる継起性の自由概念が「危険なもの」だとすれば、まったく同じ理由から、スコトゥスによる神論は「危険どころではない（plus quam periculosa）」ものである。[27] 精密博士に対するこのような両極端の態度は、第二部および第三部の協働論と恩寵論において示される、今度は間違いなくモリナに帰される考え方に支えられている。神が被造意志に与える「（一般的）協働」を論ずる第二部（第二五討論〜第三五討論）と、「恩寵」（ないし「特殊的協働」）についての第三部（第三六討論〜第四六討論）に読解作業を進めよう。

第二節　自由のリミットを突破する

1　「物理的先動」対「同時的協働」

「協働（concursus）」という問題は、ポスト・トリエント公会議的と呼ばれる神学・哲学的論争を構成する重要なトピックである。その発端を求めれば、トマス・アクィナスが記す次のような言葉に一つ行き着くだろう。

神は自然的な諸原因と人間の意志の双方を動かす第一の原因である。しかし、自然的諸原因に関して、それらが神によって動かされるからといってその行為が自然的でなくなるのではないのと同様に、意志という原因についても、それが神によって動かされることで、その行為が意志的でなくなるわけではない。むしろ神は、意志による諸行為の内で（iii）意志を動かす。それぞれの行為の内で（iii）、その行為の特性に従って、神は働くのである。

〔T‐49〕『神学大全』第一部第八三問第一項異論解答三(28)

神を第一原因として立てながら、しかし曲がりなりにも意志には意志の独自性があるというふうに、トマスは事態を両面的に捉えている。この両面性を、力と力の関係として捉えようとするところに、「協働」という考え方が現れる。二つの力は一つの行為の実現を目指して何らかの協働関係にある。この協働性を、それではどのように説明するべきか。この問いに対する答えを厳密に追求しようとする明確な意識が、十六世紀後半以降の思想界を喧《かまびす》しくさせた論争を貫いている。一方で、トマス主義への忠誠をもって立つ人々は、「人間の意志がなす行為の内側で神はその意志を動かす」という考え方を、ほぼ文字通り、協働における神の主導権を大きく認めたものとして受け容れる（神が人間の「行為の特性に従う」という箇所は反対の理解に繫がりうるはずだが、トマス主義者たちがこの点を強調することは一般にない(29)）。これに対してジェズイットは、協働における神の寄与分をミニマムかつ名目上のものに切り詰めて、それと反比例的に、人間の意志の力に独自のイニシアティヴを与えようとする。

このような論争状況に、モリナのスコトゥスに対する辛辣な批判も組み込まれている。「危険どころではない」というモリナの判断は、精密博士が『オルディナチオ』で打ち出した次のようなテーゼに向けられている。「もし神が自然的な必然性に従って働くのであるならば、そのいかかる結果も偶然ではなく、すべては必然的に生起することになるだろう」（『コンコルディア』第三五討論第一節(30)）。この一節は、モリナによれば、「神が自由に働くがゆえに、あらゆることは偶然に生起する」と言外に述べている。すなわち、「偶然性が神に従属する」ことを認めるものであり、反対項選択能力に基づく自由を人間から奪うものである。

〔スコトゥスによれば〕時点のいつであるかは問わず、天使および人間の意志が相反する二項の一方にみずからを決定するさい――例えば意志することへ、あるいは意志しないことへ、また反対を意志することへ決定するさい――、その決定は神の意志による自由な決定に由来する。神が第一原因である限り、その決定によって、一般的ないし特殊的協働を通じて神が被造物たる自由意志と共に働く仕方は永遠この方定められており、神が自由意志を決定する仕方も定められている。自由意志であれ他のいかなる第二原因であれ、あれこれの仕方で作用するか作用しないかは、神の自由な決定と神が第二原因に影響を及ぼす仕方にもっぱら懸かっているかのごとく。〔T―50〕『コンコルディア』第五〇討論 第七節(31)

このような見解に対して、モリナは自身が固守する立場を、純粋な仮定を通して次のように示す。

不可能事として（per impossibile）、想定せよ。神は自然的な必然性に従って――自由にというのが真実であるが――恩寵を与える、と。たとえそうであったとしても自由はわれわれの意志の内にとどまって、意志は恩寵と共に働くことも、そうしないこともできる。偶然性は、したがって、意志が恩寵に身を任せるその働きの内にとどまっている。〔T―51〕『コンコルディア』第三五討論 第八節(32)

神の意志と人間の意志の関係を空洞化させ、前者が後者の自由な決定を妨げることが起こりえないようにする。

これがモリナによる協働論が目指す方向性である。そうすることで、第二討論で示された定義の強度はこれ以上ないほどに高められるだろう。意志の自由は「ある行為の必要条件がすべて揃っている場合でも」反対項を選択できる力の内に宿っている。モリナは、神の下す協働をもこの「必要条件」に算入する。神に由来する拘束力からもまた人間の意志を解き放ち、その自由を不可侵なものとするために。

自由意志論のこのような展開を支えるのが、モリナみずから考案した「同時的協働（concursus simultaneus）」の理論である。これと、先立ってトマス主義者によって構想された「物理的先動（praemotio physica）」の理論と、いずれが正しい考え方なのか（「被造意志に先んじて被造意志を動かす神的意志の働き」という意味をそのまま転写した「先動」および「先動する」という造語を、以下では《praemotio》および《praemoveo》の訳語とする）。これが「協働」をめぐる論争の理論的な焦点になる。十六世紀末の当時、次のようにモリナが名指す「自称聖トマスのある弟子」が、物理的先動理論の主唱者であったバニェス（Domingo Báñez, 1528~1604）であることは、誰の眼にも明らかだった。

聖トマスの弟子を自称しているある者の考えは、言葉面は違えどもスコトゥスの考えと同じである。それによれば、未来の偶然に関与する第二原因――天使と人間の自由意志がそれに含まれる――はすべて、神の意志による決定と差配に隷属しており、神の意志は、第一原因として、自余の原因に存在と力を賦与するのみならず、これら原因から生ずる個別的な結果をも決定する。

〔T-52〕『コンコルディア』第五〇討論第八節(33)

バニェスがある種の決定論を肯定していることは間違いない。しかしドゥンス・スコトゥスがそうであったように、という点はどうなのか。少なくとも今日の哲学史研究者であればそのほとんどが、スコトゥスをバネジアン(=トマス主義者)と同一陣営の決定論者と見なすような解釈をそのまま受け容れることは拒むだろう。「もし神が自然的な必然性に従って働くのであれば……」という『オルディナチオ』の一節を裏返すモリナの解釈は、それだけを取り上げてみても、いかにも強引であるように見える。それでも、ことモリナの思想を探る上で、この種の強引さが重要な何かを語らないとは限らない。「物理的先動」を経由して「同時的協働」の特質を確認してから、この何か——先立つ自由意志論の歴史からモリニズムを隔てるもの——を特定することにしよう。

2 「無関心」な神

「内で」から「共に」へ

「聖トマスを奉ずる著者たち」によれば、「意志による行為や結果は、悪しきものでなければ、本性的に実効的である神の協働なしには断じてありえない。協働によって意志は先動され、その行為を産出するよう決定されるのであり、神による協働と先動が現前する限り、意志には協働に同意しないことも、行為を産出しないことも、……不可能である」(第五三討論 第一部分 第四節)[34]。意志を先動する、つまり意志にその初動を与えるのは、協働というかたちで人間の行為の内側に作用する神の意志である。その作用は被造意志に有無を言わさず、あたかも物理的な運動のように、特定の行為へと意志を駆り立ててゆく。トマス主義者による協働理論が広く「物理的先動」論と呼ばれるゆえんである。意志の自律性をこのような仕方で切り詰めてまで神の主導的地位を立てようとする意識が——一方の肯定は否応なく他方の否定になるという認識が——本当にトマスその人のものであったのかどうかはかなり疑わしいところだが、十六世紀後半のトミスト達がこの点を真剣に顧みた形跡は見られない。むしろ、トリエント公会議を経た世紀の終わりに「モリナ化（molinisé）」[35]されてゆく知的雰囲気の中で、トマスを決定論的思想の代弁者として扱う傾向が陣営を問わず強まっていったというのが実情であろうと思われる。いずれにしても、「神は、〔被造〕意志による諸行為の内で（in）意志を動かす」（〔T–49〕）という類の表現に後世が決定論を読み込んだことは間違いない。作用の「内で」のみならず、能力としての意志の「内で」、その能力の展開を神は統御する。これに対して、物理的先動理論を象徴する「内で」という前置詞を、モリナは「共に（cum）」という別の前置詞に置き換える。この一見単純な操作によって事態の捉え方を一挙に変更しようと目論んでいるのが同時的協働の理論である。

> 第二原因がみずからの作用を直接に発動し、その作用によって決定ないし結果を生み出すように、神はある一般的協働を介して、直接に、第二原因と共に、第二原因によるその同じ作用の内に入る。そしてその作用あるいは働きによって、第二原因による決定と結果を生み出すのである。こうして、神がする第二原因との一般的協働とは、神が第二原因の内に入り込むことではなく（non sit influxus Dei in causam secundam）、第二原因と共に（cum）、第二原因による働きと結果の内へ直接に入り込むことなのである。
>
> 〔T–53〕『コンコルディア』第二六討論第五節[36]

ただ神だけが第二原因の働きに入り込み、その働きを結果へと方向づけるのではない。そうするのは第二原因自身でもあり、神は、むしろ、その第二原因と「共に」働くことに限定しながら自身の力を拠出する。被造意志と神がそれぞれの力を「同時的に（simul）」発動し、そうして前者の働きは完遂を見る[37]。この意味で、およそ人為の成立は「〔人間的〕意志と、神がする永遠かつ事前の決定ないし摂理の双方に同時的な仕方で懸かっている」（第五三討論 第三部分 第十五節）。これが、「同時的協働」という呼称の由来である。少なくとも名目上、同じ一つの行為の因果的産出過程において神の力と人間の力に優劣はない。作用と結果への「神の〔力の〕一般的な流入と個々の第二原因の〔力の〕流入のいずれも余剰になることはない」（第二六討論 第十一節[38]）。モリナはこのような理論によって、物理的先動論においてはほとんど無視されていた人間の意志の自律性を回復しようとする。

名目的協働

しかし、モリナによる理論の革新性が露わになるのはむしろこの先である。次のテクストを見てみよう。

神は、一般的協働を介し、普遍的な原因として、〔被造意志による〕行為や結果の多様性には無関心な仕方で、意志の力の内にみずからの力を流し込む。〔すなわち〕神は、第二原因がもつ個別的な力の流れによって個々の行為や結果の種へと決定される。第二原因はそれぞれがもつ行為する力の多様性によって多様であるが、それが自由な原因であるならば、あの行為ではなくこの行為を生み出すように――すなわち、意欲しあるいは拒意することを、歩くことあるいは座ることを、あの結果ではなくこの結果を……生み出すように、さらにはまた、何らの行為も生じないよう力の流入を止めるように――みずからの力を〔神との協働過程の内に〕流し込む力をもっている。〔T-54〕『コンコルディア』第二六討論 第十一節[39]

「同時的な仕方で」や「いずれも余剰になることはない」といった表現が名目にすぎず、むしろミスリーディングでさえあることを、このテクストは弁神という著者本来の狙いを越えて明らかにしている。あれをするか、これをするか、その決定権限を握っているのはあくまでも人間の意志であり、神の意志がその意志と「共に」あって「共に」働くとすれば、それは、右に述べられている通り、人間の意志に協働作用の向かう先を決定してもらうためでしかない。神の側からの働きは、協働の過程において、実効性を失くしている。協働という考え方そのものがほとんど実質的な意味を失っている。「実に神御みずからは、第二原因の作用の流れの多様性によってあの種の行為ではなくてこの種の行為が生まれるということに無関心（indifferens）なのである」（第三二討論 第一〇節）[40]。ここでの《indifferens》に「力」の含意はない。たんなる「無関心」である。いやむしろ、人為に対する非常に強い「無関心」である。人為に巻き込まれた「神御みずから」は、あちらへ動かされようと、こちらへと動かされようと、一向気にとめないというのだから。

「自然」と「超自然」の無差別化

さらに、神との協働において人間の方がイニシアティヴを取るという点では、「自然」と「超自然」という二つの水準にも違いはない。「〔先行的援助〕が回心ないし義化へ向けて実効的となるか、あるいは非実効的であるか、この点は、援けに対するわれわれの意志の同意と協働に懸かっている。自分自身を義化へ向けようとするわれわれの行為に〔対する神の援けに〕同意し協働することで、援けを実効的なものにするか、あるいは、われわれの同意と協働を控えることで、ないしは反対に拒絶しさえすることで、援けを非実効的なものにするか、この点はわれわれの自由な能力の内にある」（第四〇討論 第十二節）[41]。「先行的援助（auxilium praevenientis）」は「先行的恩寵（gratia praevenientis）」とも言い換え可能な概念であるが、いずれも、一般的には、人間の通常の振る舞いに神が与える協働にはない独自の強さが恩寵による信仰ないし祈りへの促しにはある、ということを言うために用いられる。この点は、恩寵が先か信仰が先かというアウグスティヌスとペラギウス（Pelagius, 354~420?）に遡る古くからの論争とは関係がない。超自然的な恩寵に特別の力があることは立場の相違を越えて認められており、当然、十六世紀後半のトマス主義者たちもその伝統の上に立っている。ところがモリナは、人間の行為類型によって神の力の強度が変わるという考え方を認めない。たしかに、『コンコルディア』は第二部で自然的行為すなわち行為一般を、第三部で超自然的行為とりわけ回心を取り上げるという二段構えになっている。しかし、本書では立ち入る必要のない細部を別にすれば、第二部の同時的協働論は原則としてそのまま第三部にも適用される。それはつまり、行為の性質が何であれ、「自然的なものであれ、超自然的なものであれ（sive illi naturales sint sive supernaturales）」（第五三討論 第三部分 第十三節）、人間の意志が主導的な役割を、正確には支配的な役割を、担うということである。

ただし、自然的と超自然的の区分に先立って、行為の性質に関するもう一つ重要な区分があり、行為の性質が何であれという無差別化はこちらの区分にもあてはまる。この区分の抹消によって、同時的協働の理論は過去の一切と断絶する。モリナの一見強引なスコトゥス理解に関わり、さらには、遡れば、アウグスティヌスの見た「深淵」にまで関わるような断絶である。

人為に対する神の無関心を明らかにした第三二討論第一〇節のテクストを先ほど引用したが、その少しあとでモリナは次のように言っている。

意志のなす諸行為がこのようであり、あるいはあのようであることは——したがって、それらの行為が神に忠実なものであるか、不義なものであるか（studiosae vel vitiosae）ということも——、神の一般的な協働にではなく、意志みずからに由来する。

〔T-55〕『コンコルディア』第三二討論第一〇節[42]

モリナは自身の理論を善き行為と悪しき行為の双方へ無差別的に適用する。このことは、果たして何を意味しているのだろう。

3 「罪を犯す自由（libertas ad peccandum）」

同時的協働理論の一貫性

悪しき行為の責めを負うべきは人間であり、神ではない——このように考えることを拒む者は、長く複雑なキリスト教の歴史を通じて皆無であった。しかしどのようにこの考えを導き出すかとなると、宗派や立場の相違が噴出する。とりわけ目下の論点に関しては、神が被造意志と協働する範囲をどのように画定するのかが理論的に重要な問題となる。このさい「同時的協働」の理論に依拠すれば、明確で一貫した答えが得られるだろう。

神は、罪なる行為にも普遍的な仕方で流入することで、第二原因と共に、直接、協働するが、そのことはしかし永遠なる法に矛盾せず、したがってその法自体が悪であることにもなりはしない。

なぜ罪なる行為に関与しているにもかかわらず、神は永遠なる法に触れていないと言えるのか。みずからの行為を悪なる行為として特定化したのは被造意志であり、神ではないからである。人為に対する協働の普遍性を少なくとも形式の上では当然のごとくに認めつつ、しかしその協働は人為に対して徹底的に無関心であるとすることで、モリナは人間のなす悪の責任が神に遡及する回路を遮断する。これに対して、物理的先動理論を採用した場合の不都合は明らかである。右のテクストに続けて、モリナは言う。

> 神が罪なる行為に先んじて、あるいは被造物たる意志をそのような行為に仕向けて、あるいは意志をそちらへ動かし、傾向づけるとするならば、神のそのような振る舞いは永遠なる法に矛盾するであろうし、元来その法が悪であったということになるであろう。〔T−56〕『コンコルディア』第三二討論 第五節[43]

もっと露骨に言えば、神が人間の意志を悪に追いやるというのなら、「不敬の輩に対する神の義は滅び、神の内に残忍と不信心が明白に認められることになるだろう」（第五〇討論 第十四節）。もちろん、この危険を知らないトミストたちではない。詳細は控えるが、悪の遂行権限を神は人間に委ねたのだという考えに要約される理論によって、彼らは物理的先動理論を悪しき行為に適用することを断念する。したがって、再びモリナに言わせれば、ジェズイットと同じく彼らもまた、「正当にも、道徳的に悪である被造意志の行為を意志みずからに固有である決定と力の流れに帰した」（第五三討論 第二部分 第二節）ということになる。もちろん、「正当にも」という表現にモリナが込めているのは、この点で物理的先動理論の適用範囲の狭さないし一貫性の欠如は明らかだという皮肉である。反して、モリナの考えでは、行為を神に忠実なものとするか、不義なものとするか、その決定権限は一貫して被造意志にある。第二原因である意志こそが「みずからなす行為の主人となり、徳と悪徳のいずれをも、賞賛と非難に値することのいずれをも、報いと劫罰に値することのいずれをも、みずからなす力を具えている」（第五三討論 第三部分 第十三節）。

中性化された自由

自然と超自然の二領域を貫く一貫性は善と悪を貫く一貫性でもあり、貫くというのは、領域が何であれ、行為の善悪が何であれ、意志はつねに自律的であって、すなわちつねに自由であると認めることである（トミストが悪しき行為の主導権をやむなく人間の意志に帰するとき、その行為が自由な行為であるとは考えない）。視点を少しずらせば、自由の観念を善から逸脱するような行為にも及ぼすということであり、この観念を倫理の上で無機的なもの、中性的なものにするということである。まずは第三三討論から、この点に関して象徴的なテクストを引用する。

> 以上に説かれた諸章から、次のように結論することができる。人間がなすことの内で道徳的に善い、あるいは善くも悪くもないものは、自然の創造主にして万物の第一原因である神に関係づけられるが、人間のなす悪しきことは、原因である限りの神にではなく、われわれ自身に関係づけられる。われわれ人間は、その自由と放埒によって（nostra libertate et nequitia）、みずからの意志と神の与える全般的な協働を、自然の製作者のもとに結びつけられていないもののために濫用する。

〔T–57〕『コンコルディア』第三三討論 第十九節(44)

「自由と放埒」。神の力を濫用する人間側の根拠として並列されているものは、実質的に、放埒的な自由ないし放蕩としての自由である。そして、引き続きモリナは自身のこの基本見解を改めてもろもろの論敵による批判から守るための議論を展開するのだが、その文脈で、『コンコルディア』の先立つ箇所にはなかった決定的な表現が導入されることになる。神の実効的な協働などというものが現世の人間に与えられることはそもそもなく、人間の意志はその自然的性向に従って罪の側へ赴くことしかできないと主張するルターへの反駁を意図した次の一節を見てみよう。

> しかし、それでは、なぜ、神による悪しくない行為への実効的援助なしに、意志は罪を翻意することができるのかが理解できなくなる。実効的援助なしに思い止まりうるということが、罪を犯す自由（libertas ad peccandum）の根拠にも、罪の概念そのものの根拠にも、必要なのである。
>
> 〔T−58〕『コンコルディア』第五三討論 第二部分 第六節[45]

ここで用いられている論理の形式には何の新味もない。意志の自律性を認めなくては責任の観念が崩れるという、運命による決定論に反駁した古代の自由意志擁護論者以来、幾度となく援用されてきたものである。しかし、そのような論理の内部にモリナはかつて存在したことのない要素を埋め込んでいる。「人間はみずからの意志で罪をなしうる」という考えが古来の一般的な了解事項であったとしても、「みずからの意志で悪をなすこともまた自由である」、ないし「罪の遂行を通して自由が実現される」となると事情は全然同じではない。このような考え方は、アウグスティヌス以来、排除か、あるいは少なくとも否認の対象であった。そのような考え方を、「罪を犯す自由（libertas ad peccandum）」という簡潔な表現で、モリナは一気に現実の領域へ引き入れる。

倒錯への途

こうして思想史に導入された新たな形態の自由は、悪をなすことにおいてこそみずからを際立たせるという、場合によっては倒錯的と呼ばれてもやむを得ないような性格を身に帯びたものとなる。規範の侵犯に自由を見出す。それならば、より強度の自由は規範のより徹底した侵犯によって実現されるということになりうるだろう。思考がそのような方向に伸びてゆくことを禁ずる根拠は善という観念の中にしか求めえない。ところが善の観念を喚起することで思考と行為を統御せよという要請そのものを放棄する、少なくともその要請を第一原理としては認めないということが、「罪を犯す自由」の概念においては前提とされている。

近世史家コラコウスキー（L. Kolakowski）は、私たちが検討しているものとは少し異なる歴史の場面における宗教意識の一面（十七世紀後半のオランダで神秘主義に傾いた「教会なきキリスト者たち」の宗教的自己認識）について、次のように述べている。

意志は、つねに同じ一事の選択を要請する。すなわち、人間がみずからを、神に逆らって、選ぶことを。原罪により堕落した人間本性の一要素として、意志は人間を事実上「未完」の存在とし、意志の動きが人間を「完遂」へと導くとすればその行き着く先はただ一つ、悪をなすよう人間を決定するということである。〔T‐59〕『教会なきキリスト者たち』(46)

原罪の問題を遠い起源とし、中世哲学の表舞台に上ることは原則としてなかったこのような事態の輪郭を、近世を迎えつつあったときに初めて鮮明に浮かび上がらせたのが、私たちの考えでは、モリナによる「罪を犯す自由」という概念であった（だからといって「教会なきキリスト者たち」がジェズイットの影響下にあったという単純な話ではもちろんない）。この概念が蔵している意味――史家が右のような言葉で捉えた意味――の一般性が覆う範囲は広く、また深い。広がりに関しては、「罪を犯す自由」という考え方が現代の人間にはもうさほどスキャンダラスでもショッキングでもなくなっているという事実を思い起こすのが手っ取り早いだろう。みずから、すなわち自律的に振る舞うことと、自由に振る舞うことの区別を、人は、今日、場面が何であれ、考えない場合の方が多いのではないか。深さに関しては、ラスコーリニコフ（ドストエフスキー『罪と罰』）のような人を虜にしたのがまさしく右のように示された考えであったことが、適切な例になるであろうか。

このようなことも記憶にとどめ置きながら、しかしいまは、「罪を犯す自由」の哲学史的な展望と、哲学的な意義について、本書の論脈に沿ったかたちで考察をもう少し先まで進めよう。モリナがスコトゥスを批判した理由を考えてみることが、そのための足掛かりになる。

第三節　アウグスティヌスから遠く離れて

1　遺棄された「正直さ（rectitudo）」

主意主義者ドゥンス・スコトゥス

改めて、意志の自由に関するスコトゥス自身の言葉と専門的研究者のコメントを、「同時性の自由」とは別の文脈からいくつか拾ってみよう。デュモン（S. D. Dumont）は、『パリ講義録』の次の一節を挙げながら、スコトゥスにおける意志の知性に対する優越性を確認している。すなわち、「決定されていない完全な原因として、対立項の一方にみずからを決定できる」のは意志であり、知性独りでは「みずからを一項へ完全に決定することができない」[47]。

シュムッツ（J. Schmutz）は、一つの行為に同時に関わる上位の原因と下位の原因のあいだにスコトゥスが見出す関係には二つのモデルがあるとして、次のように整理する。「第一のモデルでは、上位の原因が下位の原因を動かし、下位の原因は上位の原因に動かされることによってしか動かない」。これに対して「第二のモデルでは、上位の原因が下位の原因を動かすことも、前者が後者にその動く力を与えることもない。むしろ、特定の行為に向けた二つの原因は、本質的な仕方で秩序立てられながらも、区別された位相に属している」。第一のモデルは、「手が棒でボールを打つ」といった物理的運動についてのものであり、自由意志の説明に用いられるのは第二のモデルである[48]。

『オックスフォード講義録』に見られる「上位の原因による決定によって意志の非決定性が取り去られてしまわないのは、下位の原因による決定の場合と同じことである」[49]というテクストに絡めて、ブルノワ（O. Boulnois）は次のように述べている。「無限なる〔＝究極的な〕善を前にした人間の意志は、トマスによれば、それを最終目的として必然的に意志するよう動かされる。しかしスコトゥスによれば、意志にはそのような善をも欲しない自由が具わっている」。

同趣旨の解釈例には事欠かない。スコトゥスは、やはり、主意主義の本流に位置する人であり、〔T－52〕（一五六頁）に明らかであった「決定論者ドゥンス・スコトゥス」というモリナの捉え方は、思想を構成する諸要素を端折りすぎているという意味で、あるいは学術的レヴェルで、たしかに適切であるとは評し難い。もっとも、モリナに学術的な公平さを求めるのもお門違いだろう。事実、話を究極にまで突き詰めればではあるが、モリナのスコトゥス評には一概に錯誤として切り捨てられないものが含まれている。それは、スコトゥス＝主意主義者という括りを当てにしすぎるとかえって見落としかねないものであり、主意主義的という評価のトーンをさらに強めて次のように断定することも合理的な解釈の範囲内として許されるのかどうかとあえて問うことを強く促すようなものでもある。再び、ブルノワの言葉である。「精密博士は、本源的に非決定的なものとして自由を構想したラディカルな理論家であった」[50]。

アウグスティヌスの谺

スコトゥス自由意志論の基盤を見極めようとする場合、「本源的に非決定的（foncièrement indéterminée）」とか「ラディカルな理論家」といったブルノワの言い回しを鵜呑みにしないよう警戒する必要がある。「無限な善」

に関する解釈も、立ち入った検討は控えるが、勇み足ではないかと疑ってかかる方がよい。私たちとしてはむしろ、「自らに規則を与える」という意味での「理性的性格」がスコトゥス的意志には刻印されているという山内志郎の指摘を思い出したい（『存在の一義性を求めて』八〇頁）。本書の問題関心に引き継げば、この自己立法的性格には、『オルディナチオ』にある次のテクストが示しているような仕方で、ある種の統制と抑制が効いている。「本源的」と言うのであれば、意志の非決定性以上に本源的な抑制である。

> 互いに秩序づけられた二つの実効的原因は、この世における同一の瞬間に、共通の結果を生み出し、いずれの原因も他方の原因なしに原因として働くことはない。しかし、正しからざる結果を生み出す場合、そのことは第一原因――第一原因はそれ自体、正しい仕方で原因となるのであり、それは、第二原因が正しい仕方で原因となる場合である――に拠るのではなく、むしろ、第二原因の欠損に由る（propter defectum causae secundae）。第一原因と共に働くことも、あるいは働かないことも、第二原因の力の内にある。そして共に働くのでない場合、第二原因が生み出す結果には、両原因に共通である正直さ（rectitudo）がない。
> 〔T-60〕『オルディナチオ』第二巻第三七篇第二問[51]

神と人間がしかるべく因果的協働を実現するとき、その結果には「両原因に共通の正直さ（rectitudo communi ambarum）」が刻印されている。あるいは、この「正直さ」こそが協働を可能にし、そこにこそ真の自由も根差すのだと言ったほうがよいかもしれない。反対に、意志が行為の自律性を独り誇るとき、まさしくそれは協働する神の意図を蔑ろにすることであり、そのような行為には「両原因に共通である正直さがない」。「第二原因の欠損（defectum）」とは「正直さ（rectitudo）」の欠損に他ならない。

しかしなぜ、造物主の意志の働きかけから被造意志が離反するなどという事態が生じるのだろう。この問いに対する答えをあえて求めれば、その離反行為に赴く意志には「正直さ」が「欠損していた」ためだということになるだろう。たしかに、これでは答えとして不十分である。それではなぜ欠損していたのかと重ねて問う余地を残しているのだから。とはいえ、第二の問いに対する明確な答えが存在するわけでもない。正直さという善の徴を刻印された意志が、にもかかわらずなぜ「欠損」を託たねばならなくなったのか。なぜ、悪をなすことができたのか。外挿的な説明によって事態を曖昧にするのでない限り、「すでに悪かったから（jam mali erant）」（第一章九一頁）という類いの同語反復的な答え以外に選択肢はない。同語反復を潔しとしない者には、眼前に開ける「深淵（profundum）」に堪えることが求められるだろう。問題の底に隠されているこういった冥い部分をスコトゥスがどの程度感知していたのかについて確定的なことを述べる準備が私たちにはない。それでも、悪意志の起源を求めて難渋したアウグスティヌスの思索の遠い谺《こだま》を、かなり散文的になっているとはいえ、右のテクストの内に聞き分けることは不可能でないと思われる。(52)

弁神

確言できる事柄に話を戻そう。「正直さ」と「欠損」をめぐる右のテクストを人間的意志の原因性に関する考察として読むことは可能だが、そのさいにも、背景には神から罪の責任を取り除くという一種の弁神論的動機があることを軽視するべきではない。スコトゥスによる自由意志論の多くがこの動機と密接に連動しており、右の一節もその例外ではない。むしろその範例である。(53) スコトゥス的主意主義のリミットを見極めるさいには、精密博士の思索を画する地平が「何よりもまず神学的であった」[54]という一般的な前提を慮外にするべきではやはりない。第一原因と第二原因が「本質的な仕方で秩序立てられながらも、区別された位相に属する」と言われる場合の「区別」にしても、それは第二原因に「気まぐれな力」[55]を認めるためのものでは決してなく、むしろ神に悪を帰さないための担保として設えられたという意味合いが直接間接に込められていると見るべきである。

モリナの場合はどうなのか。彼もまた、人間に最大限の自由を認めるのは神に罪を帰さないためであると幾度も強調する（たとえば一六三頁〔T-56〕およびその直後の引用）。それは、神学者としてある意味で当然のことであり、そのようなモリナの言明が誠心からのものである点に疑いを挟む余地はない。にもかかわらず、『コンコルディア』において実際になされていることは、弁神という著者自身の意図を大きくはみ出している。神の力が実効的には何ら及ばない領域を、つまり制約というものがおよそ存在しない領域を人間の意志のために拓くことこそが神の義を立てる唯一の方途であるとモリナは確信している（傍目には明らかなこの齟齬に、モリナはなぜ気づかないでいることができたのか――これはモリナという人の信仰の質に関わる、したがって私たちが深入りする必要のない問題である）。その単純な確信の下で、スコトゥスの視野には残っていた神と人間に通有の「正直さ」という倫理上の統制理念は実質的な役割を失うことになる。「正直さ」が「欠損」と連動する概念である以上、この喪失は避け難い帰結であった。「欠損」という概念を理解する回路自体がモリナからは消失していることを私たちはすでに確認した（第一章九〇頁〔T-33〕）。いま加えるなら、「欠損」と「罪を犯す自由」は、彼方立てれば此方が立たずの関係にあり、後者の揚言と「正直さ」の遺棄が正確に連動している、ということになるだろう。

『コンコルディア』の第一部に含まれる形而上学的な考察においてはスコトゥスを「同時性の自由」の創案者として持ち上げる。神学的主題を扱う第二部ではそのスコトゥスを手厳しく批判する。なぜモリナはスコトゥスへの態度をこのように百八十度転換させたのか。その理由は、ここまで見てきたことからほぼ明らかだろう。様相論理の次元でスコトゥスが考案した同時性の自由理論は、その次元におけるものとして、たしかに評価に値する。しかしモリナにとってより重要なのは、この理論によって押し進められた意志の非・被決定性を神との関係においても保持すること、そのために、神と人間それぞれの意志のあいだに生じうるあらゆる実効的な関係を名目上のものと化すことだった。精密博士はこの点で妥協した者であり、この点で妥協するような理論は何であれ、モリナの観点からすれば、しょせん、決定論でしかない。

このように判断する著者の思考の ―― 右に指摘した齟齬への無自覚とおそらく一体となった ―― 頑なさによって、『コンコルディア』という著作は思想の歴史において特異な位置を占め、哲学的に重要な問題性を抱え込む。この位置についても問題性についてもすでにおおよそは述べてあるが、それぞれを改めてまとめておくことで、モリナ論に当てた第二章の締め括りにしたいと思う。

2　捩じれた系譜と心理学への傾斜

章の冒頭でいくつかの名前を挙げて概観したように、意志の非・被決定性を自由の要件として、あるいは自由そのものとして、肯定的に考えた思想家はモリナより前にも存在する(56)。しかしそういった誰よりもモリナはこの点を突き詰めて、結果として、意志とその自由をめぐる思索の歴史に破断を惹き起こす。意志という概念に人間にとっての自由という負荷をモリナはかけすぎた。少なくとも、アウグスティヌス以来長く、意志のために「善性」と「正直さ」の観念を ―― これらの裏面として「欠損」の観念も ―― 保持してきた伝統の側から見れば、そういうことになる。

先にも述べたように、善性への信と善を統制的理念とすることへの是認とは不可分の関係にある。この関係の裏には、厄介な問題がたしかに少なからず隠されている。何よりもまず、この統制機能は現実に対していったいどれほどの効力をもっていたのか。むしろ、現実があまりに悲惨であったがゆえに抱かれたものとして、このような理念の第一の機能は人間の現実感覚を麻痺させることにこそあったのではないか。しかし仮にそうであったとしても、相対主義を大義名分にすべてがなし崩し的に進行するよりはましなのではないか、等々。問いはいずれも、神学と哲学それぞれの存在意義と相互関係という正面切っては扱い難い問題に繋がっている。私たちとしては、したがって、モリナによる理論の革新性に注意を絞ることで足れりとしよう。すなわち、右の是認を端的に排除した点に認められる革新性である。

罪人とは、みずからの自由によって（sua libertate）、〔神の意志とその一般的協働の〕すべてを〔人間の罪なる行為〕のために濫用する者である。〔T-61〕『コンコルディア』第五三討論 第三部分 第九節(57)

このテクストにせよ、すでに検討したテクストにせよ、あるいは本書では引用できなかったその他多くのテクストにせよ、悪の問題を扱うモリナの言葉からは、困惑も、嘆きも、苦渋も、聞こえてこない。この点は、アウグスティヌスにしばしば顕著なそういうトーンの不在を後の神学者の著述に求めるのは的外れだと言って片づけてよい問題ではない。というのも、たんにネガティヴな音調が欠けているだけではなく、「罪を犯す自由」であれ、「放埒なる自由」であれ、右の「濫用」であれ、こういった一連の事態について語るモリナの言葉には、むしろある種の覇気を交えた確信が伴っているからである。なぜなのか。これらはいずれも、定義された自由の強度を保証するために不可欠の要因である。いずれも、神意から離反する力を人間がもっている証であり、離反が可能である限り、人間の意志は神の意志に絡め取られていない、すなわち自由だということになる。これらはすべて、そのようなものとして、自由を定義するモリナの精神に積極的な仕方で組み込まれていた。その意味するところとして、次の二点を書きとめておこう。

i／捩じれた系譜——アウグスティヌスからジェズイットへと伸びる一つの系譜がある。私たちは第一章でそう述べた（九四頁）。アウグスティヌスが「欠損」を思考の俎上に載せようとしたとき〈在りて在りうべからざるもの〉として辛うじて残った極小の規定性が、あるいは、実質的には、規定不能性が、ジェズイット的自由における自己肯定の無際限性へと変換されてゆくかたちになる。

この点を、モリナに即して簡単に確認しておこう。「罪を犯す自由」を意志に認める限り、悪しき行為の起源はそれをなした意志の自由なる能力であるとすれば事足りる。そうなれば、「欠損」などという不可解な概念に関しても、「端的に意味がない」（第一章九〇頁〔T-33〕）と断定すればやはり事足りる。こうして、アウグスティヌスの精神に疲弊を強いた「欠損」という名の「深淵」は、モリナのもとで名実ともに閉ざされる。

「罪を犯す自由」を「欠損」の代替概念と見なすには、両者の概念内容はあまりにかけ離れている。それでも、「欠損」のいわば底なし的な性格が、「罪を犯す自由」の歯止めなさ、放埓的な性格へと転じられているという点に注目するならば、両者のあいだに捩じれた繋がりを認めることは可能だろう。両概念の哲学史的な意義を正しく評価するためには、繋がりを認める必要がある。

ii／心理学への傾斜——次に、第二討論による自由の定義に窺える、『コンコルディア』の基本的な性格を明確にしておきたい。定義の中心部分をもう一度掲げよう（一三八頁〔T-41〕）。次のような者が自由な者と呼ばれうる――

ある行為の必要条件がすべて措定されている場合でも、それをなすことなさないことのいずれをもできる者、あるいは、一つのことをなしつつも、それに反対のことをなすこともまたできる者。

措定されても最終的には意志の自由を妨げず、措定されることでむしろ意志の自由を際立たせる引き立て役となるのが、ここでの「必要条件（requisita）」である。「協働」と「恩寵」という神学上の概念をその中に数え入れることで、モリナは神の意志作用を実質的に骨抜きにし、人間的自由に関する哲学上の定義を守ろうとする。つとにジルソンが恩寵論争の一般的傾向として指摘していたように、「外見的には純粋に宗教的な土壌の上で繰り広げられた論争ではあったが、その底には哲学が潜んでおり、もろもろのテーゼは啓示から独立していたことに、人はたやすく気がつくだろう[58]」。

ただし、「哲学が」という点にはさらに絞りをかける余地がある。定義の完成度を高めるべく援用されたものには、たしかに、「同時性の自由」という優れて形而上学的な概念も含まれている。その一方で、定義そのものは、すでに繰り返し述べたように、「決められていないから自由だ」という心理的事実に、言い換えれば心理的に確認できる「経験」に、最終的な根を下ろしている。「意志の自由は何に存立しているのか」を示したのが第二討論の定義だが、そもそも「人間には自由というものがあるのかどうか」。第一部も終わりに近い第二三討論に至ってようやくモリナはこの問いに手をつける。その冒頭、「自由はわれわれに内在する（libertatem nobis inesse）」ことの証明へと乗り出す箇所にある一節を引用しよう。

自然の光に支えられた理由を示すことから始めるべきところだが、実に、経験それ自体の他に、論拠となるものは存在しない（non aliud esset argumentum, quam experientia ipsa）。誰もが経験を通して、立ち上がり、あるいは座ることが、……罪に同意しあるいは同意せず、あるいは罪を退けることが、……みずからの力の内にあることに気づくのである。(59)

〔T-62〕『コンコルディア』第二三討論第一部分第一節

「意志の自由は何に存立しているのか」。例えば、「同意することも同意しないこともできる」ような「力」にである。そのことを――根本的には、意志の非・被決定性を――保証するためには、形而上学の領域へ、ついで神学の領域へ踏み込む必要がある。しかし「同意することも同意しないことも」自分には「できる」、この点の「論拠」となると、「経験」に遡る以外にない。みずからの内に聞くことのできる心理の声を最終的な証人とする以外にない。右のテクストはそこまで読み込むことを許すものである。

意志の「善性」と「正直さ」を、いわんやその「欠損」を顧みようとはしなかったモリナにおいて、自由意志論が心理学的な性格に傾くことは、いずれ避け難い帰結であった。モリナ自身は、第一部の純粋に哲学的な考察をもって第二部以降の神学的議論の準備とすることを意図していた。『コンコルディア』が神学書として執筆されていることは、その構成を形式的に見る限り明らかである。しかし、著者の意図と著者の実現したものが一致していないことは往々にしてあり、この書などはその典型であると解釈しても、決して行き過ぎにはならないと私たちは考える。(60)

3　モリニズム、「きわめて心地よく、きわめて魅惑的な」

「一般の感覚」とモリニズム

最後に、いま述べた心理学への傾斜を含むモリナ的自由意志論の全体的な構造について考えておく。モリナが定義によって守ろうとしたのは、意志の非・被決定性によって根拠づけられるような自由の概念であり、その基底部分には、「決められていないから自由だ」という経験的確信、すなわち実感の論理が働いている。このことは、「罪を犯す自由」に極まるモリナの自由論において、当時の神学的常識からすればエキセントリックな部分と、逆にむしろ学的認識に先立つ一般的な自由感にぴたりと寄り添う部分が表裏一体をなしていたことを意味している。

この二面性から、何を読み取るべきか。とりわけ一般性の側面を看取していたのが、アウグスティヌス解釈を進めるさいにも示唆に富む誤解を提供してくれたパスカルである。その場合と同じく、ここでもパスカルの見立ては表面的であり、しかしそのことによって、先ほどと同じく、考察のレヴェルを一階層深めるよう私たちを促してくれる。そのパスカルによれば、「モリニストたちの見解」は――

一般の感覚（sens commun）にとってかくも甘く、その感覚と見事に合致する、その意味できわめて心地よく、きわめて魅惑的なものである（très agréable et très charmante）。

〔T―63〕『恩寵に関する文書』「第一の文書」／「論考」(61)

モリニズムの何に「一般の感覚」は惹きつけられてしまうのか。パスカルの答えを少しラフに再構成すれば、次のようになるだろう――人は外部からの強い拘束や影響を受けていない限り、みずからの意志で自由に振舞うことができると信じている。そう信じる「一般の感覚」にとって、みずからする祈りに神が応じてくれるかもしれないという希望を完全に砕くカルヴィニズムは受け容れ難いだろう。反して、モリニズムは、ご都合主義と紙一重のこのような希望の背中を強く押してくれる。人間の意志には神から下される一般的協働と恩寵の方向を変える力が具わっており、祈りどころか自分の意志で、人間は神からの援助を引き出すことができるというのだから。

同時的協働理論に基づいて認められる行為のイニシアティヴには人間のした選択を神に追認させることまで含まれており、パスカルは、おそらく『コンコルディア』を直接には読んでいないが、この点を見抜いていた。そのように説く学説であればこそ、モリニズムは、自分の振る舞いと救済のあいだに因果的説明を求めずにはいられない「一般の感覚」にとって、「きわめて心地よく、きわめて魅力的」である。逆の言い方をすれば、「モリニストたちの考えは一般の感覚に媚びへつらう」。いずれにしてもパスカルに言わせれば、祈りと意志的行為の違いを弁えない彼らの考えは安易であり不遜である。「救済を得るか失うかは一般の感覚次第であるとすることで、神からその絶対的にして全一なる意志を取り払ってしまう」のだから。(62) 理論的な見地からしても、モリニズムと「一般の感覚」はともども錯誤に陥っている。原罪後に生きる人間の内面を支配しているのは「悦楽の原理」であり（第一章八五頁）、みずからの意志で行為のイニシアティヴを取るなどというのは幻想でしかないのだから。

てではない。

パスカルにとっての「心地よさ」

パスカルの立場から事態を分析すれば、おおよそ以上のようになる。しかし、析出するべきものはこれですべてではない。

たしかに、神を自分の方に振り返らせたいという思い（に相当するもの）が当時の（そしておそらく今日でも）多くの人間の心の底に潜んでいると想定することは、パスカルならずとも不可能ではないかもしれない。しかし、モリナの思想に具わっている一般性は、信仰のあり方というパスカルの関心事よりもさらに文字通りに一般的な思考の構造に関わっている。「心地よさ」と「魅惑」の背後には、内在志向的な考え方（意志の原因性を意志の内部に追求する）と、外挿的な考え方（意志の原因性を意志の外部に委ねる、あるいは非・被決定性をもって自由と考える）の違いという問題が控えている。第一章で明らかにしたように、アウグスティヌスによる悪意志の原因探求が徹頭徹尾、内在志向的に遂行されていたとすれば、その帰結である「欠損」に精神の眼の焦点を合わせることができなかったパスカルは、ジェズイットと同じく、外挿的な思考に依拠している。そのことは、内在志向の途が「辛く」、「逆説的」なもので、むしろ「自然性という坂を下るに身を任せる」外挿の途の方が一般の心性に適いやすいという、序章の最後で見た点にまで遡るだろう。モリニズムと「一般の感覚」は、外挿性を発想のメインモードにしている点で一致する。パスカルもまたそうであり、その限り、モリニズムはパスカルの感覚にとってもまた、その感覚の意識される部分には映ることのないまま、しかし「きわめて心地よく、魅惑的なもの」として作用していたという点を指摘しなくては、一面的というものだろう。パスカルは、原罪前のアダムについては肯定形で、アダムの子孫たるこの世の人間については否定形で、いずれにしても非決定の自由というモリナの概念に依拠しながら、ものを考えていた。

実感と概念の循環

もっとも私たちのここでの意図は、モリニスト・パスカルという呼称に象徴される一件を取り上げ直すことではない。そうではなく、モリナによる自由意志論の成立基盤を、実感の論理と概念化の作業の循環の内に見定めておくことである。

恩寵の効力をめぐる神学上の論争の中で概念と論理の精緻化に努めるモリナの思考は、そのことによって、「決められていないから自由だ」というプリミティヴな実感の論理――根深く、それ自体の強さのゆえに分節性を欠いた経験的な信念――からでは見通せない領域に入り込んでゆく。同時性の自由理論であれ、同時的協働理論であれ、その限りでは、実感から遠ざかってゆく。思考と実感ではそれぞれの活動に異質なものを含んでいるとはあえて断るまでもないような事実だろう。ただし、ここには一つの逆説がある。思考と実感の疎隔が顕著になるというのは、この場合、両者の距離がたんに大きくなることではない。みずからの実感を対象化する意識がひたすら純粋に研ぎ澄まされてゆくことではさらにない。疎隔は、むしろ、思考が実感を追認するかたちになることで、再び縮減されてゆく。関連する形而上学および神学的諸概念の明確性を充填された自由の定義が、非分節的であるがゆえに強固な実感とのあいだに引き剥がし難い二重性を形成する。

そのようにして生み出された自由の定義――非・被決定＝自由＝反対項選択能力――が驚くに値する伝播力を具えているとしたら、つまり「一般の感覚と見事に合致する」としたら、それは、思考が働く根底において、実感の論理に具わった説得力が強くものを言い続けているからではないか。その意味では、思考の方が実感に依存していると考えうるのではないか。概念が実感から離脱しながら実感に戻り、かつその実感に訴えることで思考としての伝達機能を果たす。そのような仕方で両者のあいだには循環的な関係が成り立っているのではないか。

非決定の自由という概念がパスカルのように疑り深い人の精神にまで——そしてデカルト的懐疑の意味については誰よりも知悉しているはずである多くのデカルト研究者たちの精神にも——深く浸透しえたという事実は、実感と思考のあいだに保たれているそのような連携を想定しなければ説明に窮するのではないかと私たちには思われる。同時に、この観点からすれば、前章で検討したアウグスティヌスの悪意志論と自由論がそのままのかたちで広く一般に流通することがなかったという事実にも納得が行く。実感の論理とも外挿的な思考とも無縁な彼の思想は、後の神学者たちも含めて余人が辿るにはあまりに非・現象的であった。造物主と被造物を隔てる「深淵」に、アウグスティヌスという人は深くのめり込みすぎた。

次章では、スアレスによる『形而上学討論集』、とりわけその第十九討論を考察の中心に据える。この討論において、モリナに認められた心理学への傾斜は決定的なものになる。そもそも、スアレスにおいて、自由意志の問題は神と人間のあいだで先鋭化するようなものではなくなっている。問題はどこまでも、人間がする自己決定と選択という隣接する二つの基本的な所作をめぐる自己言及的な主観の構造に関わるものになる。実感を追認するという思考の働きも、その構造の中に厳密な仕方で位置づけられることになる。

註

（1） 序章註（3）で参照した著作の中で、ミュレルは次のように述べている。「〔責任と自律の〕諸条件について考えることはすでに哲学することであり、他方で民衆的なモラルの特徴は、まさしくこの点に関する反省の欠如ないし不十分さにある」（R. Muller, *La doctrine platonicienne de la liberté*, p. 74）。しかし、ミュレルの試みについて先にした指摘を補足すれば、たとえ「哲学」と「民衆的モラル」には「反省」性の度合いの点で異なる側面があるとしても、「哲学する」営みの内部にもまた、実感の次元との距離の取り方においてさまざまなヴァリエーションがありうることを忘れるべきではない。少なくとも意志の自由というテーマに関しては、哲学者の思考が「民衆的なモラル」とは無縁であると想定してかかってよいのか（仮に「民衆的」という形容詞の高踏ぶりに目を瞑ったとしても）、自明には程遠いというのが私たちの基本的な考えである。

（2）たんなる表現上の便宜のためではなく、思想としての体系性と完成度、同時代に与えた影響力、こういった実質的な観点からして、ジェズイットによる自由意志論をモリナとスアレスの考えで代表させることができると私たちは考えている。もっとも、それによって、とりわけ十七世紀に入って、またとりわけドイツとスペインで、ジェズイットの理論がトマス、スコトゥス、アウグスティヌス、場合によってはオッカムの思想と混交してゆく経緯を無視するつもりはない。この経緯については、O. Boulnois, « Le refoulement de la liberté d'indifférence ... », p. 215-219 を参照されたい。

なお、あえて断るまでもないかもしれないが、私たちがモリナとスアレスの自由意志理論を分析して打ち出す判断は、その哲学史的な意義を強調する場合であれ、理論的な含意を捉える場合であれ、キリスト者の集団としてのジェズイット＝イエズス会の信仰精神に及ぶものではまったくない。本書で対象にできるのは、たとえその背後には信仰の問題が控えているとしても、思考の次元において動くものに限られる。

また、この措置に対応して、同会派に対してデカルトがどのような宗教上のスタンスを取っていたのかという点にも本書では立ち入らない。若き日々を過ごしたジェズイットの学院と教師に対するデカルトの感情は、『方法叙説』を献本するにあたって同会のノエル神父に学院で受けた教育に対する偽らぬ謝意を伝えているところからも窺われるように（*au P. Noël*, 14/07/1637, AT I, 383）、必ずしもネガティヴなものではない。しかし、後に「学問的には不毛な論争」をデカルトに仕掛けた相手がジェズイットであったこともまた事実である（所雄章『デカルトⅠ』一九九六年、一八一～一八三頁参照）。そういう人々に対するデカルトの意識を一般的な仕方で問題にしてもあまり意味はなく、何より、そういった事柄を、あるいはカルヴィニストとの「果たし合い」に極まる神学・政治的背景（同書一八三～一九六頁参照）を、当然のごとくデカルト的自由意志論の解釈へ持ち込むのは手続きとして正しくない。他でもないデカルトの思考に含まれる——とされてきた——矛盾を説明するために、この種の背景が引き合いに出されたこともあるが（例えば野田又夫『デカルト』一九六六年、一二九頁、あるいは所雄章『デカルト『省察』訳解』二〇〇四年、三二九頁）、まず試みるべきことは、序章で強調した通り、思考の論理の再構築である。その過程で矛盾がおのずと消えてゆくならば、その上さらに背景的事情を勘案して解釈をいたずらに混乱させる必要などないだろう。

（3）「意志の非決定性（indifferentia voluntatis）を保持している者、すなわち、欲することは何であれなすことのできる者は、自由である。しかし、みずからの意志の非決定を完全な仕方で善に向けて秩序立て、より善きものに同意するのが高邁なる者である」（Roger Bacon, *Opera hactenus inedita*, t. 11, p. 31）。

（4）「意志は理性から、その本質的な名前として非決定の自由を受け取るが、他のものではない一つのものを好む自由に関しては、これを意志自身によって保持しているのである」（Gauthier de Bruges, *Quaestiones disputatae*, q. 5, p. 55）。

（5）スコトゥスの主意主義と主知主義とのバランスを取った穏健なものであり、むしろガンのヘンリクス（Henry of Gehnt, 1217~1293）等が極端な主意主義を代表すると山内志朗は指摘している（『存在の一義性を求めて』六四~七〇頁）。スコトゥス的理論の穏健性は本章でも重要な論点になる。他方でガンのヘンリクスとの関係については、次の二つの事実を私たちはむしろ重要視する。第一に、ジェズイットの意識に主意主義の従来的なチャンピオンとして登場するのはあくまでもスコトゥスであったこと。第二に、実質的に見ても、モリナがスコトゥスを最も高く評価する論点である「同時性の自由」理論に相当するものが、ヘンリクスには未だ見当たらないこと（cf. *Quodlibet*, 10, q. 13, *Opera omnia*, t. 14, p. 286-291）。神の下す「協働」と「恩寵」を別にすれば、「同時性の自由」を肯定できるかどうかにおいて自由論の最先端は決まるとも考えうる。この観点からすれば、スコトゥスの方がヘンリクスよりも主意主義者として先に行っていると考えても誤りとは言えないだろう。

（6）次がソトによる「自由原因」の定義である。「なすためのあらゆる前提条件が措定されても、なすこともなさないこともできる（positis omnibus requisitis ad agendum, potest et agere et non agere）ような原因が自由なる原因であり、その反対が自然原因である」（*De natura et gratia*, lib. I, cap. 15, éd. 1549, p. 63）。しかし「なすための前提条件」に神の「絶対的意志（voluntas absoluta）」すなわち神の「善き意志（beneplacitum）」が来る場合には、「なす、なさない」自由を人間の意志は失うとソトは考える。「誰がそのような意志に抵抗できようか（voluntati ejus quis resistet ?）」（*loc. cit.*, p. 62）。これがモリナとなれば、被造意志に対するそのような制限的措置を講ずることは一切ないだろう。恩寵論争におけるソトの理論的立場に関する詳細については次の著作を参照されたい。P. Dumont, *Liberté humaine et concours divin d'après Suárez*, 1936, p. 105-115.

（7）F. Suárez, *De concursu, motione, et auxilio Dei*, lib. III, cap. 12, VIVÈS 11, p. 207 : « Hic expendam [...] definitionem Concilii Tridentini quae est veluti basis huius aedifici, scilicet sess. 6, cap. 5, et can. 4, ubi inquit liberum arbitrium a Deo motum et excitatum ita agere et cooperari dum consentit, *ut possit dissentire, si velit.* » イタリックは原文のまま。第一章五二頁〔T-8〕と比較されたい。

（8）M. Luther, *De servo arbitrio*, Waimarer Ausgabe, t. 18, p. 638 : « in rebus, quae pertinent ad salutem vel damnationem, non habet liberum arbitrium, sed captivus, subiectus et servus est vel voluntatis Dei vel voluntatis Satanae. » もっとも、ルターは、少なくとも「肉の観点」からした場合、「誰かに支配されるままにならないよう」、「一方あるいは他方へ自由に向かう力」を人間はもっていると考える。「悦楽の原理」をこの世の人間に適用してその自由を全面的に否定するパスカルよりも、この点に関してはルターの方が一般的な自由観に近いとも言えるが、いずれにしても、ここではルターの思想とその背後にある人間観にまで深入りすることはできない。それでも本書の議論に支障がないという点については序章註（5）を参照されたい。

（9）ルイス・デ・モリナ（Ludovicus Molina / Luis de Molina）という人、および『コンコルディア』という著作に関して、必要最小限の情報を記しておこう。モリナは一五三五年、スペインはクエンカに生まれる。五一年、十六歳でサラマンカ大学法学部に入学し、その二年後、創立されて十三年のイエズス会に加わる。哲学と神学を修め、六七年までコインブラで哲学を、その後八三年までエヴォラで神学を講ずる。マドリードに過ごした時期を挟んで郷里クエンカの神学校で一六〇〇年まで教鞭を取り、同年、再びマドリードのイエズス会神学校に招聘されるも、移った地にて病歿。

『コンコルディア』の初版は一五八八年。一五九九年には論敵からの反駁に対する再反駁を加えた第二版が刊行される。正式な書名を『恩寵の賜物、神の先知、摂理、予定および劫罰と、自由意志との調和（*Libri arbitrii cum gratiae donis, divina praescientia, providentia, praedestinatione et reprobatione Concordia*）』といい、形式上は、一五七〇年代末からモリナが構想していたトマスの『神学大全』に対する注釈の一部である。一部とはいっても公刊に至ったのは『コンコルディア』と、『聖トマス神学大全第一部註解』（一五九二年）だけであり、モリナの主著は前者であると考えて間違いない。また注釈とはいっても、『コンコルディア』を構成する全七部のうち理論的に重要な第一部から第四部がすべて『神学大全』第一部第一四問の第十三項（「神知は未来の必然的ならざる事柄に関わるか」）一つの注釈とされていることからも推測されるように、『コンコルディア』で展開される議論の実際は『神学大全』の文言解釈では全然なく、端的にモリナ自身の思想を表明したものである。各部の標題を拾えば、第一部「善行をなす意志の力とその自由について」（第一討論～第二四討論）、第二部「神による一般的協働について」（第二五討論～第三五討論）、第三部「恩寵の援けについて」（第三六討論～第四六討論）、第四部「神の先知について」（第四七討論～第五三討論）となる。第一部は、自由の定義を実質的な端緒として、スコトゥスによる自由意志概念を参照して終わる、基本的に哲学上の議論である。それに基づいて、人間の意志と神との関係が考察される。第二部と第三部が神の意志的作用を（前者は神的意志が人間の行為一般に関わる場合、後者は宗教的救済に関わる場合）、第四部が神の認識的作用を取り上げる。

本書では、第一部から自由の定義とスコトゥスによる「同時的自由」をめぐる議論を、第二部と第三部からは「同時的協働」の理論を、順に取り上げて検討する。「先知」に関する第四部については、モリナの創案として有名な「中間知（scientia media）」の理論の骨格をこのあとの註（60）で示すにとどめる。ただし、第四部の最後に置かれた第五三討論は第二版で加えられた再反駁部分であり、第一部から第三部にも関わる重要な補足が含まれている。それ以外にも、第四部には先立つ議論に関する重要な言及がしばしば見出される。したがって私たちも、第一部から第三部の検討にさいして適宜第四部も参照する。

引用文献一覧に掲げたように、第一部にフランス語の部分訳が、第四部には英語の全訳その他がある一方、本章の主要な考察対象となる第二部と第三部についてのまとまった現代語訳は未だない。『コンコルディア』の全体像を把握するための二次文献としては、次の記述が今日でもなお最良のものだろう。辞書の一項目とはいえ優に小著一冊以上の分量である。« MOLINISME », in *Dictionnaire de théologie catholique*, 1929, t. 10, II, col. 2094-2187.

（10） L. de Molina, *Concordia*, disp. 2, sec. 3, p. 14 : « Alio vero modo accipi potest, ut opponitur necessitati. Quo pacto illud agens liberum dicitur quod positis omnibus requisitis ad agendum potest agere et non agere aut ita agere unum ut contrarium etiam agere possit. [...] Agens liberum in hac significatione distinguitur contra agens naturale in cujus potestate non est agere et non agere, sed potius omnibus requisitis ad agendum necessario agit et ita agit unum ut non possit contrarium efficere. »

（11） エウスタキウスの手になる十七世紀前半に広く使用された哲学の教科書『四部からなる哲学大全』（一六〇九年）による。引用した用語はいずれも第二部の第二部の第一討論前半の第四問「いかにして意志は行為の自由な原理であるか、あわせて自由裁量について」で示されているものだが、この第四問ではモリナのものと寸分違わない表現（« positis omnibus requisitis ad agendum ... »）によって自由が定義されている（*Summa philosophiae quadripartite*, II, p. 45-52）。『コンコルディア』による定義がその後のスタンダードになったことをよく示す事例である。なおデカルトもイエズス会に属するラ・フレーシュの学院在籍中この教科書に接しており、およそ二十年を経て、失念したその著者の名前をメルセンヌに問い合わせている（*à Mersenne*, 30/09/1640, AT III, 185）。この学院とデカルトの関係全般についてはR. Ariew, *Descartes and the last scholastics*, 1999, p. 7-35を参照されたい。

（12） Thomas Aquinas, *Summa thologiae*, *Ia*, q. 82, a. 1, co., *Opera omnia*, t. 5, p. 293 : « ... cum aliquis cogitur ab aliquo agente, ita quod non possit contrarium agere. Et haec vocatur necessitas coactionis. Haec igitur coactionis necessitas omnino repugnat voluntati. »

（13） Thomas Aquinas, *loc. cit.*, q. 83, a. 3, co., *Opera omnia*, t. 5, p. 310 : « quod proprium liberi arbitrii est electio : ex hoc enim liberi arbitrii esse dicimur, quod possumus unum recipere, alio recusato, quod est eligere. »

（14） Thomas Aquinas, *loc. cit.*, q. 83, a. 2, co., *Opera omnia*, t. 5, p. 309 : « Liberum [...] arbitrium indifferenter se habet ad bene eligendum vel male. »

（15）『コンコルディア』初版への反駁をものしてモリナに再反駁を促したトマス主義者、ツメル（Francisco Zumel, 1540~1607）は次のように述べている。「おのずから実効的である神の援けにより意志はあらかじめ決定されているということが認められなくてはならない。このような事前の決定が先立つからには、決定された行為がなされないことは複合的意味においてはありえないが、しかしそのことによって意志というものが取り去られてしまうわけではない。そのような行為も離隔的意味ではなされないことも可能であるということで、意志が自由であるためには十分である」（*Commentaria*, I, q. 23, art. 3, disp. 8, prop. 1）。中世の自由意志論を語る上で非常に重要な「複合的意味」と「離隔的意味」の区別については後述する。ここでは、「非・被決定である場合が意志には残されているからその自由は全否定されるわけではない」というのがツメルの言い分であることだけ確認できればよい。これに対して「意志はあらゆる場合に非・被決定だ」とモリナは主張することになる。非・被決定性をもって自由の担保としている点は両者に共通である。

（16） 意志の非・被決定性の徹底と選択能力の絶対化は同一線上にある一連の措置であり、したがって、ブルノワによる次の解釈は誤っていると私たちは考える。「モリナにとって、自由というものは拘束ないし外的決定の不在によってではなく、選択肢の一方か他方を選ぶ能力によって、定義される」（O. Boulnois, « Le refoulement de la liberté d'indifférence ... », p. 202）。

（17）「非決定」の概念に、あるいはその概念化に、後代のような関心をトマスは示していない。« indifferentia » ないし « indifferens » は『神学大全』においても（第二・一部 第一八問 第八項主文）、『悪について *De malo*』においても（第二問 第四項および第五項）、善でも悪でもない価値中立的な行為がありうるかという文脈で論じられ、他方でトマスが非決定を意志と、とりわけ意志の自由と結びつけることはないと思われる。この点に関しては J. Lebacqz, *Libre arbitre et jugement*, p. 26-32 を参照されたい。

（18） L. de Molina, *Concordia*, disp. 24, sec. 4, p. 155 ; cf. Aristoteles, *De Interpretatione*, 19a, 23-24.

(19) L. de Molina, *loc. cit.*, sec. 1, p. 155 : « [Guillelmus Ochamus in 1 dist. 38 q. 1 asseverat] voluntatem in quo instanti elicit volitionem non esse liberam ad eam non eliciendam aut ad eliciendum contrarium actum, et e converso, in quo instanti non vult aut nolitionem elicit, liberam non esse ad volendum idem objectum, sed solum ante illud instans fuisse in ea libertatem ut, cum ad illud idem instans perveniret, indifferenter vellet aut non vellet nolletve objectum ; eo vero ipso quod ad illud instans pervenit, si ex libertate praecedente velit, esse liberam ut immediate post illud instans in volitione sua persistat aut ab ea desistat vel etiam, si velit, eliciat contrariam volitionem [...], non vero esse liberam ut in illo eodem instanti indifferenter unam et eandam rem velit aut nolit. » 対応するオッカムの考えは『命題集第一巻註解』第一巻第三八篇の第一問にある（*Scriptum in librum primum Sententiarum, Opera Theologica*, t. 4, p. 573-588）。

「拒意」および「拒意する」という私たちの造語について断っておこう。ラテン語の初学者には知れたことだが、「意志する、意欲する、欲する」という動詞 « volo, velle » の否定は二つあり、一つは文字通りの否定である「欲しない」すなわち « non velle » であり、もう一つが「（より積極的に）拒む、忌避する」ことを意味する « nolo, nolle »、後者の名詞形が « nolitio » である。十七世紀には次第に用いられなくなってゆく語彙ではあるが、不作為的に「意志しない」ことと、積極的に「意志しない」つまり「意志の発動を止める」ことはたしかに異なる。モリナでもスアレスでも頻用される重要な言葉であるので、暫定的に「拒意（する）」というかたちで述語化した。

(20) L. de Molina, *loc. cit.*, sec. 8, p. 157 : « [voluntas facultatem habet] ad volendum et non volendum in eodem puncto temporis unum et idem objectum simul aut etiam successive, quasi in eodem puncto, postquam se determinaverit ad unam partem contradictionis, alteri subjacere possit ».

(21) L. de Molina, *Ibid.* : « id solum probant argumenta pro opinione Ochami. »

(22) L. de Molina, *Ibid.* : « [dicendum est] voluntatem, ad quodcumque temporis punctum deveniat, prioritate naturae antecedere suum actum, ut quaevis alia causa suum effectum praecedit. Prius etiam natura est voluntatem esse in quocumque temporis puncto quam in eodem ab ea actus emanet. »

(23) Duns Scotus, *Ordinatio*, I, dist. 38, pars 2 ~ dist. 39, q. 1-5, Appendix A, éd. Vaticane, t. 4, p. 423 : « illud quod praecedit naturaliter illum actum, ut praecedit actum naturaliter, posset esse cum opposito illius actus. »

（24）Duns Scotus, *ibid.* : « negandum est quod omnis potentia est "cum actu vel ante actum", intelligendo, "ante" pro prioritate durationis ».

（25）L. de Molina, *ibid.* : « in quocumque temporis puncto [voluntas] existat, in eo priori ejusdem puncti in quo cum fundamento in re concipitur ut naturae ordine antecedens suum actum in facultate ipsius est vel nihil omnino agere vel volitionem aut nolitionem elicere, prout malverit. »

（26）選択する能力と選択という行為を区別しながら、行為が現実になされているその瞬間もその行為の背後に能力が潜勢的に存在していると考える。このような発想は、「実際上無理」（八木雄二『天使はなぜ堕落するのか 中世哲学の興亡』二〇〇九年、四九九頁）であるどころか、むしろ今日の人間にとって馴染みやすいものであるように思われる。そうだとすれば、スコトゥス的な自由観がまずは十七世紀の哲学者たちに広く受容され、その流れが現代にまで深層においては途切れず続いていると想定しても、あながち大げさではないかもしれない。「本性的先行性」に支えられた同時的自由ないし同時的偶然性概念のスコトゥスに即した解説としては次の論考が役に立つ。S. D. Dumont, « The Origin of Scotus's Theory of Synchronic Contingency », *The Modern Schoolman*, 72, 1955. スコトゥス的意志概念が十七世紀に流入してゆく経緯に関しては、すでに参照しているブルノワとシュムッツの論考に次のものを追加する。R. Ariew, « Scotists, Scotists, Everywhere », *International Society for Intellectual History (ISIH) Intellectual News* 8, 2000.

（27）L. de Molina, *op. cit.*, disp. 35, sec. 6, p. 220, & disp. 50, sec. 7, p. 319.

（28）Thomas Aquinas, *Summa theologiae*, *Ia*, q. 83, a. 1, ad. 3, *Opera omnia*, t. 5, p. 307-308 : « Deus [...] est prima causa movens et naturales causas et voluntarias. Et sicut naturalibus causis, movendo eas, non aufert quin actus earum sint naturales ; ita movendo causas voluntarias, non aufert quin actiones earum sint voluntariae, sed potius hoc in eis facit : operatur enim in unoquoque secundum eius proprietatem. »

（29）トマスその人の考えが、神的意志の実質的な上位性を認める傾向にあることは、たとえば第一部第一〇五問の第五項主文等に窺うことができる。「多数の行為者のあいだに秩序があるとすれば、それは第二原因が第一原因の力の内で働くからである。第一の動者こそが第二の動者を行為へと促すのである。このことからして、あらゆるものは神自身の力の内で働く。こうして、神はあらゆる行為者のなすことの原因である」。ここでは神と被造意志の包含関係が〔T-49〕とは反対になっているが、被造意志の行為が神的意志の支配下にあるという理解を導き出せることに変わりはない。ただし繰り返せば、そもそもトマス自身が第一原因（神）と第二原因（被造意志）のあいだに深刻な相克を認めていたのかどうか、トマス論としてはまずこのことが問題にされるべきであろう。

（30） L. de Molina, *op. cit.*, disp. 35, sec. 1, p. 218 : « si Deus ageret necessitate naturae, nullum fore effectum contingentem, sed omnia eventura necessario. » この文言がそのままスコトゥスのものであるわけではおそらくない。校訂版では次の箇所が参照先として挙げられているが、ぴったり対応する表現は見出せない。Duns Scotus, *Ordinatio*, I, dist. 2, q. 2, n° 20, 21, 35, éd. Vivès, t. 8, p. 445, 448, 483.

（31） L. de Molina, *op. cit.*, disp. 50, sec. 7, p. 319 : « [Scotus vult] determinationem liberi arbitrii angelici et humani ad alteram partem cujusque contradictionis in quocumque temporis momento, verbi gratia ad volendum vel non volendum hoc aut volendum contrarium, esse ex determinatione libera voluntatis divinae qua tamquam causa prima ex aeternitate statuerit hoc vel illo modo concurrere sive per generarem sive per specialem concursum cum libero arbitrio creato illudque hoc vel illo modo determinare, quasi a sola libera determinatione Dei et modo influendi cum causis secundis pendeat, quod liberum arbitrium et quaecumque alia causa secunda hoc vel illud operetur aut non operetur ».

（32） L. de Molina, *op. cit.*, disp. 35, sec. 8, p. 221 : « esto per impossibile Deus necessitate naturae influeret eadem auxilia gratiae quae reipsa libere confert, maneret nihilominus libertas in voluntate nostra ut auxiliis illis cooperaretur aut non cooperaretur, atque adeo contingentia in operibus quibus se ad gratiam disponeret. »

（33） L. de Molina, *op. cit.*, disp. 50, sec. 8, p. 320 : « Quidam D. Thomae discipulus solis verbis differens ab Scoto [...]. Ait enim causas omnes secundas futurorum contingentium, sub quibus etiam liberum arbitrium angelicum et humanum comprehendit, subjici determinationi ac dispositioni divinae voluntatis, quae est prima causa ceteris causis tribuens non solum esse et virtutem, sed etiam determinationem ad suos particulares effectus. »

（34） L. de Molina, *op. cit.*, disp. 53, membr. 1, sec. 4, p. 359 : « Censent [...] hi auctores nullum ejusmodi actum [*scil.* actum seu effectum liberi arbitrii non malum] [...] esse posse sine concursu Dei ex natura sua efficaci quo arbitrium praemoveatur atque ad eum producendum determinetur, praesenteque eo concursu et praemotione Dei non posse arbitrium [...] non consentire et producere illum. »

（35） H. Bremond, *Histoire littéraire du sentiment religieux en France*, t. 4, 1920, p. 431 から借りた表現である。

（36） L. de Molina, *op. cit.*, disp. 26, sec. 5, p. 165 : « quemadmodum causa secunda immediate elicit suam operationem et per eam terminum seu effectum producit, sic Deus concursu quodam generali immediate influat cum ea in eandem operationem et per operationem seu actionem terminum illius atque effectum producat. Quo fit ut concursus Dei generalis non sit influxus Dei in causam secundam, sed sit influxus immediate cum causa in illius actionem et effectum. »

（37） L. de Molina, *op. cit.*, disp. 53, membr. 3, sec. 15, p. 391 : « [omnes actus in singulari liberi arbitrii creati non malos] simul pendent tum ab arbitrii libertate tum etiam a Deo aeterna sua praefinitione seu providentia ».

（38） L. de Molina, *op. cit.*, disp. 26, sec. 11, p. 167 : « Neuter vero influxus, generalis videlicet Dei et particularis causae secundae, superfluit. »

（39） L. de Molina, *ibid.* : « Deus namque generali concursu influit ut causa universalis influxu quodam indifferenti ad varias actiones et effectus, determinatur vero ad species actionum et effectuum a particulari influxu causarum secundarum qui pro diversitate virtutis cujusque ad agendum diversus est, aut si causa libera sit, in ipsius potestate est ita influere ut producatur potius haec actio quam illa, puta velle quam nolle, aut ambulare quam sedere, et hic effectus potius quam ille [...], vel etiam suspendere omnino influxum ne ulla sit actio. »

（40） L. de Molina, *op. cit.*, disp. 32, sec. 10, p. 200 : « [Deus] vero de se indifferens sit ut pro diversitate influxus causae secundae sequatur potius actio hujus speciei quam alterius ».

（41） L. de Molina, *op. cit.*, disp. 40, sec. 12, p. 248-249 : « quod efficacia aut inefficacia ad conversionem seu justificationem sint, pendere a libero consensu et cooperatione arbitrii nostri cum illis atque adeo in libera potestate nostra esse vel illa efficacia reddere consentiendo et cooperando cum illis ad actus quibus ad justificationem disponimur vel inefficacia reddere continendo consensum et cooperationem nostram aut etiam eliciendo contrarium dissensum. »

（42） L. de Molina, *op. cit.*, disp. 32, sec. 10, p. 200 : « actiones liberi arbitrii [...] a concursu generali Dei non habeant, quod sint tales vel tales in particulari ac proinde neque quod sint studiosae vel vitiosae, sed ab ipsomet libero arbitrio. »

（43） L. de Molina, *loc. cit.*, sec. 5, p. 198 : « cum [...] lege [aeterna] pugnaret essetque de se malum, si Deus praeciperet vel praedestinaret […] actionem [peccati] vel ad eam moveret et inclinaret liberum arbitrium creatum. »

（44） L. de Molina, *op. cit.*, disp. 33, sec. 19, p. 211 : « Licet ex capitibus explicatis bona opera nostra moralia etiam mere naturalia in Deum tamquam in naturae auctorem primaque rerum omnium causam referenda sint, mala autem nostra opera non in Deum tamquam in causam sint referenda, sed in nos ipsos qui nostra libertate et nequitia arbitrio nostro et concursu Dei generali ad ea abutimur ad quae ab auctore naturae collata nobis non sunt ».

（45） L. de Molina, *op. cit.*, disp. 53, membr. 2, sec. 6, p. 369-370 : « [non video] quomodo absente concursu efficaci ad actum non malum [liberum arbitrium] continere se possit a peccato, quod tum ad rationem libertatis ad peccandum tum etiam ad rationem ipsam peccati est necessarium ».

（46） L. Kolakowski, *Chrétiens sans Église — La conscience religieuse et le lien confessionnel au XVII siècle*, 1987, p. 802.

（47） Duns Scotus, *Reportata Parisiensia*, II, d. 25, q. unica, n° 21, éd. Vivès, t. 23, p. 129 : « [voluntas] est causa indeterminata, quae est causa completa potens se determinare ad unum istorum [contrariorum] » ; « [intellectus] non potens se complete determinare ad unum ». Cf. S. D. Dumont, « Did Duns Scotus change his Mind on the Will ? », in *Nach der Verurteilung von 1277. Philosophie und Theologie an der Universität von Paris im letzten Viertel des 13 Jahrhunderts. Studien und Texte*, éd. J. A. Aertsen, K. Emery, A. Speer, 2001, p. 741, n. 70.

（48） J. Schmutz, « La doctrine médiévale des causes et la théologie de la nature pure », *Revue thomiste*, 101/1-2 (2001/1-2), p. 254. 著者が念頭に置いているのは次の箇所など。 *Ordinatio*, I, dist. 3, pars. 3, q. 2, n° 503, éd. Vaticane, t. 3, p. 298.

（49） Duns Scotus, *Opus Oxoniense*, IV, dist. 49, q. 6 : « Non minus tollit indifferentiam voluntatis determinatio ejus a causa superiori quam a causa inferiori ». Cf. O. Boulnois, « Le refoulement de la liberté d'indifférence ... », p. 204.

（50） O. Boulnois, « Le refoulement de la liberté d'indifférence ... », p. 203.

（51） Duns Scotus, *Ordinatio*, II, dist. 37, q. 2, n° 15, éd. Vivès, t. 13, p. 379 : « ita duae causae efficientes oridinatae in uno instanti naturae causant effectum communem, ita quod neutra tunc causat sine altera, sed quod effectus non rectus causetur, hoc non est nunc propter causam priorem, quae quantum ex se, recte causaret, si secunda causaret, sed propter defectum causae secundae, quae in potestate sua habet concausare causa primae, vel non concausare : et si non concausat illi, ut tenetur, non est rectitudo in effectu communi ambarum. »

（52）「正直さ（rectitudo）」の概念を神学的思索の中核に据えたのは、周知のように、まずカンタベリーのアンセルムス（Anselm of Canterbery, 1033~1109）だった。その初期の著作『選択の自由について』（一〇八〇～八五年）では次のように述べられている。「選択の自由とは、意志の正直さを正直さそれ自体のために保持する力である」（*De libertate arbitrii, L'œuvre d'Anselme de Cantorbéry*, t. 2, p. 212）。そして「罪を犯す力は自由でも自由の一部でもない」（*ibid.*）。晩年の著作『先知、予定および神の恩寵と自由選択の調和について』（一一〇七～八年）では、「神の恩寵を通してでなければ、いかなる被造物も、意志に属すると私が述べた正直をもつことはない」（*De concordia praescientiae et praedestinationis et gratiae Dei cum libero arbitrio, L'œuvre*, t. 5, p. 198）ともされている。いずれもアウグスティヌスとの近さを――影響云々というよりも思考の質の親近性を――思わせる言葉だが、「神は人間をして義を放棄することができるようにした」（p. 286）という二番目の著作に含まれる考えは、むしろアウグスティヌスとの落差を示している。総体としてアウグスティヌスとの関係をどのように捉え、また盛期および後期スコラ学との距離をどのように測定すればよいのか。仮にであれ解釈を示すのに必要な基礎的理解を私たちは未だアンセルムスの思想に関して得ていない。今後の課題としたい。

（53）Cf. J. Schmutz, « La doctrine médiévale des causes ... », p. 254.

（54）J.-F. Courtine, *Suárez et le système de la métaphysique*, 1990, p. 138.

（55）J. Lebacqz, *Libre arbitre et jugement*, p. 39. ブルノワも次の論考では、スコトゥス的自由が最終的には「至福の境地」からする「解放としての必然性」に従っているという側面を強調している。O. Boulnois, « La base et le sommet : la noblesse de la volonté selon Duns Scot », in *Les philosophies morales et politiques au Moyen Âge*, éd. B. C. Bazàn, E. Andújar, L. G. Sbrocchi, t. 3, 1995.

（56）この点を確認したさい、モリナとの関係が重要な論点になる旨の予告もかねてドゥンス・スコトゥスをフランシスコ会系主意主義の代表格としてリストアップしたが、オッカムの扱いはどうなっているのかと思われた読者がいてもおかしくないと思う。リーゼンフーバーの評言を借りれば、オッカム的「意志は、純粋な善を、それどころか自分の幸福さえも斥けて、事実上においても見かけの上でも善でないような悪を選び取ることもありうる」。「たしかに意志は、善一般を対象とするが、それは窮極的に、意志が対立しているものの間で選択を行うことのできる合理的な能力として、善そのものに対して自由に決断を下すことができるという意味でしかない」。そのような意志は、「いかなる内的な倫理規範も所有していない」。すなわち、「意志の人格性と主体性に対しては、どんな自然的な善も、その基準を与える力を失っている」。以上に何の留保も付す必要が本当にないのなら、モリナとオッカムの近さを問題にする余地が大いにあることになる。しかし、スコトゥス的主意主義のさらなる尖鋭化をオッカムに認めつつ、このような「近代的解釈はオッカムの意図の根底にまで迫って行くものではない」と断ることをリーゼンフーバーは忘れていない。「基準」を失っているにもかかわらず、あるいは失っているがゆえに、意志の「自由は全面的に、神の位格的な意志によって応答を求められ……有限な自由は、絶対の自由の呼びかけに直接捉えられる」（「トマス・アクィナスから近世初期にかけての自由観の変遷」、松本・門脇・リーゼンフーバー編『トマス・アクィナス研究 没後七〇〇年記念論文集』一九七五年所収、二六四頁および二七一〜二七二頁）。私たちの観点から少し敷衍すれば、スコトゥスが配慮した「正直さ」をオッカムは顧みず、しかし意志の善性をその本質規定から外すのは、そうしていわば空洞化された人間の意志と神的意志との無媒介的な呼応関係を保持するためであるということになる。あるいは、浩瀚なオッカム論を著したレフによれば、「行為の性質は、それが理性の正しい命令にどの程度適合しているかによって定まる」のであり、「道徳上の正直さないし逸脱は、道徳的に善いあるいは悪い行為から切り離せない」（G. Leff, *William of Ockham, The metamorphosis of scholastic discourse*, 1975, p. 477 & 479）。そして、同じくレフによれば、人間的行為の自由をオッカムが強調するのは、神が人間の善行を無媒介的に受容する——受容のプロセスの詳細は神学上のいくぶん特殊な諸概念に関わるのでここでは省略するが——と言えるような構図を確立するためである。

　このように、「正直さ」の位置づけは識者によって異なるが（オッカムといえば目的因の排除という一般常識ではこの問題が処理できないことをレフは右の著作で示している）、それでも、近世ジェズイットにおいて実現されたような意志の自由の中立無機化をオッカムが目指していたのではないという理解は共有されている（次の論考も参照されたい。M. McCord Adams, « Ockham on Will, Nature and Morality », in *The Cambridge Companion to Ockham*, éd. P. V. Spade, 1999, p. 265-267）。この理解に従う限り、オッカムをスコトゥスとモリナの中間に位置づけることが仮にできたとしても、それによって、モリナにおいて従来の意志概念が破断を来したという私たちの理解に変更が生ずることはないだろう。スコトゥスの場合と同じく、「決定論者」というモリナによるオッカム評の是非を問うこともできるが、結論は、スコトゥスの場合と同じく、オッカム的自由意志論の構造を単純化しすぎている点で適正な「解釈」であるとは認め難いが、窮極的に見れば必ずしも誤りではないという地点に落ち着くだろう。そして何より、継起性の自由の切り捨てに象徴されるように、モリナはオッカム自身から直接にはほとんど何も受け取っておらず、したがって、仮に私たちの議論にオッカムを挿むとすれば、望むと否とモリナもその中にいた十六世紀後半の思想的雰囲気の醸成に「オッカム的なもの」がどの程度、どのような仕方で与っていたのかをまず検証した上でのことになるだろう。一般的に見て重要ではあるが、本書の議論と噛み合わせる必要がどうしてもあるような問題ではない。スコトゥスとオッカムの自由意志論をそれとして比較検討する作業ともども、今後に期したいと思う。右に瞥見したように、リーゼンフーバーはオッカムの唯名論的自由観の方がスコトゥスの立場よりも先進的であると考えているが、註(26)でも指摘した通り、様相の問題と直結した同時性の自由の点では、註(5)で触れたガンのヘンリクスに対してと同様、オッカムよりもスコトゥスの方に伝統からの離脱を明瞭に認めうる。結局、いずれがより主意主義だったのか、いずれがより「モダン」だったのかといった一括的な問い方では粗すぎて役に立たないということであろう。

(57) L. de Molina, *Concordia*, disp. 53, membr. 3, sec. 9, p. 388 : « peccator vero ipse est qui sua libertate illis omnibus [*scil.* arbitrium Dei ac concursus generalis] ad eas [*scil.* peccaminosae actiones humanae] exercendas abutitur. »

(58) E. Gilson, *La liberté chez Descartes et la théologie*, p. 291-292.

(59) L. de Molina, *Concordia*, disp. 23, membr. 1, sec. 1, p. 134 : « Atque ut a rationibus lumini naturae innitentibus ordiamur, sane quando non aliud esset argumentum, quam experientia ipsa qua quivis in seipso deprehendit in potestate sua esse stare vel sedere [...], consentire peccato aut non consentire vel etiam illud respuere ».

(60) 註(9)で略述したように、『コンコルディア』は第一部最後の第二四討論でスコトゥス由来の「同時性の自由」を導入し、その直後に始まる神学的部分では、第二部と第三部で「同時的協働」を、第四部で「中間知」の理論を、順に打ち出してゆく。その間、本論では指摘せずにおいたのだが、「同時性の自由」、「本性上の先行性」、そして「複合的意味」と「離隔的意味」の新たな区別という一連の概念と、「同時的協働」をモリナが関係づけることはない。この註では、第一にその理由を説明し、第二に「中間知」について最低限の理解を得ておきたい。

(1) 一点目に関しては、関係づけの欠如と「決定論者スコトゥス」という神学上の判断は関係ないという点をまず銘記しておきたい。第二部におけるモリナのスコトゥス批判には、同時性の自由がもつ理論的価値を低めようとする意図は何も含まれていない。この理論の価値を切り下げれば第二討論による定義の強度が弱まることになってしまう以上、当然である。同時的協働論において同時性の自由を援用しない理由は、あくまでも概念の内部に求めなくてはならない。

一方で、協働論は、意志作用発動後の視点、ないし発動が可能であると見越した視点に立って構想されている。協働とは文字通り、神の意志と人間の意志の協働であり、現に発動した両意志の役割分担をどう考えるか、いずれが主導し、その主導権はどこまで及ぶかという配分的に思考される問題である。片方の発動がもう片方の発動を完全に抑制してしまうのではないかというふうに問う余地のないような問題である。他方で、同時性の自由は意志作用発動前の視点に立って考えられる。正確に言えば、発動という事態——すなわち潜勢態から現実態への推移——の内部構造に着目するのが「同時性の自由」である。複合的意味と離隔的意味の区別を変更してこの推移を時間的にではなく論理的に捉え、そうして潜勢的な力に現実的な行為とのある種の併存可能性を認めるというのが本性上の先行性という考え方の趣旨だった。反対項を選ぶ意志の力能は、いわば純粋潜勢態において独自な力として捉えられており、同時的協働論の対象となる現実態にある意志の作用とは、考えられている位相が異なっている。そうである以上、同時的協働論にさいして同時性の自由理論を参照しようとしても、木に竹を接ぐようなことにしかならないだろう（スアレスがこの点に施す工夫に次章で言及する）。

このような理論上の事情から同時性の自由という概念は第二部および第三部から姿を消すのだが、この概念を可能にした発想そのものは、第四部における「先知（praescientia）」の問題の中で活かされることになる。そこで二点目として、モリナによる先知の理論、とりわけ「中間知（scientia media）」と呼ばれる「先知」の特徴を、かいつまんで説明しておこう。

（2）人間がなす未来の行為について神がもつ先知は、伝統的に、二種類に区分されていた。神が未だ協働に向けて意志を発動させていない段階でもつのが「自由知（scientia libera）」であり、神の意志が動き出していないことに対応して、人間の行為も未だ特定されておらず、可能性の段階にとどまっている。したがって、あらゆる可能的行為の総体が自由知の対象になる。その後、協働に向けた意志を発動させた段階以後に神がもつのが「本性知（scientia naturalis）」であり、神がいかなる協働を下すのかを決定した以上、それに対応する人間の行為も特定する。したがって、本性知の対象は、人間がこれからなす予定の特定されたこの行為になる。

神の全知を肯定するためだけであれば、この二区分で足りるだろう。しかしこの区分の内には、人間の意志を偶然性の根拠として認めるための余地がない。被造意志の可能態（自由知の対象）から現実態（本性知の対象）への移行が、協働する意志の神による発動に全面的に依存しているからである。そこで、モリナは、偶然性＝自由を確保するべく、「人間の意志がこれではなくてその反対のあれをするかもしれない」という事態を対象にするような神の先知を想定し、この先知を、自由知と本性知の中間に位置することから「中間知」と呼ぶ。自由知のように神の協働意志発動以前の人間の行為を問題とはするが、自由知とも本性知とも異なって、その行為は完全に未規定でもなければ完全に特定されてもいない。あれかこれかを選ぶ余地は、人間の側に残されている。あれかこれかの選択はなされていないが、あれかこれかを選べる状態に被造意志はあり、そのような潜勢状態に、つまり自由な状態にある意志を中間知は対象とする。この点に、同時的自由概念の基本的な発想が活かされている。

もう明らかだと思うが、中間知理論を案出したモリナの意図は、反対項選択能力に基づく非決定の自由を神の先知の網羅性から救い出すことにあった。当然、あれかこれかが被造意志の選択に依拠するのなら、最終的にあれとこれのいずれが選ばれるのかを神は予見できなくなってしまうという反論が噴出し、モリナも再反駁を厭わない。結局のところ、先知の完全性を損なう点に中間知理論の限界があることは隠しようもなく、しかし伝統的な二区分論では人間の自由を確保できないことも明白である。論争はこうして水掛論的な様相を呈するのだが、その詳細および哲学史的な背景について、また一見不毛な論争の中に実は含まれている哲学上重要な諸問題について、以下の研究書がそれぞれ異なる視角から論じている。W. L. Craig, *The Problem of Divine Foreknowledge and Future Contingent from Aristotle to Suárez*, 1988 ; *Sur la science divine*, éd. J.-C. Bardout & O. Boulnois, 2002 ; C. Michon, *Prescience et liberté, Essai de theologie philosophique sur la providence*, 2004.

（61） B. Pascal, *Écrits sur la grâce*, Ier *écrit*, p. 314 / *Traité*, p. 767 : « [L'opinion des molinistes] est si douce, si conforme au sens commun, qu'elle est très agréable et très charmante. »

（62） B. Pascal, *loc. cit.*, p. 312 / p. 786 : « [L'opinion des molinistes] flatte [le sens commun] et, le rendant maître de son salut ou de sa perte, elle exclut de Dieu toute volonté absolue ».

第三章　問題の複雑化

――スアレスによる『形而上学討論集』と自由意志の心理学――

エゴイズム

アウグスティヌスにとっての「そう望むなら拒否できる（desereret cum vellet）」（第一章六三頁〔T–18〕）と、ジェズイットが拠り所としたカノンによる「欲するなら、同意しないことができる（posse dissentire, si velit）」（同五二頁〔T–8〕および第二章一三五頁〔T–40〕）。いずれも意志による拒否ないし不同意に関する表現だが、後者がモリナのもとで担う倫理的な価値は、前者とは正反対のものになっている。前章で問題にした思想の布置そのものの転換を象徴的に示す変化である。不同意の可能性は、「罪を犯す力（peccandi facultas）」として、アウグスティヌスを深い困惑に陥れる。同じ可能性が、モリナにおいては、「罪を犯す自由（libertas ad peccandum）」として人間の自律性を保証する。「非決定の自由」という概念は同時に「罪を犯す自由」でもあることによって、あらゆる人間の行為に、その質を問わず、適用されうるものとなる。

「善」の理念による統制的機能を失っている点で、このような自由には放恣に至る可能性が内蔵されていると私たちは述べた。ただし、この放恣はたんなる無節操や何でもやりたい放題の自由とは一線を画する。様相論理の次元であれ（「在るものが、在るあいだ……」の格律）、神学の領域においてであれ（協働と恩寵、および先知）、意志にとって外的な条件の乗り越えを発条《ばね》にしてみずからの非・被決定性を確認するというのが非決定の自由に仕組まれたプログラムである。そのようなものとして、この概念には外的諸条件と意志の二項対立から生ずる緊張感が充填されている。たしかにその緊張は、意志によって克服されることをあらかじめ見越したものである。意志の不屈性を際立たせる結果に終わるものではある。その限りでは、二項対立も一つの演出でしかないと指摘することは可能である。しかしそれでも、『コンコルディア』に即して非決定の自由という概念の生成過程を見る限り、演出だと言って済ませることを躊躇わせるような強度がこの概念には漲っている。みずからの不屈性をあえて誇示せんとするような精神がおのずと身に纏う、そのような強度が。対立的な二項を双方向的に肯定するアウグスティヌス的精神について指摘した「張力」とは（第一章一〇七頁）、どこまでも異質な強度である。

もしも、デカルトがメラン宛書簡において語った自由（序章十八頁〔T−2〕）にも同様の強度が込められていたのなら、そのような自由を担う意志をベサッドのように「悪魔的な（diabolique）」と形容しても、一概に的外れにはならないかもしれない。あるいは、アルキエのように、「原罪をめぐる思索の響き」をこの自由の内に聞くこともできないではないかもしれない。まさしく、モリナによれば、人間が非決定の自由を最初に行使することで成立したのが原罪であった。彼岸と此岸のはざまに現れたこの原型的な自由を、モリナは原罪後の人間による行為一般に拡張する。その一環として練られたいくつかの概念ないし理論、とりわけ協働と恩寵の理論には、モリナ自身の篤信に反して、人間の「エゴイズムが要請する悪しき信念」（アルキエ）の産物であると評されてもやむをえないところがある。少なくとも、「悪しき」かどうかはともあれ、人間的意志の非・被決定性の保持がモリナにとっての「信念」であったことは間違いない。あるいは、この理論には無自覚裡にも「神であろうとする欲望」（同）が反映されていると解することもできるかもしれない。同時的協働の理論の実質的な目的は、神の手から協働過程のイニシアティヴを奪い取る点にあったのだから(1)。

その上で、問題は、こういったすべてがデカルトにもあてはまるのかどうかという問いを、右のように考えるアルキエを含めて今日まで誰一人、立てようとすらしなかった点にある。この問題に取り組むためには、非決定の自由を定式化したモリナの思想だけでなく、非決定の自由に含まれている「エゴイズム」の契機をモリナには未だ知られていなかった次元で炙り出したもう一人のジェズイットによる自由意志論を詳しく検討する必要がある。すなわち、意志の自由という問題を重層化する主観性の内部で考え抜き、そうしてこの古来の問題を決定的な仕方で心理学の方に、そして近世・近代という時代圏の方に手繰り寄せた、スアレスである(2)。

第一節　第十九討論の周辺

1　形而上学としての原因論をはみ出すもの

一五九七年に公刊された『形而上学討論集（*Disputationes metaphysicae*）』は、『コンコルディア』と並んでジェズイットという新興勢力の知性を代表する著作だが(3)、それぞれの著者の目論見は大きく異なっている。恩寵の効力をめぐる神学論争に深くコミットすることを自身の使命としたのがモリナであったとすれば、「卓抜博士（Doctor eximius）」とも呼ばれたスアレスは、「神学上のもろもろの真理について確証を得るために、形而上学の諸原理をいかにして参照し、適用するべきか」を読者に示すことを考えていた。もう少し言えば、神学的認識を得るために省くことのできない哲学的認識を、アリストテレスのように「あたかも行きがかり上思いつくままに」ではなく、「学説としての秩序を遵守しながら」提示することを、考えていた。(4) 「巻頭言」として総括的に述べた自身のこのような執筆動機を、「第一哲学あるいは形而上学の本性」をまず画定しておこうとする第一討論を通して、スアレスはさまざまなかたちで確認する。その中から、この著作における人間的自由の位置づけに関わる点で私たちにとって重要な一節を引いておこう。

存在、実体、原因、その他これらに類する事柄に関する共通の理拠をあらかじめ知ることなしには、神についての正確で論証的な認識を自然神学〔＝形而上学〕によって獲得することも叶わないであろう。というのも、〔神の働きの〕結果を通してでなければ、そしてまた共通の理拠の下においてでなければ、われわれは神を認識しないからである。

〔T－64〕『形而上学討論集』第一討論 第五節 第十五項(5)

「存在者の概念（conceptus entis）」を扱う第二討論から、「仮想的存在者（ens rationis）」（ないし「理性の有」）についての第五四討論まで、この著作の多岐に渡る内容とそれぞれの哲学史的意義をここで要約的に述べようと無理をする必要はないだろう。右の引用中にも言及されている「原因（causa）」の概念に関する探究を進めるためにスアレスが必要であると考えた以下の構成を頭に入れておけば十分である。すなわち、第十二討論から第二七討論までという際立って多くの紙幅が原因概念の探求に割かれていること。(6) その中心に、第十七討論から第二二討論で展開される「作用因（causa efficiens）」論が位置すること。それがまた前後半三つずつに分けられて、前半は被造物である第二作用因を、後半は第一作用因すなわち神の意志を考察対象とすること。そして前半の最後、本章の最も重要な検討素材となる第十九討論で人間的意志の自由が、後半の最後、第二二討論で神のもたらす協働が、それぞれ論じられること。

このような順序で展開される原因論について、スアレスはやはり「巻頭言」で次のように述べている。「原因に関する熟察に私は通常なされるより以上の力を注いだが、それは、一つには問題そのものが極めて困難（perdifficilem）だったからであり、一つには、哲学と神学のすべてに対してこの熟察こそが最も役に立つ（utilissima）と判断したためである」。どのような点で、「原因をめぐる熟察」は「極めて困難」であったのだろう。それにもかかわらず、あるいはそれがゆえに、この「熟察」が「哲学と神学のすべてに対して最も役に立つ」としたら、それは具体的にどのような意味でのことなのだろう。おのずと浮かぶこういった疑問に対する直接的な答えは『形而上学討論集』本論のどこにも見当たらない。答えを確定する役割は、したがって、スアレス形而上学を解釈する側に委ねられている。これが重要な問題であることに間違いはないだろう。原因論の困難も有用性も、スアレス自身にそうと認識されているものである以上、形而上学の再構築というこの書物のプログラムと緊密に関わっていると予測されるからである。

本章で取り上げるのは、しかし、このいわば王道的な問題ではない。あるいは、この問題を意識しながらテクストを分析してゆこうというふうには、私たちは考えていない。以下では、むしろ、構築されたプログラムの統一性を乱しかねないようなものに考察の焦点を合わせたいと思う。それがすなわち第十九討論における自由意志論である。とりわけ、哲学史に先例のない心理学的な複雑さを刻印された、第十九討論の第六節および第七節そして第八節である。形而上学的な原因論という一般的な枠組みに、スアレスがこのような複雑さをあえて戦略的に導入したとは考え難い。まさしくそうであればこそ、つまり意図的ならざる複雑さの内にこそ、思想史の深層で起こりつつあった不可逆的な変化を読み取ることもできるのではないか。心理の次元で否応なく複雑化してしまうスアレスの思考の運動そのものが自由論におけるそのような変化の兆候となり、ないしは変化の一様相を期せずして表現しているとするならば、そのこと自体、十二分の注意に値する。

第十九討論の第六節と第七節、スアレスはここで人間の意志の自由という問題の古典的な一側面である知性と意志の関係について、慎重に、しかし大胆な議論を展開する。その内容を詳細に検討し（第二節）、そこから右に心理学的な複雑さという言葉で総括したスアレス的自由の特徴を引き出す（第三節）というのが、以下に試みる作業の本体になる。その準備として、この第一節では、スアレスの自由論から切り離されたもの、およびその周縁にとどめ置かれたもの、それぞれをまず確認しておきたい。いずれも、モリナの自由論を構成する重要な要素であったものである。

『形而上学討論集』第十九討論の第四節でスアレスが示す自由の定義を糸口にしよう。この著作を通じてスアレスが Ludovicus Molina という固有名に言及することは実は一度もない。それがスアレスのモリナに対するいかなる意識によるものなのか、正確なところは分からない。それでも、次のように示される「二つの要請事項」、とりわけその二つ目が、『コンコルディア』第二討論による定義の延長線上にあることは疑いようがない。

第一に、自由な能力とは、みずから、そしてみずからの内的な能力によって、行為を遂行しそして中断する力を具えている能動的な力能のことである。第二に、この能力は、行為を遂行する間、次のような仕方でその行為に向けられ、ほとんど（いわば）準備された状態にある。すなわち、なすために必要なあらゆる条件を措定されても、なすこともなさないこともできるような状態にある。

〔T-65〕『形而上学討論集』第十九討論 第四節 第八項⑺

この定義を総括して、スアレスはおおよそ次のように述べている――「前半部分は、受動的な力は自由ではなく、自由は能動的な能力に拠るという当然の確認に尽きている。重要なのはむしろ後半部分であり、こちらでは、自由な能力のそういった本性だけでなく、自由の行使に、すなわち自由な行為のために必要なものもまた示されている」。前半だけでは自由の定義としてまったく形式的であり、自由の何であるかはむしろ後半の示す現実的条件を介して初めて定められるというわけである。その表現は少し分かりづらいが、「ほとんど準備された状態にある」という箇所は、裏を取って、「完全に準備され切ってはいない」、つまり、「その行為に向けられてはいるが、それを選ぶよう決定され尽くしているわけではない」と読めばよい。それに続くのが、「なすために必要なあらゆる前提条件を措定されても、なすこともなさないこともできる（positis omnibus requisitis ad agendum, possit agere et non agere）」というモリナ伝来の一節である。

「前提条件」にはさまざまなものが入りうるが、モリナにとって格段に重要だったのは、第一に、対立する二行為が同時的に成立する可能性を否定したアリストテレスの格律、すなわち様相論理上の拘束力であり、第二に、人間の意志と協働する神の意志、すなわち神学上の拘束力だった。前者に対しては同時性の自由によって、後者に対しては同時的協働の理論をもって、モリナは意志の非・被決定性を防御した。他方で、スアレスにとっては、意志と知性の関係こそが意志の自由という問題における最も重要なテーマになる。それは、「前提条件」の中で最も重要なものとして、つまり意志の自由を脅かすことが最も強く懸念される要因として、「これをなすべし（hoc est faciendum）」という知性の意志に対する命令を想定する、ということである（前章では触れなかった知性と意志の関係についてのモリナの見解にも本章の途中で言及する機会がある)。その陰で、協働絡みの論点は人間的自由の問題系から分離され、同時性の自由は、問題系におけるマイナー論点の地位に据え置かれる。

いずれも歴史的に由緒正しい問題の意図的な分離と周縁化。それぞれの措置は何を意味しているのか、順に確認してゆこう。

2　分断された協働論と自由論

第二作用因論の締め括りとして人間的意志の自由を第十九討論で論じたスアレスは、考察の対象を第一作用因すなわち神の意志に移す。その第三の働きである「協働」を扱うのが第二二討論である(8)。その理論の骨組みを、枝葉は取り払って、まず確認しておこう。スアレスも基本的にはモリナの路線を継承していることを示すのが最初のテクストであり、モリナの理論に欠けていた要素をスアレスの理論が補っていることを示すのが二番目のテクストである。

協働は、第一原因の意志によって、次のような仕方で与えられなくてはならない。すなわち、協働が与えられた場合でも、その協働の作用と共に働くのか働かないのかを第二原因が自由に選べるような仕方で。というのも、そうでなければ、なすために必要なあらゆる前提条件が措定された場合、第二原因の非決定性は保存されないことになってしまうからである。〔T−66〕『形而上学討論集』第二二討論 第四節 第十七項(9)

神は第二原因の各々に対してそれぞれの本性に適した仕方で協働を与える。しかるに自由原因の本性は、協働以外のあらゆる前提条件が措定された場合でも、複数の行為に対して非決定でいるという点にある。したがって、自由原因は、第一行為において（in actu primo）、非決定的な仕方で、協働を受け取るのでなくてはならない。神の側から言えば、協働はただ一つの行為に対してではなく、複数の行為に対して与えられるのでなくてはならない。[10]

〔T−67〕『形而上学討論集』同節 第二一項

ある行為（甲）の発動に必要なあらゆる前提条件が揃っても、意志はなお、その行為に対立する行為（乙）を選ぶことができる。協働も前提条件の一つである。そうだとすれば、協働が行為（甲）そのもの、すなわち特定の第二行為に向けられると考えることはできない。協働は、第一行為（actus primus）すなわち、この場合で言えば選択能力に働きかけるのだと考える必要がある。しかも、能力の概念を無意味にしないためには、その働きかけは« indifferenter »になされるのでなくてはならない。神の協働は、選択能力が甲を現実化するのか乙を現実化するのか、要するに甲乙いずれを選ぶのかに対して「無関心な仕方」で下されるのでなくてはならない――第二のテクストを砕いて言えば、このようになる。そしてもう一度、被造意志の側に視点を戻してこの「無関心な仕方」を捉え直せば、次のようになるだろう。

協働を与えようとする神の意志は、その本性上、〔被造意志によって〕つねに潜在的に条件づけられた（conditionata in virtute）状態にとどまっている。

〔T−68〕『形而上学討論集』同箇所

選択能力を甲乙いずれの側に向けて発動させるのか、この点は人間の意志に懸かっている。それは、言い換えれば、選択能力に対して与えられる協働の作用がその選択能力によって「潜在的に条件づけられ」ているということである。こうして、スアレスは協働の概念を被造意志がなす行為の生成過程の内部に組み入れる。モリナの場合を思い出そう。協働と人間の行為をすでに発動されたものとみて、その行為のイニシアティヴを握るのは神なのか人間なのか、人間である、なぜなら神の協働の「影響力（influx）」は人間の意志の作用と「共に（cum）」あるだけだから、とモリナは説いた。このようにして双方の意志が発動したあとの場面を問題にする限り、同時的協働の理論は同時性の自由とも中間知とも噛み合わない（第二章註（60））。『コンコルディア』に生じていたこのずれを、スアレスの協働論は「第一行為において（in actu primo）」および「潜在的に条件づけられた（conditionata in virtute）」という観点を導入することによって解消する。この観点からすれば、神の意志と人間の意志が現実化する過程に即して協働の作用を考えることが可能になる。(11) 卓抜博士のもとで協働論は精密さの度合いを一段階上げた。そう評価してよいだろう。

その上で、いま大筋を辿ったのが神の意志によって人間にもたらされる「協働（concursus）」に関する理論であるという点に立ち止まってみよう。協働の理論であることは、同時に、必然的に、その半ばにおいて、被造意志の自由に関する理論でもあるということになるのだろうか。『コンコルディア』においてはそうだった。第一部の冒頭近くに与えられた自由の定義、同部の最後で援用された同時性の自由、そして第二部と第三部を貫く「同時的協働」（さらには第四部の「中間知」）、以上をすべて一直線に配置することで、定義の絶対性を保証する（この単線性と右のずれは位相の異なる問題である）。これがモリナの意図だった。この保証を間違いなく済ませるまで、定義は厳密に言えば完成しない。その意味で同時的協働の理論は定義の構成的な一部分である。少なくとも、定義とこの理論は不可分な関係にある。モリナはそう考えていた。

『形而上学討論集』ではどうか。これから検討する第十九討論において、意志の自由という問題は、知性と意志の関係を軸に、もっぱら被造物たる人間の地平で完結するものとして、提示されている。たしかに協働を主題とする第二二討論に進んでも、人間の意志についての言及は頻繁になされている。しかしそれは、協働という事柄の性質上おのずとそうなるためであり、それ以上でも以下でもない。説明の焦点はあくまでも協働を賦与する神の意志の性質と働き方に合わされているのである。いやしかし、いましがた確かめた通り、協働論は、モリナの場合と同じく、第十九討論第四節の定義と齟齬を来さないように展開されているではないか。神の意志が被造意志の「非決定性」(〔T-66〕)を否定することがあっては「ならない(debet)」とスアレスは念を押しているではないか。人間の自由は協働論においても慎重に配慮されているではないか。このように思われるかもしれない。私たちも、定義の妥当性すなわち人間の自由がそういう仕方で再確認されていることは否定しない。ただし、再確認されうるということは、神の意志に関する理論を俟たなければ定義が成立しないということではない。それどころか、この理論を介して人間に固有の領域で構想された定義の射程を人間と神の双方を覆う領域にまで拡張しようという意図すらスアレスはおそらくもっていない。そうだとすれば、「結果を通してでなければ(nisi ex effectibus)、われわれは神を認識しない」(〔T-64〕)という、『形而上学討論集』と自然を越えた領域を扱う神学的著作の関係について用いられた表現を次のようにパラフレーズしても、スアレスの意向を裏切ることにはならないだろう——被造物である意志をめぐる事ごとについての認識は、恩寵を下す神の意志に関する認識によって、あるいは人為を先知する神の知性に関する認識によって、規定されるようなものではない。(12)

実際、意志に関する認識の獲得が超自然的な事柄についての認識の獲得に先立つという考え方は、前者に対する後者の何らかの自存性をたとえ暫定的にでも承認しなくては成り立たない。同じことは、人間の意志に関する認識（第十九討論）と、人間の自然的行為に対する神の協働に関する認識（第二二討論）のあいだでも言えるだろう。前者の認識はたしかに後者の認識を容易にする。協働が人間の意志的行為に関するものであるからには当然そうなる。しかしその逆は真ではない。協働に関する認識が人間的意志に関する認識の本質的な部分を条件づけるという発想は、「論証的認識（cognitio demonstrativa）」の形成順序を乱すものである。スアレスにとって重要なのは、第十九討論の内部で、人間がもつ意志の自由に関する考察を自己完結させることだった。

こうして見てくると、第十九討論を通じてスアレスがたびたび繰り返す次のような自己限定もこの討論における自由意志論の限界を断ったある種の用心から出たものであり、したがってネガティヴにのみ受け止める必要は必ずしもないということが分かる。「〔作用因の中には必然性なしに自由に働くものがあるか〕という問いはきわめて重要で、しかも広範なものであり、その大きな部分が、超自然的な恩寵の秘蹟と神の摂理に由来する神学上の困難に懸かっている。しかしここでは、自然的な諸原理によって規定されうるものに限って、取り扱うことにしよう」（第二節 第一項）[13]。同趣旨の断りは同じ節中さらに二箇所で見出され、そちらでは、「自然的な諸原理」の守備範囲を越えるものとして、「原罪（peccatum originale）」の問題が加えられている。そのようにして一連の超自然的問題を除外するスアレスは、弁明的な口調の背後で、人間的自由についての議論はそういった問題を扱わなくとも「完全な自律」ないし「全面的な独立」（註（12）参照）を確保できる、そういう確信を抱いていたのではないかと思われる。

以上を考慮に入れた上で、改めて問う必要がある。「協働」論から切り離された第十九討論において、自律し、独立したものは、何だったのか。『形而上学討論集』という著作の基本的な性格からすれば、自由意志の形而上学であるというのが当然の答えになるかにも思えるが、本当にそうなのか。あるいは、本当にそれだけなのか。すぐれて形而上学的な概念である「同時性の自由」をスアレスがどのように取り扱っているのかを確かめながら、第二節と第三節で考察する対象へ近づいてゆこう。

3 「自己充足性」について

全部で十二の節からなる第十九討論の構成をここで見渡しておく。討論全体の標題は「必然的な仕方で作用する原因について、および自由ないし偶然的な仕方で作用する原因について。さらにあわせて、運命、運命の女神および偶然的因果について（*De causis necessario et libere seu contingenter agentibus; ubi enim de fato, fortuna et casu*）」。第一節から第四節が必然的原因と偶然的原因の区別等に関する一般的な議論で、そのまとめとなる第四節で先に引用した自由の定義が示される。その上で、意志と知性の関係をさまざまな仕方で検討するのが第五節から第八節。記述の分量の点からも、しかしとりわけスアレスの探求が到達する精密度において、この箇所が第十九討論のハイライトをなす。第九節以降は分量的にも内容的にも簡素な討論が続き、標題後半の「運命」その他に触れて、原因論の中でも被造意志の自由というテーマに焦点を絞ったこの討論の全体が閉じられる。「同時性の自由」が取り上げられるのは、その第九節である。「行為をなしているその間も原因は自由であるか」という節の標題とされた問いに対して「自由である」と答えるべく、スアレスもまたドゥンス・スコトゥスを参照する。モリナと同じく、「複合的意味」と「離隔的意味」の区別に関する議論と「本性上の先行性」という考え方を全面的にスコトゥスから継承する。そうして、現実化されつつある行為の裏側に待機する「反対項選択能力」を、神、天使、最初の人間たち、その子孫であるこの世の人間、すべての場合に肯定する。

「同時性の自由」とその周辺

スアレスに固有の議論を第九節に見出そうとしても、虚しく終わる。しかしだからといって、同時性の自由という概念の背後にある問題そのものをスアレスがスコトゥスに丸投げしているのかといえば、決してそうではない。「在るものが、在るあいだ、在るのでないことはありえない」。現になされている作用とそれに対立する作用の同時存在を否定するこの格律に対して、同時性の自由は、現になされている作用の裏面に対立作用をなしうる力の存在を認めようとする。潜勢的なる力にも、ある種の現実性を認めようとする。このモティーフを、スアレス自身は、自由意志の問題に絡めてではなく、「能力とは行為を受領するものであり、したがって受動である」という伝統的な理解の修正を主要な任務とする第四三討論――「潜勢態（力能）と現実態（行為）について（*De potentia et actu*）」――の中で、独自に展開する。その第二節――「能動的な力能と受動的な力能は、つねに事柄そのものにおいて異なるのか、あるいはたんに見方において異なるのか」――にいわく、「能力というものは、作用する力を具えていると同時に、その力によってなす行為を受領する原理でもある」。そうである以上、「同一の能力が、同一の行為に関して、またその能力自身に関して、同時に能動的な力能であり受動的な力能でもある、というのが事柄に即した真実である[14]」。

加えて、スアレスみずから断っているように、この論点を扱うのは第四三討論が最初ではない。自由意志の問題に先立って、第二作用因に関する諸問題を一般的な仕方で扱う「第十八討論において、この点はすでにより詳しく言及されている」。このように述べるスアレスの念頭には、例えば第十八討論第七節（「作用因は、作用するために、作用の受領者から実際に区別されたものでなければならないか」）から次に引く一節があっただろう。「在るものが、在るあいだ、在るのでないことはありえない」という格律のヴァリアントと考えうる、「同一の能力が、力能の内にありながら同時に行為の内にもあることは、たとえその行為が潜在的なものであったとしても、不可能である（idem in potentia et in actu etiam virtuali esse non posse）」という格律の組み換えを意図して、スアレスは言う——

同一の能力が、第一行為の内にありながら、内在的な第二行為に向かう力能の内にもあるということには何の矛盾もない。というのも、第一行為の内に形相的に含まれているのは第二行為そのものではなく第二行為を発動するための力であり、そしてこの力は、第二行為を受領する力能である能力がもつことのできるものだからである。〔T–69〕『形而上学討論集』第十八討論 第七節 第五二項(15)

先ほどと同じく、「第一行為」は「能力である限りの能力」を指し、「第二行為」は「能力の作用」を指す。第一行為において、すなわち能力として、意志はしかじかの作用すなわち第二行為をなす力をもっている。第二行為の側から見れば、作用をなすとは第二行為を受け取ることである（第十八討論 第三節）。その上で、右に引用した一節のポイントは、「第二行為を発動するための力」は能力が特定の第二行為に向けて発動されているあいだも失われないこと、そして、そのような力を保持することは「第二行為の受領者」という能力のもう一つの側面と矛盾しないことにある。最初のポイントは同時性の自由という概念の内容ほぼそのままである。二つ目のポイントは、能力は「〔形相的には（formaliter）〕行為によって現実化される」が、他面「〔優越的には（eminenter）〕みずからの内に行為を含み込んでいる」という第四三討論第二節で示される見解と一致する。

「自己充足性」と非決定の自由

第十九討論の第九節（同時性の自由）から第四三討論の第二節（力能の受動と能動）へ、そして第十八討論の第二節（作用因における第一行為と第二行為）へ。いずれの議論も基本的には同一の問題意識を共有している。問題のこのような連鎖あるいは通底性をスアレス自由論に関する包括的な解釈に積極的な仕方で取り込もうとしたリーヒー（L. Leahy）は、次のように述べている――行為をみずからの内に含むという「卓越した現在性によって」、形相的には受動的であるはずの能力が、「潜勢態から現実態へとみずからを展開する」。スアレスによる自由意志論はこのような「自己充足性（autosuffisance）」を特徴とし、それはまたスアレス形而上学全体の特徴でもある。(16)

能動性と受動性、一方が他方を包含しつつ、その他方によって包含される。第一行為と第二行為、一方が他方を喚起しつつ、その他方によって喚起される。力能と行為、一方が他方を根拠づけながら、その他方によって根拠づけられる。スアレスの形而上学には、二つの契機をこうして相互的に賦活させようとする側面がたしかにある。この相互性を「自己充足性」という表現で捉えることはたしかに可能だろう。ただし、同じ側面を自由意志論に認めてよいのかどうかはまた別の問題である。事実、第十八討論と第四三討論はそもそも自由意志論ではない。双方との連携を認めうる第十九討論第九節の同時性の自由論は、すでに確認した通り、スアレスその人の思考の弁別特性を読み込むことを許すような議論ではない。そうである以上、これらの三箇所から拾ったテクスト群だけを根拠にして、スアレス自由意志論の本体である知性と意志の関係論を形而上学的にして自己充足的なものと考えるわけにはやはりゆかないのである。実際、力能の受動性と能動性の件（第四三討論）が第十九討論におけるスアレス固有の議論と交わることはない。議論の支えとなるわけでもないし、議論を活性化するわけでもない。第一行為と第二行為の件（第十八討論）にしても、これが自由論の前提となる一般的な作用因論に属するからといって、自由論にもそのまま適用されるとは限らない。むしろ、〔T−69〕に読み取りうるような相互性とは異質の関係をスアレスが第一行為と第二行為のあいだに想定していることを、私たちは彼に固有の自由意志論に即して確かめることができるだろう。

リーヒーの解釈は、以上からして、相当に危うい。しかしその危うさによって、本来考えるべき二つの連動した問題の所在を示してくれてもいる。第一に、スアレスの自由意志論はそもそも形而上学的であるのかどうか。たしかに形而上学的なと形容してよい同時性の自由概念に、スアレスは補足的な役割しか与えていない。この事実は自由意志論本体の基本的な性格と決して無関係ではない。

第二に、スアレスの自由意志論は「自己充足性」を原理としているのかどうか。この性格を強調するリーヒーは、同じ箇所で、「留保なき独立性」もまた等しくスアレス自由意志論の特徴であると述べている。これに対して、私たちのこの第二の問いは、「自己充足性」と「独立性」という二つの観念を互換的に扱うことの是非を問うものでもある。リーヒーはまた、「積極的非決定」つまり非決定の自由こそ「独立性」を保証するものだと考えている。「その保持者をあらゆる必然性から解放する積極的非決定、これこそ〔スアレスによる〕自由の観念の本質的な特性にほかならない[17]」。第二の問いは、したがって、「自己充足性」と「非決定の自由」を互換的に扱うことの是非を問うものでもある。

非決定の自由の大前提である意志の非・被決定性について、リーヒーは、別の箇所で次のように問うていた。「非決定状態にある能力というのは、みずからに外在的な〈決定者〉の存在を要請するものではないだろうか[18]」。リーヒー自身はこの疑問に対する明確な答えを示していない。しかし答えは明らかに「要請する」である。それならば、スアレス的自由の観念にもまた、それが非決定の自由を本質とするような自由である以上、何らかの「外在性」が食い込んでいるのではないか。そのような自由と「自己充足性」は根本的に異質な二つの考え方なのではないか。さらに言えば、自由をめぐる思考をもっぱら心理学の地平で展開しようとする限り、その思考に何らかの外在性が刻印されることは、避け難いのではないか。

スアレス自由論の本体は、私たちの見るところ、形而上学的ではなく、自己充足的でもなく、むしろ心理学的にして外在的なもの、これまで用いてきた表現を用いれば、外挿的なものである。どのような意味でそうであると言えるのか、第十九討論の中核に位置するテクスト群を丁寧に読み解いてゆこう。

第二節　意志・知性・判断

1　「最終的実践判断」に抗して

人間の自由を選びの内に見出すためには、意志が選択肢の前に置かれている状況をまず想定する必要がある。その選択肢を意志に提示して意志を選択という所作の閾まで導く役目を人間の精神において担うことができるものは知性しかない。いや、ただ導くだけではない。「すべてを考慮した上で、いまここではこれを選ばなくてはならない（hoc esse eligendum）」。あるいは端的に、「これをなせ（fac hoc）」。このような「最終宣告」ないし「命令」を――当時のテクニカルタームでは「最終的実践判断（definitum iudicium practicum）」を――意志に対して下す権能を知性はもっている。そのような判断が「知性の内にまず生ずるのでなければ、意志が自由な行為へと決定されることもありえない」（第六節 第一項）[19]。

知性と意志の関係を、十六世紀のトマス主義者たちはおおよそこのような仕方で捉えていた。「反対項選択能力（potestas ad opposita, potestas ad utrumlibet, utraque potestas）」をもって自由の基礎とするスアレスにとってはどうであっても受け容れ難い考え方である。選択の主導権を意志の側に取り戻すためには、自由の定義（二〇四頁〔T–65〕）に含まれる「前提条件」に、他の何よりもまず知性の存在とその力を組み入れておかなくてはならない。そうして、「最終的実践判断」から意志を拘束する権能を剥奪しなくてはならない。

この類いの論争がしばしばそうであるように、スアレスが敵手としたトミストの立場も一枚岩ではなく、したがってスアレスも相手ごとに異なる仕方で詳細な反論を用意する。しかしここではその応酬に逐一立ち止まることはせず[20]、スアレス自身の思考の展開をダイレクトに反映している一連のテクストに検討の対象を絞ろう。最初に引用するのは、その展開の全体的な方向性を示している一節である。

> ある判断が意志を実効的に命じているようにみえる場合が時にあるとしても、実は意志みずからによる何らかの実効的な行為が潜在的には判断に先立っている。特定の目的を追求しようと意志が実際に決め、あるいはそう意図し、またしかじかの手段をそのために選ぶなら、知性は、時宜を得て、「いまここで絶対にこれをなすべきである」と判断するのだが、そのさい、意志作用が先立っていることは前提とされている。意志が完全に決定されるとすれば、それは判断によってというよりも、むしろみずからによってのことである。
>
> 〔T–70〕『形而上学討論集』第十九討論 第六節 第八項[21]

知性の下す判断を意志の行使に先立てる限り、何らかの意味で意志は知性に従属していると考えざるをえない。そうならないためには、意志の働きを判断に先立てればよい。しかじかの行為に向けて意志がまずみずから実効的に動き出す。そのことが知性を促して、しかじかを選択せよとの指示を意志に下す。こうして知性が事後的に出す指示の内容は、構造上、意志がまずみずから決めた事柄と同じものになる。したがって、全体のイニシアティヴを握っているのは意志である。

「あらかじめ認識されなかったものが意志されることはない」という中世哲学を通じて争われることのなかった数少ない考え方に抵触することは承知の上で、スアレスは知性と意志の先後関係を逆転しようとする。そのために求められる高度に緻密な議論をスアレスに促したのが、第十九討論第七節の標題として掲げられた、「自由原因による欠損の根と起源は何か（Quae sit radix et origo defectus causae liberae）」という問いだった。「欠損（defectus）」とはいえ、悪意志の出どころとしてアウグスティヌスの思索を呑み込んだ「深淵」としてのそれではない。悪意志も自由な意志の一様態であると確言できたモリナの場合と同じく、〈在りて在りうべからざるもの〉に戦く感覚回路はスアレスからも失われていると考えて間違いないだろう。[22] モリナにとってもスアレスにとっても、自由原因すなわち意志の「欠損」と言えば、行為の上での、とりわけ選択の上での「過誤（error）」のことである。この文脈で「あらかじめ認識されなかったものが意志されることはない」という考えをパラフレーズすれば、「知性が（認識の上で）誤らなければ意志が（行為の上で）誤ることもない」となる。もしそうであるのなら、過誤の責任は、全体的に見て、知性に帰されるべきであることになる。しかしスアレスにしてみれば、「過誤の根と起源」はあくまでもまず意志それ自体の内部に見出されるべきものである。行為の主体であることは、行為の責任主体でもあることを含んでいるのだから。

スアレスに先立って、モリナはこの論点にさしたる重要性を認めていなかった。次のような説明で容易に解決できると考えていたためである。「〔意志するためには〕多くの者が考えているような、知性による熟慮は必要ない。意志せよ、意志するな、あるいは行為を差し止めよという意志に対する知性の命令はなおさら必要ない。意志するためには、〔対象に関する〕何らかの善さが知られていれば十分なのである」。たしかに、意志の発動は何らかの対象認識に先立たれている。しかしその認識とは特定の行為を指定するようなものではない。つまり翻意可能性を意志から奪うようなものではない。先立つ認識が何を指示していたのであれ、結果的にそれを、あるいはその反対を選んだことが誤りであった場合、その責任を負うのはあくまでも意志である。

　しかし、「最終的実践判断」理論との厳密な対決に自由意志論の成否が懸かっていると考えたスアレスが、このような説明に満足することはない。知性の提示する「善が意志に必然性を課するほど大きなものとして明瞭に認識されることはない」（『コンコルディア』第二討論 第九節）[23]、そのような明瞭性は「神と相まみえた場合以外」にはありえないとモリナは言う。そうであるのかもしれない。たしかにそのように言えば、知性の実際的な拘束力を殺いでおくことはできるかもしれない。しかし理論的に厳密であるためには、意志が――誤って――発動するプロセスの中に、知性による――誤った――判断の役割を正確に位置づける必要がある。そのように考えるスアレスが立てる次の問いは、ある範囲まではあるにせよ、たしかに文面通りの修辞疑問である。

　意志が理性の判断に反して何かをほしいままに欲することができるとしたら、「〔知性がする〕判断における欠損が――判断が道を踏み外し、あるいは少なくとも慎重さを欠いて不思慮である（imprudens et inconsideratum）という意味での欠損が――先立つのでなければ、意志の内にも欠損はありえない」という多くの哲学者と神学者が説いてきた教えがどうして真でありえよう。

〔T―71〕『形而上学討論集』第十九討論 第七節 第一項[24]

「意志が理性の判断に反して何かをほしいままに欲することができるとしたら」、知性の欠損なくして意志の欠損もありえないという長く受け継がれてきた考え――「罪を犯す者はすべて無知なるものである（omnis peccans est ignorans）」という表現でデカルトもまた認めることになる考え――が真ではなくなってしまうが、それは拙い。この考えを安易に放棄することは、知性と意志が結んでいるはずの実効的な関係を無視することに等しいだろう。そうならないためには、意志が犯した過誤の責めを知性もまた負っているという点を、ただし知性に対する意志の先行性と優越的な責任主体性はあくまでも保持した上で、厳密に説明する必要がある。こうして、スアレスの議論は、知性と意志の先後関係と、それぞれの責任主体性の序列とのあいだを縫うようにして、展開されることになる。

三段階からなるその議論を、私たちも追ってゆこう。

2 「自由原因による過誤の根と起源」へ

「決意」あるいは「絶対的判断」

第一段階として、トマス主義者たちが意志に上位させる知性の「最終的実践判断」を、スアレスは「絶対的判断（judicium absolutum）」（第七項）と呼び直した上で、その意味を独自に四区別する。とりわけ最後の二つを活用するためである。第三の意味によれば、「絶対的判断」とは「先立つ考えあるいは意図と、それに続く行為との必然的な連関」（同項）を指す。判断とはどのようなものかという問いへの答えとしてはいくぶん分り難く思えるかもしれないが、それも、この「連関」を心的な状態に投影して、第四の意味を得るための暫定措置と考えておけばよいだろう。すなわち、「特定の働きを実行し、あるいは対象を意志しようとする、人間の（いわば）絶対的な決意（absoluta (ut ita dicam) hominis resolutio）」（第八項）という意味である。意図と行為をみずからにおいて連動させる。これこそ「決意」に他ならない。そしてこの意味での決意を「注意深く見てみれば」、それは「意志による自由な命令（decretum liberum voluntatis）に先立つものではなく、むしろそれに続くものである」（同項）。どういうことなのか。スアレスは第四の意味の「判断」の本体を、次のように説明する。

> この意味での判断は、対象の善性や有用性を前もって示すだけの認識――こういった認識が人間の決意を示すことはない――から引き出されうるものではない。この決意は自由なものであり、事柄としては、意志による自由な選択あるいは意志の自由な行使以外の何ものでもない。したがって、この意味での判断については、選択あるいは意志の行使以外の対象を考えることができない。
>
> 〔T－72〕『形而上学討論集』第十九討論 第七節 第八項[25]

きわめて重要な二点がこのテクストには含まれている。まず、第四の意味で理解された「絶対的判断」が意志に属するとされていること。すなわち、「最終的実践判断」とは完全に異質なものだということ。もちろん、判断をこうして意志の領分に移植するためにあえて第四の意味を設定したというのが実情である。このあとも、「絶対的な（absolutus）」という形容詞は、ほぼ同じ意味の副詞 « simpliciter » と共に、意志に基づく判断に限って用いられる。そこで以下、混乱を避けるために、必要に応じてトミストの「最終的実践判断」を知性判断と呼び、スアレスの「絶対的判断」を意志判断と呼ぶことにしよう。

もう一つ重要なのが、こうして導入された意志判断それ自体の構造である。意志判断は、選択に代表される意志の行使そのものと同一視される。しかし同時に、意志の行使そのものが意志判断の対象ともなる。意志判断は、行使された意志を対象とすることで、行使そのものの一階層上に立つ。つまり、自己を捉え返すという意味での反省性を意志判断は帯びている。そしてこの反省的自己把握の構造の内部に知性も組み込まれているのだが、この点は議論の第三段階で明確にされるだろう。

知性の「不思慮」と「精神の眼」

「判断における欠損が先立つのでなければ、意志のうちにも欠損はありえない」(〔T-71〕)、あるいは「知性の内に先立って何らかの欠損があるのでなければ、意志が過つことは決してない (nunquam voluntatem labi quin praecedat in intellectu aliquis defectus)」(第十一項) という伝統的な思考の序列を組み換えるのが、第二段階である。スアレスの方針は、すでに確認しておいた通り、端的に序列を転倒することである。ただし、知性の関与を名目的なものにまで貶めてしまうことは注意深く避けながら。

そこでまずスアレスは、知性的欠損の意志的欠損に対する先行性を縮減して、双方の欠損を同期させておく。「なそう、あるいは求めようとするための判断は、知性の不思慮と同時に下されたものとして (prolatum cum tali inconsideratione)、何らかの実践的な過誤である」(同項)。ここで言われている「なそうとする判断」は、私たちが意志判断と呼ぶもの、スアレスが「決意」と置き換えるものである。知性に帰される不思慮と「同時に」下された意志判断は、個々の行為に関わる実践的な過誤である。

もちろん、知性の思慮不足と同時的であるというだけでは、当然ながら意志の先行性を示したことにはならないし、したがって、意志判断に固有の帰責性を確保したことにもならない。そこでスアレスは、次のように言う――複数の対象をあらかじめ入念に比較したかどうかは、意志判断に過誤の責任を課すために必ずしも必要ではない。そのためには、比較の可能性さえあれば十分である。

比較検討により得られる明瞭な対象認識は不要であるとスアレスが主張しているのではないことに、くれぐれも注意しよう。もしそうなら、スアレスもまた主意主義者が一般的に用いる論理――知性認識は、たとえ意志に先行していても、曖昧である限り意志に自由を残す（註（23）参照）――を援用していることになるが、このような仕方で知性の先行性を認めることは、スアレスにはありえない妥協である。狙いはむしろ、「比較の可能性」を知性にではなく意志に委ねる点にある。それは、「実際には比較をしなかった、だからその点で咎められても仕方がない」という仕方で意志に責任を問うためである。そして、知性の「不思慮（inconsideratio）」に対応する何らかの盲目性を、意志にもまた認めるためである。ここでこそ、意志判断を知性判断から切り離し、前者を「決意（resolutio）」と同一視しておいた先の操作が効いてくる。第二段階のまとめになる一節を引用しよう。

> 悪しき対象を欲するその瞬間、人間は他の〔善を支持するような〕理拠から精神の眼を逸らせ（avertit oculos mentis）、意志を悪しき行為へ仕向ける理拠に〔ばかり〕注意を向ける。こうして、先に述べた〔意志〕判断を形成するのである。このことをもってすれば、〔意志〕判断を実践的に誤りであると見なすためには十分である。というのも、精神の眼が逸脱するときも、ある対象を他と比較して前者を好むという過程

が少なくとも潜在的にはあり（virtute includit comparationem et praelationem illius obiecti ad alia）、したがって、この逸脱自体に正しい欲求との不整合が含まれているからである。

〔T－73〕『形而上学討論集』第十九討論 第七節 第十一項(26)

意志が悪しき対象を欲するとき、つまり意志が過誤に陥るとき、精神の眼は悪の選択を思い止まらせてくれたはずだった諸々の善から逸れてしまっている。そうして、精神は悪しき対象に注意を固定した状態にある。このような状態こそ、決意を抱いた精神のあり方に他ならない。決意とは、定義上、精神の眼を決意の対象に固定することであるのだから。その意味で、精神の眼がもろもろの善から逸脱するというのは何よりもまず意志に関わる事態である。もちろん、そのようにしていわば閉じた決意状態をみずから脱け出す可能性が意志には与えられている。潜在的には、当の悪とそれ以外のものとの比較は可能である。だからこそ、決意を翻そうとしない意志について、その責任を問うことができる。

スアレスにとって、決意というのは意志の自己決定性を直接に表現するモメントとして肯定的に評価されるようなものではない。決意そのものが自由を証するという考えは、あとで見るように、『形而上学討論集』から注意深く取り除かれている。潜在的には存在している比較の可能性に気づかず、したがって反対項を選択できずにいる、そのようにして自由を奪われた状態の別名が、スアレスにおいては「決意」なのである。

冗長さの裏側

こうして、意志がする決意の内に過誤は根差していることが示された。残るは、この同じ過誤に知性もまた関わっていることを確認する、第三段階の作業である。この点に関しては「次のように考えるのが至当である」。

なすべき事柄に関して、①意志が与える自由な同意（consensus libero voluntatis）から、必然的に、②同じ事柄に関するかの実践判断（iudicium illud practicum）が知性の内に生じ、知性によるこの判断によって、③上述した第四の意味で「これをなすべきである」と絶対的な仕方で判断される（simpliciter iudicatur）ことになる。〔T-74〕『形而上学討論集』第十九討論 第七節 第十二項(27)

意志が与える自由な同意から必然的に生ずる「実践判断のゆえに、悪しく振る舞う者は〔意志に即してだけでなく〕知性に即してもまた誤ると言われうる。これは思弁的な誤りではなく、実践的な誤りであり、意志による自由な同意に先立つ誤りではなく、同意に引き続く誤りである」。意志による判断すなわち決意を継承して、知性も同内容の判断を形成する。前者に過誤があれば、それはほぼ自動的に後者へ引き継がれる。

しかし、知性の不思慮だけでは意志への実質的な帰責理由を構成できなかったのと同様に、意志による誤った同意から生まれたというだけでは、なぜ知性もまたその同意の責めを負うべきなのか、厳密には説明されていないではないか。過誤の生成過程に対する知性の実質的な寄与分を明らかにする必要があるのではないか。もっともな疑問である。しかしこの疑問に対する答えは、右のテクストによってすでに与えられている。その答えは、このテクストが纏っているいかにも冗長な外見と密接に関わっている。なぜ、いずれも決意としての意志判断に他ならないものが、わざわざ別々に言い換えられて、二度も言及されているのだろう。最初は、文頭近くの「意志が与える自由な同意」として（判断①）、次は、文末近くの「絶対的な判断」として（判断③）。しかも、あいだに挟まれた「実践判断」（判断②）は、知性が下すものであるとはいえ、判断の内容という点では前後の意志判断と基本的に同じである。

3　放恣なる意志

知性による裁可

内容の点で三つの判断は基本的に変わらない。しかし、判断①と判断③を隔てる落差を見落とさないようにしよう。「絶対的な仕方で（simpliciter）」という副詞によって表現される落差であり、まさしくこの副詞を判断③に伴わせた点に、知性による判断②に固有の働きが認められる。たしかに、判断②は判断①と「同じ事柄」に関わっており、判断①の通りに事態を締め括る判断③の存在によって、判断②が判断①による「同意」を覆す可能性は構造的に取り除かれている。しかしそのことは、前後二つの意志判断に割って入った知性判断②が、歪みも汚れもない完璧なガラスのようなものであることを意味するわけではない。判断①をたんに通過させることが、判断②の役割と呼ぶにも値しない役割なのではない。そうではなく、知性は判断②によって判断①を裁可する。裁可しないことは構造上ありえないから、判断①を追認すると言ってもよいが、いずれにしても、判断②を介して判断①の確度は高められ、判断①は不屈性を獲得する。ある誤った行為は、知性の実践判断による裁可を受けることで、その行為の妥当性に関して生じうる迷いや改悛といったノイズと無縁になる。意志は、いささかの逡巡とも無縁なまま、その行為を遂行できるようになる。「絶対的に」という副詞は、行為の遂行を支える心理的確証が判断②を経た判断③に具わっていることを示している。

以上のような議論を経て、意志によって始められ、意志によって閉じられる判断の過程に、知性が担う「実践判断」を実効的な一契機として組み込む操作が完了する。判断①が誤った同意＝決意であった場合でも、知性はその過誤を間違いなく後押しするはずである。それがゆえに、意志の誤った選択に対して、知性もまた名目ではない責任を負うことを免れない。意志の先行性と帰責性を第一に認めつつ、知性にもまた実質的な帰責性を用意するという当初の意図を、スアレスは三段階の議論を経て実現したわけである。

そのプロセスが本当に無謬であったのかどうかという点にはこだわらないでおこう。(28)私たちが進めている探求の全体的な見地からして重要なことは、むしろ、スアレスが意図して組んだプログラムには入っていなかったものが、ここまで辿ってきた周到な議論を経て、とりわけ最後に検討した〔T-74〕によって、実現されているという点である。プログラムとは、繰り返せば、意志を知性に先立たせることで意志の発動を知性の命令から逃れさせることであり、一般的に言えば、ジェズイットのプロトコルに即して、意志の非・被決定性を確保することである。知性による実践判断の裁可を通して意志による絶対的判断すなわち決意を堅固にするという構造も、知性に対する決意の独立性を担保するものでこそあれ、その逆ではない。構造的に裁可しかなしえない知性からは、意志の実現する行為を方向づける機能も、それらを統御する機能も、奪われている。

こうして、意志の非・被決定性の確保というジェズイット的要請を充たそうとする論理構成の内側に、無際限に続く自己肯定の途が拓けることになる。意志がする決定を知性がその都度そのまま裁可するとき、裁可されているのは、実質的に、意志の放恣そのものである。(29)

自由意志論がスアレスのもとで至り着いたこのような帰結が意味するところを、二つの観点から一度まとめておこう。

「神が憎しみの対象になる」

知性による意志の統制機能をもはや期待できないとしても、意志それ自体の内に埋め込まれていたはずの「正直さ（rectitudo）」が、あるいは被造物が受け取っているはずの「義（justitia）」が、意志の内奥で意志の働きを自己統御する役割を果たすのではないか。アウグスティヌスの方を振り返ったときに浮かんでくるこのような問いは、しかし、スアレスに向けても詮無い問いである。スアレスには、「正直さと義を慮ってこれらを求めるところからなされるような、最高度に誠実な行為」[30]に関する自由を『形而上学討論集』で扱うつもりが当初からない。「正直さ」や「義」を哲学的な思考とは縁なきものと割り切ることができればこそ、躊躇なく次のように語ることも可能になる。神は本来「それ自体として普遍的な善であるが、他方で、その神が個別的な善であるかのような仕方で捉えられるということも起こりうる。そこから、少なくとも神がもたらした結果との関係で、神の内に何らかの悪と不都合が見出されることも起こりうる。……そして、ともすれば、神が憎しみの対象になるということさえもまた、起こりうる」（第八節 第十六項[31]）。

スアレスは、「正直さと義」の理念が有効に働く領域を彼岸に限定する。限定できると考える。哲学の再構築に臨んで重要なのは、むしろ「神が憎しみの対象になる」場合があるという此岸の心理的事実の方である。そう考えるスアレスにとって、人は誰しも「罪を犯す自由」をもっているというモリナが打ち出した見解を受け容れることに抵抗を覚える必要は何もなかっただろう。たんに受け容れることができたというだけではない。モリナとは異なる経路で、モリナよりも緻密な仕方で、スアレスもまた人間の意志の非・被決定性を徹底する。知性と意志が織りなす心理学的なメカニズムの中で認められるに至った意志の留保なき放恣こそ、この徹底ぶりの帰結に他ならない。アウグスティヌスにとっても「正直さと義」はたしかに彼岸のものだった。しかし、彼にとっては「自由」もまたそうだった。これに対し、自由を原罪後の世界に取り戻したジェズイットにおいては、取り戻された自由があたかも「正直さと義」を諦めたことの見返りであるかのようになっている。見返りとして、「罪を犯す自由」にまで、そしてスアレス的意志が享受する放恣にまで、自由が拡張されたかの格好になっている。この拡張と同時に、先ほども一言した通り（二一八頁および註（22））、〈在りて在りうべからざるもの〉は無用になる。「罪を犯す自由」が〈在りて在りうべからざる〉アウグスティヌス的「欠損」の陰画となるという私たちの考えは、無際限な自己肯定を許されたスアレス的意志にも、そのままあてはまる。

本章の冒頭、意志が実現するこの放恣はたんなる無節操でもしたい放題でもなく、そこにはむしろ、二項対立を引き受けてみずからの不屈性を誇示しようとする強さが具わっていると述べた。この強さに関して、スアレスの自由論を一渡り検討し終えたいま、アウグスティヌスの次の言葉が思い起こされる。

みずからを高めることの倒錯性。それは魂が従うべき原理を放棄して、みずからをみずからにとっての原理であるようにすることとである。〔T-75〕『神の国』第十四巻十一・三一(32)

後の精神史を大きく眺めると、「魂が従うべき原理」に対するアウグスティヌス的な確信と憧憬が、その「原理」から遠ざかってゆかざるをえないことに対する——本書の扉に二つ目のエピグラフとして置いた言葉に見られるような——「懊悩」によって、浸食されてゆくという経緯があるように思われる。この「懊悩」を、スアレス＝ジェズイット的な自由意志概念は「みずからをみずからにとっての原理とする」ことをみずからの原理とすることで、一掃する。そうして押し進められる人間の自己原理化には、一方で、前章のモリナ論中に引いた史家が捉えたような（第二章一六六頁〔T–59〕）、倒錯的と形容されてもやむをえない極端にまで行く可能性が含まれている。他方でしかし、人間の主観性というものがこの自己原理化をみずからの成立契機として取り込んで行く命運にあることもまた、否定し難い流れであったのではないかと思われる。そのような趨勢を、ジェズイットたちの思想は予告している。あるいは、趨勢に棹さしている。そうだとすれば、彼らの自由論に埋め込まれた可能性としての倒錯を、今日の人間がアウグスティヌスに倣ってただ嘆き、呪い、拒否してみても、パスカルがすでにそうであったように、アナクロニズムに陥るのがせいぜいだろう。趨勢が正しいからではない。そうではなく、「みずからを恃む」ということの内に含まれている一義的には定めようのない可能性と限界について、考えることを止めているからである。

自由をめぐる意識の自己言及的構造

ついで、前章のモリナと次章のデカルトに対する関係を簡単に確認する。スアレスが『コンコルディア』からそのまま引き継いでいる点（自由の定義と「同時性の自由」）、マイナーチェンジを施している点（協働論）、そして大きな変更を加えた点（知性と意志の関係の前面化）、それぞれについてはすでに言及した。以上に、モリナの自由意志論に認められた心理学的性格の『形而上学討論集』第十九討論における顕在化という点をここで加えよう。

トリエント公会議の精神（とジェズイットが解釈したもの）を代弁する神学を構築しようとする『コンコルディア』の企図は、著者モリナの意図しないまま、自由に関する心理的な観察を最終的な根拠とするかたちになっていた。これに対してスアレスは、第十九討論が心理学への傾斜を含んでいることをみずから認めている。現象の変転を超越した視点（«absolute» ないし «metaphysice»）からではなく、むしろ意識の流れに即して目下の考察は進められているむね、《moraliter》という言葉（序章三六頁）でスアレスはたびたび断っている。しかし、重要なことは、この言葉の伝統的な意味——スアレス自身もそのようなものとして了解していた意味——には必ずしも含まれていなかったものを、スアレスのテクストは——こちらもやはりおそらくは意図せずして——映し出しているという点にある。すなわち、「意志判断は意志的選択そのものを対象とする」（〔T-72〕）といった言明や、とりわけ実践判断による裁可の理論（〔T-74〕）に明瞭な仕方で窺える、意識の内部に生じた階層性であり、階層性を前提とする自己言及的な構造である。

　たしかに、自分が心に何かを抱いていることに気づいているという事態一般——人間は「自己の内なる証人（internal witness）」を抱えた存在であるという事態一般——であれば、これを自己意識と呼ぶとして、ギリシャ語では《συνείδησις》という語によって、ラテン語では《conscientia》の語によって、いずれにしてもきわめて古くから、捉えられてきた[33]。その上で、いまあえてスアレスに関して自己言及的構造を問題にするのは、意志判断が知性判断によって肯定されている、そのようにして意志の動きが知性によって対象化されている点を捉えてのことである。スアレスが記述する精神には、外部から作用する諸力を振り切ることでみずからの働きをたえず是認し、自己確証を得る、そのような構造が具わっている。

　三つの契機を精密に組み合わせた裁可の理論がスアレス自由意志論のエッセンスとして入念に組たてられたものであることは、いまさら断るまでもない。しかし、だからといって、理論を可能にした自己言及的構造それ自体は——そのような構造に即して思考が動く、その動き方自体は——意図することで生み出せるようなものではおそらくない。スアレス自身の方法論的自覚を越えたところで実現されたこのような構造こそすぐれてスアレス的なものであると評することも、スアレスに先立つ思想とそのあとに来る思想の双方を見渡しながらであれば、許されるだろう。先立つ自由意志論の歴史を通して、意志の働きがスアレスにおけるような仕方で提示されたケースは、私たちの知る限り、存在しない。この点に関しては、モリナに見られた心理学への傾斜の内にもスアレスへ直接に繋がるような複雑性は見当たらない。他方で、スアレス後の自由意志論を――就中デカルトのそれを――考える場合には、意志の働きをめぐる主観の構造化ないし階層化がスアレスという人の精神を場にしてすでに起こり始めている、という事実が重要な意味をもつ。

そのデカルト論へ進む前に、第三節として、スアレスが自由をもっぱら「選択」と結びつけることの意味について考えておきたい。手掛かりになるのは、帰責性と自由双方の根拠としてスアレスが用いる「潜在的な比較」という考え方。検討する素材は、第十九討論第七節の未だ言及していない箇所と、続く第八節、そして著者の歿後に公刊された『意志的なるものと意志的ならざるもの(*Voluntarium et involutarium*)』である。

第三節　自由論において隠された部分

1　比較と選択の潜在性

過誤における意志の帰責性を説明した〔T-73〕の後半部分をもう一度引用する。

精神の眼が逸脱するときも、ある対象を他と比較して前者を好むという過程が少なくとも潜在的にはあり、したがって、この逸脱自体の内に正しい欲求との不整合が含まれている。砕いて言い直せば、「少なくとも潜在的には善き対象との比較考量をする余地はあり、したがって、悪しき対象を欲したことの責めは意志に帰せられる」となる。「責めは意志の自由に帰せられる」としても同じであるが、いずれにしても、スアレスによるこの説明を額面通りに受け容れる前に、そもそもなぜ、「少なくとも潜在的には、ある対象を他と比較して前者を好むという過程がある」と言えるのかを考えてみよう。

答えはまず、人間の行為をめぐる次のような心理機制に求めることができる。第一章のストア派論中でも簡単に指摘したが（一〇二〜一〇三頁）、ある行為に及んだ時点で他の行為をなすことは行為者当人の念頭になかったとしても、実は他との比較の上でなされた行為であったのだと事後的に考えることが例外なく可能である。なされたのがいかなる行為であったとしても、それが回顧の対象とされるとき、その行為との比較が――そうして選択が――問題になるような他の行為が何か見出されるはずである。回顧を介して人はあらゆる行為を他との比較の上でなされた行為、少なくとも比較の上でなされるべきであった行為として、再構成できる。「私はこれをした。それは、振り返ってみれば、あれではなく――あれとこれを潜在的に比べて――これをしたということだったのだ」。不作為の場合も同じである。「これをするべきだったのに……」という後悔は、「あれもできたのだから」、つまり「これとあれを比較することは潜在的に可能だったのだから」という回顧と共に成立する。いずれの場合であれ、あれと比べる余地があったということは、あれではなくこれを選んだということでもある。選んだというのはニュートラルな自己認識だが、そこには、自分にはそれを、あるいは反対項を、選ぶことができたのだという能力に関する自己評価が含まれてもいるだろう。その評価は、いずれか一方を選ぶようには決定されていなかったという了解と表裏一体でもあるだろう。一項を選ぶよう強いられていたのなら、そもそも選ぶという観念は成立しないはずだからである[34]。こうして、潜在的にであれ比較の過程が介在していたればこそ、つまり潜在的には選択としてなされているがゆえに、行為は自由な行為であると見なされうる。

以上のように分析的な仕方で眺めてみると、自由を見出す回顧のプロセスの底にもまた、「決められていないから自由だ」という実感の論理が働いていることが分かる。そのことは、このような心理機制が極めて一般的なものであることを意味している。この機制を排除するストア派の自由論はむしろ稀な例外であり、広く受け容れられるのは、例えば前出のジェズイット、プトーの表現を借りるなら、「その反対を選ぶことができたにもかかわらず、これを選んだ(hoc eligebat, potuisse contrarium ejus eligere)」ことに自由は存するという考え方であると見て間違いないだろう[35]。当然、類例は近世までに限られるわけでも、狭義の哲学に領域を限定されるわけでもない。「もし私がある形態のものの製作に取り組むことができたとすれば、それは、自余のあらゆる形態の創出に乗り出すこともまた可能であったからである」と前世紀の詩人は言う[36]。

「潜在的な比較」を意志の自由の条件とするスアレスもまた、回顧による自由の発見という実感の論理に適合した機制を前提に考えていた。のみならず、この機制をスアレスは概念のレヴェルに高めようとする。実感の論理を理論的に対象化することで実感の次元と距離を取りながら、その距離は、理論がまさしく実感に馴染みの回顧を正当化する理論であることによって、おのずと縮減されてゆく。モリナについて指摘した実感と概念の循環(第二章一八〇頁)が、ここにはさらに明らかな仕方で見て取れる。しかも、ただ明らかであるだけではない。こうした理論化の作業において、人の行為を構成するきわめて単純で基礎的な要素が脇に追いやられる結果になるという点が、私たちにとってはさらに興味深い。

判断の自己確証構造を述べた〔T－74〕の補強を意図して、スアレスは次のように述べている。

時間上であれ本性的にであれ、同意するより前に、人は自分が同意しようとしていることを知りはしない。ついで、同意するやいなや、自分が同意していることを必然的に知り、（こう言ってよければ）同意を自分に示し、あるいは報せるのだが、このことは、かの〈知性による実践〉判断によってなされるのである。

〔T－76〕『形而上学討論集』第十九討論 第七節 第十二項[37]

みずからした「自由な同意」（判断①）が「実践判断」（判断②）を介して「絶対判断」（判断③）となる。「自由な同意」と「絶対判断」は強度の点で異なるが、内容は同一である。その限り、「実践判断」の機能は「自由な同意」の裁可による強化に限定されている。三つの契機からなる自己言及的な構造が、放恣を意志の基本性格として肯定し、保証する。私たちは先立って、以上のように解釈した。右に引用したテクストでは、最初の二つの契機の関係が、意識に上る順序の観点から捉え直されている。それによれば、「自由な同意」は「実践判断」を経て初めて、事後的に、すなわち回顧的に見出される。それが、「実践判断」による「自由な同意」の裁可ないし追認ということである。事実上、人は回顧によってみずからの行為を自由な経験として構成できるというだけではない。スアレスにあっては、構造上、自由は回顧を通して見出されるべきものとなっている。第十九討論の最後で、スアレスは「実践判断」をなすべき事柄についての「命令（imperium）」と呼び変えた上で、この「命令」は「意志による実効的な選択の後（post efficacem electionem voluntatis）」に初めて下される、と念押しする。「実効的な選択」とは「意志が与える自由な同意」を言い換えたものである。

重要なのは、しかし、ここから先である。スアレスの理論構成がいかに緻密でも、「潜在的な比較＝選択」という考え方が有効に機能しない場合があるという事実を抹消することはできない。当然のことながら、人が何らかの行為に出るとき、その行為をつねに選択に基づく行為として、あるいは端的に選択として、意識しているわけではない。なした行為を振り返る場合も同様である。回顧による行為の再構成が、私がしたこの行為は別のあの行為とのあいだでなされた選択に基づく行為であった、あるいは、私がなしたのはこの行為とあの行為との選択であった、というふうに必ず進行するとは限らない。スアレス自身、〔T−73〕の直前で、一応、この点を認めている。「通常、〔人が何らかの判断をするさいに〕異なる対象を相互に比較することはないし、対象の善し悪しに関する理由を比較することもない」（第七節 第十一項）[38]。行為を選択された行為として、その意味で自由な行為として再構成する心理機制が一般的な事実としてある一方で、人はつねに比較考量の上で振る舞うわけではなく、それは回顧にあっても同じであるということも、やはり経験上認められる一般的な事実である。そのことを、右のように言うスアレスは知っている。にもかかわらず、事実のこの側面を取り上げることは意図的に回避する。「通常……比較することはない」と一応断った上で、それでも「絶対判断は潜在的には比較を経たものであり、だから意志は過誤の責任を負うのだ」とする〔T−73〕に、スアレスは議論の流れを引き戻す。

なぜスアレスは、比較の意識が欠けている場合も少なくないという一般的な事実を避けて、もっぱら比較と選択の潜在的な可能性ばかりを強調するのだろう。この問いに対する答えの半ばはすでに見えている。実質的にあらゆる行為が「潜在的な選択である（virtualis electio）」と考えることで[39]、スアレスは、選択をもって意志の自由の唯一の根拠とすることを、そして、あらゆる行為に自由の可能性を確保することを、意図しているからである。

２「意志的であること」と「自由であること」

「選択」の特権化

ジェズイットとして、スアレスはそのように意図する必要があった。人間が自由な存在者であるのはひとえに「非決定の自由（libertas indifferentiae）」を保持しているからであり、この自由は「反対項選択能力（potestas ad opposita）」をその実体とする。その限り、自由の基盤は選択に求められなくてはならない。あらゆる行為を選択行為と見なすことで、あらゆる行為が非決定の自由に支えられていると主張することも可能になる。すなわち、非決定の自由という概念の適用可能範囲を最大化することが可能になる。(40)

過誤の原因をめぐって、意志と知性それぞれの実質的関与を両面的に認める必要から晦渋にならざるをえなかった第七節を抜けて、第十九討論の第八節は、端的に、「自由原因の非決定性はいかなる行為に関して存するものか（ad quos actus sit indifferentia in causa libera）」を問う。節の主題として掲げられたこの問いに対するスアレスの答えは、「選択（electio）」以外にありえない。

意志の自由は手段の選択においてこそ、より明証的にまたより完全な仕方で行使されると言うべきである。したがって、自由な行為はすべて何らかの仕方で選択という観念に関わっており、そしてこの観念の下で、思慮の働きに服することができるのである。〔T-77〕『形而上学討論集』第十九討論 第八節 第十九項(41)

「思慮（consultatio）の働きに服することができる」という点には注釈が要るかもしれない。« consultatio » は現代英仏語で《deliberation / délibération》と訳され、スアレスにおいては「比較考量（collatio）」と互換的に用いられる。《collatio》の方は《comparison / comparaison》と訳される。いずれも、帰責性の根拠とされた「比較（comparatio）」と実質的に同じ意味である。「比較（考量）」も「思慮」も認識的な働きであるように思われるかもしれないが（註（28）参照）、スアレスにおいてはあくまでも意志との相関性を保った働きである。だから「思慮の働きに服する」というのは、意志が知性の主導下に入ることではなく、「行為の対象が示す善悪などの諸相の比較考量」（第十九討論 第八節）が意志において可能になる、という意味である。意志がこの考量と無縁だとすれば、選ぶということが成り立たなくなる。その意味で、「思慮＝比較」は意志的選択における不可欠な要因である。比較考量の必要性と、知性による実践判断の役割を混同しないように注意しよう。実践判断は裁可によって絶対判断の確度を高めるが、実践判断それ自体が自由の条件であるわけではない。条件はあくまでも意志みずからの内部でなされる比較考量にある。

ともあれスアレスは、選択こそが真の自由であるむね繰り返し強調する。「自由な行為はすべて、選択という根拠に何らかの仕方で与っている」。「本質的にまた本来的に、選択こそが最大限に自由な行為であると考えられる」。「自由意志は選択に関わるものと代称されてよい」（いずれも第十九討論第八節。アリストテレスのことを「哲学者」と呼ぶ、というのが「代称（antonomasia）」の典型例）。

抑圧されたもの

しかし、レトロスペクティヴに得られる自由の実感が何も哲学者にだけ与えられたものではないのと同様に、意志の働きを選択と結びつけることもまた、人間の経験構造そのものに広く、深く、食い込んでいる。この結びつきを肯定する哲学上の見解にも、これまですでに相当数言及してきた。事態がこのように一般的である以上、スアレスにおける選択能力とその行使の特権化――選択をもって自由意志の働きの代称とすること――が何を意味するのかについて、正確に考えておく必要がある。特権化するとは自由を選択と排他的に結びつけることであり、そして、選択ならざるものを抑圧することでもある。では、抑圧された選択ならざるものとは何か。

先ほど注意を促したように、なした行為を振り返るとき、人は必ずしもその行為を選択として再構成するわけではない。逆に言えば、なされた行為が、「選ばれた行為」として再構成されることなく、たんに「なされた行為」として念頭に上る場合は決して少なくない。この点に触れたスアレスのテクストを改めて引用する。

> しばしば、〔意志による〕判断は、かの絶対的で確定的な仕方で（illo modo absoluto et simplici）下される。というのも、通常、〔人が何らかの判断をするさいに〕異なる対象を相互に比較することはないし、対象の善し悪しに関する理由を比較することもないからである。
>
> 〔T–78〕『形而上学討論集』第十九討論 第七節 第十一項

意志による絶対判断は、「絶対的」ないし「確定的」と言われても、それ自体として自由であるわけではない。知性による実践判断がこの確定性を高めることも、自由の根拠とは直接には関係がない。絶対判断が自由であるのは、比較を前提とした場合だけである。しかし厳密に見れば、比較は意志判断に関わる要因ではあっても、意志判断そのものではない。だからこそ、« comparatio »とか« consultatio »とか« collatio »といった別系列の表現をスアレスは用いる。それでは、それ自体としてみられた絶対判断とはどのようなものなのか。すぐれて「意志的なるもの（voluntarium）」である。しかし、スアレスによれば、「意志的なるもの」が即座に「自由なるもの（liberum）」を構成するわけではない。前者は、それ自体として見れば、比較の契機を欠いているため選択と結ばれることが未だない、たんなる自己決定である。『意志的なるものと意志的ならざるものについて』の次の一節が、この点を明確にしている。

> 意志的であることと自由であることは、その定義において、そして本質の点で、区別される。意志的であることは意志が行為へとみずからを決定する能力に存しており、この場合能力はみずからによってみずからを意志することになるが、自由な行為は、意志の態勢を、なすこともなさないこともできる能力へと仕向けることに存している。〔T-79〕『意志的なるものと意志的ならざるものについて』第一討論 第三節 第七項[42]

スアレスは、「意志的であること」と「自由であること」を区別する。たんなる自己決定が前者であり、選択が後者である。たしかに、自己決定をたんなる「自発的なもの（spontaneum）」と見なし、動物にも具わっている「強制からの自由（libertas a coactione）」と関連づけるというのが、中世における自由意志論にほぼ共通する考え方だった。この考え方を押し進めた先に、非決定の自由という概念も現れる。しかし現実には、「強制からの自由」と人間に本来的なものとされる「必然性からの自由（libertas a necessitate）」との区別（第二章一三八〜一三九頁）が人間の行為を分類する指標としてつねに有効であるとは限らない。回顧の中で、みずからの行為をたんに「なした」こととして、なすのだとみずから決めたこととして、つまり自己決定の所産として、そしてだからこそ自由な行為として、見出すことも人にはできる。この事実こそ、つまり意志の働きにおける自己決定性がもちうる積極的な意味合いこそ、あるいは「なす」ということのポジティヴな端的さと単純さこそ、自由をめぐるジェズイット的言説のなかで強く抑圧されたものに他ならない。たしかに、右の伝統的区分にもこの意味合いは反映されていない。しかしたんに事実上反映されていないことと、スアレスについて述べている抑圧では、事柄の質が違う。後者はなかば以上戦略的なものであり、そう言えるのは、抑圧の徹底が、選択一元論の徹底と軌を一にしているからである。そして、表裏をなすこれらの徹底は、スアレスにおいて、外挿的思考の徹底ともさらに軌を一にする。

3　意志の内と意志の外

『意志的なるものと意志的ならざるもの』から先に引用した一節のしばらくあとで、スアレスは、「意志的であること」と「自由であること」の関係を、意志の働きの二様態ないし二段階と絡めて、次のように説明している。確認のため繰り返せば、第一行為は能力としての意志を、第二行為は発動された個別の行為を指す。非決定の自由を担うのは前者である。

> 意志的なるものは、ある一項への決定（determinatio ad unum）の内に存するのに対して、自由であるものは、〔その一項か、あるいはそれに対立する別の一項か、それらの〕いずれにであれ向かうことができる非決定（indifferentia ad utrumque）の内に存する。すると、両者は矛盾しているように見えるかもしれないが、実際にはそうではない。というのも、現実の自由、すなわち実現された自由は、〔一項へとみずからを決定する〕第二行為それ自体の内に他項へ向けた決定（determinatio ad alteram partem）もまたあることを要求す

るのだが、第一行為すなわち能力の内にある非決定が、そのような他項へと向かうよう、意志の態勢に命じているからである。[43]

〔T-80〕『意志的なものと意志的ならざるものについて』第一討論 第三節 第二四項

この一節から何を読み取るべきか。すでに幾度か参考にした近世スコラ学研究の今日における第一人者、シュムッツの見解をまず聞いてみよう。「意志的なものと自由なものが相互に対立し合うことはない。それらはむしろ現実的な自由を構成する二つの契機であり、互いが互いを条件づけ合う意志の第一行為および第二行為として、区別されるべきものである[44]」。

相互に対立し合うことはないという点は、たしかにスアレス自身の主張するところである。その上で、問題は、いかなる意味で第一行為と第二行為は対立しないのかにある。一項への決定に働きを限定された第二行為（実現された行為）と、その背後で非決定の自由を担う第一行為（能力としての意志）の関係はあくまでも相互的なものだから、というのがシュムッツの答えである。

しかし、引用した一節からこのような「相互性」を読み取ることには無理がある。右のテクストにおいて、「現実的な自由」の実現に対する実質的な寄与を第二行為は明らかに何もしていない。自由を可能にしているのは、もっぱら、「ある一項への決定」の背後に控えている「二項のいずれにであれ向かうことを可能にする非決定」である。自由の基礎づけという観点からすれば、第二行為は第一行為の随伴現象でしかないと言っても言い過ぎにはならないだろう。両行為が対立しないとすれば、それは両者の価値的な上下関係がこのような仕方で固定されているからである。両行為のあいだに挟まれるかたちで機能する「態勢（habitudo）」はたしかに重要な概念だが、いま問題にしている上下関係そのものが「態勢」の介在によって変わることはない。第二行為は自己決定という「意志的なるもの」、第一行為は反対項選択という「自由なるもの」、両者を峻別して自由を自己決定から切り離すというのがスアレスの基本的な行き方である。

この点を確認した上で、〔T-80〕に含まれている固有の情報に改めて注意を向けてみよう。すなわち、意志的なるもの＝自己決定（第二行為）に対する、自由なるもの＝選択能力（第一行為）の優位が、「一項へ（ad unum）」に対する「いずれにであれ（ad utrumque）」の優位という対象レヴェルの関係にスライドされているという点である。しかも、拙訳に括弧で補ったように、ここで「いずれにであれ」というのは、「任意の二項対立の一項にであれ他項にであれ」というだけでは厳密にはない。「意志的なるものによってなされる決定先である一項と、それに対立する一項との、いずれにであれ」ということである。自己決定的な作用とこの作用の対象の距離は、たんに「ある特定一項への自己決定」という場合よりも、さらには「任意の一項への自己決定」という場合よりも、「あの一項と、それに対立する一項と、そのいずれにも向かいうる自己決定」とした方が、大きくなる。距離が大きくなる分、自己決定の作用に対する対象の存在意義も大きくなる。すなわち、対象の属する〈外〉が意志の働きという内的な事象に覆い被さる程度が、格段に大きくなる。「第二行為それ自体の内に、他項に向けた決定もまたあることを要求する」という箇所にも同じことが言える。意志的なるものによる一項への決定、つまり一項へ向けた自己決定は、その過程にとっての外なるものによって、つねに根本的に規定されている。過程の進行最中にも消滅することのない非決定性が、そこに外部を導入する。こうして、自己決定する「内的な力（vis interna）」は、もっぱら《unum》と《utrumque》をめぐって意志の内外を交錯する視線の下で、選択に吸収される。自由は外を見ながらでなければ思念されえず、実現されえない。スアレスによる自由意志の心理学は徹底して外挿的なモードで構成されており、それを「自己充足性」によって特徴づける解釈（二一四頁）は、やはり、本質的に的外れである。

そのことが、しかしなぜ問題なのか。それは、意識の内に外部を映し出さなくては自由を思念することはできないのかどうかという点が、そもそも自明ではないからである。スアレスによる過誤の原因探求の議論を思い出そう。自己決定はそのさいの「決意（resolutio）」に対応する。みずから陥っている視野狭窄状態に精神が固執することがスアレス流の決意である。しかし、決意をそのようにネガティヴな仕方で捉えるのも、比較＝選択をもって自由とするという定義がまずあってのことでしかない。反対項選択能力が自由の唯一の担い手であると設定すればこそのことでしかない。

問題は、スアレスないしジェズイットという固有名詞の次元にとどまらない。これまでも幾度か指摘したように、ジェズイットによる反対項選択能力は、「決められていないから自由だ」という一般的な外挿的思考に一方では依拠しながら、この思考を極限まで強化したところに成り立つ概念である。その極限性は、モリナの場合、「罪を犯す自由」の概念に集約されて表れた。スアレスにおいては、まず前節で見た意志の留保なき恣意性として、それからいま見てきたその理論的背景である自己決定性の抑圧として、表れている。しかし反対側から事態を眺めてみれば、「罪を犯す自由」が「一般の感覚」によく馴染むものであるように――ほしいままに振る舞うことへの欲求は、あからさまに示されるのであれ、隠微なかたちで人の目を欺くのであれ、いずれにしても、人に根深い――、自己決定性の抑圧とまではゆかずとも、それが曖昧化することは、外挿的思考一般に伏在する一つの自然な傾向性であるように思われる。

もう一度アウグスティヌスの件を振り返りながら、本書のスアレス論を終えることにしよう。意志的であること、自己決定的であること、選択する力を発揮できること、三者を価値的に区別する必要性をアウグスティヌスは認めない。ただ自由だけが、失われた「大いなる自由」として、人間の意志にまつわる一切から隔絶してあれば、それでよい。自由は、ヒッポの司教にとって、どこまでも彼岸的な観念であった。もはや現世では手に入らないもの、その意味で純粋なる憧憬の対象であった。そして、そのようなものであるがゆえにと言ってよいのかどうかは一概に決め難く、またその実効性に関しては考えるべきことも少なくはないが（第二章一七四頁）、ともかく、アウグスティヌスにおいて、自由という観念は、彼岸から思想を道徳的に統制する機能を担うものであった。

以上を図式的に示せば、次のようになるだろう。斜線は前後の断絶を示す。

意志的 ＝ 自己決定的 ＝ 選択／（失われた）自由

スアレスのとき、自由を此岸のものと考えることに多くの人が馴染んですでに長い年月が経っている。右の統制機能を自由に放棄させることに時代の空気は躊躇いを覚えなくなりかかっている。その自由を根拠づけるのは、卓抜博士によれば、意志による自己決定ないし意志の自己完結性ではなく、意志に具わる無制約な選択能力である。意志がすべてを凌駕するように構想された外的諸要因との力関係において実質を得るような力である。この力が意志におけるポジティヴな契機だとすれば、自己決定性はネガティヴな契機であり、このようにして同じ一つの意志という力が内部分裂を起こしかけている。こちらもまた図式的に示してみよう。

意志的＝自己決定的＝盲目的決意／意志的＝反対項選択＝非決定の自由

意志的、自己決定的、選択、自由、そしてこれらに加えて、非決定。デカルトにおいて、五つの要素の関係はどのようになってゆくのだろう。

註

（1）アルキエの見解については次の二箇所を参照されたい。*Descartes, Œuvres philosophiques*, éd. F. Alquié, t. 3, p. 552, & *La Découverte métaphysique de l'homme chez Descartes*, 1950, p. 292.

（2）スアレス（Francisco Suárez）は一五四八年グラナダに生まれる。最初、サラマンカ大学で教会法を学ぶも中途で放棄し、一五六四年イエズス会へ入会。サラマンカに戻り神学を修め、一五七一年、セゴビアにて哲学教師として教壇に立つ。その後、バリャドリード、ローマ、アルカラ、サラマンカ各地のイエズス会付属の学校で哲学と神学を講じ、一五九七年にコインブラ大学教授となる。死の前年となる一六一六年に健康上の理由によりその地位から身を引いている。これ以上の伝記的事項に関しては、モノグラフとして日本語で読める唯一のスアレス論である田口啓子『スアレス形而上学の研究』（一九七七年）の第一部を参照されたい。時系列的にスアレスの全著作が簡単に紹介されている。そこを一瞥しても分かるように、スアレスの執筆歴において純粋に「哲学的な」と形容してよい著作は『形而上学討論集』が唯一であるのだが、『意志的なるものと意志的ならざるもの（*De voluntario et involuntario*）』や、『霊魂論（*De anima*）』、さらには『恩寵論（*De gratia*）』といった神学的構想に基づく著作群にも明らかに哲学的な考察が少なからず含まれている。なお従前は、スアレスといえばまず近世的な法学ないし政治理論の立役者の一人として論じられることが多かった。こちらの側面に関しては以下を参照されたい。J.-F. Courtine, « Théologie morale et conception du politique chez Suárez », in *Les Jésuites à l'âge baroque (1540-1640)*, éd. L. Giard & L de Vaucelles, 1996, & J. B. Schneewind, *The Invention of Autonomy*, 1998, p. 58-66.

（3）代表するというのは、田口啓子のようにスアレスの見解がジェズイットの「標準」である（『スアレス形而上学の研究』十七頁）と言うためではない。そうではなく、自由意志論の歴史におけるジェズイットの先進性、尖鋭性を体現する思想家としてスアレスを考えるということである。形而上学全般に渡るジェズイットの思想のスタンダードはスアレスにではなくむしろフォンセカ（Petrus Fonseca, 1528–1599）に求めるべきだと山内志朗は指摘している（「近世スコラ哲学における形而上学」、佐藤・雨宮他編『形而上学の可能性を求めて 山本信の哲学』二〇一二年所収、一八九頁）。

（4） Cf. F. Suárez, *Disputationes metaphysicae, Ad lectorem*, VIVÈS 25, p. 8-9.

（5） F. Suárez, *op. cit.*, disp. 1, sec. 5, n° 15, VIVÈS 25, p. 41 : « cognitio Dei exacta ac demonstrativa non potest per naturalem theologiam obtineri, non cognitis prius communibus rationibus entis, substantiae, causae, et similibus, quia nos non cognoscimus Deum, nisi ex effectibus, et sub communibus rationibus. »

（6） スアレスによる原因論は大きく七つに区分される（括弧内が対応する討論の番号）。第一部分（十二）―原因に関する一般論。第二部分（十三、十四）―質量因。第三部分（十五、十六）―形相因。第四部分前半（十七、十八、十九）―第二作用因。第四部分後半（二〇、二一、二二）―第一作用因。第五部分（二三、二四）―目的因。第六部分（二五）―範型因。第七部分（二六、二七）―あらゆる種類の原因に共通の特性。

第四部分前半は、作用因の一般的定義と分類（十七）、作用因に関する一般的な諸問題（十八）、第二作用因である人間的意志の自由（十九）、以上を扱い、第四部分後半は、神の最初の行為である創造（二〇）、神の第二の行為である被造世界の維持（二一）、第二作用因に神が与える協働（二二）、以上を扱う。

（7） F. Suárez, *op. cit.*, disp. 19, sec. 4, n° 8, VIVÈS 25, p. 708 : « Unum est, quod [facultas libera] sit potentia activa, ex se et ex sua interna facultate habens vim ad exercendam et suspendendam actionem suam. Aliud est quod illa facultas, dum exercet actum, ita sit disposita, et proxime (ut ita dicam) praeparata ad opus ut, positis omnibus requisitis ad agendum, possit agere et non agere. »

（8） 第二〇討論における世界の「創造（creatio）」と、第二一討論における創造された世界の「維持（conservatio）」についての議論が人間の自由の問題と深く関わることはない。そして、第二二討論で扱われる「協働（concursus）」は、人間の通常行為に関わる「一般的協働」に限定されている。「特殊的協働」すなわち「恩寵」は考察の対象外である。「あらかじめ述べておいたように、この討論の文脈では超自然的な行為も恩寵の実効性も扱わず、むしろ第一原因の第二原因に対する一般的な協働に限ってわれわれは語る」（disp. 22, sec. 2, n° 41）。

モリナの場合、「恩寵とは一般的な協働の超自然領域におけるレプリカでしかなく」、したがって「恩寵について何か述べようとしても協働について述べたことを繰り返すだけ」になる（P. Dumont, *Liberté humaine et concours divin d'après Suárez*, p. 351)。恩寵をあえて無視することも、当然、意志による自由な行為である。スアレスの場合はどうなのか。恩寵の効力を形而上学的思索の対象から外すという選択は、「一般的協働」とは異なる仕方で「恩寵」の効力を考えるためなのだろうか。ある範囲までに限れば、そうだと言えないこともない。トミストの考えでは恩寵の示す方向に意志が向かわないことはありえないが、スアレスは、ある行為に向かおうとする人間の意志に対して恩寵が適合的であるかどうかを問題にする。恩寵の作用と被造意志の働き方が相互に適合的であるか、相応しているか、というワンクッションを入れることで議論を構造的にする。とはいえそれも、最終的にはトミストの考えるような実効性を恩寵に認めないためだから、結論は「罪を犯す自由」に極まるモリナの場合と変わらないのだが、スアレスが被造意志の自由をもって一直線にすべてを押し切ってしまうのでは必ずしもないという点は断っておく。以上は、「互いに適合したもの、適合した状態（congrua）」を意味するラテン語から、「相応主義（congruisme）」と呼ばれる論点である。その詳細については「モリニズム」に関しても参照先として掲げた辞典の項目を参照されたい。« CONGRUISME », in *Dictionnaire de théologie catholique*, t. 3, I, col. 1120-38.

（9） F. Suárez, *op. cit.*, disp. 22, sec. 4, nº 17, VIVÈS 25, p. 833 : « Ergo debet hic concursus ita offerri, et per talem voluntatem causae primae, ut, eo sic posito, adhuc sit in potestate causae secundae libere cum eo operari vel non operari ; quia alias non salvatur haec indifferentia cum omnibus praerequisitis ad agendum ».

（10） F. Suárez, *loc. cit.*, nº 21, VIVÈS 25, p. 843 : « quia Deus praebet unicuique causae secundae concursum modo accommodato naturae eius. Sed haec est natura causae liberae, ut, positis caeteris omnibus conditionibus praerequisitis, sit indifferens ad plures actus ; ergo debet etiam recipere in actu primo concursum modo indifferente ; ergo debet, quantum est ex parte Dei, offerri concursus non tantum ad unum actum, sed ad plures. »

（11）「中間知（scientia media）」とはまさしく、潜勢態にあってこれから甲乙いずれかの選択に乗り出してゆこうとする被造意志について神がもつ知の形態であった（第二章註（60））。スアレスはモリナの考えを基本的にそのまま継承するが、呼び名だけは「条件（づけられた）知（scientia conditionnata）」に変更する。「潜在的に条件づけられた」神の「協働」というスアレス独自の理論との整合性をつけるためと考えられる。もっとも、「恩寵」と同じく「先知」も『形而上学討論集』の考察対象からは外されている。「先知については他の著作で論じよう」（disp. 19, sec. 10, nº 11)。「他の著作」とは、著者の歿後に出版される『未来の偶然性に関する神の知について（*De scientia Dei futurorum contingentium*）』を指すと考えてよいだろう。

（12）　スアレス形而上学が神学から「自律」ないし「独立」したものであることを強調したのはクルティンヌである。形而上学を「聖なる神学に従属させることは、実のところ形而上学の完全な自律に繋がっている。……　形而上学が神学に対して補助的な役割を演ずるとするならば、それは形而上学がまずあらかじめ全面的に独立したかたちで展開された上でのことに限られる」（J.-F. Courtine, *Suarez et le système de la métaphysique*, 1990, p. 199）。『形而上学討論集』第一討論から第三討論の仏訳者クジューによるイントロダクション（J.-P. Coujou, *Disputes métaphysiques I, II, III* de F. Suárez, 1998, p. 9）や、グラシアによる論考（J. Gracia, « Francisco Suárez : The Man in History », *American Catholic Philosophical Quarterly*, 65, 1991, p. 264）でも同様の見解が示されている。このような解釈の主潮流に対して、第二〇討論から第二二討論の英訳者フレッドソは、スアレスは未だ完全に「中世スコラ哲学のギルドの構成員」であり、形而上学を神学から分離して提示する彼の意図に「近世的精神」は何ら含まれていないと強調している（A. J. Freddoso, *On Creation, Conservation & Concurrence*, p. xx）。

（13）　F. Suárez, *op. cit.*, disp. 19, sec. 2, n° 1, VIVÈS 25, p. 693.

（14）　F. Suárez, *op. cit.*, disp. 43, sec. 2, n° 14, VIVÈS 25, p. 642 : « facultas simul habeat vim agendi et sit principium recipiendi actionem quam elicit » ; « verum [...] est eamdem facultatem secundum rem esse simul potentiam activam et passivam respectu eiusdem actus, et respectu suiipsius ».

（15）　F. Suárez, *op. cit.*, disp. 18, sec. 7, n° 52, VIVÈS 25, p. 647 : « eamdem facultatem esse in actu primo et in potentia ad actum secundum immanentem, nulla est repugnantia, quia actus primus non includit formaliter secundum, sed virtutem ad eliciendum illum, quam potest habere eadem facultas, quae est potentia receptiva eiusdem actus ; estque hoc consentaneum naturae talis actus, cum sit immanens ; et hoc est quod alii dicunt, eamdem, scilicet, facultatem esse posse simul in actu virtuali, et in potentia formali. »

（16）　L. Leahy, *Dynamisme volontaire et jugement libre*, 1963, p. 64-65.

（17）　L. Leahy, *op. cit.*, p. 61.

（18）　L. Leahy, *op. cit.*, p. 35.

（19）　Cf. F. Suárez, *op. cit.*, disp. 19, sec. 6, n° 1, VIVÈS 25, p. 719 : « discipuli D. Thomae supra citati, et alii recentiores, omnino contendunt non posse voluntatem determinari ad liberum actum, nisi praecedat in intellectu definitum iudicium practicum vel, [...]

imperium quo hic et nunc, pensatis omnibus, definitam sententiam proferat, hoc esse homini eligendum, vel impulsum qui hac voce explicatur, *fac hoc*, efficiat. »

「最終的実践判断」は「思弁判断（judicium speculativum）」および「思弁的実践判断（judicium speculativum practicum）」と三つ組みをなす概念である。レバクッによれば、「思弁判断」は「対象の真偽に関する判断」、「思弁的実践判断」は「対象の善悪に関してなされる、一般的に見てその対象をなすべきか否か（simpliciter esse faciendum）についての判断」、そして「最終的実践判断」は、これも対象の善悪に関わるが、とりわけ「特定状況下にある主体がまさにその場でそれをなすべきか否か（sibi esse faciendum）についての判断」である（J. Lebacqz, *Libre arbitre et jugement*, p. 24）。なすべきか否かが現実の作為と不作為に直結している点で、意志の自由は「最終的実践判断」において最も直接的に問題となる。

(20) 知性を意志の上位に据える立場には三通りの見解が含まれる。(1)第一の見解によれば、「最終的実践判断」は必然的に形成され、それに対応して意志も必然的な仕方で作用する。しかし、人間の自由な能力を否定するこのような考えは、スアレスにしてみれば、端的に誤りである（disp. 19, sec. 6, n°. 2-3）。(2)第二の見解は、意志決定の前提となる「最終的実践判断」を形成する知性と、みずからの自由でそれに従う意志、双方の自律性を確保するために、自由なる意志決定の素材になるものとして、知性による判断もまた自由であるとする。しかしスアレスによれば、このような説明は無際限な後退に陥るばかりである。意志決定に対する判断の先行性をこの見解は前提にしているが、その場合、判断（0）について下される意志決定（0）に先立つ判断（-1）は自由であるのかどうかが問われ、その判断（-1）が自由であるのは、それを下した意志（-1）が自由だからであり、しかしその意志（-1）は判断（-2）に先立たれ……という具合になってしまう（*loc. cit.*, n°. 3）。(3)第三の見解によれば、「最終的実践判断」と意志は相互に決定し合うものであり、しかも、その相互的決定が知性と意志それぞれの自律性を侵害することはない。なぜなら、判断は目的因の因果性に属し、意志は作用因の因果性に属する、要するに知性と意志は異なる地平で作動するからである。しかし、「相互的因果性」と呼ばれるこの見解もまた、スアレスによれば、問題を回避したものでしかない。因果性のこのような区別は、判断の形成と意志決定のあいだに実効的な関係があることを無視しているからである（*loc. cit.*, n°. 5-6）。

十六世紀から十七世紀初頭に展開された右のような議論は、知性と意志をめぐって古くから蓄積されてきた思索の関連要因の整理とパターン化がこの頃特に顕著であったことを思わせる。では、このような動向が見られるより前に、知性と意志の関係はどのような仕方で問題化されていたのか。この点に関しては、O. D. Lottin, *Psychologie et morale aux XIIe et XIIIe siècles*, 2 vol.,

1942 & 1948 が今日なお必読の基礎文献になる。

(21)　F. Suárez, *Disputationes metaphysicae*, disp. 19, sec. 6, n° 8, VIVÈS 25, p. 722 : « si [judicium] interdum videtur efficaciter impellere [voluntatem], solum est in virtute alicuius actus efficacis eiusdem voluntatis, qui praecessit ; nam si voluntas efficaciter proposuit vel intendit consequi hunc finem, aut elegit adhibere tale medium, intellectus, nacta occasione, hic et nunc iudicat omnino esse hoc faciendum, supposita priori voluntate. Et tunc voluntas omnino determinatur, non tam a iudicio quam a se. »

(22)　悪もまた意志の自由によることは、「悪について（*De malo*）」、その形而上学的なステータスを論ずる第十一討論で明確にされている。「自由である原因の力こそ悪の起源であり、その行為の欠損の起源である」（disp. 11, sec. 3, n° 18）。ただしこの第十一討論は、「悪とは事物が本来具えているはずである完全性の欠如である」という伝統的な見解の検討、悪の分類、悪の原因の列挙、以上にとどまるものであり、「指が六本あることが五本であることに対して悪いとされるのはなぜか」といった事例からも窺えるように、人間的意志の問題に関する突っ込んだ考察は見られない。その意味では、第二二討論にある次のテクスト等の方が、スアレスにおける自由の善悪無機性を見るにはよいかもしれない。「神が協働を下すべくもつ意志によって、罪人の意志とその自由な行使もまた先立たれている」（disp. 22, sec. 4, n° 23）。被造悪意志は神の意志に先立たれているのだが、神の意志の発動は被造意志によって「潜在的に条件づけられている」。その限り、悪の実現にあたって主導権を握るのは被造意志であり、その悪行への責任を神の意志が負うことはない。それでは協働など無力で無意味ではないかという批判に対しては、スアレスもまた神はその寛大さによって「罪なる行為を許すこと」（*ibid.*）を欲したのだという一般的な説明に訴えるだろう。要するに、人間はみずからの自由で —— 非決定の自由によって —— 悪をなす。『形而上学討論集』では扱われない「原罪」もまたそうであり、その限り、スアレスにおいて「欠損」がアウグスティヌス的な冥さを帯びることはない。

(23)　L de Molina, *Concordia*, disp. 2, sec. 9, p. 15 : « non esse necessariam tantam deliberationem ex parte intellectus quantam multi necessariam esse existimant et multo minus imperium intellectus quo voluntati imperet ut velit aut nolit vel contineat actum ; sed ad volendum satis esse notitiam bonitatis alicuius [...]. Ea vero bonitas si tanta non sit et tam perspique cognita quae voluntati necessitatem inferat ».

意志の発動には何らかの認識が先行する必要があると一方で言い、他方では、しかしその認識は曖昧であってよく、したがって意志の自律性を妨げないとする。大きく摑めば、これがドゥンス・スコトゥスを始めとして主意主義的傾向をもつ論者に共通の考え方だった。これに対して、意志の主導権を限定したいと考える側は、何であれ理由がなければ意志は作動しないという点を強調する。次は、そのためにベラルミーノ（Roberto Bellarmino, 1542~1621）が援用する、クレルヴォーのベルナルドゥスによる一節である（ベラルミーノはジェズイットだが、知性の関与性を積極的に認める例外的な立場を取っていた）。「自分が自由であることを証明するためには、すべてを考慮してみると、いま理性に反してなすことも自分にとっては善いことであると考えて行為すれば、それでよい」（Bernardus, *De gratia et libero arbitrio*, lib. III, cap. 8. テクストは L. Leahy, *Dynamisme volontaire et jugement libre*, p. 36 による）。ベラルミーノはこの言葉を根拠に、明瞭な認識でなければ意志の自律性には影響しないと主張する主意主義者に対して、知性判断の範囲を拡張しようとする。いわく、ともかくも何らかの動機がなければ意志が発動されることはなく、そして動機とは当の行為のメリットに関する何らかの認識であり、このような曖昧な認識もまた知性的判断に含めてよい、すなわち意志はつねに知性の下にある、と。曖昧な認識を知性に関係づけるか、情動的なものと考えるかの違いはあるが、発想の形式としてはパスカルが重用した「悦楽の原理」と同じである（第一章註（40）も参照）。

（24） F. Suárez, *Disputationes metaphysicae*, disp. 19, sec. 7, n° 1, VIVÈS 25, p. 724 : « si voluntas pro libito possit velle aliquid contra iudicium rationis, quomodo verum sit dogma illud philosophorum et theologorum plurium, non posse esse defectum in voluntate nisi praecedat in iudicio, ut quod erroneum sit, vel saltem imprudens et inconsideratum. »

（25） F. Suárez, *loc. cit.*, n° 8, VIVÈS 25, p. 725 : « illud iudicium in eo sensu [...] non potest inferri ex aliquibus praemissis, quae solum ostendunt ex parte obiecti bonitatem aut utilitatem, non hominis resolutionem. [...] quia illa resolutio est libera, et in re non est aliud quam electio vel exsecutio libera ; nullum enim aliud obiectum illius iudicii in eo sensu intelligi potest ».

（26） F. Suárez, *loc. cit.*, n° 11, VIVÈS 25, p. 726 : « in eo momento quo homo libere vult obiectum pravum, regulariter avertit oculos mentis ab aliis rationibus, et ad illam attendit, quae moveat voluntatem ad talem actum, et ita concipit praedictum indicium. Et hoc satis est ut illud censeatur practice erroneum ; nam virtute includit comparationem et praelationem illius obiecti ad alia, et consequenter includit difformitatem ad appetitum rectum. »

（27） F. Suárez, *loc. cit.*, n° 12, VIVÈS 25, p. 726 : « probabile esse ex consensu libero voluntatis circa res agendas, ex necessitate sequi in intellectu iudicium illud practicum de eisdem rebus, quo simpliciter iudicatur hoc esse agendum, in tertio et quarto sensu supra declarato. »

（28）三段階で構成された議論の全体を振り返ってみよう。知性による「最終的実践判断」から精神活動のイニシアティヴと責任の主体性を意志の側に取り戻すべく、意志に固有なる「決意」としての「絶対的判断」を想定する（第一段階）。決意を、悪から善へと視線を振り向け直す柔軟さを欠いた意志の状態として、そこに過誤の起源を見る（第二段階）。その上で、「実践的判断」には「決意」の裁可による強化という役割を与えることで、たんなる名目ではない帰責性を知性にも割り当てる（第三段階）。

疑問が生じるとすれば、第二段階だろう。悪しき対象への注意力の固着という事態は、潜在的にであれ選択対象の比較を想定したものである以上、やはり知性が少なくともその一部を担っていると考えるべきではないのか。この点が議論のアキレス腱であることは、スアレス自身も十分に意識していただろう。「精神の眼」という常套的な比喩表現は、スアレスにとって、知性という語の使用を回避することで、選択肢の認識と比較評定という知性の仕事を隠密裡に意志へ引き渡す、ぎりぎりの手段であったと思われる。意志と知性を同一の平面で扱う限り、トミストであれスアレスであれ、何らかの無理を理論のどこかに導入せざるをえないということである。

（29）スアレスによる自由意志論を「その盲目性において完成する道行き」と評したレバクツは、私たちがここで述べた結論を概略的にではあるがすでに把握していた（J. Lebacqz, *Libre arbitre et jugement*, p. 54）。リーヒーもこの盲目性を、スアレスの理論では「選んだものが好ましいものだったということになる」（L. Leahy, *Dynamisme volontaire et jugement libre*, p. 97）という表現で捉えているのだが、このことが統制を欠いた恣意を意味するという点には踏み込んでいない。その代わりにリーヒーは、次のようないかにも強引な言葉で事態を総括する。「選んだものが好ましいものだった」という点にこそ、「自由な選択というものがもつ、神秘的なまでに創造的な性格が表れている」（p. 98）。

（30）F. Suárez, *op. cit.*, disp. 19, sec. 2, n° 9, VIVÈS 25, p. 695 : « [actiones] maxime quae honestae sunt, et tantum ex consilio et appetitu rectitudinis ac iustitiae fiunt ».

（31）F. Suárez, *loc. cit.*, sec. 8, n° 16, VIVÈS 25, p. 731 : « licet Deus secundum se sit universale bonum, apprehendi tamen potest per modum cuiusdam particularis boni, et in eo apprehendi potest aliqua ratio mali seu incommodi, saltem in ordine ad effectus eius ; [...] et interdum etiam Deus ipse odio haberi. »

（32）Augustinus, *De civitate Dei*, XIV, 12, 31, BA 35, p. 410 : « Peruersa enim est celsitudo deserto eo, cui debet animus inhaerere, principio sibi quodam modo fieri atque esse principium. »

（33）「意識」と「良心」の二義性が問題になる « conscientia » という語の難しさに関しては、第五章註（14）を参照されたい。

（34）「同意や選択を強いられる」という表現が一般になされるが、もし本当に強制が絶対的であったのなら、同意や選択という言葉は不適切である。逆に言えば、たとえ強制が働いていても、それが絶対的ではない場合に —— 行為の道徳性が問題になるのは一般にこのような場合である —— この表現は意味をもつということである。それはまた、同意や選択を強いられたと思いたくなる場面でも、本当に強いられていたのか、あるいは、強いられるようにしたのは自分自身ではなかったか、と問う余地が残っているということでもある。『意識に直接与えられたものについての試論』第三章で次のように述べるベルクソンは、まさしくこの余地について考えていたのではないかと思われる。「〔共感、嫌悪、憎しみといった〕感情の影響下で魂がみずからを決定すると言うことは、結局のところ、魂の自己決定は魂みずからによるものだと認めることである」（H. Bergson, *Essai sur les données immédiates de la conscience*, 6e éd., 1997, p. 124）。デカルトもまた、ベルクソンに先立って、迷いとしての非決定状態へ向けてなされる自己決定というかたちで同じ余地について考えていたことを、私たちは次章で明らかにする。

（35）D. Petau, *De sex primorum mundi dierum opificio*, lib. III, cap. 9, n° 10.

（36）P. Valéry, *L'homme et la coquille*, 1982, p. 50. 引用箇所は次のように続けられる。「ここにこそ、決定的な条件がある。もしも人が一つのことを唯一の仕方でしかできなければ、その行為はそれ自体として成るものであり、真に人間的なるものではないだろう」。「人間的なるもの」を「自由なるもの」と言い換えても、創造行為の不可思議さについて語るこのエッセイでヴァレリが考えていたことには反しないだろう。

（37）F. Suárez, *op. cit.*, disp. 19, sec. 7, n° 12, VIVÈS 25, p. 726 : « prius tempore vel natura quam homo consentiat, non scit se consensurum ; et ideo necessarium est ut, statim ac consentit, sciat et (ut ita dicam) sibimet notificet seu promulget suum consensum ; hoc autem fit per illud iudicium. »

（38）F. Suárez, *loc. cit.*, n° 11, VIVÈS 25, p. 726 : « Frequenter autem habetur tale iudicium illo modo absoluto et simplici ; nam regulariter non habentur simul plura iudicia, nec comparantur varia obiecta inter se, nec plures rationes boni et mali eiusdem obiecti ».

（39）この点は、至福への志向性ないし愛をもスアレスが選択として考えようとする点からも明らかである。トマスは個別的な諸善に関しては選択の余地を認めつつ、究極の善すなわち至福について同じことは成り立たないと考えた。ドゥンス・スコトゥスも基本的には同じ考えであったと思われる。これに対してスアレスは、至福への志向性や愛さえも、その志向性や愛を欠いた状態、ないしは至福への憎悪を抱いた状態の代わりに求められたものであり（« praefertur eius carentia vel otio »）、その意味で「潜在的な選択」であると考える。これが、第十九討論の第八節を締め括る議論になる。

（40）スアレスによる自由意志の心理学は、非決定の自由を普遍化しようとする点において、「同時性の自由」概念をスコトゥスに借りたモリナの意図と合致する。「潜在的比較」の潜在性は、行為実現の最中にもある種の現実性を失わないスコトゥス的力能の潜勢性に対応すると考えられるからである。この観点からすれば、第十九討論第九節で援用される「同時性の自由」概念は、第八節までの知性と意志の関係論の延長線上にある、と言うこともできるだろう。しかしその場合でも、「比較」の潜在性が心理的確証を求めるのに対して、「同時性の自由」の潜勢性は経験との連続性を必ずしも問わない様相論の観点から想定されているという違いがあることは忘れるべきでない。

また、次の点にも注意しよう。「同時性の自由」は、自由の実現を未来に先送りする「継起性の自由」と対立する概念だが、「潜在的な比較」に基づく回顧による自由の発見は、心理的な操作として、来るべき時点への自由の投影とむしろ相補的な関係にある。「別の選択肢を選ぶこともできたはずで、だから、それを実際に選んだにせよそうでないにせよ、私は自由だったのだ、私は自由なのだ」という考えは、これからなす事柄に関して、「選択肢がなければ私は自由でない」という考えと、容易に結びつく。そしてこの結びつきは、選択肢を前にして人が感ずるのは往々にして自由ではなくむしろ迷いであるという――やはり心理的な――事実を忘れさせる方向に作用するだろう。

（41）F. Suárez, *op. cit.*, disp. 19, sec. 8, n° 19, VIVÈS 25, p. 731 : « dicendum est, libertatem voluntatis evidentius et perfectius exerceri in electione mediorum, adeo ut omnis actus liber [...] participet aliquo modo rationem electionis, et sub ea ratione possit sub consultationem cadere. »

（42）F. Suárez, *De voluntario et involuntario*, disp. 1, sec. 3, n° 7, VIVÈS 4, p. 169 : « [Ex quo plane sequitur] has duas rationes voluntari et liberi [esse] distinctas saltem definitione et ratione formali, nam altera consistit solum in hoc, quod potentia se determinandi ad sum actum, volendo ipsum per se ipsum ; altera vero in hoc, quod actus dictat habitudinem ad potentiam, quae potest agere et non agere. »

（43）F. Suárez, *De voluntario et involuntario*, disp. 1, sec. 3, n° 24, VIVÈS 4, p. 173 : « voluntarium consistit in determinationem ad unum, liberum vero in indifferentia ad utrumque, quo videntur conditiones repugnantes : non tamen sunt, quia libertas actualis, seu exercita etiam requirit determinationem ad alteram partem in ipso actu secundo, indifferentiam vero in actu primo seu facultate, ad quam dicit habitudinem. »

(44) J. Schmutz, « Du péché de l'ange à la liberté d'indifférence … », p. 196-197.

第四章　問題の変貌

——デカルトと「みずからを決定する力能」——

デカルト論の構成

意志とその自由に関するデカルト的思考の論理を再構成するためには、どのテクストに格別の注意を向け、何をどのような順番で論じてゆけばよいのか。デカルトの著作歴を鳥瞰しながら、残る三つの章を通して試みる解釈の段取りを定めておくことにしよう。

自由意志に対する最初の言及は、デカルトの歿後に発見された『思索私記（*Cogitationes privatae*）』（一六一九年）と題される学徒時代の断章群に見出される。「三つの驚くべきものを主は創り給うた。無から事物を、自由意志（liberum arbitrium）を、そして神人〔イエス・キリスト〕を」。数行あとには、「動物たちのある種のきわめて完全な行動からして、彼らは自由意志をもってはいないのではないかと推測される」と述べられてもいる(1)。しかし、意志とはそもそもどのような力であり、意志によって人間は何をどこまでなすことができるのか、意志と知性の関係はどうなっているのか等々についての具体的な記述は見当たらない。哲学者として世に知られる以前からデカルトは人間存在の中核に意志を見据えていたのではないかという推測を誘いこそすれ、自由意志に関する「デカルト的な原体験と、原体験にもとづく原思索」[2]の一端より以上のものを『思索私記』に求めることはやはりできないだろう。

基本的には同じことが、『思索私記』からはいずれも相当の時を隔てた最初の二つの著作、『精神指導の規則（*Regulae ad directionem ingenii*）』（一六二八年頃）と『方法叙説（*Discours de la méthode*）』（一六三七年）にもあてはまる。いずれの著作にも、自由意志論と呼ぶに値するまとまった考察は含まれていない。「最善を尽くすためには出来る限り正しく判断すればよい」という、『方法叙説』第三部のいわゆる「暫定的な道徳」を総括する考えはデカルトの道徳思想の核にあるものとして重要だが、判断のメカニズムと意志の役割がそのさいに示されているわけではない。せいぜい、『精神指導の規則』第一規則においてもそうであったように、「あらかじめ認識されていないものは意志されない」という伝統的な考えをデカルトもまた認めていることが窺える程度である。[3]デカルトに固有のと言えるような意志と自由の概念を見出すには、結局、『第一哲学に関する省察（*Meditationes de prima philosophia*）』（初版一六四一年／二版一六四二年）を待つ必要がある。「第一省察」における懐疑を経て、「第二省察」で思惟するものとしての「私（ego）」を見出し、その「私」が神の存在証明を「第三省察」で果たしたあと、判断における過誤とその回避方法を論ずる「第四省察」の中で初めて意志が一つの能力として定義され、自由の頂点と底辺が示される。

ではそれ以降、意志の自由についてデカルトが能弁になったのかというと、必ずしもそうではなかった。古来、そしてとりわけ十六世紀の後半以来、思想に携わる人々がこの主題に向けてきた強い関心は十七世紀半ばになっても衰えを示していない。オラトリオ会の神学者でデカルトの友人でもあったジビュ（本章註（12））の手になる『神と被造物の自由について（*De libertate Dei et creaturae*）』、イエズス会士プトー（第一章註（24））および本章第一節）による『自由意志について（*De libero arbitrio*）』、パスカルが遺した『恩寵に関する文書（*Écrits sur la grâce*）』、ライプニッツの『弁神論（*Essais de théodicée*）』、この他にも多くの著述家が、「自由意志」ないし「自由」という主題を正面から取り上げ、それぞれ詳しく論じている。スピノザが『エティカ（*Ethica*）』の掉尾に掲げたテーマが「人間の自由について（De libertate humana）」であったという点も思い起こされるだろう。こういった時代の全般的な関心を考えると、デカルトの自由意志論は規模的に見てたしかに大々的なものではない。少なくとも、意志の自由を扱った独立の著作はデカルトにない。

とはいえ、割かれた紙幅の相対的な少なさと関心の高低が、ましてや思索の深浅が連動しているとは限らない。デカルトが必ずしも多くを語らなかったのは、むしろ、神学論争的な色合いを帯びた時代の言説から自分を注意深く遠ざけつつ、必要最小限の事柄だけを述べるという自己抑制的な構えを崩そうとしなかったためであるとも受け止めうる。『省察』への「反論」に対する「答弁」や書簡においてデカルトが意志の自由について語るさいの断定的な調子によく反映されている構えである。典型的な例を三つ拾ってみよう。

自分自身を振り返りさえすれば、意志と自由は同じ一つのものであることを、あるいはむしろ、意志的であることと自由であることのあいだには何の違いもないことを、強く感じ、経験しない者はおりません。

〔T－81〕『省察』「第三答弁」反論十二に対する答弁（仏訳版）

貴方が意志の非決定について否定している事ごとに関しては、おのずから明白ではありますが、とはいえ、私は貴方の眼前でそれを証明することに手を付けようとは思いません。それは、もろもろの理由によって説得されるべきであるよりも、むしろ誰もがみずからにおいて経験するべきであるような事柄だからです。

〔T–82〕『省察』「第五答弁」第四省察に対する反論について

神の存在を認識することで、私たちには自由意志が具わっているということへの確信を乱すべきではありません。私たちは自由意志をみずからの内において経験し、感じるのですから。

〔T–83〕エリザベート宛書簡 一六四五年十一月三日付[4]

人間に自由な意志が具わっているとは頭で理解する以前に感じ取れば済む自明で疑いようのない事柄であり、それ以上の説明は必要ない。暗にであれ明示的にであれしばしばそのように語るデカルトは、言葉の背後で本当のところ何を考えていたのだろう。こういった仕方で表明される自由意志への確信と信頼の内側で、デカルト自身の思考の動きはどのように整序され、構造化されていたのだろう。このような点にまで踏み込むことを許すテクスト、そのようなものとして精密な分析に値するテクストの筆頭に挙げられるのが、「第四省察」と二通のメラン宛書簡である。もう少し分節化すると、「第四省察」では、(1)意志と自由と非決定の関係（意志の定義の解釈）、(2)デカルト的懐疑の成立経緯（意志と知性の関係論――スアレス自由意志論の先に現れるもの）、(3)過誤の原因（デカルトにおける悪の問題――アウグスティヌス的原罪論に遡るもの）をそれぞれ扱った箇所。書簡の方は、(4)続く書簡への導入的な役割を担う第一の書簡（一六四四年）と、(5)デカルト的自由論を凝縮したかたちで示す第二の書簡（一六四五年）。

もちろん、『哲学原理（*Principia philosophiae*）』（一六四四年／仏訳版一六四七年）のことを私たちは忘れていない。その第一部では、人間の自由が、方法的懐疑の経験に基づいて、あるいは神の摂理との関係から、「第四省察」よりも強く前面に打ち出されている。だからこそ、序章で見たように、『省察』との関係が繰り返し取り沙汰されてきた。意志の非決定性と自由に言及する第四一項を典型として、「第四省察」との不整合を強調するような方向で、『哲学原理』はこれまで読まれてきた。デカルト解釈のこのような一般的傾向と距離を取るためには、この著作の関連諸項目を単独で扱うことは避けた方がよい。むしろ、書簡と「第四省察」の解釈に組み入れながら読むことで、有意義な情報を、場合によっては必要不可欠な情報を、手に入れることができるだろう。

このような判断に基づいて、私たちは以下三章のデカルト論を次のように構成する。第四章第一節では、ジェズイットによる自由意志論との距離を測りながら、右の主要な検討素材以外の関連テクストにまず目を通し、ついで序章では説明できなかった「第四省察」による定義が孕む問題の質を見極める。ここまでを考察全体の初期設定として、第二節では(4)第一のメラン宛書簡を、第三節では(2)懐疑の生成過程を、順に検討する。両節を通して、意志の働きに対する自己覚知という主観性の領域が問題領域として浮かび上がってくるだろう。第五章では、この領域の性質と範囲を第一節で明確にしてから、(5)第二のメラン宛書簡で語られる自由論を第二節で読み解いてゆく。以上のすべてを踏まえつつ、(1)意志の定義とその背後に隠れているいくつかの問題に関する私たちの理解を確定するのが第三節である。第三章まで辿って来た系譜の問題に直結する(3)過誤の原因探求については、終章として論じよう。(5)

第一節　初期設定

1　ジェズイットにおけるア・プリオリなもの

デカルト解釈に「非決定の自由」というジェズイットの概念を持ち込むことが、解釈における混乱と困惑の原因である。序章から始めて折りあるごとに私たちはそう述べてきた。言うまでもなく、デカルトがこの概念に依拠したことはないという判断があってのことである。しかし、仮に「第四省察」と二通の書簡を脇に置いたとして、それ以外の箇所にこの判断を覆すようなテクストが見出されることは本当にないのだろうか。この点はやはり確かめておくべきだろう。確認作業は、連続する二つの次元を跨ぐかたちで進める必要がある。「非決定の自由」ないし「反対項選択能力」という概念の次元と、〈実感の論理〉が作動するプリミティヴな次元である。この次元に立ち入らないまま出来上がった概念だけに目を向けていたのでは、遅かれ早かれ従来の混乱に巻き込まれてしまう。

そうならないように、そしてデカルトのコーパスに向かうさいのポイントをはっきりさせるために、ジェズイットによる非決定概念に関して最も基本的な事項をまず思い出しておこう。その糸口として次に引用するのが、前章で取り上げたいずれとも少し異なる切り口をもつスアレスのテクスト、『形而上学討論集』における自由の定義（第二章二〇四頁〔T-65〕）を補強する意図で記された次の一節である。

非決定概念の両義性

自由としての非決定は、なすことの無力にではなく（impotentia agendi）、なすことをしない力（potentia non agendi）に基づいている。したがって、〔理性が示す〕理由に対する〔意志の〕自然な不注意から意志に何らかの行為が欠けている場合、その行為の欠如はなすことをしない力によるものではなく、作用し意志することの無力によっており、したがってこの欠如が自由であることはありえない

〔T−84〕『形而上学討論集』第十九討論 第四節 第十一項(6)

意志が行為をなしえない状態にある場合、意志は「なすまい」としてなさないのではなく、たんに「無力」であるから何もなしえない。そのような意志について自由を問題にする余地はない。スアレス的には、また一般的に考えても、当然のことを述べているように見えるこのテクストに注目するのは、その背後に「自由としての非決定」とは異なるもう一つの非決定が透けて見えるからである。すなわち、無力に沈む意志の状態であり、それをスアレスは「受動的非決定」ないし「消極的非決定」と呼んでいる。二つ目に引用するのは神学的著作に含まれる一文だが、下敷きになっているのは『形而上学討論集』第十九討論である。

〔T−85〕『神による協働、働きかけ、そして援助について』第一巻第三章第一項(7)

自由としての非決定がたんなる受動的非決定（indifferentia passiva）に基づくことはありえない。そうではなく、意志し、あるいは拒意する能動的なそれ（[indifferentia] activa）に基づくのである。

自由の領域から「受動的非決定」を排除するために、スアレスはこれと「能動的非決定」ないし「積極的非決定」を明確に区別する。デカルトにおいては、非決定をめぐる「受動」と「能動」、「消極」と「積極」という線引きも、最終的には「無力（impotentia）」と「力（potentia）」の区別さえも、本質的に意味を失くすのだが、その件はまたあとで取り上げよう。いま指摘したいのは、どのような区別を立ててみても、それが非決定についての区別である以上、非決定ということが根本的に抱えている揺らぎを無いものにはできないという点である。非決定とは、ニュートラルに考えれば、「決められていないこと＝非・被決定性」以上でも以下でもない。その限り、非・被決定性を自由の条件と考えるのか、つまりなすことへ向けて意志が待機している状態と考えるのか（「決められていない、だから、できる」）、あるいは逆に、行為に向けて意志が動き出せないでいる状態、つまり意志の力が行為による特定化を享受できないでいる状態、その意味で意志がたんなる無為にとどめ置かれた状態と捉えるのか、いずれの状態を前面に押し出すのかは、あくまでも考え方ないし視点の取り方の問題である。非・被決定性それ自体の内に、いずれの含意に着目するべきであるのかを指定するような要素は何も含まれていない。« indifferentia » というのは、このような二義性と共に継承されてきた概念なのである。

そうであればこそ、スアレスは、いわば強いられた無為の状態である「受動的非決定」に自由が基づくことはないと念押しをする。非・被決定性がもつ負の含意が自由の領域に舞い戻ってきて事態を混乱させることがないように。あるいは、二義性に煩わされることがないように。ここに揺らぎがあってはならないのは、「決められていない（非・被決定）、だから、できる（自由）」という論理こそ、ジェズイット的自由意志論における不可触の部分だからである。文字通り、要請だからである。

この不可触性は、デカルトの頃の思想界に少なからぬ影響力をもっていたプトーによる理論の組み方に、はっきりと映し出されている。メランの背後にいた人物でもあるこの神父の著作に含まれる議論を引き続き簡単に検証してみよう。

「絶対的決定」という虚構

スアレスと同じように、プトーも « indifferentia » を二種類に区別する。一つは、意志が対立二項の「いずれの側にも動かされておらず、同じ瞬間にいずれの側にも傾きうる状態」。もう一つが、「これではなくその反対を選ぶことができる（unum quam huic oppositum eligere possit）力」[8]。前者は文脈上「消極的非決定」のことであり、したがってプトーが自由と関係づけるのは後者だけである。そして、反対項選択能力があらゆる種類の障害を乗り越えて発動されうるものであることを保証するために、プトーは意志が蒙る可能性のある「決定（determinatio）」を、「相対的なもの（relativa）」と「絶対的なもの（absoluta）」に区分けする[9]。「相対的決定」を意志に課すのは、欲求、情念、習慣その他、一切の外的影響力。プトーによれば、意志がこういった類いの外的な力に屈することはない。「相対的決定」というのは意志による乗り越えが不可能ではないと想定されるがゆえに相対的と呼ばれるのだから当然である。しかし、「相対的」という限定だけでは意志の力に真の不屈性を認めるまでには至らない。意志と相対的な力関係にある諸力がうごめくのとは異なる次元からやって来て、意志から非決定性を丸ごと剥奪してしまうような力があるかもしれない。そのような「絶対的決定」を、少なくとも人は想定することができる。しかし、とプトーは言う。現実には「絶対的決定」なるものは存在しない。そのようなものはしょせん虚構でしかない。そうである以上、意志は、どのような場合でも、みずからの非決定性に基づいて反対項選択能力を発揮できると結論してよい。意志の自由はさまざまな外的要因による「相対的決定」につねに晒されている。しかしそういった要因では、「たとえ大きな力と衝撃によって〔意志の〕自由を揺さぶり闇へ引きずり込もうとしても、意志を望まぬ方に向けることはできないし、その非決定、すなわち対立二項のいずれでも摑み取る権利と力を意志から奪うことはない[10]」。

「絶対的決定」がなぜ虚構にすぎないと言えるのか、この点に関するプトーの所論は差し当たりどうでもよい。重要なのは、意志の「力（potestas）」を守るべく「相対的決定」と「絶対的決定」の区別を設えるにあたって、プトーが「決定されていないこと」を力の不可欠な発動条件として当然の前提にしているという点である。このさい、「ある行為の必要条件がすべて揃っている場合でも（positis omnibus requisitis ad agendum）、意志はそれらの必要条件が指し示しているのとは反対の方向に赴くことができる」というモリナの定義で言及される「必要条件（requisita）」と、いま問題にしている発動条件を混同しないよう注意したい。「必要条件」の方は、神が与える協働であれ、知性が下す指示であれ、最終的には意志によって無視されうるものである。無視されることがあらかじめ織り込み済みであるようなものである。要するにプトーの言う「相対的決定」を意志にもたらすものである。当然と言えば当然ながら、「必要条件」を意志が無視できるのは、それらによって決定されることが意志には決してないからであり、ここが、ジェズイットの自由意志論における真の行き止まり地点となる。自由の根拠が意志の非・被決定性を越えてどこかへ遡ることはジェズイットにおいてはない。この意味で、「決定されていないこと」は反対項選択能力としての非決定の自由にとっての可能性の条件であり、「必要条件」が複数形で示されうるとしたら、この可能性の条件＝発動条件は単数形でしか語りえない、ア・プリオリなものである。自由意志論におけるその必要性そのものが疑われることのありえないものである。根本において疑わないという点では、「決められていないからできる、だから自由だ」という実感の論理を自然に受け容れることができる日常の感覚と変わらない。異なるとすれば、発動条件の必要性をあらゆる場面で強調し、わずかでもその意義が損なわれることのないように努める意識の戦略性と徹底性によってである。この意識によって、選択は反対項選択として一義化されることになる。

デカルトの方へ

メランに宛てた第二書簡の冒頭で、自分はプトーの著作で述べられていることに「完全に同意する（plane assentior）」とデカルトは述べている。[11] しかし、たんなる挨拶とも受け取れるこの類いの言葉が思考と思想を反映しているのかどうか。答えは、あくまでも、右に再確認したようなジェズイットの思考モードをデカルトが共有しているのか否かという観点から探さなくてはならない。デカルトの考える意志とその非決定にも、ジェズイット的な意志の発動条件が組み込まれているのか。そうだとすれば、デカルトもまた実感の論理の延長線上で意志と選択と自由を考えていることになりうるが、果たしてそうなのか。「ある行為の必要条件がすべて揃っている場合でも云々」というモリナの定義にせよ、「外部の力が意志を闇に引きずり込もうとしても、意志は反対項を選ぶ力を失わない」というプトーの言葉にせよ、突き詰めれば、「外部の力によっても奪われえないのが意志の自由である」という主張に帰着する。精神の眼を外へ向けながらでなければ、あるいは、外と「内的な力」（スアレス）のあいだをたえず往還しながらでなければ、ジェズイット的な自由の意味は定まらない。それではデカルトも、こういった外部志向的な仕方で、つまり外挿的な仕方で、意志の自由というものを考えているのか。[12]

一連の問いを念頭に置きながら、二通のメラン宛書簡と「第四省察」以外の箇所で、« indifferentia / indifférence » に関してデカルトが何を述べているのか、確認してゆく作業に取り掛かろう。

2　コーパス上の事実から

主たる三つのテクストを除いて数えると、「非決定」およびこれに関連する表現は、デカルトのコーパスを通じておおよそ三五箇所に見つけることができる。もっとも、哲学上の文脈から明らかに外れている、(1)何ごとかへの無関心や選好の不在を言う日常的な用法と、(2)生理学、数学、物理学上の用例には、あえて言及するまでもないだろう。また、哲学的な含意を担う場合でも次の二つのケースはここでの検討対象から外してよいだろう。すなわち、(3)もっぱら消極的な意味での非決定状態について述べていることが明らかなものと、(4)神の非決定だけを論じたもの。[13] 以上を除くと、「非決定」の意味とそれに関連する事項を確認する必要が残るのは、次の三箇所に絞られる。（1）「第五答弁」の一節（AT VII, 377-378）、（2）「第六答弁」の一節（AT VII, 431-433）、（3）『哲学原理』第一部第四一項（AT VIII-1, 20）。それぞれについて、二段階で注釈を加えてゆこう。

（1）「第五答弁」——ガッサンディとの齟齬

エピクロスの原子論を土台に据えて、アリストテリコ・トミズムに基づく従来の自然学を全面的に刷新しようと目論んだガッサンディ（Pierre Gassendi, 1592~1655）。当時の思想界における一権威であったこの唯物論者の手になる『省察』への「第五反論」と、その主張がことごとく無理解に出来していることへの苛立ちを隠さないデカルト側の「第五答弁」を、最初に取り上げる。本章第三節で詳しく分析する「第四省察」の次の一節をめぐって交わされた遣り取りである。

この非決定は、知性がまったく認識していないものへのみならず、知性によっては十分に分明に認識されていないものすべてへ、意志が思い惑っているまさにその時点で拡がってゆく。しかし、どれほど確からしい推量が私を一方の側へ引き寄せようとも、それらは推量にすぎず確実にして不可疑な根拠ではないという認識のみをもってすれば、私の同意を反対側へ差し向けるためには事足りる。

〔T–86〕『省察』「第四省察」(14)

❶「貴方が意志の非決定について否定している事ごと」

デカルトはここで「第一省察」を振り返り、方法的懐疑の遂行にさいして働いていた心理的なメカニズムについて説明している。しかしその説明は、ガッサンディにしてみれば、「とうてい真実であるとは思われない（nullo modo videtur verum）」。

というのも、〔どれほど確からしくても結局は〕推量でしかないという認識は、あなたを引きつけている側を肯定しようとする判断に不安と躊躇いを伴わせはするでしょう。しかしその判断を反対の側に向け変えるには決して至りません。それは、同等の説得力を具えた推量のみならず、より強い説得力を具えた推量が得られた場合に初めて起こることなのです。

〔T–87〕『省察』「第五反論」(15)

当初の判断を促す推量と同等の説得力をもった推量では、その判断を向け変えるのに十分ではない。意志を特定の方向へ動かすには、方向を特定するに足るだけの明確な認識が意志に先行しているのでなければならない。ガッサンディによるこのような反論は、「あらかじめ認識されなかったものが意志されることはない（Nil volitum quin praecognitum）」という格律に忠実であろうとするところから生まれている。この反論に対するデカルトの第一声が、本章の冒頭近く引用した次の言葉である。「貴方が意志の非決定について否定している事ごとに関しては、おのずから明白ではありますが、とはいえ、私は貴方の眼前でそれを証明することに手を付けようとは思いません。それはもろもろの理由によって説得されるべきであるよりも、むしろ誰もがみずからにおいて経験するべきであるような事柄だからです」（〔T－82〕）。まともな議論が成り立つことはもう期待しないと宣言するようなこのにべもない返答を、それでもデカルトは次のような言葉で補足する。

貴方は、知性による決定を経ていないものに意志が赴くことは望まないがために、誤らないよう注意することがわれわれにはできるという点を否定しています。それでいて同時に、誤りに固執しないよう注意することがわれわれにはできるという点には貴方も同意している。このことは、かの意志の自由なしには決して起こりえません。すなわち、意志は知性による決定とは関係なしに（sine determinatione intellectus）、あちらの側へ、あるいは他の側へ、みずから赴く（se ipsam movere）ことができる。この点をしかし貴方は否定しているのです。〔T－88〕『省察』「第五答弁」(16)

ガッサンディが「意志の非決定について否定している事ごと」。右の言葉からすれば、それらは最終的に意志の自律性いかんという論点に集約されると考えてよさそうである。しかし、自律性の何が問題なのか。知性を意志に先行させれば自律性は損なわれるという点が問題なのだろうか。そのようにして、知性と意志のいずれがいずれに先んじるのかをデカルトとガッサンディは争っているのだろうか。もしそうだとすれば、中世を通じて繰り返されてきた議論を彼らもまた繰り返していることになる。「認識が意志の働きを導く」という立場に対しては、「その認識もまた「認識しよう」とする意志の働きによって可能になる」と主張され、これに対しては「その意志の働きも何らかの認識に促される必要がある」とされ、しかし「その認識を可能にするのも……」と続く、出口のない議論である（第三章註（20））。最終的には、「意志は知性によって決定されているのかどうか」という問いに還る議論である。

ガッサンディにとって、デカルトとの議論がこのようなものであったことは間違いない。「あらかじめ認識されなかったものが意志されることはない」という格律に従えば、意志の自由は当然に否定される。意志の非・被決定性を否定すれば、意志の自由を否定することになる。このような考え方こそ、その裏面に控える実感の論理と相携えて、自由の存否をめぐる議論を古代から近世まで（そしてそのまま現代にまで）継承させてきた当のものである。

デカルトはどうなのだろう。つとに『精神指導の規則』や『方法叙説』でも述べられていたように（二五八頁）、そして「知性による知得が意志による決定につねに先立たなくてはならない」[17]と「第四省察」でも明言されている通り、デカルトもまた右の格律を認めるに吝かではない。そうでありながら、「経験」を共有しない反論者に対しては、「自由であることが嬉しくないのなら、どうぞ自由でなくおいでなさい。私は、自分の自由を喜んで享受しますから」[18]と言い放つ。自由とは、言うまでもなく、意志の自由である。しかもそれでいて、先行する知性に対する意志の支配権を何とか確保しようとするスアレス的な工夫にデカルトは何の関心も示さない。

デカルトの見解は、知性主義対意志主義という伝統的な構図を前提とすれば、矛盾しているか、あるいはたんに両面的であると批判されるだろう。しかし、この構図を外れた地点でデカルトが問題を考えていたとしたら、批判は意味をなさない。目下の反論・答弁も、自由意志の肯否という見えやすい対立よりさらに深い次元で食い違っているということになる。それが、いかにも調子はずれなこの応酬の実態であったと私たちは考えている。「貴方が意志の非決定について否定している事ごと」が何を指しているのか、ガッサンディにはデカルトの念頭にあったものを理解しようにも理解に必要な回路が欠けており、それが遣り取りの噛み合なさの一因になっている。

とはいえ、見方を変えればこの欠如が一因にすぎないこともたしかであって、責めをガッサンディにばかり負わせるのはフェアでない。自分の考えが従来の構図にはまっておらず、したがって一般には誤解される可能性が低くないという点に無頓着だったのはまずデカルトの方だった。この無頓着ぶりに巻き込まれたという点では、同時代人たちも後世多くの研究者たちも変わらない。自身の思考形式の特異性に対する、したがって思想史上の、一般的な形式に対する、無頓着、配慮のなさ、構わなさ。デカルトがしばしば示すこういった態度を慎重に勘案しなければ、彼の自由意志論は分からない。それが決して誇張でないことは、追々二つの書簡と「第四省察」を読む中で明らかになる。

❷「知性による決定とは関係なしに」

いまできる範囲で問い直そう。ガッサンディには理解できないような意志の自律性とはどのような自律性なのか。あるいは、ガッサンディの思考回路には組み込むことのできないような自律性の考え方というのは、どのような考え方なのか。答えは、〔T–88〕に含まれている「知性による決定とは関係なしに（sine determinatione intellectus)」という副詞句の受け止め方と関わっている。直訳すれば「知性による決定なしに」となる一句だが、その言わんとするところは、「意志は知性によって決定されていない」ということではない。少なくとも、これでは曖昧さを免れない。それでは、どのようなことなのか。〔T–88〕に続くデカルトの説明を聞いてみよう。

> 知性がいったん意志を決定して誤った判断を下すようにした場合、貴方に尋ねますが、意志が誤った判断に固執しまいと最初にみずから注意し始める（primum ipsa incipit cavere）とき、意志は何によってそうするよう決定されることになるのですか。もしもみずからによって（a se ipsa）であるのなら、意志は知性によって促されているのではないものへとみずから赴くことができるということになり、しかしこの点を貴方は否定する。私たちの諍いはもっぱらこの点に関わっているのです。
> 〔T–89〕『省察』「第五答弁」[19]

知性の関与に先立って、意志はみずから動き出すことができる[20]。言い換えれば、知性の働きとは関係なく、意志はみずから活動する。「知性によって決定されていない」、ないしは「知性から独立している」という表現を、このような無関係性を言うために限定するのなら、知性によって決定されることなく、意志はみずから作動する、とさらに言い換えても構わない。しかし決して、「知性によって決定されていないから」、ないしは「知性から独立しているから」意志は云々というように、条件関係を想定してはならない。右の一節において、とりわけ「みずからによって決定される（a se ipsa determinatur）」という表現でデカルトが認めているのは、文字通り、意志の自己決定性である。「知性によって決定されていない」という条件を意志の発動に課すことは、この自己決定性という観念と相容れない。

もっともこれだけでは、かえって訝しく思われるだけかもしれない。結局のところデカルトは、意志が担うと彼の考える判断や行為一般の成立過程における知性の関与を無視しているということなのか。無関係という言葉を文字通りに受け止めれば、そうなるのではないか。

しかし、そういうことではない。先ほど述べたように、知性の先行性と意志の自己決定性を競合させる伝統的な構図の外でデカルトは考えている。《a se ipso》に集約される自己決定性としての自律性は、格律を乗り越えるための代替原理のようなものではない、ということである。ポイントは、むしろ、知性によって決定されているかいないかという観点を、意志の初動を捉えるさいには括弧に入れておくという点にある。知性を介して精神に導入される外的要素を括弧に入れることで、意志が発動するさいの起点に自己決定性を見出す。意志の発動を、実際には発動に関与している諸要因からいったん切り離し、諸要因とは「関係ない」ものとして把握する。このような順序で意志の力を捉えるデカルト的思考の内部に実感の論理が作動するための余地はない。思考が外挿的な性格を帯びることはない。この意味で、旧来の構図に則って自由を否定するガッサンディとの「諍い」は、学説が展開される次元よりもはるかに根深い次元にある。同じ構図に則って —— すなわち実感の論理と外挿的思考に依拠しつつ —— 自由を肯定するジェズイットとデカルトの齟齬に関しても、同様の根深さを認める必要が生じてくるだろう。

(2)「第六答弁」—— 神の非決定と人間の非決定

次に取り上げるのは、メルセンヌ(Marin Mersenne, 1588~1648)の周辺にいた哲学者、数学者、神学者数名によって共同で準備された「第六反論」と、これに対する「第六答弁」の第六項目。ここでデカルトは神の非決定と人間の非決定双方に触れているのだが、まずはこの項目を締め括る部分を引用しよう。

①こうして、神においては完全な非決定（summa indifferentia）こそが、その全能性を証するものとなるのです。②しかし人間に関しては、神によってすでに定められたあらゆる善と真の本性を見出した場合に意志がそれ以外のものへ向かうことはありえない以上、善と真をより明晰に見ればそれだけ、より自発的に、したがってより自由にそれらを抱き取ること、そして非決定では全然ありえないことは明白です。人間が非決定であるのは、何がより善きものであり、より真なるものであるのかを知らない場合に、あるいは少なくとも、疑いえないほど明瞭にはそれらを見ていない場合に限られます。③したがって、神の非決定とは大きく異なる非決定が人間の自由にはあてはまる。④このさい、事物の本質は不可分であると言われている点は関係ありません。⑤まず、いかなる本質であれ神と被造物に対して一義的な仕方で妥当することはありえないからです。⑥端的に言えば、非決定は人間的自由の本質に属していないからです。⑦というのも、われわれ人間は、善に関する無知のゆえに非決定である場合だけでなく、明晰な認識がその対象を追求するようわれわれを駆り立てる場合にもまた自由であり、そのような場合にこそ最大限に自由であるからです。

〔T－90〕『省察』「第六答弁[21]」

❶「非決定は人間的自由の本質に属さない」

神のものである「①完全な非決定」は二番目に取り上げるとして、まずは、人間の非決定について述べている②から⑦への行文を辿っておこう。③と⑦では非決定が人間の自由に属するとされ、しかしそのあいだに来る⑥

では、「非決定は人間的自由の本質に属していない」と、文字面だけ見れば反対のことが認められているように見える。

混乱した印象を残すデカルト側の論旨ではあるが、その印象は、反論を用意した著者たちの意図を考慮に入れれば解消できる。彼らは、②と⑦で繰り返されている「第四省察」の見解に疑義を呈しなければならないと考えた。「善と真をより明晰に見ればそれだけ……より自由にそれらを抱き取ることになり、非決定では全然ありえない」という②は、「第四省察」から序章で引用した〔T−1〕と〔T−3〕（十八頁）を圧縮したかたちで表現しているが、反論者たちは、善と真の認識に導かれる「第四省察」的な自由およびその裏面である「迷い」としての非決定に、神的自由の否定を読み取った。「このような考え方に基づく限り、神の自由を破壊する結果になるということがあなたには分からないのですか？　あなたは神の自由から、別の世界ではなくこの世界を創造し、あるいは何も創らない、そのような非決定を取り上げているのではありませんか？(22)」この反論は、自由の本質が――自由というものは本質的に――神と人間に対して一義的であるという理解を前提にしている。

これに対してデカルトは、③神の非決定と人間の非決定は異なる、④⑤本質は神と人間に一義的ではない、⑥非決定は人間的自由の本質には属さない、⑦無知ゆえに非決定である場合だけでなく、明晰な認識に決定されている場合にも（この場合にこそすぐれて）自由である、と応じてゆく。このように整理してみれば、「⑥非決定は人間的自由の本質に属さない」という箇所の「非決定」が「神の非決定」を意味していることは明らかであろう。なるほど、後世の目からすれば、全能性と実質的に同義である神の「非決定が人間的自由の本質には属さない」とはあえて述べ立てるまでもない当然の理解であると思われるかもしれない。しかし少なくとも「第六反論」の著者たちにとっては、この点こそが大いに憂慮すべき問題であった。デカルトはその憂慮が杞憂にすぎないことを右の答弁で示そうとしている。

以上のように、「第六反論」とこれへの「答弁」で論じられている人間の非決定は「第四省察」的な非決定、すなわち、善と真に関する認識の欠損ゆえに意志が甘受せざるをえない消極的な迷いの状態である。当然ながら、この文脈にはデカルトがジェズイットの見解に与したことを思わせる要素は見当たらない。それどころか、「③神の非決定とは大きく異なる非決定が人間の自由にはあてはまる」という箇所、そして「⑦われわれ人間は、善に関する無知のゆえに非決定である場合〔であっても〕自由である」という箇所は、デカルトが一貫してジェズイットとは無縁な思考の態勢をとっていることを印象づける。〈迷える意志〉の非決定も、程度や様態はともあれやはり自由であることが（序章二八～二九頁）、ここでは控えめながらも明確に述べられている。そして、「非決定は人間的自由の本質には属さない」という⑥がこの点を否定するものでないことは、いま確かめた通りである。

❷「完全な非決定」

引用したテクストにジェズイットの自由意志論へ繋がる要素は見当たらないと右に述べた。しかし、冒頭の「完全な非決定」とは、まさしく「非決定の自由」を指すものではないか。

このような理解が成り立たないことは、前者は神のもの、後者は人間のものという根本的な違いによって、いわば形式的に説明できる。ここでは、しかし、もう少し実質的な説明を試みよう。神と人間の相違をあえて——不可能と知りつつ——括弧に入れてみよう。それでもやはり「完全な非決定」と非決定の自由を関連づけるのは、デカルトが思考を働かせるその仕方からして、無理である。そう断言できる理由を、神的自由に関するデカルトの考えについて必要最小限の事項を確認しながら、はっきりさせておこう。先ほどと同じ「第六答弁」第六項目から、今度は冒頭部分を引用する。

自由意志に関して言えば、そのあり方は神の内にある場合とわれわれの内にある場合で大きく異なっています。神の意志が、すでに創られたすべてのもの、もしくはいつか創られるであろうすべてのものに対して永遠の昔から非決定ではなかったとするのは理に反する。というのも、善なるもの、あるいは真なるもの、あるいはまた信じられるべきもの、あるいはなされるべきもの、あるいはなさずにおかれるべきものについて、それらが現にそうあるよう設えるべく神の意志がみずからを決定するのに先立って、それらの観念が神の内にあるというようなものはおよそ考えられないからです。〔T-91〕『省察』「第六答弁」(23)

神的意志の発動が何らかの先行要件に従う場合が仮にもあるとすれば、神自身の知性に対してか、あるいは数学的真理のようないわゆる永遠真理に対してであろう。しかし、デカルトの神とは永遠真理をも創出する神である以上、まず第二の可能性は排除される。「三角形の三つの角の和が二直角に等しいことを神が欲したがゆえに、いまやそのことが真なのである」(24)。他方で第一の可能性を排除するのが、右に引用した一節である。その後半を少しパラフレーズすれば、神の意志は、知性の示す「善の観念」に基づいて、つまり何らかの理由を示す知性の働きを前提として、あれではなくこれを選ぶというように作動するのではない、ということになる。ただし、意志に対する知性の先行性が否定されるのは、意志が知性に先行するからではないし、ましてや知性の指示を無視する権能を意志に認めるためではない。そうではなく、神においては知性と意志が完全に同期して作用するためである。一六三〇年代の書簡（「神においては、意志すること、知解すること、そして創造することは同じ一つのことであり、いずれかがいずれかに先立つことはない」[25]）から、『哲学原理』に至るまで（「神は唯一の、そしてつねに同一で最も単純な働きによって、すべてを一挙に知解し、意志し、そして作用する」[26]）、デカルトは一貫してそのように考えている。

たしかに「完全な非決定」というのは、あらゆる外的な制約ないし決定を神は免れているということである。しかし、この非・被決定性を神的自由の条件のように考えるならば、誤ることになる。神的自由の実質は、あくまでも、知性と意志が完全に同期するがゆえの純粋な能動性にこそ求められる。決められていないからできるという本質的に心理学的な説明の仕方では、この能動性に届かない。それにもかかわらず神の非・被決定性をあえて前面へ出すことに意味があるとすれば、それは、神が「すべてのものに対して非決定である」という点を明確にするためであると私たちは解釈する。すなわち、神について言われる非決定とは、万物万象に対する神の超越性の言い換えである、と。

いずれにしても、「決められていないから自由だ」という心理的な説明をデカルトが採用している形跡は、「第六答弁」のみならず、神の自由に言及するあらゆる箇所を通覧しても見当たらない。「完全な非決定」という言葉から、心理的説明の中でもとりわけ入念に用意されたジェズイット的な自由を連想することは、意志の自由にまつわるデカルトの言説に行き渡る〈デカルト的感覚〉とでも呼びうるものに、そぐわないのである。

神の自由については以上にする。思想史におけるデカルト的な神概念の特異性に関しては、神の自己原因性をはじめとして[27]、さまざまな問題がある。しかし、人間の自由に焦点を合わせている私たちの考察にとっては、

「神の無差別（＝非決定）の自由はデカルト哲学においてそこから降りてきて、人間的自由について解明される出発点ではない」[28]という事実の方が重要である。デカルトによる神的自由の概念は、有限な世界を完全に超越したところで成立するがゆえの過剰な単純さのために、その内実を捉えることが容易ではない。他方で人間的自由の概念の難しさは、超越の契機が有限性と否応なく撚り合わされるがゆえの複雑性に起因する。二つの難しさは、あとで引くデカルトの言葉を借りれば、「性質を異にする」。デカルトにおいては――「神の似像（imago Dei）」という古来の表現にデカルトが込めた独自の意味を除けば――神の自由と人間の自由のあいだに接点と呼べるほどのものはない。

神の自由と人間の自由。異質な両者をあえて関連づけようなどとはしない方がよい。異質なものは異質なものとしてともども肯定すればそれでよい。三番目に取り上げるのは、デカルトがこのような方針でいることを示している『哲学原理』第一部第四一項である。多くの研究者がここにジェズイットの影響を見出しているのだが[29]、そのような解釈とデカルトの方針が果たして両立するものかどうか。

（3）『哲学原理』第一部第四一項――「協働」なき「調和」

判断における過誤を主題とする「第四省察」の内容を、デカルトは『哲学原理』第一部の第三一項から第四四項で再構成する。過誤が生ずる心理的メカニズムを説明する第一の筋に、神を人間の過誤から分離するための第二の筋が撚り合わされ、こちらに沿うかたちで意志の自由が論じられる。関連する標題を拾っておくと、「自由に、すなわち意志によって行為することは人間の最高の完全性であり、このことによって人間は称讃あるいは非難に値するものとなる」（第三七項）。「意志の自由はそれ自体で知られる」（第三九項）。「すべてが神によって予定されていることもまた確実である」（第四〇項）。以上を踏まえて、「いかにすれば、われわれの意志の自由と神の予定が全体として調停されるのか（Quomodo arbitrii nostri libertas et Dei praeordinatio simul concilientur）」という古来の問題を取り上げるのが、次に引用する第四一項である。冒頭の「このような困難」は、第四〇項後半の「もしこの神の予定をわれわれの意志の自由と調停させ、双方を同時に包括的に理解しようと努めるならば、われわれは大きな諸困難に容易く巻き込まれかねない」という一文を受けている。

> しかし次のことを思い起こしてみれば、われわれはこのような困難から免れるだろう。すなわち、われわれの精神は有限であること。他方で、神が、存在しているすべてのものと存在しうるすべてのものを永遠の昔からあらかじめ知っていたばかりでなく、それらを意志し、予定していたその能力は無限であること。したがって、われわれは、神の能力が神の内にあるということを明晰判明に覚知できる程度には、たしかに近く神の能力に触れうるのだが、しかしなぜ神が人間の自由な行為を未決定のままに残した（liberas hominum actiones indeterminatas relinquat）のかが分かるほどに、その能力を包括的に理解することはできないこと。他方で、われわれの内にある自由と非決定（libertatis autem et indifferentiae, quae in nobis est）に関しては、これほど明証的かつ完全にわれわれが包括的に理解するものは他に皆無であるというような仕方で〔それらを〕意識していること。じっさい、その本性からして包括的には理解はできないと分かっているものを包括的に理解しないということのために、内奥において包括的に理解し、われわれ自身のもとにおいて経験する他の事柄まで疑うのは不合理であろう。
>
> 〔T-92〕『哲学原理』第一部第四一項[30]

❶「われわれの内にある自由と非決定」

「われわれの内にある自由と非決定」という表現でデカルトが認めているのは「非決定の自由」に他ならない。「神が人間の自由な行為を未決定のままに残した」という先立つ箇所は、まさしく被造意志の非・被決定性を指しており、すなわち、非決定の自由を概念として成立させる可能性の条件である「決められていないからできる、だから自由だ」という実感の論理を、デカルトもまた駆動させている。

これが、第四一項を一読して生ずる自然な印象であるかもしれない。意志の非・被決定性と実感の論理に関する後半の部分は私たちが仮に想定してみたものだが、少なくとも「われわれの内にある自由と非決定」をもって非決定の自由とする最初の点は、デカルト研究において広く共有されてきた見解である。それにしてもなぜこのように理解できるのだろう。理由が示されたケースを私たちは知らない。「自由と非決定」と言われているから当然非決定の自由であるというのが無自覚裡に採用されている理由ではないかと推測される。しかしこれが理由の名に値する理由であるのかどうか、直近の文脈と非決定の自由の存立条件に照らして簡単に検証してみよう。

第四一項に先立って、デカルトが「われわれの内にある自由」をどのように説明していたのか、まず確認しておく。第三九項によれば、意志が自由であることは、「みずらかの決定によって、多くのことに同意し、あるいは同意しないことができる（multis ad arbitrium vel assentiri vel non assentiri possimus）」という事実からして明白であるとされる。この明白さは、「完全に確実ではなくまた探求され尽くしていないものについては信じることを差し控える（ab iis credendis abstinere, quae non plane certa erant et explorata）」ことができるという、「第一省察」における方法的懐疑の経験を通して得られたものである。

それでは、人間の意志が神によっては「決められていないから」、このような判断の差し控えも可能になったとデカルトは考えているのだろうか。「決められていないから」というだけでは説明として決定的に不十分である。これだけでは、なぜ、本当らしく思えることを信じるに任せるのではなく、あえて判断を差し控え、それまで確実だと思ってきたものを宙吊りにするなどという面倒なプロセスを踏むことにしたのか、分からないのだから（第一章で、最初の人間はなぜ悪をなさないのではなくなしたのか、非決定の自由や悦楽の原理では説明できないと指摘したが、問題の構造はここでも同じである）。この点は問わないのがジェズイットでありパスカルであったわけだが、デカルトもまたそうなのだろうか。第四一項の趣旨からしても、デカルト的な自由の考え方からしても、そうではない。「神は人間の自由な行為を未決定のままに残した」とデカルトが指摘したのは、標題から明らかなように、神の全能と人間的自由の両立可能性を示すためであり、そのためだけである。他方で人間の自由を語るとき、デカルトはその根拠を人間の内側にしか求めない。その根拠が、ガッサンディとの遣り取りにあった意志の自己決定性であり、これを根拠として具えていればこそ、「人間は自分の行為の作り主」（第三七項）であると考えられることになる。

「われわれの内にある自由と非決定」という表現だけを盾にして、第四一項にデカルトのジェズイット化を見るような解釈に根拠が欠けていることは、以上だけからしてもすでに十分明らかだろう。ここではむしろ、右の両立可能性に関するデカルトの考えをもう少し探っておきたい。神の予定と人間の自由の「調和（concordia）」という、前世紀の半ば以降熾烈を極めた神学論争の中核にあった問題に対して、デカルトはどのようなスタンスを取っているのか。

❷「依存性と独立性は異なる性質のものなのです」

『哲学原理』第一部第五一項によれば、「〔神を除く〕他のすべての実体は、神の協働なしでは存在することができない[31]」。とりわけ人間精神という実体に関しては、その一様態である意志に善性を賦与したのもまた神である。被造意志は、その存在だけでなく基本的な道徳性格の点でも、神に依拠している。「第四省察」の表現を用いれば、「〔意志の〕働きはじっさい、神に依拠する限り、およそ真であり善である[32]」。のみならず、逐一の意志作用もまた神によって知悉されている。「一人の人間の精神に入って来る思惟であれば、どれほど些細なものであっても、神がそうなるように望まないもの、永遠の昔から望んでいなかったものはありません[33]」とデカルトはエリザベート（Élisabeth de Bohême, princesse Palatine, 1618–1680）に語っている。

このように、神に対する意志の依存性は、その起源、本性、作用のすべてに渡っている。しかし、そうでありながら、神に対する人間の意志の全面的な従属は、その意志が人間の内で作用するさいの独立性を少しも損ねない。第四一項前後半の対照性が示している通り、デカルトは、神の意志と人間の意志という審級の異なる二つの力のいずれをも全面的かつ同時的に肯定する。

人間的意志の独立性に対する確信を表明したテクストを三つ本章の冒頭近くで引用したが、その最後のもの、エリザベートに宛てた書簡の一節（二六〇頁〔T–83〕）を、デカルトは次のような言葉で継いでいる。

> 私たちが自分の内側で経験し感ずる独立性は、それだけで私たちの行為を称讃されるべきもの、あるいは非難されるべきものとするのに十分でありますが、だからといって、万物が神に従属しているという意味での依存性と相容れないわけではありません。この依存性は〔独立性とは〕異なる性質のものなのです。
>
> 〔T–93〕エリザベート宛書簡 一六四五年十一月三日付[34]

依存性と独立性は性質を異にする以上、「この上もなく完全な存在」（エリザベート宛書簡 一六四五年十月六日付）とされる神の完全性と、意志の作用である行為において証される「人間の最高の完全性」（『哲学原理』第一部 第三七項）は別々に考えられてよい。二つの完全性は同時に、しかもそれぞれ全面的に、肯定されてよい。

このさい、「同時に」ということで、モリナによる同時的協働理論を想起する必要はない。もちろん、トマス主義者たちの物理的先動理論とも関係は何もない。総じて、オラトリオ会やジャンセニストといった勢力を新たに巻き込みながら未だ終息へ向かう気配を見せていなかった恩寵論争の土俵そのものから降りてしまわなければ、右のような双方向的で全面的な肯定は不可能である。従来の論争は、神の意志と人間の意志、二つの力の人間的行為における主導権ないし持ち分をいかに調整するかを焦点としていた。二つの力の働きが何らかの仕方で交わることは当然の前提であり、交わりを相互作用と捉えるのであれ、一方的な作用に近いものと捉えるのであれ、二つの力のあいだに何らかの関係が、すなわち何らかの「協働（concursus）」が、たとえジェズイットの考えたように形式的な仕方であれ、ともかく成立していると考える点は立場の相違を越えていた。これに対してデカルトは、神の意志と人間の意志がそれぞれの本性に従って作動し、充足し、そのさい、一方が他方の作動と充足の自己完結性を損ねるようなことは一切ないと考える。(35)それは、言い換えれば、協働という概念によって考えられてきた関係性を考慮に入れないということである。

いわば、「協働なき調和（concordia sine concursu）」。このようなデカルトの見解は、論争の従来的な枠組みを無視するものであり、一般的に言えば、神と人間の力関係を何とかして語りたいという欲求に肩透かしを食わせる性質のものである。(36)デカルト自身は、しかし、自分の立場がそれほどまで特異なものであることをおそらく意識はしておらず、したがってその特異性を誇示するようなこともない。右の欲求を充たしたいと切に願うエリザベートに対しても、基本的に、双方向的な事実それぞれの筋を通すだけである。一方で、「もしも全体として神に出来するのではないような事物が世界の中で起こりうるとしたら、神がこの上なく完全であることにはならなくなってしまうでしょう」(エリザベート宛書簡 一六四五年十月六日付)[37]。しかしこの点をもって、「内奥において包括的に理解し、われわれ自身のもとにおいて経験する〔意志の自由〕まで疑うのは不合理であろう」(第四一項末文)。

3 問題が行き着くところ

「第四省察」の定義前半

私たちが注釈を施した三つのテクストに、非決定の自由と反対項選択能力ないしこられと等価な概念をデカルトが用いた形跡はいっさい認められなかった。ジェズイットの自由論に特徴的な傾向がわずかにであれ反映した箇所も見当たらなかった。すなわち、実感の論理に従って非・被決定性を自由のメルクマールとすること。意志の力を外部との関係で、外挿的な仕方で考えること。

しかし、メラン宛の書簡には「悪魔的」意志の一節がある(序章十八頁〔T‐2〕)。その直前では、「対立二項のいずれへも(ad utrumlibet e duobus contrariis)」向かうことのできる力が肯定されている(ように見える)。さらに、同じ書簡の後半では、「より善きものを見ながら、より悪しきものを求める」というオウィディウスに由来する一句が、意志の弱さ(アクラシア)の問題としてではなく、意志の力を語る文脈で、引用されてもいる。〈放恣なる意志〉を想わせずにはおかないこういった要素をどのように考えるのかという問題は未だ手つかずのまま残っている。

『省察』や『哲学原理』についてはどうだろう。デカルトの主要な二著はいずれも真理の探求を課題とする。「真理を探求しようとする者は、一生に一度、あらゆる事物を可能な限り疑ってみなくてはならない」(『哲学原理』第一部第一項標題)[38]。そのような場所に、『コンコルディア』による「罪を犯す自由」や『形而上学討論集』における意志の無制約的な裁可の構造が入り込む余地はない……。このように断定できれば話はずいぶん簡単になるのだが、そのようなわけにはやはりゆかない。というのも、「第四省察」による意志の定義そのものが、正確にはその前半部分が、非決定の自由と反対項選択能力についての規定として受け止められる可能性を含んでおり、現実に、そのように受け止める解釈が存在するからである。

私たちのデカルト論が収斂する一つの先になるこの定義前半が抱えている難しさとはどのような性質のものなのか、ここではっきりさせておくことにしよう(一般に「恊働」論は「悪」論と合わせ鏡をなすが、デカルトにおいてもそうである。その「悪」論と不可分の関係にあるのが「捩じれた系譜」に対するデカルトの立ち位置で、本書のデカルト論はこの位置の見極めをもう一つの収斂先にしている。こちらは、予告した通り、終章のテーマである)。定義の後半は本書を始めてすぐに引用したが(序章一八頁〔T-1〕)、前半部分もあわせた全体は次のようになっている。

意志とは、(Ⅰ)同じ一つのことを、することが、あるいはしないことが(すなわち、肯定し、あるいは否定することが、追求し、あるいは忌避することが)われわれにはできるということにのみ存するものである。(Ⅱ)あるいはむしろ、知性によってわれわれに提示されるものを肯定し、あるいは否定するために、ないしは追求し、あるいは忌避するために、いかなる外的な力によっても決定されてはいないと感ずるような仕方でわれわれがみずからを赴かしゆく、ということにのみ存するものである。

〔T-94〕『省察』「第四省察」[39]

意志の自律性を主張する前半（I）と、意志の知性に対する従属を説く後半（II）では、一見して反対の方向を目指しているではないか。「することが、あるいはしないことが、われわれにはできる（vel facere vel non facere possimus）」とする前半は、反対項選択能力（potestas ad opposita）すなわち非決定の自由ないし積極的非決定以外の何ものでもないではないか。『哲学原理』第一部第三九項で、デカルトは定義の前半部分を「みずからの決定によって、多くのことに同意し、あるいは同意しないことができる」と言い換える。「完全に確実ではなくまた探求され尽くしていないものについては信じることを差し控える」という方法的懐疑を可能にしたのは、まさしくこの同意しない力である。だとすれば、懐疑もまた、定義前半ともども、非決定の自由に依拠していたということになるだろう——定義の前半は、たしかに、以上のような理解を誘発しかねない。

私たちはすでに第三九項を第四一項とあわせて検討した（二八二頁）。いずれの背後にも非・被決定性を読み取ることはできず、したがって非決定の自由と結びつけることはできないと認定した。定義前半に関しても、同様の理由から同様の認定を下し、直感的に得られる右のような理解を退けることは一応のところ可能である。しかし、可能ではあるのだが、この理由だけで片づけてしまうことが必ずしも最善ではないような微妙さが定義の前半にはある。このような理由だけで片づけてしまうにはあまりにもったいない根本的な問題が、定義の前半によって実は提起されていると言ってもよい。

反対項選択能力の概念は、これまで幾度も指摘した通り、意志の非・被決定性と密接に連動している。他方で、この概念は「選択」という一般的な観念とのあいだに連続性を保ってもいる。この観念も、理論上、非・被決定性を前提としており、だからこそ、モリナ論の最後で指摘したように、意志の非・被決定性を肯定する実感の論理を、非決定の自由＝反対項選択能力の概念がみずからの支えとして求めるということも起こりうる（第二章一八一頁）。しかし、ということは、選択という一般的な観念への――日常的な経験に裏打ちされた、少なくとも戦略的ではないような――信頼が、反対項選択能力という強い概念の肯定へと横滑りを起こすという、逆向きのケースもまたありうるということではないか。哲学（研究）者も含めて、人が選択という一般的な観念を抱くにあたって、外の諸力から意志の非・被決定性を守ろうとするジェズイット的な鋭い意識をもっているなどとはとてもではないが想定できない。しかしそのような意識とは無縁な者でも、みずからの実感の論理に従って非決定の自由に何らかのリアリティを見出すことは、十分にありうるだろう。

マルブランシュが誘う問い

このように述べながら、私たちは具体的な人物の名前をいくつか思い浮かべているのだが、その一人がマルブランシュである。『真理の探求』にいわく、現世における人間の認識は否応なしに不完全である以上、「同意を控えることができるという、かの非決定の自由（cette liberté d'indifférence, par laquelle nous puissions nous empêcher de consentir）をわれわれがもつことは絶対に必要」であり、現に、そのような自由をわれわれは「過誤に陥らないために神から与えられている」[40]。

マルブランシュはたしかに「非決定の自由（liberté d'indifférence）」を肯定している。原理上、彼もまた何らかの仕方で実感の論理と外挿的な思考を働かせているはずである。しかしだからといって、この肯定に関して非・被決定性の問題を云々することは、できないではないが、それほど意味のあることでもない。非決定の自由を肯定するならば、スアレス的な意志の恣意性も肯定するのか[41]、あるいはメラン宛書簡の悪魔的意志を認めるのか等々とマルブランシュに迫ることはできる。しかし、そうしてみても、そういった極端なケースを認めるつもりがまったくないマルブランシュのような人に対しては、ほとんど難癖にしかならないだろう。
デカルトに着想を得たことが明らかな右の言葉について、それでは、何を問題にするべきなのか。この言葉は、第三九項を経由して、定義の前半に還る。「することが、あるいはしないことが、できる」をマルブランシュは非決定の自由を規定したものと考えているはずである。その非決定の自由は、「過誤に陥らないために神から与えられ」たものであるからには、悪魔的な自由であるよりも、むしろ、ノーマルな選択に近いものだろう。そして、問題は、果たして本当にそうなのか、という点にある。定義の前半は本当に、選択について語っているのだろうか。そうではなく――

デカルトは、たんに、端的に、一つのことを「することが、できる」という点に意志の本質があると述べているだけなのではないか。同じ資格で、意志はその同じことを「しないことが、できる」、と。つまり、するか、しないかという選択ではなく、端的に「できる」ということを述べているだけなのではないか。

「選択」という観念の振幅

非決定の自由は、そのジェズイット的な尖鋭性において、メラン宛書簡における悪魔的意志の問題を惹起する。その悪魔的意志を定義の前半と重ねることで、〈従順なる意志〉について規定する定義後半との不整合性が突出する。たしかに、見えやすい、いかにもスキャンダラスな問題であり、実際に研究者たちを戸惑わせて来たという意味で、重要な問題である。しかし、この問題の背後には、「非決定の自由」が「選択」という一般的な観念と連続しているがゆえに生ずる、一見地味で、しかし繊細な取り扱いを求める厄介な問題がある。すなわち、

「することが、あるいはしないことが、できる」を、選択の規定として読むか、それとも、「できる」という一点に焦点を当てたものとして読むか。

強弱はどうあれ非決定の自由という考え方を現に受け容れているマルブランシュの念頭に、二番目の選択肢が浮かぶことはないだろう。この点では、大部分のデカルト研究者も同じだろう。しかし、私たちはそのような選択肢を――後述するデカルト的な意味で――「選ぶ」。私たちは、あくまでも、「できる」に思考の焦点を合わせようとする。もちろん、それがデカルト的な思考の順序に沿った行き方であると考えているからである。

非決定の自由と反対項選択能力。両概念に固有の強さのことは、いつも頭に置いておく必要がある。とりわけ、第二のメラン宛書簡の読解にあたっては。しかし同時に、この強さを充填されても破綻しない容量を具えつつ、しかしそのような強さを発揮しないことの方が常態であるような「選択」という一般的な観念のことも、つねに考えておく必要がある。相当に大きな振幅のあるこの一般的な観念と、「できる」を支える自己決定性という観念の関係を、たえず考えてゆく必要がある。この点で、「第四省察」の定義は、言葉数が多く一見して複雑な後半よりも、前半の方がはるかに難しい。悪魔的な意志の一節よりも、やはりはるかに難しい。

初期設定として述べておく必要があった事項は以上である。

第二節　第一のメラン宛書簡――（一六四四年五月二日）

1　受動と能動の向こう側

意志の自由に関するデカルトの考えを積極的な仕方で再構成する試みの第一段階として、本節では、ジェズイットの神父メラン（Denis Mesland, 1616~1672?）にデカルトが宛てた一六四四年五月二日付フランス語の書簡（第一書簡）と、翌年二月九日付のラテン語による書簡（第二書簡）の冒頭部分を検討する。そのあと「第四省察」に含まれる懐疑の生成論を次節で分析し、章を改め、第二書簡の本体で展開される自由論の検討を踏まえて、「第四省察」における意志の定義に向かうという段取りである。

校訂版で十ページほどに渡りさまざまな論点を取り上げる第一書簡はデカルトの手になるものとして長文の部類に入るが、私たちに関係があるのは、「プトー神父が自由意志について記されたことを私は存じておりません。しかしこの主題に関してあなたがご自身の意見を説明して下さったところからすると、私の見解がプトー神父の見解からかけ離れているとは思えません」という断りの少しあとから始まる一ページ半強の箇所に絞られる。まずその前半部分を引用しよう。以下で用いられる「あなた（vous）」はもちろん書簡の受取人メランを指すが、実質的には「あなたとあなたが代弁するプトー神父」、さらに言えば「あなた方イエズス会士」のことであると考えて差し支えない(42)。

①判断を停止することが人にはできる（on peut suspendre son jugement）とあなたが仰る点については、私も同じ意見です。その上で私が〔第四省察で〕説明を試みたのは、判断を停止することができる、その仕方（moyen）についてなのです。②というのも、知性における大いなる光に続いて意志の内に大いなる傾向性が生ずることは間違いないと思われるため、ある事物が自分にとってふさわしいことをきわめて明晰に見ながらそちらへ向かう欲求の流れを止めるのは、この明晰な考えにとどまる限り、まったく容易ならざること、いやむしろ不可能なことでさえあると思われるからです。③S しかし魂はその本性上、同じ一つの事物にほとんど一瞬間しか注意を向けていることができませんから、当の事物が自分にふさわしいと知らしめた理由から注意が逸れて、それが望ましいと思われたことが記憶の内に残るだけとなるや、③P われわれは当初のふさわしさを疑わしめる何か他の理由を精神に表象し、かくして判断を停止し、さらにはおそらく反対の判断を形成することさえ、できるようになるのです（nous pouvons représenter à notre esprit quelqu'autre raison qui nous en fasse douter, ainsi suspendre notre jugement, et même aussi peut-être en former un contraire）。

〔T–95〕メラン宛書簡　一六四四年五月二日付[43]

事物の真性ないし善性を知性が明証的に認識した場合、意志はその認識をおのずから肯定する。「知性における大いなる光に続いて意志の内に〔その光を肯定しようとする〕大いなる傾向性が生ずる[44]」。ジェズイットにしてみれば、「第四省察」を導くこのような考えは到底そのままでは受け容れ難い。肯定判断をしないでよい可能性が意志に残されていないなら、非決定の自由も消失する。そうならないためには、たとえ明晰判明な認識を得た場合でも「①判断を停止することが人にはできる」と考える必要がある。

デカルト宛の書簡が失われているいまとなっては細部まで知る手だてはないが、少なくとも大筋でメランがこのように述べてデカルトに見解の再提示を求めたことは、ほぼ間違いないと思われる。明証的な認識に対する判断停止が可能か否か。この点は、メラン＝ジェズイットにとって、非決定の自由の存否に直結する問題である。判断を下すのではなく下さない、すなわち判断を差し止める。それこそジェズイット的非決定すなわち積極的非決定の一形態である。

これに対してデカルトは、「第四省察」の基本的な立場を繰り返しつつ（②）、この立場が判断停止の可能性を抹消するものではないことを（①＝③P）、実際に人が判断を停止する「仕方」の説明を通して（③S）、メランに理解させようとする。その説明を敷衍すれば、次のようになるだろう——「つねに一つの同じ認識に粘り強く集中することができないという弱さ」(45)から、事物の真性ないし善性に関する認識の明晰さが時間の経過と伴に曇ってくることは避け難い。当初の認識は記憶の中で、同じ事物への欲求に取って代わられる。たしかに欲求も、明確であれば（そのような欲求は実質的に意志そのものとほとんど見分けがつかないだろう）、認識された通りに事物を追求する推進力となる。しかし欲求の欲求たるゆえんは、志向する対象へとさほど一直線には整えられていないな点にある。当の対象を本当に欲していたのかしばしば分からなくなるのが欲求というものである。注意力と記憶(46)と欲求が織りなすこのような心理の機制に基づいて、「他の理由を表象することが、判断を停止することが、そして場合によっては反対の判断を形成することが、人にはできる（pouvoir）」(47)。

しかし、これでもってメランに対する返答になっているのだろうか。話が噛み合っていないのではないだろうか。デカルトが示しているのは、意志的・能動的にではなく、自己統御の可能な範囲を越えた事情によって、その意味で受動的な仕方で精神に生ずるような判断停止であるように見える。積極的非決定の可能性を問題にしたメランに対して、デカルトは消極的非決定の成立過程を語って応答しているように見える。この印象に従う場合[48]、③Pの«pouvoir»を強い意味で「できる」というふうには解さずに、理由の表象や判断停止といったことが「起こりうる」と、蓋然性のニュアンスを込めて読む方におのずと傾くことになるだろう。そうすれば、③内部の整合性は一応保つことができる。ところがそれでは、遣り取りの辻褄が合っていないという点を説明できない。

デカルトは、③によっていったい何を語ろうとしているのだろう。すでに「第四省察で説明を試みた」（①）という言葉通りに「第四省察」へ戻っても、事態は必ずしも明らかにはならない。次に引用するのが、③との関連を問題にする余地がある唯一の箇所である。「第二省察」でみずからの「考える本性（natura cogitans）」を見出した「私」は、この本性が「物体的な本性（natura corporea）」と同じなのか異なるのか、「第四省察」の段階ではまだ見極められないでいる。そのような現状に対する自覚と自戒から出た一節である。

> 私は、一つのものを他のものより以上に〔選ぶべきであると〕自分を説得するいかなる根拠もいまなお自分の知性には立ち現れていないと考えている。しかるにこのことから、いずれの側を肯定するか否定するかについて、あるいはこのことに関しては何も判断しないかについてさえ、確かに私は非決定でいるのである。
>
> 〔T-96〕『省察』「第四省察」[49]

第一文は注意力の低下を問題にしているわけではない。それでもあえて③Sと関係づけるなら、「いかなる根拠もいまなお自分の知性には立ち現れていない」場合に起こりうる事態を③Sが具体的に説明しているということになるだろうか。第二文が示しているのは、「私」が現に「非決定である（sum indifferens）」ということ。私は何であれ選択をすることができない状態にある、すなわち消極的非決定の状態に陥っている。

こうして見ると、やはり③Sが示す推移の受動的性格に合わせて③Pの「できる」を「起こりうる」の意味で理解する方が、「第四省察」との関係でもより整合的であるように思われるかもしれない。しかし、③の全体を受動の相の下に見ようとする解釈は、辻褄の不整合によってのみならず、書簡の後続箇所によって、直に頓挫させられる。デカルトは、意志的かそうでないかを指標に能動と受動を分割する一般的な区別を採用しておらず、消極的非決定と積極的非決定というジェズイット的かつ一般的な分類とは全然別の仕方で「非決定である」という事態を捉えている。あるポジティヴな契機が、一見ネガティヴな非決定状態にも穿たれているとデカルトは考えている。

③Pの « pouvoir » という助動詞をどう読むかといういかにも細かな問題は、意志という力の捉え方の最も基本的なところに関わっている。書簡に戻って、先ほどの続きを読んでみよう。

2 「みずからを決定する実象的で肯定的な力能」

次が第一書簡における決定的な箇所である。

> ④このように（Ainsi）、あなたは自由を非決定それ自体の内にではなく、みずからを決定する実象的で肯定的な力能（puissance réelle et positive de se déterminer）の内に置いているのですから、私たちの考えは言葉遣いの面で異なっているにすぎないのです。この力能が意志の内にある（cette puissance est en la volonté）ことは私もまた認めるところなのですから。⑤ただし、あなたが不完全性の一つとお認めになる非決定に意

志が伴われている（elle est accompagnée de l'indifférence）場合でも、まったく伴われていない場合でも、私は意志を異なるものとは考えないがゆえに、……私は意志に関わる事ごとをすべて一般的に自由と呼んでいるのです。他方であなたが望まれているのは、自由という名を自己決定する力能に限定して、それに非決定が伴うと考えることなのです。〔T-97〕メラン宛書簡　一六四四年五月二日付（〔T-95〕続き）[50]

デカルトは何を念頭に置いて「みずからを決定する実象的で肯定的な力能」――「実象的で肯定的」という形容詞の意味はこのあとで説明する――と言っているのだろう。注意力の低下と記憶への欲求の介入という③Ｓが示す受動的なプロセスは意志にとっての外部事情である以上、直前の③Ｐを念頭に置いてである。さらに絞り込めば、理由を思い浮かべること、判断を宙吊りにすること、反対の判断を形成すること、こういったことを「できる（pouvoir）」力として、デカルトはこの「力能」を考えている。

メランが「不完全性の一つと認める非決定」というのは、ジェズイットの分類における消極的非決定、つまり③Ｓが示すような事情から生ずる迷いの状態に相当する。スアレスに即して確かめたように（第二章二六三頁〔T-84〕）、ジェズイットはこの受動的な状態をたんなる「無力（impotentia）」と見なして意志の能動的な力の働きから切り離す。直感的に分かりやすいこのような考え方を、デカルトは明らかに踏襲していない。たとえ意志が消極的な意味での「非決定に伴われている」場合でも、つまり意志が非決定状態にある場合でも、「私は意志を異なるものとは考えない」。すなわち、そのような意志もまた「みずからを決定する実象的で肯定的な力能」を現に働かせている意志である。だからこそ、デカルトは「意志に関わる事ごとをすべて一般的に自由と呼ぶ」。「非決定それ自体」は意志的ならざる事態（③Ｓ）と優れて意志的なる事態（③Ｐ）の双方を含みつつ、最終的にその全体を支えているのはあくまでも意志の力能なのである。[51] この力能に具わっている実象性と肯定性に注目する限りでは、普通の意味で意志的になす判断停止も、意識の上ではやむなく陥った判断停止状態も、変わらない。この限りでは、非決定の自由を前提にメランが語る判断停止に対して、一見消極的に見える判断停止をもって答えても、根本の部分に変わりはない。〔T-96〕が言う「非決定でいる」ことを可能にしているのも同じ「力能」であると考えれば、③をこの〔T-96〕と対応させても不都合は生じない。意志の力能にいったんすべてを収斂させる、以上のような考え方に自分が立っていることを、デカルトは第二書簡の冒頭で明示する。

③P「できる」の核となるものがこのように名指された以上、そこに蓋然性のニュアンスを織り込んで、③Sに示されている事態の推移の受動性と折り合いをつけようとする解釈は誤りであることになる。いやそれでも、「消極的非決定に伴われている意志において、件の力能は潜勢態にとどまるかたちで意志の内にある」と④および⑤を読めば、③Pの「できる」と④の「力能」を顕在性の次元で結びつける必要はないのではないか。このように解釈することもやはりできない。自由を意志の力能とその通常の意味での行使に限定するメランならいざ知らず、消極的意味で非決定状態にあるという意志のあり方の全体に自由を関わらせるのがデカルトの立場である以上、この全体のただ中で、意志は現実に働いているはずだからである。③Pと④をつなぐ「このように」という副詞は文字通りに、つまり両者をまっすぐに繋げるものとして、③Sの心理学的記述に注意を奪われすぎることなく、読む必要がある。「われわれの内で、しかしわれわれの関与なしに」（註（48）参照）という逆説的な表現で捉えるのが適切であるような事態は、ここには一切存在していない。

それにしても、③S的な受動性と③P＝④的な能動性がいったいどのように両立するのだろう。積極的な力能と消極的な非決定状態の関係をどのように考えればよいのだろう。意志の力能を受動的な心理機制の底に見据える自身の見解が、積極的非決定すなわち非決定の自由に矛盾することはないとデカルトは述べているが、それは本当なのだろうか。少なくとも、力能の働きを積極的非決定という概念の外に拡張するデカルトの考えがメランの理解力を越えていたであろうことは想像に難くない。そのような考えがジェズイットの学説と「言葉遣いの面で異なっているにすぎない」というデカルトの言葉もメランには信じ難かっただろう。そもそも、「あなたは自由を自己決定する力能の内に置いている」というデカルトの認定をメランは受け容れなかっただろう。ジェズイットならば、反対項選択能力こそが自由を担うのであり、自己決定そのものにさしたる価値はないと考えるのが筋だからである。

こうして、メランはおそらく同年一〇月二八日付のやはり失われた書簡によって、デカルトにたいしてもっと詳しい説明をするよう懇請する。これに対する返答となるのが、年が変わって二月九日付、今度はラテン語で認められたデカルトからの第二書簡である。この間にプトーの著作へも目を通す機会を得たデカルトは、「意志の自由に関しては、神父様〔プトー〕の書かれたことに私は全面的に同意します」とこの書簡を切り出した上で、消極的非決定と「みずからを決定する力能」の関係を簡潔に説明する。第二書簡を本格的に検討するのは次章第一節の課題だが、この説明だけはいま引き続き確認してしまおう。相手方の意図と噛み合っていない印象を残す第一書簡を最終的にどう理解するべきか、この説明によってはっきりするからである。しかしそれ以上に、デカルトにおける意志の自由という問題がどのような問題であるのか、この説明を介して明らかになるからである。(52)

3　非決定への自己決定

プトー神父の所論に対する同意を表明した上で、デカルトは「しかし（Atque）」とリズムを切り替えて、「第四省察」でも第一書簡でも明示することのなかった意志概念の基底的部分について語り出す。

しかし、私の見解をさらに見て取りやすくするためには、非決定というものは本来、真ないし善に関する知得によって意志が一方の側よりも他方の側へと駆られてゆくことのまったくない状態を意味する、と私が考えている点に注意して頂きたい。〔「第四省察」で〕非決定は自由の最低段階であると述べたとき、私はこのように考えていたのです。この最低段階の自由によって、自分がそれについては非決定であるところのものへと、われわれはみずからを決定している（infimus gradus libertatis, quo nos ad ea, ad quae sumus indifferentes, determinemus）のである、と。〔T－98〕メラン宛書簡 一六四五年二月九日付[53]

非決定とは「意志が一方の側よりも他方の側へと駆られてゆくことのまったくない状態を意味する」ことも、この状態が「自由の最低段階」であることも、すでに「第四省察」で述べられていた通りである。述べられていなかったのは、なぜそのような状態が、最低段階であっても自由と呼ばれるに値するのかであった（序章二八～二九頁）。この点を、デカルトはいま説明的な関係代名詞節一つで明らかにする。「最低段階の自由によって（quo）」、「非決定状態であるところのものへ（ad ea, ad quae sumus indifferentes）」、「みずからを決定する（nos determinemus）」ことが可能になる。すなわち、非決定状態への自己決定として、最低段階の自由が実現する。非決定状態もみずからの意志の力能によって構成されるものであり、だからこそ、最低段階であっても自由であると考えられる[54]。

非決定への自己決定。これが何を意味しているのか、本章第三節と次章への橋渡しもかねて、連動する七点を順に指摘しよう。

ⅰ／能動的受動――積極的非決定と消極的非決定は、伝統的に、そしてとりわけジェズイットの学説において鮮明に、前者は自由として、後者は自由でないものとして、峻別されてきた。前者が意志の力の発現であるならば、後者はその力が沈黙した状態である。前者が能動であるならば、後者は受動である。そのように捉えられてきた消極的非決定の根底に意志の力の働きを認めるデカルトにおいて、従来の区別は意味を失っている。たしかに、デカルト的非決定も、「迷い」という受動的な状態として意識に上る。しかしその状態を構成し、維持しているのは、あくまでも能動的な力である。「ジェズイットにおいて最も高位にあった積極的非決定が、デカルトにおいては消極的非決定として最下位に来る」[55]というような積極性と消極性のたんなる入れ替えが問題なのではない。意志の自由をめぐる思考の布置そのものに、変動が生じている。

ⅱ／力能の実象性――受動の底に能動を見る。それは、言い換えれば、みずからの受動性と非力を託つ意識の声をいったん遮断して、意志が関与するところつねにその力能が現実的に働いていると考えることである。第一書簡に戻ってみよう。この声は、時間の経過による注意力の低下という避け難い条件の下、「当初の認識からは外れた事柄が心に思い浮かんでしまい、そちらに気を取られて本来の判断を下せなくなってしまった」とこぼすだろう。直接的な意識にとって現実味を帯びているのは、自分が巻き込まれている事態の推移の受動的な側面であるだろう。それでもやはり、「思い浮かべ」、「宙吊りにし」等々は、それが人間の思考や行為として問題になるものである限り、意志の力で、すなわち「みずからを決定する実象的で肯定的な力能」によって可能になっているとデカルトは考える。「力能」に付された「実象的（réel）」[56]という形容詞は、この力の働きが意識の変転を括弧に入れたところで捉えられるべきものであることを示している。

iii／対象との関係――括弧に入れるという点を、意志の対象との関係で、選択と判断を例に、考えてみよう。選択の場合は選択肢が、判断の場合なら判断の素材となる知性認識が、意志にとっての対象に当たる（選択ないし判断という所作自体は、意志の対象というより意志の作用そのものである）。こういった対象の理論的な扱い方に関して、「第四省察」による意志の定義の直前に重要な言及がある。すなわち、意志の働き「それ自体を抽出して見る場合（praecise spectata）」には――すなわち意志をその本質に絞って見る、つまり〔T‐94〕のように定義する場合には――、「対象という観点（ratio objecti）」は外して構わない。ところで、「対象という観点」を慮外にするという意志の捉え方は、定義の場面に限って採用されたものではない。どのような仕方であれ意志の働きが問題となる場合、デカルトはつねに「対象の観点」を外して捉えた意志を、つまり外界との関連を少なくともいったん度外視して捉えた意志を、考えの起点に据えている。「意志は知性によって促されているのではないものへとみずから赴くことができる」（二七三頁〔T‐89〕）というガッサンディへの応答はその一例である。判断を下す意志の働きが能動であるとしたら、それは、知性の提示する対象に拘束されることがないからではない。知性が意志の眼前にどのような世界を映し出すにせよ、知性が意志に提示する認識が曖昧であろうと明晰判明であろうと、[57] 要するに知性の側の事情に由来する多様性とは関係なしに、端的に判断という所作が意志の働きだからである。意志が実現する精神のあらゆる所作に、例えば選択にも、肯定否定の判断にも、あるいは追求や回避にも、同様の帰属関係が認められる。この関係を成立させているのが、「みずからを決定する実象的で肯定的な力能」である。

iv／力能の汎通性――力能の働きは、意識に去来する一次的な思いとは無関係に考えられる。このことは、デカルト的力能が、特定の判断や行為に向けられた、したがって特定の価値を与えられた力能ではなく、「みずからを決定する」という以上の内容をもたない徹底して形式的な力能であることを意味している。[58] 例えば選択の場合、選択という所作の外部に何らかの対象を「選択肢」としてたとえ潜在的にでも表象しなければ、「選択」として標づけられた一つの観念が成立することはない（この標づけを明瞭にしようとするのがジェズイットにおける反対項選択能力の概念である）。基本的には同様の構造が、意志を原因とするあらゆる個別具体的な所作について見出されるだろう。原則として、意志が個別の所作を実現する場合、それぞれの所作の個別性は意志と意志の外部との関係において成立する。すなわち、意図の個別の働きは、それが個別化されている限り、原則として外挿的な仕方で意識に上る。これに対して、外部の参照項を求めなくても成立する例外的な働きの代表格が「自己決定」である。その自己決定を担う力能に最も近いのは、直感的に自由の問題と結びつけやすい「選択」ではなく、助動詞で表現される「できる（posse / pouvoir）」であり、動詞なら「する（facere / faire）」になる。このように形式的であればこそ、第二書簡の後続箇所では、非決定への自己決定を下限的な働きとする力能の自己決定性が「他のあらゆる意志作用に関してもまた」等しく認められることになる。こうして、みずからを決定する意志の力能が、人間の行為を汎通する。

v／考え方の順序——力能の汎通性は、力能のその後の展開とセットになっている。遅かれ早かれ、力能は、「〜に向けて（〜に関して）みずからを決定する」というふうに、何らかの対象と関わりながら、行為としての個別性を獲得する。意識への反映を度外視したところで見出される自己決定する力能は、ついで何らかの仕方で意識の上に反映され、その経緯がそのまま力能の展開過程となる。選択というのは、あるいは他のどのような思いであれ行為であれ、それが〈私〉の思いや行為である限り、何らかの条件の下で意識に反映された意志の自己決定の働きの所産として捉えられることになる。ポイントは、当初から外的対象との関係を含めて意志の作用を考えるのと、自己決定する力の発動そのものをまずは——形而上学的な視点から（absolute）——認めた上で、この力が——心理学の次元で（moraliter）——展開する過程において、あるいは展開する過程そのものとして、対象との関係を考慮に入れるのとでは、考え方の順序が異なるという点にある。

vi／主観の開け——力能を汎通的なものと考えることは、力能を絶対化することではない。平たく言えば、意志はみずからの力能によれば何でもできるということではまったくない。先ほど振り返った第一書簡③のケースのように、力能の働きは、働いているにもかかわらず、しばしば覚知され損なう。働いていないのではないのだから、問題になるのは「意志の活動（operatio voluntatis）」と「知性の活動（operatio intellectus）」のあいだに生じているずれである。力能の働きと力能に被さる意識の関係である。当座の意識を括弧に入れて汎通性を認めるのは、意志が認識を介して外部を志向することを否定するためではないし、認識と意志に主導権争いをさせるためでもない。括弧は外されるためにあり、外したとき、意志の働きとその働きに対する認識のずれが、その解消可能性ともども、主観のあり方の問題として現れることになる。

vii／自由の位置づけ——こうして、意志の自由について問うことは、デカルトにおいて、意志の働きに対する自己覚知の度合いと様態について問うことに帰着する。意志の自由という問題は、意志の汎通的な働きの上に展開する主観の動態に即応したものとなる。神が意志を働かせる場合には決して生ずることのない、人間的意志の働きそのものとその働きに被さる意識のずれが、自由という言葉が意味を得るための場所になる。神の場合とは異なって、人間の意志は、判断や行為の原因でありながら、時間の経過に伴う注意力の低下や情念の関与あるいは外界の諸力の介入を避けられないために、必ずしも意図した通りの結果を生み出せない。意識のずれは、このような原因と結果の否応ないずれに伴うものであり、その意味で否応ないものである。しかしそうであればこそ、ずれを引き起こす事情の複雑さによって、自由という言葉はその意味を深く探るに値するものとなる。あらゆる行為や精神の状態の起点に意志の自己決定的な働きを認めておけばこそ、その――意志の本質となる――働きを見出すということも可能になる。あらゆる思いや行為が意志を具えた主体に帰属する。この帰属性を構造的に確保するのが汎通性であり、確保するとは、あらゆる行為や精神の状態に少なくとも萌芽状態の自由を認めることである。そう認めたとき、意志の働きをみずからの内に見出すとは、実質的に、みずからの内に自由を見出すことである。デカルトにおいて、自由は見出されるべきものとなる。同時に、経験は構成されるべきものとなる。

デカルトと、メラン＝プトー＝ジェズイットでは、意志とその自由について考える態勢そのものが異なっている。そのことは、以上のいささか具体性に乏しい説明からもおおよそ察せられるのではないかと思う。

それでは、なぜ、自身の見解とジェズイットの学説の一致をデカルトは主張したのだろう。いったいそのような主張は理論的に可能なのだろうか。とりわけ、デカルトに固有の力能概念と、ジェズイット的な積極的非決定つまり非決定の自由の関係はどうなっているのだろうか。まだ手をつけていない一連の疑問は、とりあえず第二書簡の本体を次章で検討するときまで、そして最終的な結論は同じく次章の最終節まで、保留しておく。次節では、右に概要を示した意志の自由という問題そのものの変貌を、「第四省察」のデカルトが「第一省察」を振り返って語る方法的懐疑の生成過程に即して具体的に確かめることにしよう。

第三節　デカルト的懐疑の生成

1　何が懐疑を担うのか

幼い頃から自分が身につけてきた知識の脆さにある時ふと「気がついた（animadverti）」。気づきは、「堅固にして変わることない何かを学知の内に定着させたい」という希求に繋がり、こうしてデカルトは『省察』へと乗り出してゆく。希求に応える第一歩として要請されるのが、知っていると思っていた事ごとを知らないものと考えることにするという手続きである。すなわち、「第一省察」におけるいわゆる方法的懐疑である。しばしば誤解されているように、物の実在や数学上の知見を否定することが懐疑なのではない。そういったものが確実な知の源泉になるのかどうかまだ自分で確かめていない以上、当面、源泉になるとは考えないでおく。デカルト自身の言葉で言えば、「同意を与えずにおく（assensionem cohibere）」、「判断を下すことを差し控える（a judicio ferendo abstinere）」、「判断を宙吊りにする（suspendre le jugement）」、「信じることを差し控える（a credendis abstinere）」ということである。(59) 漠然と何かを疑わしく思うことではないし、エポケーによる心の静謐を求めることでもない。(60) 右に傍点で強調したように、デカルトの懐疑はたしかにすぐれて意志的かつ自覚的な営みである。ただし、私たちが検討するのは、感覚が関与する知識から数学的知見まで、夢や「邪霊（genius malignus）」の想定を手だてとしてデカルトが懐疑を遂行する「第一省察」の現場ではない。「第四省察」に至ってデカルト自身がその現場を振り返る箇所である。この段階で初めて、懐疑における知性と意志の関係が明らかにされる。

「〈疑う〉ということは、Descartesの場合、まさに〈意志〉の司るところである」[61]。たしかにある点ではその通りであるのだが、懐疑の方法論にはそれだけでは済まない複雑な事情が含まれている。たしかに、自由の証としてまず懐疑の経験を引き合いに出してくるのはデカルト自身でもある（『哲学原理』第一部 第六項および第三九項）。しかしその自由は本当に意志独りの力で可能になったものなのか。ここには考える余地と必要の双方がある。

メラン宛第一書簡の読解にさいして参照した次の一節をまず思い起こそう。「私は、一つのものを他のものより以上に選ぶべきであると自分を説得するいかなる根拠もいまなお自分の知性には立ち現れていないと考えている。しかるにこのことから、いずれの側を肯定するか否定するかについて、あるいはこのことに関しては何も判断しないかについてさえ、確かに私は非決定でいるのである」（二九五頁〔T–96〕）。これにすぐ続く箇所が、以下に試みる分析の対象である。こちらもすでに、つとにガッサンディが目を付けたものとして、引用してあるが（二六九頁〔T–86〕）、新たに一文を追加した上で、全体を再掲しよう。

①この非決定は、知性がまったく認識していないものへのみならず、知性によっては十分に分明に認識されていないもののすべてへ、意志が思い惑っている（a voluntate deliberatur）まさにその時点で拡がってゆく。②しかし、どれほど確からしい推量が私を一方の側へ引き寄せようとも、それらは推量にすぎず確実にして不可疑な根拠ではないという認識のみ（sola cognitio）をもってすれば、私の同意を反対側へ差し向けるためには事足りる。③このことを、私はこの数日、以前には真であると最大限に信じていたものすべてを何らかの仕方で疑いうる、そう思い知った（deprehendissem）一事のゆえにまったく偽であると想定したそのとき、十分に経験した。

〔T–99〕『省察』「第四省察」[62]

誤った判断を下すことがないように、「私の同意を反対側へ差し向ける（assensionem meam in contrarium impellere）」。これも、デカルト的判断停止に関わる一連の表現の一つである。その成否が一つの「認識（cognitio）」に懸っていることを、②が明示している。この「認識」を欠いている限り、①が「思い惑う」と表現している非決定状態に固有の不安定な心理状態から脱け出すことはできない。そして③によれば、「認識」を直接の契機とする右の方法によって遂行されたのが、「第一省察」における懐疑である。

懐疑の成立に不可欠の要件であるこの「認識」を、それでは何が抱くのだろう。デカルトによる思惟の基本的な二区分によれば、答えは明らかである。「われわれの内で経験される思惟のあらゆる様態は、二つの類に帰することができる。一つは覚知、すなわち知性の働きであり、もう一つは意欲、すなわち意志の働きである。というのも、感覚すること、想像すること、純粋に知解することは覚知のさまざまな様態であり、欲すること、忌避すること、肯定すること、否定すること、疑うことは、意志のさまざまな様態だからである」[63]。したがって、問題の「認識」を抱くのは「知性（intellectus）」である。その「認識」が「同意」すなわち「肯定」という「意志（voluntas）」の働きを引き起こすというのだから、この一節で懐疑を導いているのは意志ではなく、知性である。

いったい、どういうことなのか。先ほど断ったように、『哲学原理』のデカルトは懐疑の経験をまず意志の働きと結びつけている。ガッサンディに対してもそうだった。「知性がいったん意志を決定して誤った判断を下すようにした場合……意志が誤った判断に固執しまいと最初にみずから注意し始めるとき、意志は何によってそうするよう決定されることになるのですか」（二七三頁〔T－89〕）。「みずからによって」というのがデカルトの答えだった。意志こそが、「最初にみずから注意し始める」。すなわち、懐疑への初動を担う。誤った判断に陥るまいと意志が警戒するそのことが、判断停止の実質を構成する。しかも、デカルトはまさしく右に引用した〔T－99〕

を批判するガッサンディに対して、そう述べているのである。「認識」に相当するものには一言も触れずに。

デカルトの説明は、「第四省察」と『哲学原理』および「第五答弁」のあいだで、明らかに力点を変えている。それならば、説明は矛盾しているのではないかと心配する前に、つまり意志か知性かという択一的な問い方はやめて、懐疑の成立には意志と知性がともども関与しているのではないかと考えてみよう。だからこそ二通りの説明がなされるのだ、と。そこでまず、「思い惑う（deliberatur）」という表現に注意しながら意志と知性の関係を探ってみよう。その上で「認識」の生起と「同意」の転回のあいだで何が起こっているのか、改めて考えることにしよう。「われわれは知性の内にあるものについてのみならず、およそ意志の内にあるものについても観念をもっている。意志していると知らないでは何も意志することはできないのだから(64)」というデカルトにとってはやはり基本的な考え方が、鍵を握っている。

2　併走する意志と知性

何が、非決定状態にあって「思い惑っている」のか。意志が、とデカルトは明記している。しかし厳密に考えた場合、ある意味ではたしかにその通りでも、別の意味ではそうでないと補足する必要がある。

まず、「意志が思い惑っている」と言えるのはなぜなのか。メラン宛第二書簡の冒頭から引用したテクストを思い出そう。すなわち、「最低段階の自由によって、自分がそれについては非決定であるところのものへと、われわれはみずからを決定している」（三〇〇頁〔T–98〕）。人が何事かへと踏み切らず、踏み切ることができないと思い込んでいるその間も、踏み切らないという事態、つまり決定しないという事態へと力能はみずからを決定し続け、だからこそ、決定しないでいる状態つまり非決定状態が形成され、維持され、「思い惑う」という思いが生じ、精神の内に行き泥む。みずからを決定する意志の力能が非決定状態を支えているという構造上の事実からして、「思い惑う」のはたしかに意志である。

しかしそれにしても、「実象的で肯定的な」と形容された力能の能動的な働きと、「思い惑う」という思いの消極性＝受動性はいかにも齟齬を来しているではないか。その通りであって、この齟齬は「思い惑っている」のがまさしく知性でもあることに由来する。

デカルト的な「思惟（cogitatio）」の構造においては、第一階の次元にある力能の働きそれ自体に、第二階をなす思惟が働きに対する気づきとして被さるようになっている。「意志していると知らないでは何も意志することはできない」と言われるさいの「知」が、この気づきに相当する。「想像する能力と感覚する能力」に関して、デカルトは「これら二つの能力は何らかの知解作用をその形相的概念の内に含み込んでいる」とはっきり述べている。分かりやすく言えば、「夢を見ることはなるほど想像力の仕事であるが、夢を見ていることにわれわれが気づくのは、独り知性の仕事である」(65)。意志に関してこれと並行するような記述は見当たらないが、それでも右の「知」が知性のそれであると考えて、間違いない。

この構造に関連して、デカルトはなるほど次のようにも述べている。「われわれが何かに気づくその第一のいかなる思惟（prima cogitatio）も、その何かに気づいたことをわれわれに気づかせる第二の思惟（secunda cogitatio）と異ならないのは、これが、気づいたことに気づいたことを気づかせる第三の思惟と異ならないのと同様である」(66)。意志の場面に転用すれば、意志の働きそれ自体が「第一の思惟」に、働きへの気づきが「第二の思惟」に対応する。たしかに、延長属性と対をなす思惟属性の二様態として捉える限りでは、「第一の思惟」と「第二の思惟」に実象的な差異はない。しかしデカルトがこう述べたのは、思惟の外部に思惟の物質的な基盤を求める第七反論者ブルダン（Pierre Bourdin, 1595~1653）のホッブス的な思考――「あなたが知るということをあなたが知る、ということをあなたが知る、ということをあなたはどこから知るのか」[67]という問いにどこまでもこだわろうとする思考――を退けるためであり、「第二の思惟」が様態としてさまざまな姿を纏う可能性を否定するためではない。むしろ、第二階の思惟が第一階の思惟を捉える仕方、つまり知性が意志の働きに気づく仕方、すなわち意志の働きと共にその都度浮上してくる自己知のありようは、さまざまである。意志の働きを知性がはっきりと認識している場合もあれば、働きが知性にぼんやり映っているだけの場合もある。思惟というものの構造上、「意志していると知らないでは何も意志することはできない」と一般的に言えるとして、知り方は、意志の知られ方は、当然さまざまでありうる。知性は意志の働きを、状況に応じてさまざまな仕方で、場合によってはほとんど無自覚なままに、解釈する。

非決定の場合を考えてみよう。決定しないことへ自己決定する意志の力能の積極的な働き（第一階の思惟）が、曖昧なる知によって、つまり低度の自己知というフィルターを介して（第二階の思惟）、「できないでいる」という消極的な不自由感として解釈されるとき、「思い惑う」という思いが成立する。非決定への自己決定というかたちで現に働いている意志と、その働きを直視していない知性自身とをひっくるめた精神の現状を、そのような知性がそのような自分にとって最も適当であると思えるような仕方で言い表そうとしたとき、「思い惑う」という語彙がおのずと用いられることになる。非決定状態を形成するべく意志が働いている以上、知性の気づきが生じないことは構造上ありえない。その気づきの弱さを、自己知の不鮮明さを、「思い惑う」という言葉が正確に表現している。それ自体としては何も欠損のない実象的で肯定的な力能の働きが、「思い惑う」といういわばデフォルメされた仕方で自己覚知の俎上に載せられている。このような意味で、知性の働きなくしては「思い惑う」という思いもありえない。にもかかわらず、知性ではなく「意志が思い惑う（a voluntate deliberatur）」とされているのは、すでに指摘したように思いの基盤を提供しているのが意志だからであり、いま加えれば、意志の働きを対象化するだけの距離感を取ることが知性にはできていないためでもある。

意志の働きに対して知性の不十分な覚知が覆い被さり、両者の混交状態として、「思い惑う」という主観的な表現に伴われた非決定状態が持続する。この混交を破棄するところに、破棄そのものとして、判断停止としてのデカルト的懐疑は成立する。言い換えれば、「第一の思惟」と「第二の思惟」のあいだに意図せずして生じている齟齬を解消するところに、解消そのものとして、成立する。方法的懐疑の成立過程には、知性と意志の双方が組み込まれているのである。

事態のこのような両面性を念頭に置いて、「認識」の生起を介して「同意」が反転し、同時に「思い惑い」が消滅するプロセス全体の再構成を試みよう。懐疑が成立する瞬間を記述した〔T-99〕②は、「認識」をもって「同意を反対側へ差し向ける」こと、つまり判断停止の条件とする。しかし、「ある判断へと自分をいま現に仕向けようとしている考えに確実な根拠はない、それは推量にすぎない」という知性の抱く「認識」が、なぜ、どのようにして、意志が実現する判断停止という結果をもたらすことができるのか。まずは知性の側から事態を追ってみる。

3　「思い惑い」から「認識」へ

知性に訪れる覚醒

判断停止に踏み切ることができないでいる限り、意志は「思い惑う」。この思い惑いは意志の働き〔第一の思惟）それ自体であると同時に、この働きに対する知性の不鮮明な覚知（第二の思惟）であり、自己知の曖昧な一表現である。以上に加えて、自己知の第二階性が意志の働きに対してだけ構成されるものではない、という点をさらに指摘しよう。思い惑う意志の働きは、「知性によって十分に分明に認識されていないもの」についての働きだった。当然、思惟の階層構造は、第一階にある知性のそのような認識作用と、その知性がみずからの認識作用を第二階で捉え返す作用＝覚知とのあいだにも成立する。すなわち、「思い惑う」というかたちで成立する自己知は「十分に分明に認識していない」知性の認識作用に対する自己知でもある。意志による判断が求められる素材について「十分に分明に認識していない」知性は、「そのような仕方でしか事柄を認識できていないみずから」に、ここでもまた不鮮明な仕方ではあるが、気づいている（逆に言えば、みずからしている認識作用の不十分さに本当の意味では気づいていない）。まとめると、「思い惑う」という表現を纏う自己覚知においては、「決定しないことに決定している」はずの意志の働きと、「十分に分明な仕方ではなく認識している」知性の作用の双方がともども捉え損ねられている。知性の気づきは二重の意味で弱く、自己覚知は二重の意味で曖昧である。

　しかし、十分に分明に認識していない知性の自己知は、たしかに非決定状態にある精神の自己知としては曖昧であることを免れないが、だからといって、つねに曖昧であり続けるように運命づけられているわけではもちろんない。それどころか、十分に分明に認識していない知性が、みずからのそのような現状に関して覚醒を得ることができれば、ただそれだけによって、自覚的な判断停止が成立する。そして、この成立それ自体が、非決定状態の消滅でもある（反対に、当初から「つねに何が真であり善であるかを私が明晰にみているとすれば、何と判断しなければならないかについて、あるいは何を選択しなければならないかについて、私は決して思い惑いはしない」。すなわち「私は決して非決定ではありえない[68]」。この場合、非決定状態を破棄するための判断停止はそもそも必要にならない）。

なぜ、そう言えるのか。「推量にすぎず確実にして不可疑な根拠ではないという認識」が、「十分に分明に認識していない」知性の作用に対して知性みずからが形成する明確な自己知の位置に来るためである。③が判断停止の必要十分条件として求めているこの認識は、「自分は十分に分明には認識していなかった」という事実、「だからこそ自分は思い惑っていた」という事実に対する鮮明な気づきとして機能する。思い惑っていたのが知性でもある以上、その知性に右のような認識が訪れれば、思い惑いは自動的に消滅する。思い惑いに取って代わるべく求められているのが、他でもないこの認識であったのだから。

「非決定」と「判断差し止め」の意志における同型性

それではなぜ、鮮明な自己知の形成「のみをもってすれば、私の同意を反対側へ差し向けるためには事足りる」のだろうか。判断を停止するという意志の働きが帰結されるのだろうか。今度は意志の側に即して、事態を辿り直してみよう。

②の求める認識が、第一階の知性作用（当初の不分明な認識）に対して第二階をなす鮮明な自己知であるということは、この認識の形成によって、当初の第一階の知性作用に伴っていた第二階の気づき、つまり当初の曖昧であった自己知、すなわち「思い惑う」という思いが消滅することを意味する。曖昧な自己知を鮮明な自己知に転ずることが問題である以上、鮮明な自己知の形成と曖昧な自己知の消滅は表裏一体の出来事である。ところで、思い惑いが消滅するということは、すなわち、非決定状態が消滅するということであり、非決定状態の消滅は、判断停止の成立と再び表裏一体をなしている。こうして、鮮明な自己知の形成によって、つまり曖昧な自己覚知を破棄しながら生起する覚醒によって、それだけによって、積極的な意味での判断停止が全体として成立する。

疑問が生ずるかもしれない。曖昧な自己知（「思い惑う」）から明確な自己知（「認識」）への変化としていましがた説明されたことは、「思い惑う」が孕む二つの契機の内、知性の作用とこれに対する知性の覚知の、つまり知性の内部に生じた変化であって、意志の働きとこれに対する知性の覚知の関係は、手つかずに残っているではないか。知性自身の内的な変化によって、なぜ非決定状態から判断停止へという意志の働きの変化まで説明したことになるのか。

　非決定状態と意志の力能の関係をもう一度思い出そう。主観を領しているのが「思い惑う」という受動的な意識であったとしても、その意識とは関係なく、意志の力能は決定しないことに決定し続け、だからこそ非決定の状態が生まれ、維持されるのだった。ところで、懐疑としての判断停止というのは、決定しないことに決定すること以外の何事でもない。「思い惑う」と「認識」が属する第二階の思惟のありようを度外視して、意志の力能が働く第一階の思惟の次元において見る限り、非決定と判断停止のあいだには実は何の違いもない。いずれも力能の同じ働きによって形成され、決定しない状態にみずからをとどめ置くという構造において、両者は完全に一致する。「自分がそれについては非決定であるところのものへと、われわれはみずからを決定している（nos ad ea, ad quae sumus indifferentes, determinemus）」という関係詞節によって捉えられている事態は、第一の思惟の次元で見れば、非決定と判断停止＝懐疑の両者に等しくあてはまる。

　そうである以上、消極的な非決定状態が積極的な判断停止に転ずる経緯において、意志の力能の働きそのものには何の変化も必要ない。「われわれはみずからを決定している（nos ... determinemus）」という事実への覚知が低い度合いにとどまる限り、この覚知は「思い惑う」という表現を纏い、ここに受動的なもの、蒙るものと観念される非決定状態が現れる。しかしその同じ事実を、つまり« nos ... determinemus »という力能の働きを強く覚知すれば、同じ働きが今度は懐疑としての判断停止となる。こうして、「認識」の到来と同時に消極的非決定状態において生じていた内的齟齬――「自分が迷っていることを自分で分かっていない」――が解消され、そして同時に、「同意を反対側へ差し向ける」という意志の働きが実現されることになる。

「思い知る」ということ

「第一省察」における懐疑の現場を振り返る③を、最後に見ておこう。「このことを」、すなわち右に辿ってきた知性と意志の緊密な連携に基づく判断停止方法の必要十分性を(69)、「私はこの数日、以前には真であると最大限に信じていたものすべてを何らかの仕方で疑いうる、そう思い知った一事のゆえにまったく偽であると想定したそのとき、十分に経験した」。懐疑の成立に求められているのがある種の覚醒であることを、「思い知る(deprehendere)」という言葉が伝えている。人は日々さまざまな事柄について、この話はどこかあやしい、胡散臭い、「何らかの仕方で疑いうる」と思いながら、しかし漠然としたその疑念の正体をあえて突き止めようとすることは稀である。薄目に遣り過ごされた疑念は、あるいは時の経過の中で忘れられ、あるいは心のどこかに重石として残るだろう。こういった「疑わしさ」は、デカルト的懐疑とは関係がない。すでに知っていると思い込んでいた事柄をあえて偽であると想定し、未知のものと化してみる。その挙句に陥るのが寄る辺ない知の闇であるとしても、そこでもなお働くことを止めない意志の力能を頼りに自分が進むべき方向を模索する(70)。そのような懐疑へと赴くためには、「思い知る」という強い契機が必要になるということだろう。過去の自分をいったん御破算にして精神を新たな目標へと奮い立たせるのは、たしかに容易なことではない。

以上のように、意志の力能の働きの上に開ける自己覚知の度合いの階梯を場として、懐疑は成立する。それまで働いていなかった力能、たんに可能態にあった力能を行使すること、現実態にもたらすことが問題なのではない。自己覚知における度合いの坂を上方へと跳ぶ覚醒こそ、デカルト的懐疑の成立において求められているものである。(71)

一方で、意志の働きがなければ非決定への自己決定という事態そのものが存在しないのだから、その意味で、判断停止としての懐疑を可能にするものは意志であると言ってよい。しかし他方で、非決定への自己決定という同じ事態は、知性の捉え方次第で、消極的な非決定状態にすぎないものともなる。この状態と方法的懐疑を区別できるのは知性だけであり、その意味では、知性こそが懐疑の導き手である。いずれにしても、意志と知性が相携えて懐疑を支えているからこそ、その生成過程は文脈によって、意志と知性のいずれかを強調しながら二通りの仕方で語られる。「第四省察」では、知性の提示したものを意志が肯定するという判断論の枠組みにおいて過誤をいかに避けるかが差し迫った問題であるがゆえに、おのずと知性の「認識」が説明の前景に現れる。「第五答弁」では、同じ問題を、意志の自由を否定するガッサンディに向けて論じ直すという場面上の必要性に従って、知性ではなく意志の働きが強調されることになる。

註

（1）　R. Descartes, *Cogitationes privatae*, AT X, 218-219 : « Tria mirabilia fecit Dominus : res ex nihilo, liberum arbitrium, et Hominem Deum », & « Ex animalium quibusdam actionibus valde perfectis, suspicamur ea liberum arbitrium non habere. » 『思索私記』の編纂事情については、所雄章『知られざるデカルト』（二〇〇八年）第一章を参照されたい。

（2）　所雄章『知られざるデカルト』一三四頁。

（3）「いかなるものであれわれわれの意志が追求し、また忌避するのは、知性が意志にそれを善いあるいは悪いと示すのに従ってのことであるから、善くなすためには善く判断すれば足りるのであり、最善を尽くすためには――すなわち、あらゆる徳を獲得し、その他のあらゆる善きものを手に入れるためには――可能な限り正しく判断すれば充分である」（*Discours III*, AT VI, 28）。「学校で扱うあれこれの難問を解くためにではなく、人生の個々の局面において何を選択するべきかを知性が意志にあらかじめ示せるように、理性における自然の光を増すことを人は考えるべきである」（*Regulae I*, AT X, 361）。

（4）R. Descartes, 3ème *Réps.*, AT IX-1, 148 : « il n'y a néanmoins personne qui, se regardant seulement soi-même, ne ressente et n'expérimente que la volonté et la liberté ne sont qu'une même chose, ou plutôt qu'il n'y a point de différence entre ce qui est volontaire et ce qui est libre » ; 5ae *Resp.*, AT VII. 377 : « Quae postea de indifferentia voluntatis negas, etsi per se manifesta sint, nolo tamen coram te probanda suscipere. Talia enim sunt ut ipsa quilibet apud se debeat experiri, potius quam rationibus persuaderi » ; *à Élisabeth*, 03/11/1645, AT IV, 332-333 : « la connaissance de l'existence de Dieu ne nous doit pas empêcher d'être assurés de notre libre arbitre, parce que nous l'expérimentons et le sentons en nous-mêmes ».

（5）今日まで積み重ねられてきたデカルト研究に固有の厳密さを知っている読者の中には、公刊された著作ではない書簡の説明能力を私たちが過剰に見積もっているのではないかと怪しむ向きもあるかもしれない。この点に関しては、解釈手続きの正当性は結果によって、つまりこれまであちこちに見られた齟齬がどれだけ解消されるかによって、評定されるべきであると私たちは考えている。あちらとこちらでデカルトが正反対のことを述べている、矛盾しているという理解にとどまるのか。矛盾した外見の背後に働いている思考の一貫性を見出すのか。後者を目指す上で不可欠な情報であるならば、それが書簡に含まれるというだけの理由で軽視するのは本末転倒である。同様の判断から、「あるテクストを、時系列の上であとに来るテクストによって明らかにしようとするべきではない」というアルキエの解釈指針（F. Alquié, *La découverte métaphysique de l'homme chez Descartes*, p. 10）にも私たちは従わない。例えば「第五省察」におけるいわゆる神の存在論的証明の件を典型として、『省察』を『哲学原理』の観点から読もうとすることで見えなくなるものがあることは事実である。それでも、右の方針に従うことが最低限のテクスト理解をかえって妨げるような場合もまたありうること、そして意志の自由をめぐる問題がそうであることまで、アルキエが見抜いていたわけではない。そもそも、二通の書簡を貫く内的論理が把握されたことは今日まで一度もなく、それは、言い換えれば、これらの書簡が事態を照らし出す可能性を事前に測定する権利を主張できる者はいないということである。

（6） F. Suárez, *Disputationes metaphysicae*, disp. 19, sec. 4, n° 11, VIVÈS 25, p. 709 : « libertatis autem indifferentia non fundatur in impotentia agendi, sed in potentia non agendi. Unde, quando ipsamet voluntas caret aliquo actu propter naturalem inadvertentiam rationis, illa carentia actus non est ex potentia non agendi, sed ex impotentia sic operandi seu volendi, et ideo talis carentia non potest esse libera. »

（7） F. Suárez, *De concursu, motione, et auxilio Dei*, lib. I, cap. 3, n° 1, VIVÈS 11, p. 14 : « Indifferentiam libertatis non posse consistere in sola indifferentia passiva, sed in activa ad volendum et nolendum. »

（8） D. Petau, *De sex primorum mundi dierum opificio*, lib. III, cap. 2, n° 2. この区別にはジルソンとラポルトも言及している。E. Gilson, *La Liberté chez Descartes et la théologie*, p. 401, & J. Laporte, *Études d'histoire de la philosophie française au XVIIe siècle*, p. 60.

（9） D. Petau, *op. cit.*, lib. V, cap. 11, n° 2.

（10） D. Petau, *loc. cit.*, n° 3 : « etsi magna vi et impetu libertatim quatiunt et in praeceps abripiunt, non tamen invitam dimovent, nec indifferentiam, hoc est utriuslibet amplectandi jus ac potestatem auferunt. » 同趣旨の言明は同書を通じて数多く見出される。

（11） R. Descartes, *à Mesland*, 09/02/1645, AT IV, 173.

（12） つとにスアレスの同時代、オラトリオ会士ジビュ（Guillaume Gibieuf, 1580?~1650）が『神と被造物の自由について』（一六三〇年）において、このような仕方で語られる自由は消極的ないし否定的なものでしかないと指摘していた。「誰もが、自由は非決定の内に、すなわちスアレスが言うように、対象となるものに対する意志の独立の内にあると述べている。しかし厳密に見ればこれは消極的〔否定的〕なものであり、何らかの積極的〔肯定的〕にして実象的なものではない。あらゆる消極性を積極性の内に基礎づけることが必要なのである」（*De libertate Dei et creaturae*, lib. I, cap. 7, sec. 1, p. 46）。ただし、ジビュにできたのは、この積極性を神への完全な従属において実現される「充溢性（amplitudo）」ないし「卓越性（eminentia）」と名指してみるところまでだった。積極性の内実を埋めようとして、ジビュは再び「非決定」、「独立」、「非拘束（inalligatio）」という一連の外挿的な観念を呼び戻してしまう。「充溢性」というのは、結局のところ、「あらゆる劣ったもの、被造物に対する独立と非拘束」のことである（*loc. cit.*, cap 1, sec. 1, p. 8）。ジビュによる自由意志論に関するこれ以上の詳細については次の研究書を参照されたい。F. Ferrier, *Un Oratorien, ami de Descartes : Guillaume Gibieuf et sa philosophie de la liberté*, 1979.

なお、デカルトがジビュの著作を肯定的に評価していたことは三通のメルセンヌ宛書簡から窺われるが（*à Mersenne*, 27/05/1630, AT I, 153 ; 21/04/1641, AT III, 360 ; 23/06/1641, AT III, 385-386）、いずれにも具体的な指摘は一切含まれていない。この他に同書への まとまった言及があるわけでもない。ジルソンによれば、デカルトは『省察』における人間的自由の問題を解決するために、「何の不都合も感ずることなく、ジビュの著作から自分に興味深く思われた箇所を利用した」（E. Gilson, *La liberté chez Descartes et la théologie*, p. 373）ということだが、支持する根拠を見出し難い解釈である。

（13） 念のため、それぞれのケースの該当箇所を示しておく。⑴ *Discours IV*, AT VI, 68 & 74 ; *4ae Resp.*, AT VII, 237 ; *Passions*, art. 199, AT IX, 478-479 ; *à Condren*, 02/12/1630, AT I, 18 ; *à Hooghelande*, 30/08/1637, AT I, 393 ; *à Mersenne*, 31/03/1638, AT II, 96 ; *à Pollot*, 18/05/1645, AT IV, 206 ; *à Élisabeth*, 31/03/1649, AT V, 330. ⑵ *à Huygens*, 25/01/1638, AT I, 650 ; *à Mersenne*, 11/06/1640, AT III, 86 ; *à Mersenne*, 30/09/1640, AT III, 19 ; *Météores IV & VI*, AT VI, 275 & 297 ; *Géométrie II & III*, AT IV, 41 & 442 ; *L'Homme*, AT XI, 175, 189, 195 ; *Le Monde IV & XI*, AT XI, 20 & 77. ⑶ *à Mersenne*, 21/041641, AT III, 360 ; *Entretient avec Burman*, AT V, 159 ; *Passions*, art. 146, AT IX, 439-440. ⑷ *à Mersenne*, 21/04/1641, AT III, 360 ; *Entretient avec Burman*, AT V, 165-166.

（14） R. Descartes, *Med. 4a*, AT VII, 59 : « haec indifferentia non ad ea tantum se extendit de quibus intellectus nihil plane cognoscit, sed generaliter ad omnia quae ab illo non satis perspicue cognoscuntur eo ipso tempore, quo de iis a voluntate deliberatur : quantumvis enim probabiles conjuncturae me trahant in unam partem, sola cognitio quod sint tantum conjecturae, non autem certae atque indubitabiles rationes, sufficit ad assensionem meam in contrarium impellendam. »

（15） P. Gassendi, *5ae Obj.*, AT VII, 316 : « Quippe cognitio illa, quod sint solum conjecturae, faciet quidem ut judicium de ea parte, in quam te trahunt, cum aliqua formidine et haesitatione feras ; sed numquam faciet, ut judicium feras de parte contraria, nisi postquam occurrerint conjecturae non modo aeque probabiles, verum etiam probabiliores. »

（16） R. Descartes, *5ae Resp.*, AT VII, 378 : « Negando enim *nos cavere posse ne erremus*, quia non vis voluntatem in quicquam ferri ad quod non determinetur ab intellectu, simul concedis *cavere nos posse ne in errore perseveremus* ; quod omnino fieri nequit absque illa voluntatis libertate, se ipsam sine determinatione intellectus in unam aut alteram partem movendi, quam negabas. »

（17） R. Descartes, *Med. 4a*, AT VII, 60 : « [lumine naturali manifestum est] perceptionem intellectus praecedere semper debere voluntatis determinationem. » Cf. *Principia I*, art. 34, AT VIII-1, 18, & *à Regius*, 05/1641, AT III, 372.

（18）　R. Descartes, *5ae Resp.*, AT VII, 377 : « Ne sis igitur libera, si non lubet ; ego certe mea libertate gaudebo ».

（19）　R. Descartes, *loc. cit.*, AT VII, 378 : « Nam, si semel intellectus determinavit voluntatem ad falsum aliquod judicium proferendum, quaero a te : cum primum ipsa incipit cavere ne in errore perseveret, a quonam ad id determinatur ? Si a se ipsa, ergo potest ad aliquid ferri, ad quod ab intellectu non impellitur, quod tamen negabas, et de quo solo controversia est. »

（20）「反論」と「答弁」は、「デカルトの友人の中でもとりわけ情誼に厚く真摯であった人の一人」（Baillet, *La vie de Monsieur Descartes*, t. 2, p. 171）とされるクレルスリエ（Claude Clerselier, 1614~1684）によってフランス語訳され、第五反論と第七反論を除いてデカルトの校閲を受けた上で、リュインヌ公の手になる『省察』本論の仏訳とあわせて一六四七年に出版されている。目下の一節において、そのクレルスリエは « sine determinatione intellectus » を「知性による決定を待つことなしに（sans attendre la détermination de l'entendement）」と正確に訳している（*Œuvres philosophiques*, éd. F. Alquié, t. 2, p. 825）。クレルスリエはまたデカルトの書簡集を最初に編集した人でもあり、宛先人や日付の特定など客観的データに未だ難が多いのは仕方ないとして、ラテン語の書簡のクレルスリエによる意訳調のフランス語訳が事柄を的確に捉えていることは一度ならずある。本章の註（54）で一例を挙げる。

（21）　R. Descartes, *6ae Resp.*, AT VII, 432-433 : « ① Et ita summa indifferentia in Deo summum est ejus omnipotentiae argumentum. ② Sed quantum ad hominem, cum naturam omnis boni et veri jam a Deo determinatam inveniat, nec in aliud ejus voluntas ferri possit, evidens est ipsum eo libentius, ac proinde etiam liberius, bonum et verum amplecti, quo illud clarius videt, nunquamque esse indifferentem, nisi quando quidnam sit melius aut verius ignorat, vel certe quando tam perspicue non videt, quin de eo possit dubitare. ③ Atque ita longe alia indifferentia humanae libertati convenit quam divinae. ④ Neque hic refert quod essentiae rerum dicantur esse indivisibiles : ⑤ nam primo, nulla essentia potest univoce Deo et creaturae convenire ; ⑥ ac denique indifferentia non pertinet ad essentiam humanae libertatis, ⑦ cum non modo simus liberi, quando ignorantia recti nos reddit indifferentes, sed maxime etiam quando clara perceptio ad aliquid prosequendum impellit. »

（22）　M. Mersenne et al., *6ae Obj.*, AT VII, 417-418 : « Quibus positis, numquid vides te Dei libertatem destruere, a qua tollis indifferentiam, dum creat mundum hunc potius quam alium aut nullum condit ? »

（23）　R. Descartes, *6ae Resp.*, AT VII, 431-432 : « Quantum ad arbitrii libertatem, longe alia ejus ratio est in Deo, quam in nobis. Repugnat enim Dei voluntatem non fuisse ab aeterno indifferentem ad omnia quae facta sunt aut unquam fient, quia nullum bonum, vel verum, nullumve credendum, vel faciendum, vel omittendum fingi potest, cujus idea in intellectu divino prius fuerit, quam ejus voluntas se determinarit ad efficiendum ut id tale esset. »

(24) R. Descartes, *loc. cit.*, AT VII, 432 : « quia voluit tres angulos trianguli necessario aequales esse duobus rectis, idcirco jam hoc verum est ».

(25) R. Descartes, *à Mersenne*, 27/05/1630, AT I, 153 : « c'est en Dieu une même chose de vouloir, d'entendre, et de créer, sans que l'un précède l'autre ».

(26) R. Descartes, *Principia I*, art. 23, AT VIII, 14 : « per unicam, semperque eandem et simplicissimam actionem, omnia simul intelligat, velit et operetur. »

(27) 「第三省察」において神は「みずからによってあるのか、他によってあるのか（an sit a se, vel ab alia）」が問われ（AT VII, 50）、前者であることが「第一答弁」では「自己原因（sui causa）」として説明される（AT VII, 109）。この概念の哲学史的意義を扱った研究は少なくないが、アプローチを異にする次の二著には重要な指摘がとりわけ多く含まれている。V. Carraud, *Causa sive ratio, La raison de la cause de Suarez à Leibniz*, 2002, p. 266-288. 村上勝三『数学あるいは存在の重み デカルト研究2』二〇〇五年、第Ⅲ部第二章。

(28) 村上勝三『数学あるいは存在の重み』八四頁。

(29) 研究史上の古典と言ってよい三つの著作に絞って関連箇所を挙げておく。デカルト的自由論の解釈はそれぞれ大きく異なるが、デカルトがジェズイットに与した証左として第四一項を扱う点では一致している。E. Gilson, *La liberté chez Descartes et la théologie*, p. 318-319 ; J. Laporte, *Le rationalisme de Descartes*, 1945, p. 271 ; F. Alquié, *La découverte métaphysique de l'homme chez Descartes*, p. 287.

(30) R. Descartes, *Principia I*, art. 41, AT VIII-1, 20 : « Illis vero nos expediemus, si recordemur mentem nostram esse finitam ; Dei autem potentiam, per quam non tantum omnia, quae sunt aut esse possunt, ab aeterno praescivit, sed etiam voluit ac praeordinavit, esse infinitam : ideoque hanc quidem a nobis satis attingi, ut clare et distincte percipiamus ipsam in Deo esse ; non autem satis comprehendi, ut videamus quo pacto liberas hominum actiones indeterminatas relinquat ; libertatis autem et indifferentiae, quae in nobis est, nos ita

conscios esse, ut nihil sit quod evidentius et perfectius comprehendamus. Absurdum enim esset, propterea quod non comprehendimus unam rem, quam scimus ex natura sua nobis esse debere incomprehensibilem, de alia dubitare, quam, intime comprehendimus, atque apud nosmet ipsos experimur. »

(31) R. Descartes, *Principia I*, art. 51, AT VIII-1, 24 : « Alias vero omnes [substantias quam Deus], non nisi ope concursus Dei existere posse [perpicimus]. »

(32) R. Descartes, *Med. 4ª*, AT VII, 60 : « illi enim actus [voluntatis] sunt omnino veri et boni, quatenus a Deo dependent ».

(33) R. Descartes, *à Élisabeth*, 06/10/1645, AT IV, 314 : « il ne saurait entrer la moindre pensée en l'esprit d'un homme, que Dieu ne veuille et ait voulu de toute éternité qu'elle y entrât. »

(34) R. Descartes, *à Élisabeth*, 03/11/1645, AT IV, 333 : « l'indépendance que nous expérimentons et sentons en nous, et qui suffit pour rendre nos actions louables ou blâmables, n'est pas incompatible avec une dépendance qui est d'autre nature, selon laquelle toutes choses sont sujettes à Dieu. »

(35)「協働」と並行する「先知（praescientia / préscience）」の問題にデカルトがまとまった仕方で言及する唯一のテクストを、ここで一瞥しておこう。人間の意志が神に依存しているとすれば、自由と矛盾を来す。神から独立しているとすれば、全知全能の神という観念と矛盾を来す。いったいどう考えればよいのか教えて欲しいと強く願うエリザベート（*à Descartes*, 30/11/1645, AT IV, 336）に対して、デカルトは「決闘を禁じた国王」と「彼の配下にあって、互いに強い敵意を抱いている二人の騎士」の譬え話で説明を試みる（*à Élisabeth*, 01/1646, AT IV, 352-354）。二人が出会ってしまえば決闘が不可避であることは国王も知っている。それにもかかわらず、国王は両名それぞれに同一の場へ出向くよう命令する。あたかも彼らが偶然そこで出くわすことになるかのように。その先は、デカルトの言葉で続けよう。「〔決闘は不可避であると国王が〕知っているとしても、そして彼こそがそうなるように二人の騎士を決定したのだとしても、出会った暁には、仮に国王が何も知らずともそうしたであろうように、彼らは自分の意志で自由に闘うのです。……そして、臣下による特定の自由な行為について国王がなしうることを、先知と無限の力能をもつ神は、あらゆる人為に関して過つことなくなすのです。実際、われわれ人間をこの世へ送り出すに先立って、神はわれわれの意志がどのような方向へ傾くことになるのかを正確に知っていました。神自身がこの傾向性をわれわれの内に据えたのですし、われわれの外にある万事を差配したのもやはり神なのです。そうして神は、しかじかの対象がしかじかのタイミングでわれわれの感覚に現れるようにし、その場合、われわれの自由意志がしかじかのものへとみずからを決定するであろうことを知っていました。そしてたしかに神はこのように意志したわけですが、しかしそのためにわれわれの自由意志を拘束しようとしたわけではありません。……そこで神学者たちは神の内に二つの意志を区別したのです。一つは絶対的で独立した意志であり、これによって神は万事が現に生起するようにする。もう一つは相対的な意志であり、人間の功績あるいは不功績に関わるこちらの意志によって、神は人間が神の法に従うことを望むのです」。

神はすべてをあらかじめ知っており、同時に、その知の内容通りに事態が実現するよう意志を決めている。他方で、神のそのような知と意志決定は、それだけ見れば完全に決定論的なものであるにもかかわらず、人間がみずからの自由意志によって行動することを否定しない。右の一節でも、神の全知全能と人間の自由の双方を同時的かつ全面的に肯定するという立場をデカルトは一貫して保っている。「絶対的な意志（volonté absolue）」と「相対的な意志（volonté relative）」という区別も、この双極的な肯定を後づけ的に正当化するために引き合いに出されているだけで、神の先知および意志決定と人間の行為のあいだに関係と呼ぶに値するものをデカルトは何ら想定していない。どの派の「神学者たち」が「絶対的な意志」と「相対的な意志」という区別を立てていたのかは不明だが、いずれにしても、この区別がデカルトと同様の全面肯定の根拠にされたことがあったとは考え難い。何であれ何らかの関係を語りたいという欲求を抑えることのできない「神学者たち」にとって、またエリザベートにとっても、デカルトによる先知論が理解に苦しむものであったことは間違いないだろう。

なお、ブルノワによれば、右の箇所でデカルトはモリナの「中間知」理論を援用しているということだが（O. Boulnois, « Le refoulement de la liberté d'indifférence ... », p. 229, n. 4）、無理な解釈である。人間の意志がある方向に発動された場合、神はその方向に発動されることをあらかじめ知っていた、そしてそうなるように、自身の意志を発動して人間の意志と協働するというふうに神と人間を関係づける理論（第二章註（60））をデカルトが援用することはありえない。また、キャローが指摘するように（V. Carraud, « Entretient avec Descartes ; la fin de l'omniscience », in *Sur la science divine*, p. 444）、そして私たちも「第六答弁」第六項目に関する注釈❷で確認した通り、デカルトは、神における知性の把握と意志の発動を段階的に区別するような考え方を認めない。

（36）　山田弘明『デカルト哲学の根本問題』（二〇〇九年）、一三八～一四二頁でも基本的に同じ方向性の指摘がされている。

（37）　R. Descartes, *à Élisabeth*, 06/10/1645, AT IV, 314 : « [Dieu] ne serait pas souverainement parfait, s'il pouvait arriver quelque chose dans le monde, qui ne vint pas entièrement de lui. »

（38） R. Descartes, *Principia I*, art. 1, AT VIII-1, 5 : « Veritatem inquirenti, semel in vita de omnibus, quantum fieri potest, esse dubitandum. »

（39） R. Descartes, *Med. 4ª*, AT VII, 57 : « （Ⅰ） [voluntas] tantum in eo consistit, quod idem vel facere vel non facere (hoc est affirmare vel negare, prosequi vel fugere) possimus, （Ⅱ） vel potius in eo tantum, quod ad id quod nobis ab intellectu proponitur affirmandum vel negandum, sive prosequendum vel fugiendum, ita feramur, ut a nulla vi externa nos ad id determinari sentiamus. »

（40） N. Malebranche, *De la recherche de la vérité*, liv. I, chap. 2, II & III, *Œuvre I*, éd. G. Rodis-Lewis, p. 33 & 35.

（41） いまさら何をと読者は思われるかもしれないが、モリナもスアレスも、「非決定の自由（libertas indifferentiae）」という定型表現をそのままのかたちでは実はおそらく一度も用いたことがない。とはいえ、だからといって「非決定の自由」と呼ばれる概念に対応する思考の動かし方を確立したのが彼らであるという事実に変わりがないことは、本書の第二章と第三章から明らかだと思う。表現の不在と思考の不在が相即しているデカルトの場合とは、基礎事情のあり方がまったく異なるのである（付言すれば、「自由」を属格にした « libertatis indifferentia » という表現を本章註（6）および（7）に引いたテクストでスアレスは用いている。厳密な直訳は「自由としての非決定」となるが、「非決定の自由」としてもまったく不自然ではない。事柄としては完全に同じである）。

それならば、誰のもとで、あるいはいつ頃から、「非決定の自由」という表現が自由意志論に不可欠な要素として用いられるようになったのだろうか。右に挙げた『真理の探求』の一節からして、マルブランシュの時点ではそういう了解ができていたと見て間違いないだろう。しかしその少し前、« indifférence prochaine aux opposites » という自前の表現を用いていたパスカルは、この了解をおそらく共有していない。デカルトの書簡相手や『省察』に対する「反論」の著者たちもおそらくそうである。彼らの口から「非決定の自由」という言葉が出たことは、少なくともデカルトのコーパスの範囲内では一度もない。もう少し遡ってプトーにも、さらにはエウスタキウスの教科書（第二章註（11））にも「非決定の自由」という表現は見当たらない。だとすれば、その流通は十七世紀の後半を待つということになるのだろうか。しかし、ジェズイット特有の含意を背負っていない表現としてならば、つとに十三世紀、ブリュージュのヴァルターがこれを用いていた（第二章一三三頁）ではないか……。

一連の推測に裏づけを与える力が私たちにはない。この点を特に論じた研究の所在も寡聞にして知らない。いずれにせよ、仮に近世（初頭）における最初の使用例を特定できたとしても、その成果に文献学的な価値があることは確かだが、それによって、本書による哲学史の理解に大きな修正が必要になる可能性は限りなくゼロに近いだろう。

（42） 十代最後の三年間ラ・フレーシュの学院で哲学を学んだメランはデカルトの哲学に強い関心をもっていたようだが、神学者ないし哲学者として思索と著述に携わった形跡はない。独自の自由意志論をもっていたわけでもない（cf. *Correspondance*, éd. Adam & Milhaud, t. 6, p. 361-362）。

（43） R. Descartes, *à Mesland*, 02/05/1644, AT IV. 115-116 : « ① Et je suis d'accord avec vous, en ce que vous dites qu'on peut suspendre son jugement ; mais j'ai tâché d'expliquer le moyen par lequel on le peut suspendre. ② Car il est, ce me semble, certain que, *ex magna luce in intellectu sequitur magna propensio in voluntate* ; en sorte que, voyant très clairement qu'une chose nous est propre, il est très malaisé, et même, comme je crois, impossible, pendant qu'on demeure en cette pensée, d'arrêter le cours de notre désir. ③∽ Mais parce que la nature de l'âme est de n'être quasi qu'un moment attentive à une même chose, sitôt que notre attention se détourne des raisons qui nous font connaître que cette chose nous est propre, et que nous retenons seulement en notre mémoire qu'elle nous a paru désirable, ③P nous pouvons représenter à notre esprit quelqu'autre raison qui nous en fasse douter, ainsi suspendre notre jugement, et même aussi peut-être en former un contraire. »

（44） R. Descartes, *Med. 4*ª, AT VII, 59 : « ex magna luce in intellectu magna consequuta est propensio in voluntate ».

（45） R. Descartes, *loc. cit.*, AT VII, 62 : « infirmitatem [...] ut non possim semper uni et eidem cognitioni defixus inhaerere ». 一般にはデカルトというと明晰判明性の方ばかりが強調されがちだが、実際のデカルトは人間精神の非常に重要なファクターとして、この「弱さ」のことをたえず考えていた。「第五省察」（AT VII, 69-70）、「第二答弁」（AT VII, 146）、レギウス宛書簡（24/05/1640, AT III, 64）を参照されたい。

ただし、この注意力低減理論とでも呼びうるものによって、意志と自由の問題が解決されるかどうかはまったく別の問題である。論者たちが「悪魔的」、「自殺的」、「悲劇的」と形容した意志（序章十八頁〔T-2〕）の件にこの理解を適用してみよう。その場合、事物の真性ないし善性への注意力が低下してその明晰性が見失われ、それにつれて本来抱くべきではない動機が形成され、その結果として真や善の否認に至る、と説明されることになる。こうして、否認は人間精神に課せられた基本的な制約ゆえの作用であり、意志自体は「悪魔的」でも「自殺的」でもないということに一応はなる。まずはラポルトがこのような解釈によって問題を乗り切ろうとした（J. Laporte, *Études d'histoire de la philosophie française au XVIIe siècle*, p. 63-65）。それ以降、ラポルトの名を出すにせよ出さないにせよ、この解釈は今日でもなお一定の支持を得ている（cf. J.-M. Gabaude, *Liberté et Raison*, t. I, p. 155-158 ; H. Bouchilloux, *La question de la liberté chez Descartes*, p. 18 ; E. Faye, *Philosophie et perfection de l'homme*, p. 337, n. 2）。

　しかし、注意力が下がるにつれて別の動機が現れて意志は自律性を失くすという考え方が、悦楽原則によってまず抱かれる何らかの動機に意志は操られているという考え方と構造的に同型である点を見落とすべきではない。「悦楽の原理」（第一章八五頁〜）では悪意志の原因探求が不可能になったのと同様に、注意力低減理論では、低減した状態で迷いに沈み込み、いたずらな想念に身を委ねる場合もたしかにある一方で、同じ状態にありながら意志的に判断を差し止めることで想念の戯れとは一線を画す可能性もある、という点を説明できない。そして、第一書簡に戻れば、注意力低減理論をラポルトが汲み出せると思った③Sにすぐ続く箇所でデカルトが示す「みずからを決定する実象的で肯定的な力能」の概念によって、この理論は完全に否定される。

（46）デカルトが記憶の問題をどのように考えていたのかについては、次の論考が参考になる。X. Kieft, « Mémoire corporelle, mémoire intellectuelle et unité de l'individu selon Descartes », *Revue Philosophique de Louvain*, 2006, 104(4).

（47）仮に反対判断が断固たるものとして形成されれば、以前の判断は廃棄される、つまり非決定は解消されるだろう。しかしデカルトがここで想定しているのは、停止された判断を完全に打棄るほど反対判断が強くはない場合、つまり、停止された当初の判断と、新たに形成された第二の判断が併存している場合であると考えられる。

（48）ほとんどの研究者がこの印象に従っている。ジルソン由来の二項対立からは距離を取るカンブシュネルもこの点では例外でなく、「われわれの内で、しかしわれわれの関与なしに（en nous sans nous）」というマルブランシュの言葉を引きながら、「もっぱら消極的な仕方で、何らかの時間的条件が惹き起こす匿名的な戯れによって」事態は推移していると解している（D. Kambouchner, *Descartes et la philosophie morale*, p. 42）。

（49）R. Descartes, *Med. 4ª*, AT VII, 59 : « suppono nullam adhuc intellectui meo rationem occurrere, quae mihi unum magis quam aliud persuadeat. Certe ex hoc ipso sum indifferens ad utrumlibet affirmandum vel negandum, vel etiam ad nihil de ea re judicandum. » 校訂版の編者たちも、〔T-95〕③の関連箇所として、私たちがここに引用したテクストのことを考えている（cf. AT IV, p. 115, n. f, & *Correspondance*, éd. Adam & Milhaud, t. 6, 436, p. 143, n. 4. いずれの註でも「第二版五七頁」と指示されているだけだが、この

ページに〔T－95〕③と関連しうる他のテクストはない）。

（50）　R. Descartes, *à Mesland*, 02/05/1644, AT IV. 116 : « ④ Ainsi, puisque vous ne mettez pas la liberté dans l'indifférence précisément, mais dans une puissance réelle et positive de se déterminer, il n'y a de différence entre nos opinions que pour le nom ; car j'avoue que cette puissance est en la volonté. ⑤ Mais, parce que je ne vois point qu'elle soit autre, quand elle est accompagnée de l'indifférence, laquelle vous avouez être une imperfection, que quand elle n'en est point accompagnée, et qu'il n'y a rien dans l'entendement que de la lumière [...], je nomme généralement libre, tout ce qui est volontaire, et vous voulez restreindre ce nom à la puissance de se déterminer, qui est accompagnée de l'indifférence. »

（51）　〔T－97〕に関して小林道夫は、「デカルトによれば、自己決定は常に無差別〔＝非決定〕の自由からの行為」であると述べている（『デカルト哲学の体系』一九九五年、二四〇頁）。しかし、仮にこの箇所でデカルトは積極的非決定については何も述べていないという点は問わないとしても、小林が自己決定と非決定のあいだに認めている順序は、デカルトが示している順序と明らかに逆である。

（52）　自由に関連する議論をデカルトはこのあともしばらく続け、次の三点を順に取り上げる。まず、「みずからを決定する肯定的な力能」をもたない動物に関しては自由を論ずる余地がないこと（AT IV, 117）。ついで、罪人と非決定の関係、および、恩寵と非決定の関係（117-118）。最後に、神の完全なる非決定（118-119）。最初の点にコメントは不要だろう。最後の点は「第六答弁」で示されていたことの繰り返しである。第二点目は本書のジェズイット論とも絡む興味深い話題だが、罪と自由の関係については、「罪人はすべて無知なる者である（omnis peccans est ignorans）」という古くからの言葉が引かれているだけである（パウロによる「コロサイの信徒へ手紙」にトマスが加えた注釈に、「罪人はすべて無知なる者であるがゆえに、罪を犯す者は神の意志を知らぬ者である」という一節が見受けられる）。残るは恩寵と非決定の関係について。デカルトは次のように述べている。「私が〔「第四省察で」〕記したのは、恩寵が非決定を完全に禁止するということではなく、恩寵がわれわれをある側へ、その反対側へではなく、傾けて、そうして非決定を減少させるということ、ただしそれによって自由を減少させるのではない、ということです」（117）。自由が減少しないのは、その自由が「知性の光に非常に強く従う」（*ibid.*）ことに基づくものだからである。デカルトの意図は、恩寵の光を知性の光に置き換えることで「神学の論争」（*ibid.*）に巻き込まれるのを避ける点にあり、そのために依拠しているのはあくまでも「第四省察」の主導的な考えである。神学的にであれ哲学的にであれ、デカルトの見解として目新しいことは何も加えられていない。

（53）R. Descartes, *à Mesland*, 09/02/1645, AT IV, 173 : « Atque ut meam opinionem planius exponam, in iis notari velim indifferentiam mihi videri proprie significare statum illum in quo est voluntas, cum a nulla veri vel boni perceptione in unam magis quam in aliam partem impellitur ; sicque a me sumptam esse, cum scripsi infimum esse gradum libertatis, quo nos ad ea, ad quae sumus indifferentes, determinemus. »

（54）奪格の関係代名詞 « quo » が「～によって」の意味であることを、Adam & Milhaud版の仏訳（t. 6, p. 196）も « j'ai par écrit qualifié d'infime le degré de la liberté par laquelle nous nous déterminons à ce à quoi nous sommes indifférents » というふうに、« par laquelle » によって正確に表現している。遡って、クレルスリエによる次の古訳は意訳ながらさらに明瞭である。« j'ai dit que le plus bas degré de la liberté consistait à se pouvoir déterminer aux choses auxquelles nous sommes tout à fait indifférents » (*Lettres de Mr Descartes*, éd. Clerselier, t. 1, 1657, p. 507).

（55）J. Schmutz, « Du péché de l'ange à la liberté d'indifférence ... », p. 197.

（56）この « réel » はしたがって、現代的な意味で「リアルな」、つまり心理的に否定し難い真実味をもっているという意味ではない。この点に誤解を招きかねない「現実的な」という訳語は避けた方がよく、かといって「実在的な」でも意味が限定されすぎる。そこで、「事柄そのものの象りに即した」という意味で「実象的」という訳語を選択した。ものが十全な仕方で在るというそのことを指す « realitas » の概念に村上勝三が当てた「実象性」という訳語（『観念と存在 デカルト研究1』二〇〇四年、第I部第一章）を踏襲したかたちになるが、特に私たちの文脈では、「意識の変転」が、ないし意識に現れるものが、（「実象的」の対義語に相当する）「仮象的」であることを示唆するものではないという点を強調しておきたい。他方で « réel » に並置された « positif » の方は、語源的に見れば、「置く」を意味する動詞 « poser »（ラテン語では « pono, -ere »）の受動態である。すなわち、意識にどう映るかとは関係なく、事柄それ自体（res ipsa）の次元に「置かれた＝措定された」ものとして「力能」を捉えるということであり、二つの形容詞は基本的に同じ方向性の規定を「力能」に施している。とはいえ「措定的な」では日本語としてやや生硬なので、少なくとも「積極的な」よりはそれに近い「肯定的な」を訳語とした。所雄章は「ポジティヴな」というカタカナ表記を選んでいる（『デカルト『省察』訳解』二四〇頁）。

（57）「意志が何かを求める場合、その何かが明晰に認識されたものである必要はない。言い換えれば、意志はそのさい知性に決定されているわけではない」。これが主意主義者の典型的な議論であることは第三章註（23）で指摘した。ここでは、『哲学原理』第一部第三四項をこの議論の流れで読んではいけないという点に注意を促しておこう。「判断するためには、もちろん知性が必要である。……しかしそれにとどまらず、何らかの仕方で覚知されたものに同意を与えるためには意志もまた必要である。ところで、（どのような仕方であれ、少なくとも判断するためだけならば、）事物についての完全で欠けるところのない覚知は必要ではない。なぜなら、きわめて曖昧に混乱したかたちでしか認識していない多くのものにも、われわれは同意することができるからである」（AT VIII-1, 18）。デカルトは、曖昧な認識に関しても何らかの判断を下すことが人にはできて、そのような場合に誤るのだと述べているだけで、認識が曖昧だから、すなわち認識の拘束力は弱いから、意志は判断の自由を失わないのだと主張しているわけではまったくない。そもそも、最高度に明晰な認識事項に対する意志の同意も自由になされるのである。ここに認めるべきものは、認識の拘束力が意志の自由を減ずるのではないかという伝統的な問題に対するデカルトの全面的な無関心であって、伝統的な問題をデカルトの側に投影してあれこれ言うのは解釈手順の踏み違いである。

（58）この点は J.-L. Marion, *Sur la théologie blanche de Descartes*, p. 403 ですでに指摘されている。

（59）「同意を与えずにおく」は「第一省察」（AT VII, 18）、「第二答弁」（AT VII, 149）、「第七答弁」（AT VII, 523）、『ビュルマンとの対話』（AT V, 159）に、「判断を下すことを差し控える」は「第四省察」（AT VII, 59 & 62）に、「判断を宙吊りにする」はエリザベート宛書簡（15/09/1645, AT IV, 295）に、「信じることを差し控える」は『哲学原理』第一部第六項と第三九項（AT VIII-1, 6 & 20）にそれぞれ見られる表現である。言わんとするところは同じであると考えてよい。

（60）古代以来の懐疑主義における判断停止とその近世的な形態に関しては次の二箇所を参照されたい。G. Paganini, « Montaigne, Sanches et la connaissance par phénomènes », in *Montaigne : scepticisme, métaphysique, théologie*, éd. V. Carraud & J.-L. Marion, 2004. 拙論「ヘレニズム復興」六二～七六頁。大局的に見て、懐疑ないし判断停止は蒙るものから近世に入って企てるものへと転じてゆく。意志的な判断停止におそらく初めて価値を見出したシャロン（第一章註（64））がその転換をデカルトに先立って体現しているのだが、デカルト的懐疑の複雑さを予告するような思考の動きはシャロンには未だ見受けられない。

（61）所雄章『デカルト『省察』訳解』三三〇頁。

（62）R. Descartes, *Med.* 4^{a}, AT VII, 59 : « ① Quinimo etiam haec indifferentia non ad ea tantum se extendit de quibus intellectus nihil plane cognoscit, sed generaliter ad omnia quae ab illo non satis perspicue cognoscuntur eo ipso tempore, quo de iis a voluntate deliberator : ② quantumvis enim probabiles conjecturae me trahant in unam partem, sola cognitio quod sint tantum conjecturae, non autem certae atque indubitabiles rationes, sufficit ad assensionem meam in contrarium impellendam. ③ Quod satis his diebus sum expertus, cum illa omnia quae prius ut vera quammaxime credideram, propter hoc unum quod de iis aliquo modo posse dubitari deprehendissem, plane falsa esse supposui. »

(63) R. Descartes, *Principia I*, art. 32, AT VIII-1, 17 : « omnes modi cogitandi, quos in nobis experimur, ad duos generales referri possunt : quorum unus est perceptio, sive operatio intellectus ; alius vero volitio, sive operatio voluntatis. Nam sentire, imaginari, et pure intelligere, sunt tantum diversi modi percipiendi ; ut et cupere, aversari, affirmare, negare, dubitare, sunt diversi modi volendi. »

(64) R. Descartes, *à Mersenne*, 28/01/1641, AT III, 295 : « nous avons des idées non seulement de tout ce qui est en notre intellect, mais même de tout ce qui est en la volonté. Car nous ne saurions rien vouloir, sans savoir que nous le voulons ».

(65) R. Descartes, *Med. 6ª*, AT VII, 78 : « [facultates imaginandi et sentiendi] intellectionem enim nonnullam in suo formali conceptu includunt », & *5ªᵉ Resp.*, AT VII, 358- 359 : « opus quidem est imaginationis quod somniemus, sed quod nos somniare advertamus, opus est solius intellectus. »

(66) R. Descartes, *7ªᵉ Resp.*, AT VII, 559 : « prima quaevis cogitatio, per quam aliquid advertimus, non magis differt a secunda per quam advertimus nos istud prius advertisse, quam haec a tertia per quam advertimus nos advertisse nos advertise ».

(67) T. Hobbes, *3ªᵉ Obj.*, AT VII, 173 : « unde scis te scire, te scire, te scire ? »

(68) R. Descartes, *Med. 4ª*, AT VII, 58 : « si semper quid verum et bonum sit clare viderem, nunquam de eo quod esset judicandum vel eligendum delibelarem ».

(69)　人が判断を停止できることを自分は否定していない、「第四省察」ではその「仕方」を説明したのだと第一書簡でデカルトは述べていた。その文脈を辿ったさい、私たちは、「第四省察」においてこの「仕方」に対応する箇所がいま一つ判然としないむね指摘しつつ、対応関係をそれ以上追求することはあえてしなかった（二九四〜二九五頁）。この点をいま明確にするならば、「仕方」の説明箇所に該当するのはまさしく〔T-99〕である。それではなぜ、デカルトは〔T-99〕を想起させるような説明をメランにしなかったのか。理由は単純で、メランの疑義が「知性における大いなる光に続いて意志の内に大いなる傾向性が生ずる」（〔T-95〕②）という知性の主導的な役割を前面に出した「第四省察」の見解に向けられていたためである。「大いなる光と大いなる傾向性」が不在の状況、つまり明晰判明な認識が得られていない状況で試みられるのが懐疑である以上、その発動プロセスを示した〔T-99〕相当の内容をそのまま語っても、メランには見当違いの返答としか受け止められない。そのような当然の判断に基づいて、デカルトは、〔T-95〕③Sで注意力の低下に伴い「光」が減退してゆく状況をまず取り上げ、その流れで、判断停止の可能性を③Pで示す。この流れでは、判断停止はたしかに受動的＝消極的になされているように見える。しかしその状態も、意志の汎通的な力能によって維持されている。つまりこの点では〔T-95〕③と〔T-99〕に違いはない。そう考えるデカルトにしてみれば、〔T-95〕③でメランが望んだ積極的非決定の擁護として不足はないはずであった。ところが、メランには、〔T-95〕③がなぜ「積極的非決定」の擁護になっているのか分からない。結局、デカルトの説明はメランの眼に見当違いなものとしか映らない（常識の側にいるのはメランであり、そのことを考慮に入れないデカルトの見込みは、常識に言わせれば、甘いということになるだろう。これもまた、デカルト的「無頓着」（二七二頁）のなせる業である）。そこで、デカルトは、第二書簡のすでに検討した冒頭箇所〔T-98〕最後の関係代名詞節で、消極的非決定を支える力能の働きにまで踏み込んだ説明を試みる。その結果、デカルトとメラン＝ジェズイットの立場の相違はいかにしても取り繕いようがないほど明白になるのだが、デカルト自身は、次章で見るように、この点にも相変わらず無頓着であった。

（70）この一文は J. M. Beyssade, *Descartes au fil de l'ordre*, p. 268 の記述を下敷きにしている。

（71）カンブシュネルは、懐疑を発動させる上で知性が決定的な役割を果たすことを的確に指摘している。「懐疑こそ優れて自由意志に関わるものであるむねデカルトが繰り返すとしても、これをもって意志を絶対化し、〔懐疑において〕意志が単独で振る舞うと考えてよいことにはならない。懐疑という営みは……みずからの獲得した知がことごとく不完全であることに対する鮮明な意識（vive conscience）の上にこそまずは成立したのである」（D. Kambouchner, *Les Méditations métaphysiques de Descartes, Introduction générale, Première Méditation*, 2005, p. 238）。しかし、この著作が「第一省察」の注解だからでもあるが、③における覚醒としての「認識」について、また私たちが次章で「否定的自己覚知」と呼ぶ自己知の一形態にちょうど対応する « vive conscience » について、カンブシュネルがこれ以上言及することはない。

第五章　開かれた問題

——経験と自由——

「事実の感取」と「概念の構想」

意志の自由という問題は、哲学の他のテーマには類例の見当たらない不透明性を抱えている。

序章以来、私たちの考察が進むべき方向を規定してきたこの問題意識を、デカルト論の仕上げに向かおうとするいま、改めて呼び起こしておこう。「外的要因によって決められていない、だから自由だ」という〈実感の論理〉が発揮する直接的で一般的な説得力と、意志とその自由を概念として練り上げる思考の媒介的な力との関係を解きほぐすことの難しさに由来する不透明性である。「自己を解放し、足枷を払い除け、迫り来る暴力と抑圧的な権力を押し返す」ことが「人間にとって根本的な経験である」（第一章一一頁〔T-38〕）ことを止める日は来ないだろう。自由という言葉が、人それぞれがもつ身体という一個のまとまりと外部世界との関係に適用されるものである以上、実感の論理に人が見出すリアリティは決して虚構ではない。このリアリティを意志論に反映させなかったアウグスティヌスは、思想史の出発点における例外的な存在であった。この例外性は、自由の意味を彼岸的な至福の境地に限定し、自由と経験の繋がりを断つことによって保たれたものだった。後に、実感の力と概念の力を循環的に活用するジェズイットの理論は、意志の「正直さ」を顧みないことによって、この繋がりを回復しながらかつてないまでに堅固なものとする。

デカルトにおいて、ことはどうなっているのだろう。「根本的な経験」云々は、主にカントを扱った一九三〇年の講義でハイデガーが述べた言葉だが、そのハイデガーはシェリングに注意を集めた一九三六年の講義で、次のようにも述べている。「人間的自由の哲学的探求は、哲学的なものである以上、事実と感情だけを拠点にすることも、概念連関とその基礎づけだけを拠点にすることもできない。しかしだからといって、両者の外面的結合を拠点とすることもできない。この探求の拠点は初めから、事実の感取（das Erfühlen der Tätsache）と概念的な構想（der begriffliche Entwurf）とを等根源的にまた必然的に果たしうるようにしてくれるものでなければならない」(1)。

「事実の感取」という直接的な経験の次元と「概念の構想」の次元の関係をどう処理するか。自由意志を論ずる上でこの問いが避けては通れないものであることを、ハイデガーは見抜いている。「事実の感取」は「根本的な経験」と、私たちの言葉では実感の論理と、同じ次元にあると考えてよいだろう。その上でハイデガーは、右の引用のすぐあと、シェリングを敷衍しつつ、「事実の感取と概念の構想を等根源的かつ必然的に果たす」ためには、「自由の体系」の構築へ向けた方法論的自覚が必要だと述べる。あるいは、「等根源性」と「必然性」の確立がすなわち「体系」の構築である、と。

この言葉の裏を取れば、「事実の感取と概念の構想」の「外面的結合」には、方法論的な自覚が欠けているということになる。さらには、このような自覚が未だ生じていなかった時代——それがシェリングより前か、カントより前か、いずれにしてもハイデガーによれば、十七世紀はこの自覚を欠いた時代の方に入るだろう——

におけるあらゆる「人間的自由の哲学的探求」においては、「事実の感取」と「概念の構想」の関係は外面的な性格を払拭していなかったという判断も、おそらく、右の言葉には含まれている。

「等根源的・必然的」対「外面的」という区分の仕方ではどうにも粗すぎるという点は措いておこう（この区分に関する突っ込んだ言及は、『シェリング講義』にも、私たちが知っている限りでは他の著作にも見当たらない）。ひょっとしたらハイデガーも、『形而上学討論集』の第十九討論を仔細に検討していれば、「自由の体系」に向けてスアレスはかなりいい線まで行っていると考えたかもしれないといった想像も働かないではないが、これも突き詰めるのは止めておこう。いま指摘したいのは、「事実の感取」が実感の論理に従ってなされるとするならば、デカルトの場合には、この意味での「感取」と「概念の構想」の関係そのものが存在しないという点である。実感と概念の二重化というきわめて多くの自由意志論に認められる傾向が、デカルトにおいては消失する。まさしく「感取」とは無関係な次元で考えられた意志の力能の汎通的な働きを思考の起点にすることと、「決められていないからできる」という実感の論理に依拠することは、思考の順序という点で、相容れない。最終的な認定は本章の最後になるまで下せないとしても、少なくとも前章まで見てきた限りでは、「決められていないから自由だ」という発想をデカルトが採用していることを窺わせるテクストは存在しない。しかし、それでいて、アウグスティヌスのように、自由を経験の領野を越えた憧憬の世界へ追いやってしまうわけでもない。それどころか、意志の自由は経験的に明白な事柄であると、デカルトはややもすれば断定的な調子で繰り返す。

　デカルトにおいては、何かが根本的に異なっている。意志の自由という問題の見え方が、この問題を取り巻く精神風景が、それ以前とは大きく異なっている。この風景を描き直そうとするにあたって「事実の感取」と「概念の構想」の関係という一般的な視点が役に立たないということは、デカルト自身によれば「明白」である自由の「経験」が、誰もが直感的に知っているという意味で明白なのでは実は全然ないことを、示唆しているだろう。そのような経験が成立するさいに重要な契機となるのが、自己覚知である。一般的に言えば、「意志していると知らないでは、意志することができない」という見解の中に姿を現している「知」である。この知を介して、たんに広く知られているというのとは異なる意味で、デカルト的な自由の経験は開かれたものとなる。

意志の働きに被さる知がデカルト的思惟の一般構造において占める位置については、「第二の思惟」として、すでに確認した（第四章三一〇頁）。以下ではまず、もう少し狭い意味での、つまりデカルト的な自由の構成要素としての自己覚知について、それが精神のどのような働きであり、その背後にはどのような問題が控えているのか、考えてゆきたい。自己知と言っても自覚と言ってもたんに覚知と言ってもよく、表記の仕方にこだわる必要はないのだが、その中身については正確を期する必要がある。

第一節　自己覚知について

1　否定性と《Animadverti》

「自己覚知」をフランス語で表現する場合、まずは《aperception de soi》というのが無難で妥当なところになる。《aperception》は、周知のように、ライプニッツあるいはカント（Immanuel kant, 1772~1804）が概念として用いたものである。そこでこれらを入り口にして、デカルトの場合を考えてみよう。まずライプニッツによれば、動物と人間に共通のたんなる「知覚（perception）」からは区別される「覚知（apperception）」を通して、「必然的な、すなわち永遠的な諸真理」に関する「さまざまな考えの連鎖が疑いえない仕方で」確立される。人間の精神すなわち理性的な魂だけが摑むことのできる真理である。そして、「こういった魂には反省的な働き（actes réflexifs）が可能であり、私（Moi）、実体（Substance）、魂（Ame）、精神（Esprit）と呼ばれるものを考えることができる」[2]。ライプニッツが「知覚」から「覚知」を区別するのは、「諸学問すなわちもろもろの論証的な知識」の真理性を確保するためだが、そのさらに根底で、「覚知」は、真理を捉える「私」等々の自己同一性を保証する役割を担っている。この役割の重要性を、カントは「統覚（Apperzeption）」の概念によってさらに際立たせるだろう。「私は考える（Ich denke）」の中に「自己意識の超越論的な統一性（die transzendentale Einheit des Selbstbewußtseins）」を確保するべく、カントは「経験的統覚」から「純粋統覚」ないし「根源的統覚」を区別する。後者が「「私は考える」という表象を生み出し」、そして「この表象は他のあらゆる表象に伴いうるものでなくてはならず、すべての意識にあって同一のものである」[3]。

たしかにデカルトの場合も、懐疑を成立させた「認識」がそうであったように、自己覚知は、文字通り、みずからを捉え返す自己反省的な働きである。しかしデカルトは、認識主体ないし精神に自己同一性ないし統一性を保証する必要がある、というふうには考えていなかった。覚知ないし統覚を通して「私」というまとまりを確保するという問題意識をライプニッツやカントと共有してはいなかった。この点は「第一省察」における懐疑のことを考えてみればすぐに分かるだろう。狡知に長けた欺き手と自分を対峙させ、それまで用いていた判断基準をことごとく使用に堪えないものと見なしたさなかでも、そのようにして懐疑を遂行しつつある「私」の自己同一性が揺らぐことはない。「確実なものをすべて見失った私」という想定の中で、その状況に耐える「私」の私性はかえって強まり、それが「第二省察」での「われ在り、われ存在す」という最初の光明をいっそう鮮明にする。

いずれにしても、ライプニッツ的「覚知」やカント的「統覚」とは異なって、自己覚知はデカルトのテクニカルタームに属するものでないという点は、はっきり述べておかなくてはならない。あくまでも、懐疑の現場で言われた「認識（cognitio）」や「思い知る（deprehendere）」の機能を正しく評価するために、私たちが抽出したものである（「覚知」に関連する動詞ないしその名詞形は一つではない。これまでに引用したテクストについて見ると、「感覚する、想像する、知解することは覚知の様態である」の「覚知する」は《percipere》、仏訳が《apercevoir》。「意志していると知らないでは意志できない」の「知る」は《savoir》。「夢を見ていることに気づく」ないし「第一の思惟に第二の思惟が気づく」の「気づく」は《advertere》、仏訳が《apercevoir》。このあとすぐ、やはり「気づく」である《animadvertere》を追加する。その仏訳はやはり《apercevoir》）。あえて抽出する価値があると考えるのは、意識を自分自身に向けるという精神の働きについてデカルトが頻繁に語るからだけではなく、その働きには、いつもそう明示されるわけではないが、一つの重要な特徴が認められるためである。すなわち、自己覚知は、自分の知識や能力にその時点時点で課せられている限界に対する気づきとして、精神に訪れる。限界づけられた自分の姿を、嘆くのでも嗤うのでもなく、醒めた目で対象化する作用として。あるいは、今日的な用語で言えば、精神に解離を惹き起こすものとして。

ただし、純粋に客観的な対象化ではない。自分の現状はそのまま放置してよいものではないという否定の契機が、そこには含まれている。その否定性が、新たな認識の形成とそれを支える意志の発動を促すことになる。その点で、能力の限界についての知といっても、「人間は全知でも全能でもない」といった一般的で匿名的な認識ではない。ソクラテス的な「無知の知」も、これを自分の無知についての恒常的な認識としてのみ受け止めるなら、いま問題としている自己覚知とは少しずれるだろう。むしろ、「注意深い省察を幾度も繰り返して試みる」(4)

哲学の営みを促し、賦活するべく現に働いているものとして、その都度その都度の解離として、その限りで、自己覚知はデカルト哲学において強い意味をもつ。たしかに、その強さを明瞭に伝える用例の数は必ずしも多くない。それでも、『省察』本文の劈頭に見出せる次の一例は、その少なさを補って、デカルトの思考を辿る上で否定的自己覚知がどれほど重要であるのかを、明瞭に示していると思われる——

> すでに幾年か前のこと、私はこう気がついた。どれほど多くの偽なるものを自分は幼少の頃に真なるものとして受け容れてしまっていたことか、そういったものの上にその後積み重ねたものが、何であれ、どれほど疑わしいことか……
>
> 〔T-100〕『省察』第一省察[5]

原文では、「私は気がついた（Animadverti）」という一語が冒頭に来る。そしてこの気づきが、「すべてを抜本的に覆し、最初の土台から改めて始めなくてはならない」という本書の冒頭近くで引用した言葉（序章二六頁）に繋がってゆく。

同じ「第一省察」の最後で認められているように、自己覚知すなわち「覚醒（vigilia）」は、「労苦を求めるもの（laboria）」であるだろう。「架空の自由を眠りの中で悦んでいる囚人」ならずとも、「目覚めること（expergisci）を恐れる」方に傾くのが、人の自然であるかもしれない。[6] それでもあえて、あるいはむしろそうであればこそ、〈自然性という坂を遡る〉（序章三七頁）ことをデカルト的な自己覚知は志向する。そのような自知を通して実現される自由とは、いったいどのようなものなのか。懐疑における「認識」の成立と共に実現されていた自由とは、どのような自由であったのか。懐疑と非決定は非決定への自己決定という構造を共有するが、だからといって、自己覚知を伴う非決定への自己決定がそれを欠く場合と同じく「自由の最低段階」にとどまるわけではないだろう。

懐疑の生成を示すテクストからは読み取ることができなかった自由の意味については、デカルト的力能とジェズイット的な積極的非決定の関係ともども、メラン宛第二書簡を解釈する次の節で確かめる。ここでは、自己覚知それ自体についての理解を先へ進めるために、自己覚知に含まれる度合いについて、三点補足しておきたい。

2 覚知の度合い

重なり合う二つの度合い

自己覚知は、繰り返せば、できあがったデカルト哲学の体系を構成する概念群の一つに数えられるようなものではない。具体的に言えば、懐疑を成立させる「認識」というかたちで思考に強い推進力を与える一方で、自己覚知は、「明晰で判明（clare et distincte）」という『省察』を導き支える真理の基準が用いられるのとは異なる水準で作動する。覚知に固有の強さは、いわゆる「明証性の規則」によってでは測ることができない質のものである。

この規則についてしばしば問題とされる「循環」の件をいま取り上げる必要はないだろう。(7) ここでは、規則を確定的に打ち出す「第四省察」の一節を思い出しておけば、それで十分である。デカルトによれば、「すべての明晰判明な認識は疑いなく何ものかであり、したがって無に由来することはありえず、必ずや神を創り手としてもっていて——神ということで私が言わんとしているのは、この上なく完全であり、欺く者であることとは矛盾する神である——、ゆえに、疑いなく、そのような認識は真である」。(8)

たしかに『哲学原理』第一部第四一項（第四章二八一頁〔T－92〕）では、「われわれの内にある自由と非決定に関しては、これほど明証的かつ完全に（evidentius et perfectius）われわれが包括的に理解するものは他に皆無である」と述べられていた。その仏訳では「これほど明晰に（clairement）知るものはない」とされてもいる。しかし、「われわれは自由であることを明証的に理解する」というのは、『省察』における思考の動きを振り返って得られた一般的な認識である。この認識と、判断停止としての自由が成立するまさにその瞬間に生起した「認識」が同じでないことは、後者の内容を考えてみればすぐに分かる。すなわち、「自分がいま抱いている認識に確実な根拠はなく、推量の域を出るものではない」。だからこそ、「自分はいたずらに思い惑っている」。いずれも、ある特定の時点における自分自身についての認識である。自分が欠如態にあるという事実に関する、どこまでも個別的で私的な認識である。

このような認識内容は、みずからの現状を告げるものとして、認識を得た「私」自身にとってどれほど重く、痛切であったとしても、「真」であることを要求するような性質のものではない。真理を真理たらしめているものの、認識の明晰判明性を保証しているものは、「第四省察」の一節が「神」という名で示しているように、「私」を超越している。たしかに、否定的な自己覚知にも、自己制御の可能な範囲を越えているという側面がないではない。なぜ、いつ、どのような条件の下で、知性は自身の限界に関する覚知を抱くのか。手をこまねいていればおのずと得られるようなものではなく、何らかの焦燥を伴う継続的な努力が求められることは確かだろう。そのような努力のさなか、覚知はあたかも贈与されたもの（donum / don）であるかのように、あたかも私を越えた地点から、ふと訪れる。しかし、この場合に何らかの贈与者を想定するべきなのだろうか。真理の「創り手」がそれであると考えるべきなのだろうか。そうではないだろう。訪れた覚知に意味を見出すのは、あくまでも「私」

であり、見出された意味はどこまでも「私」独りにとっての意味である。みずからの限界に関する認識という形式は一般化されうるとしても、この認識から何を立ち上げるか、認識を自分の経験にどう組み込むか、そのプロセスは、事柄の性質上、一般化されることを拒む。その限り、超越者によって普遍妥当性を保証される明晰判明性の場合と同じように自己覚知を取り扱うことはできない。その働きを考えるためには、それに固有の尺度を想定する必要がある。

その尺度として、私たちは度合いを考える。強い自己覚知もあれば、弱い自己覚知もある。おおよそこの強弱は、危機を危機として感ずる——精神的痛覚の——度合いの強弱でもあり、覚知がその当人を促す力の強弱でもある。そしてとりわけ、第二書簡で見るように、自己覚知の度合いはまた自由の度合いでもある。「思い惑い」としての非決定（「自由の最低段階」）と「認識」による判断停止（最低段階にとどまることはありえないと思われる何らかの自由）が、まさしく自己覚知の度合いの差によって区別された（第四章三一五～三一七頁）という点を思い起こされたい。

意志の自由を——デカルトがそうしている通り——度合いの観点から考えるために。これが自己覚知に関しても度合いを想定する直接の理由になるのだが、この想定の裏にはもう二つ理論上の判断が働いている。順に示してゆこう。

「経験」と意味

古来、きわめて多くの思想家が、意志が自由であることの証言を「経験」に求めてきた。デカルトもまたそうである。しかし、言挙げされる経験の圧倒的多数が何らかの仕方で実感の論理を組み込んだものであると考えられるのに対して、これまでに検討したデカルトのテクストに、経験と実感の論理の結びつきを示すものは一つも見つかっていない。この事実は、「意志の自由は経験に照らしておのずから明らかだ」という言葉面は誰も彼も基本的に同じでも、その意味は、経験を構成する仕方次第で、あるいは経験という言葉に汲み上げられている思考の実質次第で、大いに異なってくるのではないかという推測を強く誘う。

「意志の自由はそれ自体で知られる（Libertatem arbitrii esse per se notam）」という標題をもつ、『哲学原理』第一部第三九項を見てみよう。

> われわれの意志の内には自由があり、多くのことに関して随意に同意することができ、あるいは同意しないことができる。この点はきわめて明白であるから、われわれに生まれながら具わっている第一の最も共通な諸観念の一つに数え入れられるべきである。このことが最も明らかになったのは少し前、あらゆることを疑いにかけようと努めるさいに、あるきわめて強力なわれわれの起源の創り手が、あらゆる方法でわれわれを欺こうとしていると想定するに至った段階でのことである。というのも、このような欺き手が想定されているにもかかわらず、完全に確実ではなく探査され尽くしていないものに関しては、信じることを差し控える自由がわれわれの内にはあることを、経験したからである。〔T-101〕『哲学原理』第一部第三九項(9)

「同意する、同意しない」という単純な所作が人には「できる」。この点は経験に照らして自明であるとデカルトは考えている。たしかに、「同意する、同意しない」ということも、そうすることが「できる」ということも、これだけを眺めれば、人によって経験とその理解の内実に無視できないほどの違いが生ずるようには見えないかもしれない。それでは、自明であるとは日常の挙措を通して誰もが経験できる、その意味で誰でも分かる、ということなのだろうか。第三九項を文字通りに読む限り、そうではない。デカルトが「同意することができる、同意しないことができる」と言う場合、その範例となる「最も明らかな」ケースとして想定されているのは方法的懐疑の経験である。自由意志論の文脈で伝統的に引き合いに出されてきた経験——人が日ごろ当たり前に口にする経験と密接に結びついた経験——とはあくまでも異質の経験から「自明」という言葉は引き出されている。

そのことは、デカルト側の「経験」に焦点を絞るとして、何を意味しているだろう。第三九項には書き込まれていないが、「信じることを差し控える自由」という経験の成立は、「認識」すなわち否定的自己覚知の到来と同時であった。その覚知に度合いがあるとするならば、経験そのものにも度合いがあることになる。みずからをどれだけ深く顧みたかに対応する深浅が、経験そのものにもあることになる。おそらくは一六四八年、「第四省察」を踏まえて若き神学徒ビュルマン(Frans Burman, 1628~1679)にデカルトの語った次の言葉が、この深浅と関わっている。

各人がそれぞれみずからの内へと降りて行きさえすればよい(descendat modo unusquisque in semetipsum)。完全にして絶対である意志を自分がもっていないかどうか、また、意志の自由を経験する中で自身に上位する何ものかを認めることができるのかどうか、経験しさえすればよい。〔T-102〕「ビュルマンとの対話」(10)

出だしの「~しさえすればよい」という箇所を軽く読み流してしまわないように。「~しさえすればよい」は、「~することは最低限の、つまり必ず充たされなくてはならない基本的で重要な条件である」という趣旨である。

すなわち、意志に関わる経験は、「みずからの内へ降りて行かなければ」、得られない。振り返ってみれば、第四章の冒頭近く引用した「第三答弁」の一節でも、同じように、「自分自身を振り返りさえすれば……」（二五九頁〔T−81〕）と述べられていた。同時に引用したガッサンディへの答弁（〔T−82〕）とエリザベートへの書簡（〔T−83〕）でも、デカルトは意志と自由を内的経験と結びつけていたが、その場合も、みずからに立ち返ることの必要性は前提されていたと考えられる。「〔デカルト的〕経験とは、ある事実の証言であり、その事実が事実として現れる地平において、人は当の事実の形而上学的な本性やら可能性やらを確かめようなどとはしないものである」[11]と解して済ませることは、少なくとも自由をめぐる経験に関しては、できないのである。

意志とその自由に関しては、「みずからの内」を精査しなければならず、また精査する余地がつねに人の精神には残されている。相対的に浅くもなれば深くもなる精査の作業を通して、経験は構成される。経験とは自分自身の内部に見出されるべきものであり、意味を与えられるべきものである。デカルト的自由の経験は、多様な意味に開かれた精神の内なる場であると言ってもよいだろう。このような意味生成の可能性こそ、スアレス的な自由意志の心理学が未だ知らないものだった。たしかにスアレスも、意志とそれを捉える知性のあいだに明瞭な階層構造を考えていた。しかし知性の役割は、意志による選択を裁可し追認することに限られていた。裁可によって意志が得た恣意性も、たしかに一つの倫理的な意味であると考えることは可能である。しかし、意味はその一つだけしか存在していなかった。

意識の「闇」

自己覚知に度合いを想定するもう一つの理由は、右に述べた意味生成の可能性と関わっている。具体的には、無意識という概念の扱い方と関わっている。どういうことなのか、「第四反論」とこれに対する「答弁」におけるアルノー（Antoine Arnaud, 1612~1694）とデカルトの遣り取りをまず一瞥しておこう。アルノーによれば、「思惟するもの（res cogitans）である限り、そのものの内には意識されないもの（cujus conscius non sit）はありえない」[12]というデカルトが「確実なこととして肯定した」見解は、「誤りであると思われる」。これに対してデカルトは、「次の点に注意して頂きたい」と応じて、自身の考えを改めて次のように述べている。「われわれは、精神の働きすなわち作用をつねに現実的に意識している（semper actu conscios esse）が、能力あるいは力能に関しては、潜勢的にというならばともかく（nisi potentia）、つねにというわけではない。すなわち、何らかの能力を用いようとする場合、その能力が精神の内にあるとするならば、われわれはただちにそれを現実的に意識する、というようになっている」[13]。

「意識」という言葉が注意を惹かずにはおかない、よく知られた一節である。デカルトのラテン語テクストをフランス語に翻訳した人々が、ほぼ一様に、「意識する（conscius esse）」という表現を「知っている（savoir, avoir une connaissance）」という表現に置き換えて、« être conscient » と直訳することは避けたという事実もよく知られている。その理由は、当面、穿鑿しないでおこう[14]。目下の議論を進める上で踏まえておきたいのは、右の箇所で提起されている意識の問題に関してキーフト（X. Kieft）が近時提出した解釈である。それによれば、アルノーに対するデカルトの返答は、「魂が思惟する場合に、魂がそのことを知らない、あるいは意識していない可能性、つまり、自分が思惟していると知ることができない可能性、すなわちみずからの内にある思惟する能力を顕在的に捉えることができない可能性」を、残すものである。

たしかに、能力に関しては、「顕在的に捉えることができない可能性」を考えることができるように思われる。

そして、キーフトはこの想定をさらに押し進め、デカルトに「無意識」の問題を読み込んでゆく。デカルトにおける「曖昧な観念」を、無意識の観点から説明するためである。「無意識は、われわれがみずから抱く観念の曖昧さであり、この曖昧さがその観念を不完全にし、われわれに十全でない観念を与えるのである」[15]。

常識的に考えるなら、無意識というのは、意識には上らない、したがって自覚的な統御の不可能な心的過程を人間の精神が抱えていることを示すための概念であろう。この概念そのものを疑おうと蛮勇を奮うつもりは私たちにはまったくない。キーフトの解釈に対する私たちの懸念は、「曖昧な観念」を無意識と結びつけることで、曖昧な観念には曖昧な観念なりのあり方があり、また曖昧さにもさまざまな度合いがありうることが見失われてしまうのではないかという点にある。なぜ、懸念する必要があるのか。それは、いわば「すべての牛を黒くする」無意識によって認識における曖昧さから度合いを抹消することは、自己覚知――明証性の規則ではその役割を評価できない認識――に関してやはり必要となる、強さの度合という捉え方を放棄することに繋がりかねないからである。

度合いを重視する最初の理由を述べるに当たって確認したように、懐疑を成立させた「認識」を明晰判明な観念と呼ぶことはできない。それでは、曖昧な観念なのか。それもまた違うだろう。「思い惑い」はどうか。これが明晰判明でないことはよいだろう。では曖昧な観念なのか。今度はおそらくそうだろう。いずれにしても、意識における明晰判明ならざるものの領域を丸ごと無意識の「闇（ténèbres）」に沈めてしまうといういくぶんかマルブランシュ的な立場からでは[16]、デカルトがエリザベートに向けて語った次のような言葉に込められた倫理的な意味は、おそらく、見えなくなってしまう。

誤った想像に由来する悦びは魂の表層にしか触れうることがなく、魂はむしろその誤りに気づいているがゆえに、その内面では忸怩たる思いを抱いているのです。

〔T－103〕エリザベート宛書簡 一六四五年一〇月六日付[17]

誰よりも情念に運ばれるがままになっているような人々でさえ、この世の生の内には悪よりも多くの善があると、つねにその内奥では判断しているのです。たとえ自分ではそう気づいていないにしても。

〔T－104〕エリザベート宛書簡 一六四六年一月付[18]

第一のケースにおいて、魂は、みずからの意識の前景を占めている「悦び」の脆さに、画然とした仕方ではないが（あえて分類すれば何らかの度合いの曖昧な観念として）、しかしあたかも響き続ける通奏低音を聴くように、「気づいている」。そうでなければ、「内面」が「忸怩たる思い」に浸蝕されてゆくようなことにはならないだろう。第二のケースでは、情念に捉われた意識の前面からは見え難いところで、つまり強い意味での「気づき」にはまだ至らない状態で（したがってやはり曖昧な観念として）、しかし善悪に関する基本的な「判断」が、現実に作動している。

いずれのケースも「人間とはこういうものだ」と客観的に記述することを目的としているのではない。未だ輪郭の定まっていない――しかし、ないのでは決してない――気づき、すなわち未だ低く弱い段階にとどまっている自己覚知の度合いを高め、強めることで、内面に抱え込まれている矛盾を解消することが、いずれの場合も、暗黙にであれ、求められている。

潜在意識に着目するのであれ、無意識を取り出すのであれ、デカルト的な「意識」に関する解釈の多くが記述的な（descriptif）性格のものであるのに対して、自己覚知の度合いに関する考察は、否応なく、倫理的ないし規範的な（prescriptif）性格を帯びることになる。それは、意志とその自由について語ることが、デカルトにおいてはそもそもニュートラルな営みではないためである。

本節のまとめとして、この最後の点を敷衍しておきたい。

3　なぜ、いつ、意志について語るのか

覚知の基盤となっていた意志の働きに、いま一度、立ち帰ってみよう。たとえ主観の前面を占めているのが迷いであっても、その非決定状態を形成しているのは意志の自己決定的な力能であり、だからこそ、「思い惑い」から「認識」への跳躍を、自己覚知の問題として、考えることができる。意志の力能が汎通的な仕方で働いていればこそ、その働きに被さる第二階の思惟の変転を知性自身の内的な変化として、問題にすることができる。

しかし、力能の汎通性というのは、やはり奇妙な考え方ではないだろうか。例えば熟睡している最中の人間であってもその「魂がつねに思惟している」（註（13））ことは、魂の本質が思惟にあり、普通の意味で意識されているかどうかは「思惟（cogitatio / pensée）」の存立要件に含まれていないとすれば、認めてよいだろう。他方、意志の力能の汎通性が、「魂はつねに思惟している」と同じような意味で、「意志の力能はつねに自己決定している」と言うものであるなら、それはいかにも過剰な主張ではなかろうか。迷いも含めて判断や行為に関わる意志の恒常的な働きを熟睡中の人間に認めることは、「思惟とは実は意志である」とでも定義を改めるのでない限り、できないだろう――装いは単純だが、何のために意志を論ずるのかというデカルトの思索の動機に関わってい

る点で、重要な疑問である。

たしかに、人間の精神のありようを客観的に、普遍的な妥当性を求めて説明することを目指しているのなら、意志の力がいま現に働いているとは想定し難い場面は、熟睡やそれに類比できるような状態など、種々ありうる。しかし、デカルトは、意志の働きとその働きに同期して変化する知性の姿を価値中立的に示そうとは当初から考えていない。「食物の消化や脈拍というような、生命に属する諸機能」[19]を網羅的に記述しようとした『人間論（*Traité de l'homme*）』（完成は一六三三年頃と考えられるが、公刊はデカルトの歿後一六六四年）に、意志のために割かれた紙幅はない。意志を語ることは、『哲学原理』仏訳版の序文となる「著者から仏訳者への手紙」末尾の表現を用いれば、「智恵のいかなる段階にまで（jusqu'à quel degré de sagesse）[20]」人は到達できるのかを示そうという倫理的な動機に導かれている。同書のオリジナルに添えられた「エリザベート王女への献辞」によれば、「正しいことの認識だけから生ずる純粋で真摯なすべての徳」が「知恵（sapientia）」の内に包摂される。そして、「堅固で強い意志をもち、可能な限り理性をつねに正しく用いながら、最も善いと認めたすべてのことを遂行しようとする人は、誰であれ、その人の本性に即して可能な限りで、真に知恵ある者である[21]」。

意志に言及するデカルトのテクストは、コーパスを通じてすべて、このような「知恵」の探求と直接に結びついている。だからこそ、人間に具わったさまざまな能力の中でもまず意志にこそ「善く用いること（bene uti）[22]」が求められる。『省察』において、意志は「真と偽について（*De vero et falso*）」と題される「第四省察」において初めて、つまり、真理を捉え損ねないためにはどうしたらよいか、判断の過誤を避けるにはどうしたらよいかを論ずる文脈で初めて、本格的に取り上げられる。メラン宛第一書簡で論じられた判断停止の可能性が、「最も善いと認めたすべてのことを遂行しようとする」上で生ずる問題であることは、明らかだろう。その「遂行」のありようを、今度は第二書簡が正面から「自由」の問題として論ずることになる。

一言にまとめれば、デカルトにおける意志概念には、判断の過誤であれ、情念の悪しき効果であれ、精神の歩みにとって何らかの仕方で障害として現れるもの、障害として観念されるもの、そういったものを克服するさいの拠りどころになることへの期待が含まれている。そのような障害の典型が「非決定」である。「思い惑い」はたんに認識の正確さと不確かさだけに関わるのではない。その認識に基づいて、判断を下し、あるいは行為に乗り出そうと（通常の意味で）意志を決定することを妨げる心理状態である。これに対して、意志の力能の汎通性は、その上に覚知の諸相が展開することを想定して初めて意味をなし、その展開を考える余地のない場合、とりわけ覚醒を得る可能性がない場合は、想定の内に入っていない。意志の力能に訴える以外に一貫性をもってみずからを持することができない、そのように危機的な状態に置かれながら、それでも危機を自分で脱しようとする人間を想定する限りで、その人間に渦巻く思いの底には意志がつねにすでに働いていると考える、ということである。

それにしてもなぜ、拠りどころとなるのは気づきを得る知性ではなくて、意志なのだろう。デカルト的懐疑の成立を告げるのは「認識」であるとしても、すでに再三述べたように、その認識を下支えしているのは意志であるからだろうか。あるいは、いくら「認識」が知性に訪れたとしても、懐疑を継続するには意志の力が必要になるからだろうか。あるいは、「意志が誤った判断に固執しまいと最初にみずから注意し始める」という「第五答弁」の一節を先に見たが（第四章二七三頁（T−89））、ここでデカルトが意志に認めていたのは、危機を危機としてまず感知し、それに対処するべく知性を促すような力、危機においては知性の作用をむしろ導く全一的な力であったということなのだろうか。あるいは、意志を自分の形而上学にどう組み込むか、自由を哲学的にどう説明するかといった理論上の配慮に先立つような意志への信が、思索の底辺で作用し続けていたということなのだろうか。

エリザベートへの献辞から右に引用した箇所のしばらくあとで、知性の力には最終的にはどうにもならない生まれつきの優劣がある一方で、「堅固にして不動の意志を保ち続けること」は誰にでも可能であるとデカルトは述べている。[23] なぜか。神が人間に善き意志を与えたという形而上学的な理解が背後にはあり、この考えは次節で見るように、デカルトの自由論においてはたしかに決定的な重要性をもっている。しかし、おそらく、それだけではない。知性は致し方ないにしても意志は云々とエリザベートに語る言葉には、一般的な人間観察を通してデカルトが得た洞察の響きを、空耳ではなく、聞くことができるのではないか。理論に先立つ信ということで私たちが考えているのは、そのような、つまり『方法叙説』で回顧された遍歴の時期をも含めておのずと育まれていったと考えられるような確信である。

一連の問いに対する答えを一つに絞るのは難しい。絞ろうとする必要もないだろう。いずれにしても、危機への対応が求められる場面を頭のどこかに思い描きながら意志を語り、その力能をつねに働いているものとするデカルトの考えは、外部に頼る先を求めることなく危機をみずから打開する可能性を万人の内に認めることができるという確信に、そして認めたいという——理論の内外に渡る——希いとも、深く結びついていたのではないかと思われる。

本書の本論では『情念論』に言及しないという方針でここまで来たが、最初の例外として、『情念論』的道徳を体現する「高邁なる人（les généreux）」に関するテクストを二つ、引いておきたい。まず、第一五四項の末尾にある次の一節——

高邁なる人たちは、善き意志こそをみずからの矜持とし、その善き意志はまた、他の人々それぞれの内にある、あるいは少なくともありうる（ou du moins pouvoir être）と、考える。〔T－105〕『情念論』第一五四項[24]

「善き意志」は、少なくとも、可能性としては、誰にとってのものでも「ありうる」。現実には、そう考えることを躊躇わせるような事態に稀ではなく遭遇し、そのような事態に見出される情念を「高慢（orgueil）」として類型化する必要が出てくるにしても。「少なくともありうる」と譲歩含みで述べざるをえず、しかし譲歩含みでも述べておこうとしたところに、デカルトの確信と希求が綯い交ぜになったまま表れている。そして、この希求には、現実が自分の言葉を裏切ることに対する、あるいは自分の言葉が現実に届かないことに対する、諦念もまた含まれていただろう。第一八七項のやはり末文によれば、「高邁なる人たち」――デカルトが自分をその一人に数えていたかどうかというささか下卑た問いは、このさい脇に置いておく――は「また、もろもろの悪徳を憎みはするが、だからといって、悪徳に捉われるのを目にした人々を憎みはしない。彼らに対しては、ただ憐れみ（pitié）を抱くだけである」[25]。現実の世界に生きる人々の心が悪徳に染め上げられているように見えざるをえない場合でも、憎むべきはその人々ではない。それは、逆に言えば、その人々を憎んでみても何も変わらないという意味で、現実世界に対する働きかけを断念し、諦めることでもある。そのような諦念が、それでも人間的なものであることを、同時に生ずる「憐れみ」の情念が示している。

本節の初めに近く、解離としての自己覚知は、精神の現実をいったん否定し、否定を介してその精神を賦活する、と述べた。右に指摘した諦念は、デカルトの道徳的な人間認識一般も、やはり一つの解離を特徴とすることを示している。ただし、この場合、醒めた目で現実世界を眺めることにとどめるという点で、言葉の本来的な意味により近い解離である。デカルトは、しばしば、現実の出来事を「舞台の上で（sur un théâtre）」の出来事になぞらえる。あるいは、「舞台の上」の出来事を眺める経験を、理論的言説の中で引き合いに出す。[26] 第二の意味での解離とこの比喩が連動していることは、おそらく間違いない。

意志について考え、叙述する場を、右に見てきたような意味での倫理的な場として限定することは、「哲学するという営みに〔デカルトがみずから〕課した限界（bornes）を踏み越えない」[27] ことの一例であった。この点まで考慮に入れれば、力能の汎通性という考え方の客観的な妥当範囲に関する先の疑問は的外れである。あるいは、ないものねだりである。

この「限界」を頭の片隅に置きながら、メラン宛の第二書簡を読んでゆくことにしよう。

第二節　第二のメラン宛書簡――（一六四五年二月九日）

1　形而上学的な「善さ」と「悪魔的」な意志

論点の確認

メラン宛第二書簡の話題は意志の自由に絞られている。校訂版で二ページほどの行文にデカルトはさまざまな要素を凝縮したかたちで盛り込んでおり、その論理の一貫性を摑むのはたしかに簡単でなく、これまで以上に緻密な読解作業が必要になる。

書簡は二部構成になっている。「先立って「第四省察」で示した非決定は、真や善を意志が肯定できずにいる状態のことであり、その状態は、意志の力能による自己決定を通して形成され、維持されている。そのようなものとして、非決定は自由の最低段階を構成する」。こう述べた出だし（第四章三〇〇頁〔T–98〕）に続けて、この力能の射程を形而上学の観点から明らかにするところまでが前半。その内容を心理学的な観点から捉え返し、自由の二つのあり方を提示するのが後半。まず、前半の未検討部分を引用する。

……①とはいえおそらく、非決定とは、対立する二項のいずれにでも、すなわち追求しあるいは忌避する、肯定しあるいは否定する、そのいずれにでもみずからを決定する肯定的な能力（positiva facultas se determinandi ad utrumlibet e duobus contrariis, hoc est ad prosequendum vel fugiendum, affirmandum vel negandum）のことであると理解している人々もいるでしょう。私も、このような肯定的能力が意志の内にあることを否定したわけではありません。②それどころか、いかなる明証的な根拠によっても一方の側ではなく他方の側へと意志が駆りやられてゆくことのない場合における意志の作用についてのみならず、他のすべての意志作用に関してもまた（sed etiam ad alios omnes）、この能力は意志の内にある、と私は考えているのです。③したがって（adeo ut）、きわめて明証的な根拠がわれわれを一方の側へと動かしているときにその反対側へ赴くことも、実際上は（moraliter loquendo）ほとんど不可能であるにしても（vix possimus）、絶対的にみれば（absolute）やはり可能であるのです。④明晰に認識された善を追求し、あるいは分明な真理を認容することから自分を翻すことも、それによってわれわれの意志の自由を証すのは善いことであると考える限りで、われわれにはつねに許されているのですから（modo tantum cogitemus bonum libertatem arbitrii nostri per hoc testari)。

〔T-106〕メラン宛書簡 一六四五年二月九日付(28)

デカルトの自由意志論を解釈するためには、「非決定（indifferentia）」の概念に注意する必要がある。私たちがそう判断した積極的な理由は、「自由の最低段階」に位置づけられる非決定の内部に、意志の自由をめぐるデカルトの思考の出発点が認められるからである。この出発点を、非決定への自己決定として、第一書簡を受けた本書簡の冒頭部分に私たちは見出した。そして、この自己決定する力能の働きの上に自己覚知という問題が広がっていることを、懐疑の生成過程に即して確かめた。さらに、その背後にどのような哲学的問題が広がっているのか、前節で素描を試みた。残るは、「第四省察」による意志の定義の解釈を除けば、どのようにしてこの出発点が自由論に組み込まれているのかを知ることである。第二書簡の後半が、そのために必要な素材を提供してくれる。

他方で、「非決定」の重視には、デカルト解釈を混乱させてきたジェズイットによる「非決定の自由（libertas indifferentiae）」概念を徹底的に調べる必要があるという側面もあった。こちらに関しては、「非決定の自由」ないし「反対項選択能力（potestas ad opposita）」を支える「決められていない、だから自由だ」という実感の論理にデカルトが依拠したことはないという点をすでにおおよそ確かめてある。また、デカルト的な思考の順序と内在志向的性格を明らかにしようとする一連の作業には、ジェズイット的外挿思考との差異をその都度確認するという意味合いもあった。残るは、再び定義の解釈問題を除けば、ジェズイットとデカルトそれぞれの思考の無縁性を概念のレヴェルで確かめることである。

この確認作業を強く求める要因が、右に引用した第二書簡前半のテクストに二つ含まれている。すなわち、

「対立する二項のいずれにでも……みずからを決定できる肯定的な能力を自分は否定していない」と言う①であり、そして、「自殺的」、「悲劇的」、「悪魔的」意志の問題として論じられてきた③および④である。①は②と密接に連動しているのでまずそこまでを、ついで③と④を、順に検討してゆこう。

デカルトの無頓着

「①非決定とは、対立する二項のいずれにでも、すなわち追求しあるいは忌避する、肯定しあるいは否定する、そのいずれにでもみずからを決定できる肯定的な能力のことであると理解している人々もいるでしょう」。デカルトの念頭にあるのは間違いなくジェズイットの理論家たちである。とりわけ目を引くのが、「対立する二項のいずれにも（ad utrumlibet e duobus contraris）」という部分で、これは、反対項選択能力に基づく非決定の自由を彼らが語るとき頻繁に用いる表現を踏襲したものである。

やはり、デカルトはジェズイットの理論を採用するに至ったのではないか。

この問いに答えるためには、まず、「対立する二項の一方を選ぶ」という考え方それ自体が、非決定の自由という概念に固有の負荷を帯びているわけでは必ずしもない（第四章第一節3）という点を改めて指摘する必要がある。モリナの定義を思い出そう。「ある行為の必要条件がすべて揃っている場合でも、それをなすことなさないことのいずれをもできる者、あるいは、一つのことをなしつつも、それに反対のことをなすこともできる者」が自由である（第二章一三八頁〔T-41〕）。神がもたらす協働その他、「必要条件」が揮う拘束力から意志を解き放ち、現になそうとしている、あるいは現になされている行為を覆してその反対を選ぶ、そのような意味での反対項選択能力を具えた者が、自由である。書簡に目を戻すと、「対立する二項のいずれにでも」を具体化する

「追求しあるいは忌避する、肯定しあるいは否定する」という表現は、「第四省察」による意志の定義前半において、「することが、あるいはしないことが、できる」の言い換えとして用いられたものである。そうである以上、右の問いは、やはり第四章第一節の同じ箇所でマルブランシュに絡めて確認した通り、定義前半においてデカルトはジェズイット的な反対項選択能力を認めているのではないかという問題にまで繋がってゆく。

定義にはそれに固有の事情がいくつかあるので、最終節で取り上げる。この点を別にして、先の問いに対する答えはこのあと③と④を通して得ることができるだろう。

その検討へ進む前に、①をそれとしてもう少し注意深く眺めてみよう。「対立する二項のいずれにも」は「みずからを決定する肯定的な能力（positiva facultas se determinandi）」に接続されている。フランス語の第一書簡で「みずからを決定する実象的で肯定的な力能（puissance réelle et positive de se déterminer）」と呼ばれたものである（「能力（facultas）」と「力能（potentia / puissance）」はデカルトにとって同義語である[29]）。このような接続の仕方は、ジェズイットにしてみれば、間違っても理論的に認めうるものではない。デカルトは概念の用い方を誤っていると彼らなら批判するだろう。スアレスに即して確かめたように、反対項を選ぶ力から自己決定する力を分離することが、非決定の自由を概念として立てる上での大前提だからである。意志の自由をまず反対項選択能力によって定義し、同時に、自己決定する能力を理論体系の周辺に追いやるというのがジェズイットの基本的な考え方である。

しかしデカルトにしてみれば、「することが、あるいはしないことが、できる」であれ、「対立する二項のいずれにも」であれ、これらと自己決定的力能を排他的な関係に置く理由は原理的に何もない。「することが、あるいはしないことが、できる」が意志の働きである限り、その働きの起点となる「みずからを決定する力能」が、

「すること」を、そして「しないこと」を、実現する。その「する」と「しない」の双方を一挙に視野に入れれば、選択という観念がおのずと得られるだろう。「する」と「しない」を「対立する二項」と捉えても、特に困る理由はないだろう。その上で、問題は、繰り返しになるが、選択という一般的な観念に反対項選択能力に固有の強度まで充填するのかどうかである。

　このような揺らぎないし両義性がデカルト的思考のどこにどういった仕方で落ち着くことになるにせよ、現時点で確実に言えるのは、意志の内側で概念としてのまとまりを得る「みずからを決定する力能」を起点にするという順序を崩すのでない限り、デカルトは「選択」という考え方を拒まないということである。「対立する二項のいずれにも」という表現は、デカルトにしてみれば、「肯定的な能力」の発現形態の一つでしかない。そのような考え方が相手には理解されない可能性を、デカルトはおそらく考えていなかった。概念の繋げ方が相手の理論に反しているのではないかという点にも、« ad utrumlibet e duobus contrariis » という表現に込められたジェズイット的含意にも、デカルトは無頓着だった。

　この無頓着は、「おそらく……であり、それは私も否定はしない」という①の全体的なトーンによっても表現されている。これに対してデカルト本来の考えは、「それどころか」と続く②の方にある。すなわち、「いかなる明証的な根拠によっても一方の側ではなく他方の側へと意志が駆りやられてゆくことのない場合における意志の作用についてのみならず、他のすべて（omnes）の意志作用に関してもまた、この能力は意志の内にある」。

　みずからを決定する力能が、「すべての意志作用」を汎通しつつ、それらを可能にする。[30] ただし、自分が自由であるという実感を抱けるかどうかという主観的な思いをいったん切り離したところで摑まれた「すべて」である。そのような「すべて」のすべてたるゆえんを説明するために、一見意志の自由とは最も縁遠い両極端の例をデカルトは提示する（意志の自由が自明なケースを出しても「すべて」の包括性を示す役には立たない）。まず一方の極に来るのが、「いかなる明証的な根拠によっても一方の側ではなく他方の側へと意志が駆りやられてゆくことのない場合」、すなわち、書簡の冒頭近くで述べられた消極的非決定の場合である。「思い惑い」という不自由感ないし意志の停滞感に苛まれ、意志の力を主観が見失っている場合である。それにもかかわらず、無力と見紛われる非決定状態ではあるが、その成立も持続も意志の自己決定的な力能の「作用（actus）」に依拠している。これが事柄それ自体の次元に見出される構造であることを、私たちはすでに明らかにした。

それでは、もう一方の極に想定されるのはどのような場合なのだろう。消極的非決定とは正反対の場合、つまり意志が現にこれ以上なく強く促されている場合である。すなわち、「したがって（adeo ut）」という接続詞で導入される③と④が示す、「明証的な根拠によって意志がすでに一方の側へ促され、向かっている」場合であり、メラン＝ジェズイットが自由の喪失を最も強く懸念する場合である。デカルト的にはこの場合にも、この場合こそ、意志はすぐれて自由である。にもかかわらず、その自由の逆を行くような意志の動きを肯定するための説明を試みるのは、自身の見解を覆して書簡の相手に迎合するためではない。あくまでも、「すべて」の意味を明確にするためであり、意志の力の捉え方について正確を期するためである。一方で、一見たんに無力な非決定状態でも意志は働き続け、他方、一見すでに知性によって方向を指定されている状況でも意志は独自に働くことができる。この第二の可能性を担保するために用いられるのが「実際上は（moraliter）」と「絶対的には（absolute）」という対の副詞であり、後者の視点から捉えられる「善（bonum）」を介して、デカルト的力能とジェズイット的反対項選択能力の無縁性に異論を挟む余地は、定義の検討を待つ必要のある一点を除いて、完全に消えることになる。

真と善の平衡性

この箇所に関するベサッドの見解を、改めて聞いてみよう。「きわめて明証的な根拠を目の前にしても、同意を拒む力を私はなおもっている。たとえそれが自分の自由意志の偉大さを証すためにしかならないのだとしても」。そのような「自由には、何か悪魔的なものが具わっている」(31)。

言及してもしなくても解釈には影響しないと判断したためなのか、ベサッドは、テクストに含まれる「実際上は」と「絶対的には」という対にも、「善いことである」という点にも、触れていない。この点では、同意の拒否を「悲劇的なもの」と、また「傲岸なる自己肯定」(32)と解したアルキエも同じである。そして、私たちの考えでは、「悪魔的」も「悲劇的」も、「絶対的に」と「善い」の意味を見極めずに打ち出された解釈として、端的に的外れである。

「絶対的に」の方から見てゆこう。ラテン語の副詞 « absolute » の語幹は動詞 « solvere » であり、ギリシャ語の « λύω » に遡るその基本義は、「切り離す、解き放つ」である。デカルトによる « absolute » の用法は、「あらゆる制約から切り離された状態で」、ないし「あらゆる枝葉を取り払った純粋状態で物事を捉える仕方で」というふうに、語源の感触を残している場合が一つ(33)。その意味をさらに絞り込み、最も優れた意味で「何らの制約も蒙ることのないもの」すなわち「神」に関して用いる場合がもう一つ(34)。目下の文脈では第二の意味を考える必要がある。その用例の中でも特に重要なのが、『哲学原理』全体の最後から二番目に位置する、第四部の第二〇六項。「実際上（moraliter）、すなわち日常の営みの必要（usus vitae）を充たす限りで確実であると見なされるもの」について述べた第二〇五項を受けて、デカルトは次のように言う。

その上さらに……絶対的に、実際上の意味を越えて（absolute ac plusquam moraliter）、確実であると思われるものがある。すなわち、神は最高に善であり（summe bonus）、欺くことが決してない以上、その神がわれわれに与えた真を偽から区別する能力は、正しく用いられる限り、またそれによって判明に覚知する限り、誤ることはありえない、という形而上学的な根拠に基づく（metaphysico fundamento）確実性である。
〔T–107〕『哲学原理』第四部 第二〇六項(35)

「神が人間に与えた諸能力には、とりわけ意志には、神に与えられたものとして剥奪されることのない善性が具わっている」――デカルト哲学における基本的な発想である。「第四省察」でも、「意志の働きである判断は、判断において私が誤ることはあるにしても、神に依拠する限りでは完全に真なるものであり、善なるものである(36)」とされていた。「神がわれわれに与えた」や、「神に依拠する限りでは」といった表現は、「私」の意志の善性を最終的に保証できるのは私自身ではないことを、むしろ超越者であることを、意味している。そして、「私」を超越した地点を参照するこのような理解の仕方を、第二〇六項は「絶対的に」ないし「形而上学的に」という副詞で示している。

書簡のテクスト〔T–106〕に戻ろう。「③きわめて明証的な根拠がわれわれを一方の側へと動かしているときにその反対側へ赴くことも、実際上はほとんど不可能であるにしても、絶対的にみればやはり可能である」。なぜならば、明晰に認識された善や真から自分を翻すことも、「④それによってわれわれの意志の自由を証すのは善いことであると考える限りで、われわれにはつねに許されているのだから」。

③における「絶対的にみれば」という限定的な視点の取り方は、第二〇六項の「絶対的に」とまったく同じも

のである（直接の話題が自由であるか確実性であるかの違いは視点の同一性と関係ない）。そうである以上、④の「善い」はたんに「自分にとって善い」ということではありえない。「傲岸」であれ何であれ、主観的な自己肯定が問題になる余地はここにはない。「善い」は、神に由来する、その意味で意志にとっては本源的な性質である善性を指す。なぜ意志の善性をこの文脈で考える必要があるのかといえば、善性が、同じく神を最終的な保証人とする真や他の諸善に対する平衡錘となるからである。

翻意が「善いことである」と「考える（cogitemus）」。それは、翻意を担う意志というものの善性を、その賦与者ともども考えることであり、同時に、意志の善性と真や他の諸善との平衡性を考えることでもある。[37]「あらゆる善と真の本性は神によってすでに定められて」[38]おり、意志の善性もその例外ではない。このように「考える」ことが、明晰に認識された真や他の諸々の善と同じ資格で、意志の働きを正当化する事由になる。本源的な善性を根拠として想定する限りで、明証的な根拠に促される通りに真なり善なりを肯定する方に向かいつつあった意志の動きを反対側に向けることが可能になる。厳密には、反対側に向けることも許されると考えることが可能になる。

以上のような論理の有効範囲が形而上学の範囲と重なっており、その外に出ることがないという点は、強調しておこう。「実際上」は、認識された真や諸善の逆を向くことは「ほとんど不可能である」。なぜなのか。判断であれ行為であれ、実際にみずから意図する個別の目的に向かう自己決定の根拠として――たとえば認識した真理をあえて肯定しないことの根拠として――「絶対的に」捉えられた意志の本源的善性を持ち出すことは、構造的に不可能だからである。持ち出したとたん、この善性は、私がするこの行為や判断は善いことだというかたちで、主観的な善に転化してしまう。善性を騙った自己肯定しかそこには残らない。

第二書簡前半最後の箇所に関する解釈のまとめとして、次の三点を記しておこう。

第一に、このような自己肯定を「実際上はほとんど不可能」とすることで、デカルトはジェズイット的反対項選択能力とこの力に基づく非決定の自由を否定する。「対立する二項のいずれにも」という表現から、ジェズイットのもとで込められていた強度を削ぎ落とす（「することが、あるいはしないことが、できる」という定義にも、基本的には同じことがあてはまるだろう）。おそらく、デカルト自身は、書簡の相手方が奉ずる概念を否定しようと意図したわけではない。意図するほどデカルトはジェズイットの理論に頓着していなかったと思われる。それでも、デカルトが意志の自由を自身に固有の順序で考える限り、否定以外の帰結はありえなかった。

第二に、力能の働きを「すべての意志作用に認める」という点について。意志の力能は、形而上学の水準で、しかもかなり特殊な条件の下で、真や善からの翻意を可能にする。そしてその翻意も、「実際上はほとんど不可能」である。「すべての意志作用に認める」という言葉はこのような制約の下にある。ここにもまた、ジェズイットの理論に対するデカルトの無頓着ぶりが窺える。放恣なる意志の働きまでこの「意志作用」に含める可能性など、デカルトの頭をよぎりさえしなかっただろう。「すべて」の範囲は、前節の最後で触れた「限界」の範囲と正確に一致しているのだから。

第三に、「悪魔的」の件。« absolute » が「形而上学的に」と言い換えられるとすれば、« moraliter » の方は、デカルト自身の言葉ではないが、「心理学的に」と言い換えることができる。もっぱら意識に映るものを、その意味での経験を扱う学としての心理学である。もしも真や善からの翻意が心理学的に可能であるというのなら、たしかに研究者たちが危惧した通りのエゴイズムが問題になるだろう。しかし、純粋に形而上学的な想定である

④に関して言えば、その文面からこのような問題が生じることはありえない[39]。形而上学次元の想定に訴えるのでない限り、デカルトの基本的な考えは、すでに第一書簡でも述べられていた通り、「知性における大いなる光に続いて意志の内に大いなる傾向性が生ずることは間違いないと思われるため、ある事物が自分にとってふさわしいことを極めて明晰にみながらそちらへ向かう欲求の流れを止めるのは、この明晰な考えにとどまる限り、まったく容易ならざること、いやむしろ不可能なことでさえある」（第四章二九三頁〔T-95〕②）というかたちになる。

2　心理学あるいは経験の領域へ

みずからを決定する意志の力能が、意志の「すべて」の働きを支えている。この「すべて」の両極端を形而上学の視点に立って確認したデカルトは、次の一文（かつ一段落）を接ぎ穂に、書簡の後半へ進んでゆく。「⑤さらに、意志の働きにおける自由というものが、あるいは意志の発動する前（antequam）において、あるいは意志の発動している最中（dum）において、〔二段階で〕考えられうる、という点に注意して頂きたい[40]」。

なぜ、このように注意する必要があるのだろう。それぞれの理解にこの注意を必要とする後半と前半では、何が異なっているのだろう。直接の答えになるものをデカルト自身は示していない。この点についてはは参照できる〔「信頼できる」ではない！〕解釈も存在しない。したがって、後半の内容から私たちが解釈する他ないのだが、ここは、読解作業の効率と便宜を優先して、答えを先取りしてしまおう。書簡前半は、③と④における「実際上は云々」の譲歩節の含みを別にすれば、もっぱら「絶対的に（absolute）」、つまり形而上学の視点から記されていた。自己決定的力能の働き（第一の思惟）に伴う自己覚知（第二の思惟）の次元で何が起こっているのか、自己覚知にいかなる変容が生ずるのかは考慮に入れないということである（「善いことであると考える」の「考える」は、その内容からして、自己覚知と並列にすることはできない一般的認識である）。その前半の内容を、後半は、心理学の観点から（moraliter）捉え直す。すなわち、自己覚知の変容過程を、汎通的に働く意志の力能が心理学的に捉えられる「経験」に組み込まれる過程として二つ提示する。この二通りの過程を、自由の二つのモデルとするために。意志の発動「前」と「最中」という区別はそのために設定されたものである。

形而上学的に、すなわち意識への現れ方を捨象することによって、意志の力能をつねにすでに働いているものとして捉える場合には、発動の「前」を考える必要がない。しかし改めて心理学的な視点に立ってみれば、つまり意識に映っているものを見てみれば、消極的な非決定への自己決定は「思い惑い」を生むだけである。この思いに苛まれる意識において、力能の自己決定的な作用が直接的な与件の位置にあるとは言い難い。むしろ、当面の非決定状態を打破しようとする自覚的な自己決定（積極的な判断停止）を待って初めて、意志を行使した＝発動したと考える方が意識の事実により近い。そのように考えることで、精神がみずからの力能を自己覚知の俎上に載せる仕方と自由の意味を連動させることも可能になる。

意志発動の前と最中の区別に注意せよと指示するデカルトは、たんに考察が文字通り前と最中の二段階に渡ることを予告しているのではない。むしろ、より本質的には、考察の立脚点が前半とは異なることに注意を促している。この点を踏まえた上で、まず「前」に関する説明を読んでゆこう（その途中で「最中」の方にも触れることができる）。デカルトがかなり言葉を端折っているためもあって、前半以上に読みづらく、また錯綜した印象を残しかねないテクストである。そこで、デカルトの論理を整理するために最低限必要な字義レヴェルの注意事項をまず五点、引用に続けて掲げよう。

⑥意志作用の発動前における自由を見ると、これは第一の意味ではなく第二の意味での非決定に関わります。⑦たしかに、みずからの判断と他人からの命令とを対比させるなら、他人から何も指定されることなく自分の判断に従うことが許されている事柄をする方が、他人から禁じられた事柄をするよりも、われわれはより自由であると言えるでしょう。⑧しかしながら（non ita tamen）、自分が抱くいくつかの判断、あるいはいくつかの考えの内で一つを他と対比させる場合には、悪よりも善をはるかに多く知得している事柄をする〔F〕場合よりも、善も悪も見えてきていない事柄、あるいは善に関していくつもの根拠がある一方で悪に関する根拠もあるような事柄をする〔U〕方がより自由である、とは言えません。⑨というのも、より大なる自由とは、自己決定するさいのより大なる容易さ（facilitas）、あるいは、われわれがもっている肯定的な能力――より善いものを見ながら悪いものを追求する能力――のより大なる使用（usus）、それぞれの内にあるのですから。⑩したがって、善に関するより多くの根拠が見えているものを求める〔F〕なら、われわれはみずからをより容易に決定します。そうでない場合〔U〕には、われわれは肯定的能力をより大きく行使します。⑪こうして、いわゆるアディアフォラである、つまり非決定であるものに関して〔U〕よりも、悪よりも善をはるかに多く知得している事柄に関して〔F〕の方が、われわれはつねに（semper）より自由に振る舞うことができるのです。⑫このような意味で、他人に命令された事柄、命令なしにはみずからしなかったような事柄を、命令されたのではない事柄よりも、われわれはより少なく自由になすのです。前者をなすのは難しいという判断が、命じられたことをするのは善いことだという判断と対立し、二つの判断が等しくわれわれを動かせばそれだけ、われわれは第一の意味での非決定の中に置かれることになるからです。

〔T-108〕メラン宛書簡　一六四五年二月九日付（〔T-106〕の続き）[41]

(1)⑥について――「第一の意味」は「迷い」としての「消極的非決定」を、「第二の意味」はいわゆる「非決定の自由」をそれぞれ指している。とはいえ、後者はもちろんのこと、二つの意味の区別自体が、書簡前半を通して確認したように、デカルトによって換骨奪胎されている。反対項選択能力を言葉の上では語りながら、デカルトの考える自由はあくまでも「みずからを決定する力能」に端を発する自由である。

(2)⑦と⑫について――内容としてはごく常識的なことが言われているが、ポイントは、以下を読めば、「私はこういった外部参照的な仕方で自由を考えることはしない」という点にだけある。デカルトの本旨である⑧から⑪を踏まえて、⑫が⑦の常識的な見解（私と他人の関係から自由を考える）をデカルト的に再構成する（自由は本質的に私内部の問題である）[42]。その⑫の内容は、要するに消極的非決定のことだから、以下で改めて言及する必要はないだろう。

(3)⑧から⑪について――自由論の本体となるこの四つの文を通じて、同じ対比が繰り返されている。その中核に⑨が示す「容易さ」の自由と「行使」の自由という対比がある。⑧、⑩、⑪各文で示されている通り、善に関する認識が優位にあるという条件下で実現されるのが「容易さ」の自由（こちら側の要素には傍線を付し、［F］を目印にした）。他方で「行使」の自由の条件は、「容易さ」の自由の条件が欠けている場合すべてを含む。その総称が、やはり⑧、⑩、⑪各文で言及されている、消極的な非決定状態である（こちら側には点線を付し、［U］を目印にした）。

(4)書簡前半との繋がりについて――二つの自由は、〔T-106〕④に含まれた、ベクトルの向きを逆にする意志の二つの動き方を、それぞれの形而上学的なプロトタイプとする。「容易さ」は「明晰に認識された善を追求し、あるいは分明な真理を認容すること」に遡り、「行使」は「追求・認容」から「みずからを翻すこと」に遡る。ただし、あくまでもプロトタイプであって、特に「行使」に関しては、心理学的な視点への移行に伴う変更点を考慮に入れる必要が出てくる。

(5) 二つの自由の関係について——(3)で確認した対比関係に従って⑧をパラフレーズすると、「容易さの自由よりも、行使の自由の方がより自由である、とは言えない」となる。この否定の意味範囲に気をつけよう。「ということは、容易さの自由の方が行使の自由よりも、より自由なのだ」というふうに、「容易さ」の方が「行使」よりも自由の本質において上位にあるという理解を導き出してはいけない。二つの自由をあくまでも並列的に語る⑨および⑩との繋がりが分からなくなってしまうからである。

簡単な注記として済ませられる事項は以上である。テクストから生じうるその他いくつかの疑問点は、以下、「容易さ」の自由と「行使」の自由、そして両者の関係を具体的に検討しながら、順次解消してゆこう。

3　二つの自由とエゴイズムの影

「容易さ」としての自由

知性が提示する真ないし善の肯定へと意志はおのずから向かい、その動きの滞りなさが自由の感覚を生む。「より大なる容易さ」の内に宿るとデカルトが⑨で述べているのはおおよそこのような自由であり、その背後には、「第四省察」からすでに引用している次のような考えがある。「知性における大いなる光に続いて意志の内に〔その光を肯定しようとする〕大いなる傾向性が生ずる」。あるいは、やはり「第四省察」から別の箇所を取れば、「真や善の根拠を明証的に私が知解するからであれ、あるいは神が私の思惟の奥深くを按配するからであれ、一方の側へより大きく傾けばそれだけ、私はより自由にそちらの側を選択する」[43]。ただし、真と善の明晰判明な認識を指標とする「第四省察」の形而上学的な考えによって、自由の経験一般が無条件に説明できるわけではない。そのような認識を必要条件にすれば、容易さの自由が経験に現れる機会は著しく限られてしまう。比較級で語りうる善と悪の相対的な多寡を自由の指標として採用しているのは、この限定を外すためである。

「容易さ」の内部がどのようになっているのか、さらに精しく調べてみよう。意志が「発動している最中（dum eliciantur）」の自由に関するデカルトの説明が、そのための手掛かりになる。第二書簡最後の一段落である。

> ⑬他方で、意志の作用における自由を発動の瞬間において見る場合、第一の意味であれ第二の意味であれ自由が非決定と関わることはありません。というのも、なされるものは、なされたのである以上、なされないままにとどまることはできないからです。⑭この場合、自由はただ働きの容易さにのみ（in sola operandi facilitate）基づくのであり、こうして、自由であること（liberum）、自発的であること（spontaneum）、そして意志的であること（voluntarium）が、完全に同一になるのです。⑮このような意味で、より多くの根拠に促されるものの方へより自由に赴くのであると私は記しました。このようなものに関してわれわれの意志がより大きな容易さと力強さでみずから動く、これは確かなところです。
>
> 〔T–109〕メラン宛書簡 一六四五年二月九日付（〔T–108〕の続き）(44)

意志が実際に発動すれば、その時点で、発動前の段階で区別された二つの自由はいずれも「働きの容易さ」の内に流れ込み、区別はなくなる。意志の力能は、行使されてしまえば、行使されたのである以上、行使されないままにとどまることはできない。つまり、行使とは力の行使であったわけだが、「力の」という部分に込められていた力動性が消えて、行使という事態の生成が残るだけになる。

このあとで見るように、行使の自由が「働きの容易さ」にまで至るかどうかは定かでない。これに対して、容易さの自由は誤ることなく「働きの容易さ」に転化する。容易さの自由というものが、定義上、十分な根拠の現前を前提としているのだから。発動前における容易さの自由は、分析的に見て発動前の時点にあるのだが、実質的には、すでに半ば「働きの容易さ」としての自由になっているだろう。だからこそ、同じ「容易さ」という言葉が双方に用いられる。「前」と「最中」の間で響き合う「容易さ」が、意志の動きから滞りと不安定性を取り除く。

このような過程を通して、意志の働きに伴う知性の覚知があえて先鋭なものになることはない。なる必要がない。「容易さ」の連鎖に精神は安んじて、みずからの意志の働きを忘れていることができる。忘れているといっても、知性が摑んだより多くの善とそれを肯定する意志の動きが連動しているのだから、思い惑いとしての非決定のような、力能の働きを知性が見失っている場合とはまったく異なる。思い惑いが精神に生じている内的齟齬の表現だとすれば、この忘却はむしろ知性と意志の理想的な調和に由来する。知性の把握に導かれた意志の働きの滞りなさと、知性によるこの働きのいわば喜ばしき忘却が、あいまって「容易さ」としての自由を構成する。

こうして見ると、「明晰に認識された善を追求し、あるいは分明な真理を認容すること」（T-106 ④）に存する「第四省察」的な自由と、書簡が語る「容易さ」の自由では、形而上学的な真ないし善か、比較級でより多少ないと語られる善悪か、前提となる対象は厳密に同じではないが、意志と知性の基本的なありように関して違いのないことは明らかだろう。いずれの場合にも、意志の動きを忘れることが知性には許されている。

同様の並行性は、しかし、「追求・認容」から「みずからを翻すこと」と、「行使」の自由のあいだには認められない。この認められないという点を取り掛かりに、引き続き自由のもう一つの形態について考えてみよう。

「行使」による自由

「明晰に認識された善を追求し、あるいは分明な真理を認容することからみずからを翻すことも、それによってわれわれの意志の自由を証すのは善いことであると考える限りで、われわれにはつねに許されている」。

すでに見た通り、真や善の追求をあえて翻意することも、翻意する意志に具わっている本源的な善性を考えることによって、正当化される。こうして考えられた善性が、本来ならば当然に追求されるべき真や善に対する平衡錘となるためである。ところが、形而上学の水準で認められたこのようなバランス構造を、行使の自由について想定することはできない。判断や行為に向けた自己決定にあたって意志の本性が善いのだと言ってみても、当の決定が善いことには必ずしもならないからである。意志には善性が埋め込まれているというのが形而上学における事実であるとしても、その事実が即座に個々の意志決定を正当化する根拠になるわけではない。

それでは、何か「行使」の自由の行使それ自体を支える根拠となるものはないのだろうか。定義上、「みずからを決定する力能」を除けば何もない。それではこの力能を発揮すれば、それだけで、無条件に、行使の自由が実現されるということなのか。そうではない。力能の働きを働きとして自覚することがなければ、当の自己決定は行使の自由と呼ばれるに値しない。だからこそ、〔T-108〕では⑧でも⑩でも⑪でも、行使の自由の先行要件として消極的な非決定状態が想定されている[45]。自己覚知の度合いがゼロに近い状態が覚醒的な状態へと移行することによって、「みずからを決定する力能」の汎通的な働きは強い意味で自由と呼ぶに値するものとなる。「思い惑う（deliberatur）」状態を「認識（cognitio）」の到来によって解消した方法的懐疑の経験を、デカルトは自由の経験として引き合いに出す。そのさいに考えられていた自由とは、「行使」の自由に他ならない。

疑念が再び頭を持ち上げるかもしれない。自己覚知であれ覚醒であれ、結局のところ自分自身の力能の再認識であるのなら、そこにはやはりエゴイズムの問題が浮上して来ざるをえないのではないか。「より善いものを見ながら悪いものを追求する」というオウィディウスに借りた一句は、まさしくそのことを示しているのではないか[46]。この句を、意志の弱さの問題としてではなく、あえて能力の問題として考えるなら、モリナが打ち出した「罪を犯す自由」にちょうど対応するではないか。「行使」の自由には、やはり、意志の「悪魔」性を心理学の次元で表現するという機微が含まれているのではないか。

オウィディウスからの引用に関しては、書簡前半〔T-106〕の「①対立する二項のいずれにでも……みずからを決定できる肯定的な能力」の場合（三五九頁）と事情は基本的に同じである、つまりデカルトの無頓着に由来するものであると私たちは考える。たしかに、この警句それ自体には、「することが、あるいはしないことが、できる」というノーマルな自己決定と選択を越えて、ジェズイット的な反対項選択能力まで喚起する力がある。しかし、真や善の認識を覆すことは「実際上ほとんど不可能」というのがデカルトの基本的な立場であり、この曖昧な――「より善いものを見る」という場合の「見る」は、正当な認識のことなのか、それとも根拠のない想像なのか等々――警句にだけ過剰な意味を担わせることは、書簡の流れに対してあまりに唐突であり、場違いである（誤解を招きかねない引用をデカルトがした背後には、ギリシャ・ラテンの古典に借りた表現を自身の著作に散りばめるプトーのディレッタンティズムに少し付き合ったという、書簡の作法的な事情もあったかもしれない）。

もちろん、引用された詩人の警句がデカルト的意志に恣意性を認める根拠にはならないとしても、意志の自律的な行使が何らかの過度に、さらには倒錯形態にまで至る可能性は、一般的な可能性として、考えることができる。「意志の動きが人間を「完遂」へと導くとすればその行き着く先はただ一つ、悪をなすよう人間を決定することである」（第二章一六六頁〔T－59〕）と述べた歴史家の念頭にあったのも、この一般的な可能性であっただろう。デカルトの自由意志論にも、同様の可能性が含まれているのではないか。たとえ、デカルト自身のヴィジョンは、本章の第一節で私たちが示したようなものであったとしても。「容易さ」と「行使」、二つの自由の関係をまず簡単に確認してから、本節のまとめとして、この点に再考を加えよう。右の問いにしばし立ち止まることを求めるテクスト上の要素が皆無ではないからである。

二つの自由の関係

⑧を言い直すと「容易さの自由よりも行使の自由の方がより自由であるとは言えない」となり、その趣旨は、「容易さの自由の方がより自由だ」ということではなく、文字通り「二つの自由に本質上の優劣はつけられない」ということである。前提的な注意事項の五番目に、私たちはこう述べた。⑨と⑩でも、二つの自由は並列的に扱われている。意志の自己決定的な力能が両者に共通の根拠としてあればこその扱いである。自由の度合いはそれぞれの内部で、それぞれに固有の論理に従って、展開される。一方で、非決定から行使の自由に連なる流れでは、自己覚知の弱さと強さがそのまま自由の度合いに反映される。他方で容易さの自由に関しては、喜ばしき自己忘却の度合いが高いほど、自由としての完成度もより高くなる。自由の度合いとして「容易さ」と「行使」のどちらが上なのかは問題にならない。二つの度合いを同時に載せるような尺度になるものを、おそらく人間はもっていない。それが並列ということの意味である。

しかし⑪はどうなのだ、という疑問がここで生じたとしても、ある程度、致し方ないだろう。「非決定であるものに関してよりも〔すなわち行使の自由よりも〕、悪よりも善をはるかに多く知得している事柄に関しての方が〔すなわち容易さの自由による方が〕、われわれはつねにより自由に振る舞うことができる」。⑨と⑩からの流れには反するが、それでもこの⑪が「容易さ」を「行使」の上に置いていることは明らかではないか。

「二つの自由は本質的に比較を拒むが、次の観点からすれば、「容易さ」の方が「行使」よりも、より自由であるとも考えうる」。こういった趣旨の一文が⑪の前にあれば、脈絡はずっと辿りやすかったかもしれないのだが、デカルト自身は、言うまでもなく、私たちが眼にしている文面で筋は十分に通っていると考えていた。実際、素っ気ないと言えば素っ気ないが、「つねに（semper）」という副詞一つで示されている観点を取り込みさえすれば、理解に問題は何も生じない。

　容易さの自由は、「悪よりも善をはるかに多く知得している」ことを条件として実現する（この条件の拘束力は、善についての明晰判明な形而上学的認識において、最も強くなる）。この条件が整った場合、容易さの自由が実現しないことは原則としてありえない。実現しないというのは、知得された善を、意志がそれにもかかわらず肯定しないということだからである。行使の自由ではどうだろう。その実現は「非決定である」ことに先立たれている。非決定状態を託つ自分自身に対する気づきとして成立するのが行使の自由である。ところが、非決定を打破しつつ行使の自由が実現するかどうか、この点には何の保証もない。みずから陥っている事態からの知的離脱の実現を確実に保証してくれるものは、精神の内にも外にもない。実現の可能性という点で、容易さの自由にはない不確実性を行使の自由は抱えている。このような構造上の不均衡を考慮した場合には、その場合に限って、「容易さの自由による方が、われわれはつねにより自由に振る舞うことができる」と認定されることになる。しかし、繰り返せば、実現の頻度に着目してなされるこの認定は、自由を生み出す二つの経験のあいだに質的な優劣をつけるものではまったくない。

エゴイズムの影

「悪よりも善をはるかに多く知得している」場合に容易さの自由が実現しないことは原則としてありえない。例外の余地を残す言い方を私たちがいましがた用いたのは、真や善の認識を意志があえて無視する可能性を示唆していると読めないでもない要素がたしかに存在するためである。すなわち、第二書簡の前半〔T-106〕③のさらに前半部分、「きわめて明証的な根拠がわれわれを一方の側へと動かしているときにその反対側へ赴くことも、実際上はほとんど不可能であるにしても、絶対的にみればやはり可能である」という一節。「絶対的にみれば可能である」から④への流れが、肯定されてしかるべき認識を無視する可能性を示すものでないことは、すでに明らかにした通りである。問題は、先ほどは素通りした「実際上（moraliter）はほとんど不可能（vix possimus）」という箇所にある。「ほとんど〜ない（vix）」という否定辞は、実際上も翻意が不可能ではないことを、含んでいるのではないか。そうだとすれば、デカルトの自由意志論もエゴイズムの問題と無縁では済まないのではないか。

「実際上は不可能である」理由として、形而上学的善性を心理的な自由に充填しようとしても、たんなる主観的自己肯定にしかならないという点をすでに挙げてある。さらに、明晰判明な認識の拒否を認めることは、まさしく« moraliter »（実際上の＝心理学的な）という観点から書簡の後半で展開された自由論を壊す結果にしかならないという点も、理由に加えてよいだろう。容易さの自由は、この種の認識が整えば、過たず実現する。行使の自由にはこの安定性が欠けており、だからこそ容易さの自由による方が「つねにより自由に振る舞うことができる」。それにもかかわらず、「きわめて明証的な根拠」の認識という容易さの自由の実現を強く促す条件下で行使の自由が実現可能となれば、容易さの自由だけでなく、また容易さと行使の順序関係だけでもなく、行使の自由という考えも本質的な変更を蒙ることになる。この自由は、本来、明晰判明な認識の欠如を前提とした消極的非決定状態の上に成立するものとして考えられたはずであったのだから。

それにもかかわらず、デカルトは、認識された真や善からの翻意は「ほとんど不可能である」とするにとどめて、「絶対に不可能である」とは言い切らない。なぜなのだろうか。実際には、神に由来する意志の善性を騙ることでみずからを恃むような輩がいるということだろうか。あるいは、自由の秩序を無視してでも、そして自己破壊的な結末に終わるとしても、それでもみずからを実現しようとする傾向性を行使の自由は内包している、ということなのだろうか。最初に想定した輩が恃んでいるのはまさしくそのような自由であるということなのだろうか。

哲学教師として伺候する少し前、スウェーデン女王クリスティナ（Christine de Suède, 1626~1689）に宛てた書簡の一節に、同じ方向性の推測を誘う箇所がある。

自由意志（libre arbitre）はわれわれの内にありうるものの中でそれ自体として最も高貴なものであり、ゆえに、われわれをある意味で神に似たものとします。さらには、神のしもべであることからわれわれを免れさせさえするようにも思われます（et semble nous exempter de lui être sujets）。

〔T–110〕クリスティナ宛書簡　一六四七年十一月二〇日付(47)

意志の存在をもって人間を神になぞらえる。すでに「第四省察」でも、意志の存在が人間を「神の似像（imago Dei）」とすると述べられていた。きわめて長い伝統をもつ発想である。[48]その伝統を踏み越えることも辞さぬかのごとく「自由意志は神のしもべであることからわれわれを免れさせさえする」とまで述べるとき、デカルトはいったい何を考えていたのだろう。

書簡の直前直後にこの問いへの答えを促す材料はない。「さらには」というこの追加部分は、文脈から明らかに浮いている。それでも、行使の自由というものの存在に関する確信と、この自由に対するある種の信頼が強く作用していなければ、デカルトがこのように語ることもなかったであろう。だとすれば、そしてしかもその真意が真と善の根拠である神からの離脱を断言は避けながらも認める点にあったのなら、行使の自由について右に指摘した自己破壊性は自己破壊でも何でもなく、端的に無制約な――ゆえに「悪魔的」等々とも形容されうる――自己肯定であることにならないか。少なくとも、このような方向に解釈を伸ばすことを正当化する要因に右の言葉はなるのではいか。

しかしながら、このような推測を支える要素は、先の「ほとんど～ない」という留保を別にすれば、デカルトのコーパスのどこにも見当たらない。そして、その「ほとんど～ない」にも、クリスティナへの言葉にも、それだけでデカルト的思索における「限界」（三五四頁）設定の変更を求めるほどの具体性はない。スアレス的意志に〈放恣〉という性格を読み取ったのは、テクスト上のさまざまな要因がそのような解釈を求めたからであるが、デカルト的意志に同じような性格を読もうとするのは、やはり無理である。意志の働きとその自由に関するデカルトの考えが「知恵の探求」という倫理的な動機によって規定されているという点を改めて思い起こしてもよいだろう。行使の自由もその例外でないことは、方法的懐疑が行使の自由の範例になるという事実によって、示されている。

デカルト的自由論にエゴイズムの影はたとえ射していたとしても、私たちには見極めることが「ほとんどできない（vix possums）」ほどに薄い。関連する諸要因からこれ以外の、ないしこれ以上の結論を導き出すことは不可能であろう。


デカルトによる意志論および自由論の解釈を全面的に改めようとする本書の試みは、〈迷い↕従順〉↕〈放恣＝自律〉という対立図式の信憑性に対する疑いから出発した（序章第二節）。エゴイズムの件で締め括ったこの第五章第二節で、〈放恣〉と〈自律〉を等号では結べないことがはっきりしたと思う。先立って、第四章では、非決定への自己決定という考え方の内に、私たちはデカルト的思考の起点を見出した（三〇〇頁〔T-98〕）。この考え方からすれば、〈迷い〉と〈自律〉の対立もやはり成り立たない。そして、〈従順〉と〈自律〉が対立するものでないことも、それぞれを「容易さ」の自由と「行使」の自由に対応させる限りでは、おおよそ明らかになっている。二つの自由は、異なる状況に置かれた精神が、みずからの力能を覚知の土俵に載せるさいに取りうる二つの仕方であり、相互に排他的なものではない。

しかしこの三点目に関しては、おおよその理解で満足するわけにはゆかない。〈従順〉と〈自律〉の関係は厳密に考え抜かねばならず、そのためには「第四省察」が二段階で示した定義まで考慮に入れる必要がどうしてもある。第二書簡を解釈しながら、「「みずからを決定する力能」が、「すること」を、そして「しないこと」を、実現する。その「する」と「しない」の双方を一挙に視野に入れれば、「選択」の観念がおのずと得られる」（三五八頁）と私たちは述べたが、これだけでは、自己決定と選択の関係の理解としてなお不十分ということでもある。

第四章の冒頭で掲げた五つの主要な検討素材のいよいよ最後となった「第四省察」へ向かうことにしよう。メラン宛第二書簡の場合と同じく、あるいはそれ以上に、「非決定の自由」を先入見として持ち込むことで理解が妨げられてきたデカルトによる意志の定義を、解釈し直す作業である。

第三節 「第四省察」における意志の定義をめぐって

1 誤解の原因

すでに引用した意志の定義（第四章二八七頁〔T-94〕）を、今度はそれに続く「非決定」の導入箇所（序章二七頁〔T-6〕）まで含めて一息に引用し直そう。①が前後半からなる意志の定義。②と③が定義の補足説明。その②を引き取る④が「非決定」の定義である。

①意志とは、（Ⅰ）同じ一つのことを、することが、あるいはしないことが（すなわち、肯定し、あるいは否定することが、追求し、あるいは忌避することが）われわれにはできる、ということにのみ存するものである。（Ⅱ）あるいはむしろ（vel potius）、知性によってわれわれに提示されるものを肯定し、あるいは否定するために、ないしは追求し、あるいは忌避するために、いかなる外的な力によっても決定されてはいないと感ずるような仕方でわれわれがみずからを赴かしゆく、ということにのみ存するものである。②実際、

私が自由であるためには、二つの側のどちらにでも赴くことができる必要はない（neque enim opus est me in utramque partem ferri posse, ut sim liber）。③むしろ反対に、真や善の根拠を明証的に私が知解するからであれ、あるいは神が私の思惟の奥深くを按配するからであれ、一方の側へより大きく傾けばそれだけ、私はより自由にそちらの側を選択するのである。……④他方で、いかなる根拠も他方の側よりは一方の側へと私を駆りやることのまったくないときに私が経験するあの非決定（Indifferentia autem illa）は、自由の最も低い段階であり、自由における完全性を立証するものでは何らなく、たんに認識における欠陥を、ないしは何らかの否定を、証しているにすぎない。〔T-111〕『省察』「第四省察」[49]

前章で強調したように、一見して複雑な定義Ⅱではなく、単純に見える定義Ⅰの方が、その単純さの背後に複雑な——というよりも、単純すぎて扱い難いという意味で厄介な——問題を抱えている。その定義Ⅰを正確に理解するために、私たちの理解の対極にあるベサッドの解釈をまず取り上げる。その上で、定義Ⅰ、定義Ⅱ、そして両者の関係を順に検討してゆこう。

定義Ⅰに関するベサッドの解釈は、三つの認定を前提として成り立っている。第一に、定義Ⅰによれば「選択能力とは対立する二項から一項を選択する力、すなわち potestas ad opposita に他ならない。この場合、選択された行為は、その反対項と比較されることになる。一つの側に自己決定した場合、その反対側に向かうこともできたし、いまなおできる。そのような力能に意志の行為は関係づけられる」[50]。第二に、「選択能力はつねに非決定状態を前提としている」[51]。第三に、引用中②に含まれる「二つの側のどちらにでも赴くことができる」という表現は、定義Ⅰを指している。

以上に基づいて、ベサッドは次のように主張する――自由であるために二項のいずれでも選択できることは必要ないとする②によって、自由の領域から「選択に対する非決定（状態ないし心理）と選択する力（能力）の双方が、一挙に排除される」[52]。定義の前後半を繋ぐ「vel potius あるいはむしろ」が、反対項選択能力に基づく非決定の自由を、定義Ⅱが示す「最高度の自由」すなわち「知性の光に照射された自由」から、「明確に分離する」[53]。要するに、ベサッドによれば、定義Ⅰは定義Ⅱの内容を際立たせるための引き立て役でしかない。定義として提示されはするものの、それは、真正なる定義Ⅱによって否定され、棄てられるためでしかない。

このような主張を用意する三つの認定を順に検討してみよう。最初の認定では、ジェズイットによる非決定の自由の特徴がある程度正確に再現されている。しかし、字面には記されていないこれだけの内容を定義Ⅰに読み込むことがなぜ許されるのか。定義Ⅰを非決定の自由の規定と解することがなぜできるのか。ベサッド自身は理由を示していない。

二番目の認定について。反対項選択能力としての定義Ⅰをデカルトが棄てると解する上で、この能力と消極的非決定の一体性をベサッドは強調する。一体である以上、「消極的非決定は自由の完全性を証するものではない」とするデカルトの言葉によって、反対項選択能力も自動的に排除されると彼は考えるからである（定義Ⅰをジェズイット的反対項選択能力の定義と考えるなら、ジェズイットが消極的非決定を反対項選択能力と結びつけることはないという学説上の事実との整合性までベサッドは本来説明するべきであった。それをしなかったという点は、しかしここでは不問にしておこう。たんに、ジェズイットの学説がそのようになっていることを彼は知らなかったためだと推測されるからである）。しかし、この解釈は誤っている。仮に一体性を認めたとしても、デカルト的非決定は、意志の力の価値を低く評価する理由にはならない。非決定が自由の完全性を証することがないとしたら、そして最低段階の自由にとどまるとしたら——最低段階であっても自由であることの重要性は繰り返さないにしても——、デカルトが明言している通り、「認識における欠陥」のためなのだから。逆に言えば、意志の本質に瑕疵はなく、そのような意志の本質を規定しているのが二段階からなる定義なのである。ベサッドはなぜこのように基本的な点を見落としたのだろう。なぜ、非決定は自由の完全性を証さないというそれ自体はたしかにデカルトの考えと定義Ⅰを結びつけてしまったのだろう。三番目の認定がその理由と関わっている。

「自由であるためには、二つの側のどちらにでも赴くことができる必要はない」という②は定義Ⅰを念頭にして記されている、というのが三番目の認定。この箇所を、『省察』本文の仏訳者であるリュインヌ侯（duc de Luynes）は、「対立する二項のあちらを選ぶかこちらを選ぶかに関して私は非決定状態にある（je sois indifférent à choisir ...）」と翻訳した。つまり、「どちらにでも〔みずから〕赴く（me ferri）」というデカルトの言葉を、消極的非決定状態を指すものとして受け取った。たしかにこれは意訳であり、リュインヌ侯によるこの措置をベサッドは強く批判する(54)。「二つの側のどちらにでも赴くことができる」を「反対項選択能力」と解して定義Ⅰに重ねた上で、その定義Ⅰを「自由であるためには、二つの側のどちらにでも赴くことができる必要はない」という②の言葉によって否定する。否定は、「非決定は自由の完全性を証さない」という箇所によっても求められている。このように解釈するベサッドにとって、意訳の修正は死活問題であった。« me ferri » を消極的非決定と解したのでは、定義Ⅰを否定する重要な根拠を一つ失うことになってしまう。

しかし、私たちの見るところ、問題の本質は逐語訳であるか意訳であるかとは関係がない。デカルトの論脈を簡潔な仕方で辿ろうとしないまま、「二つの側のどちらにでも赴くことができる」を定義Ⅰにまで遡らせる無理をする必要があるのかどうか、この点をまず問わなくてはならない。というのも、②は、③と共に、直前にある定義Ⅱとの関連で読むことができるし、読むべきだからである。定義Ⅱは、③で確認されるように、知性の認識に導かれて意志が対象を摑む、その動きの自発性と滞りなさをもって自由としている。しかしこのような考え方は、たんなる自発性（「強制からの自由」）が中世哲学においては人間に固有な自由（「必然性からの自由」）から除外されたことからも想定できるように（第二章一三八頁）、一般には受け容れられない可能性がある。下手をすれば、意志は知性に決定されているだけではないかとの疑念を呼び起こしかねない。そういう誤解を予想して、デカルトは「自由であるためには、二つの側のどちらにでも赴くことができる必要はない」と念を押している。言い換えれば、この一文は、実質的に、「自由であるためには、意志が決定されていない必要はない」、正確には、「決定されているかいないかという一般に用いられる視点をいま提示している意志の定義に持ち込む必要はない」と言っている。ジェズイットの自由を成立させる可能性の条件である意志の非・被決定性を条件として認める必要はないとデカルトは述べているのである。その上で、この「決定されていない」という含意を引き受けて、④が「非決定」を導入する。このように理解する方が論旨ははるかに明瞭である（導入された非決定が非決定の自由と無縁であることは、もう繰り返さなくてよいだろう）。

　こうして見ると、「あちらを選ぶかこちらを選ぶかに関して非決定状態にある必要はない」というリュインヌ候の意訳は、文脈の上でも事柄に即しても意訳として十分に機能していることが分かる。誤っているのは、「二つの側のどちらにでも赴くことができる必要はない」を根拠に定義Ⅰを棄てるベサッドの解釈である。「あるいはむしろ（vel potius）」という表現をベサッドは当然のごとく「前半を棄てて後半だけ残す」という強い意味で解しているが、それがこの表現のデカルト的用法に適合しているのかどうか、実はまったく自明でないという点も加えておこう(55)。

ベサッドの解釈が支持し難いものであることは、以上で示せたのではないかと思う。とはいえ、彼の解釈一個を退けることが目的だったわけではない。重要なのは、その検討を通して、「第四省察」にジェズイット的概念を導き入れかねない「二つの側のどちらにでも赴くことができる」という要素を――私たちが検討していなかった最後の要素を――、デカルトの側に引き戻したということの方である。

これで、私たちは、「することが、あるいはしないことが、できる」ことを意志の本質に認める定義Iの解釈を、あくまでもデカルトの思考に即して、試みることができる。この簡潔な表現によって意志に認められているのは、どのような力なのか。すでに論じてきたところから、みずからを決定する力と選択する力が関わっていることはたしかだが、両者の関係には正確を期する余地が未だ少なからず残されている。

2 再論・自己決定と選択（定義Iの解釈）

五つの用例

この関係をあくまでもデカルトに即して考え抜くために、まずテクストを渉猟しながらデカルト的な「自己決定」と「選択」に関する理解の精度を高めておくことにしよう。コーパスを通じて、「選ぶ」という言葉は約八十箇所で用いられている（「選ぶ」はラテン語で « eligere »、フランス語で « choisir »。同じくフランス語の « élire » ないし « élection » の用例はそれぞれ一度に限られる）。その中から象徴的な用例を、五つに絞って以下に掲げよう。

(1) まず『哲学原理』第一部から、「私は考える、ゆえに私は在る」という認識の確実性を哲学的探求の指標とするむね述べる第八項の冒頭、その仏訳版（友人であり協力者であったクロード・ピコ Claude Picot 作成の訳にデカルトが厳密な校閲を施した上で公にされたもの）である――「この途こそ、魂の本性を知り、また魂が物体とは完全に区別される実体であることを知るために、われわれが選びうる最良のもの（le meilleur que nous puissions choisir）であると思われる(56)」。

ここでは、コギトの認識から発展する探求の途が選ぶべきものとして選ばれているが、これが選ぶべき途であることに異論を挟む余地はない。選ばないことも、何だか分からない別の途を選ぶことも想定外である。そうである以上、実質的になされているのは、「この途に決めること」であると言って差し支えない。実際、第八項のデカルト自身によるラテン語原文では、端的に「そしてこれが……するために最善の途である」とされ、選びに関する言葉は用いられていない（念のため繰り返すと、取るべき対象に関する明晰判明な認識と、その対象を取ることへ向けた意志の自己決定は、矛盾しない。対象認識が意志の自律性を損ねるのではないかという伝統的な問題意識がデカルトのものでないことは、前章と本章を通じて明らかになっていると思う。このような自己決定を通して実現されるのが、第二書簡で示された容易さの自由であり、あとで見るように、とりわけ定義Ⅱがこのタイプの自由と密接に関っている）。

(2) 同じく『哲学原理』第一部から、「意志による自由な行為こそ、人間の最高の完全性である」と述べる第三七項の末文を、やはり仏訳版から取り上げる——「真であるものを偽から区別して、それをわれわれの意志決定によって選ぶ（choisissons ce qui est vrai [...] par une détermination de notre volonté）場合の方が、外的原理によってその真であるものに否応なく決定されてしまう場合よりも、より多くをわれわれに帰すべきである(57)」。

第八項の場合と同様に、「真であるもの」が選ぶべき対象であることは明らかであり、偽を選ぶことは問題になりえない。したがって、ここでも、「真の側に就く」という意味での自己決定が選択の実質をなしている。ラテン語原文で「選ぶ」の位置に来るのは、まさしく、「摑み取る、抱き取る」という意味の « amplectari » である。

(3) 次は『方法叙説』第一部の冒頭から遠くなく、真理の探求こそ自分の仕事であるとデカルトが自認する一節である——「もしも、人間が純粋に人間としてする仕事の中で、その善さについても重要性についても堅固なものがあるならば、それこそ自分が選んだものである（c'est celle que j'ai choisie）と信じるに私は吝かではありません」[58]。

最初の二例と同じく、「私」が実際に選んだ仕事以外の仕事を選ぶような場合は想定外であり、「選ぶ」はやはり「決める」の意味である。

(4) 今度は、『方法叙説』第三部で示される暫定的道徳、その第二の格律を改めて取り上げた「第二答弁」の一節——「〔意志〕を生活の営みにおいて用いる場合に、時には自分がまったく知らない多くのものの中から一つを選ばなくてはならず（e multis plane ignotis unum eligendum）、しかし選んだ上は（postquam electum est）……きわめて分明な根拠に基づいて選ばれた場合と同じく、確固としてそれを保持するべきである」[59]。

『方法叙説』の対応箇所を見ると、最初の「選ばなくてはならず」は「そういったもののどれか一つに決めなくてはならず（nous devons nous déterminer à quelques unes）」とされており、二番目の「選んだ上は」も、「みずからを決定した上は（lorsque je m'y serais une fois déterminé）」となっている。デカルトの意識の内で「自己決定」と「選択」がきわめて近いものであることが、ここにもよく示されている。

(5) 最後に、「第三省察」における神の存在証明に向かう途中、自然的な衝動への信用を遮断する場面の一節——「私は、すでに以前から、善きものを選ぶことが問題であった場合に（de bono eligendo ageretur）、おのずと生ずる衝動によって、より劣ったものの側に駆りやられたと判断したことがしばしばあった」[60]。

ここでもまた、意志の選択対象が「善きもの」であることは当然の前提とされている。「選ぶ」は、(2)のケースと同じく、「善きものの側に就く」という意味での自己決定であると理解できる。

原理としての自己決定

以上の例は、それぞれ簡単にコメントしたように、デカルト的選択が自己決定を通して、端的に自己決定として、実現されていることを一致して示している。いずれの場合においても、反対項を取る＝なす＝選ぶことは想定されておらず、そもそも想定する意味がない。自己決定の対象の反対項となるものは、真や善その他倫理的に肯定的な価値を具えたものの反対項であるがゆえに、意志の対象という地位を割り当てられることがない。『哲学原理』第八項の例では「何であれ不確実な探求の途」が、『方法叙説』冒頭近くの例では「善くもなければ重要でもない何らかの仕事」が、「第二答弁」と『方法叙説』の格律の例では「まったく知らない多くのもの」が、意志のしかるべき対象の対立項になる。そして、「第三省察」から拾った最後の例が明らかにしているように、「劣ったもの」と見なされるものを欲するのは「おのずと生ずる衝動」によってであり、意志によってではない。同じことは、右の三例にも言えるだろう。デカルトが「選択」という言葉を用いる場合、念頭に置かれているのは意志があれをするか、これをするかを選ぶという意味での——その延長線上に反対項選択能力が現れる——選択ではないということである。

それでは、どのような選択なのか。あるいは、自己決定を実質としながらも、それでも「選ぶ」という言葉が用いられるのはなぜなのか。『哲学原理』第三七項の例で考えてみよう。「真であるもの」の反対項を意志が取ることは問題になりえない。しかし「真であるもの」の反対項である「偽」の観念は、たとえそう名指されていなくても、またそれが意志の対象にはならないとしても、何らかの仕方で意識され、真と不均衡ながらも一つの対をなしているだろう。その限り、真を取ることは、そのような偽ではなく真を取るということである。そのような意味で、真は意志によって選ばれる。意志は、選択能力を発揮する。他の例でも同様に、「何であれ不確実な探求の途」が、あるいは「善くもなければ重要でもない何らかの仕事」が、あるいは「まったく知らない多くのもの」が意識にあれば、つまり、選ぶべきものと価値的に対をなすものが何か意識されていれば、そういったものと対立する本来の対象を意志が摑み取る作用を、意志による選択の作用として考えることはできる。たとえ、意志の力の働き方に焦点を絞れば、なされているのは唯一の対象へ向けた自己決定に他ならないとしても。

例に採った五つのテクストは、『哲学原理』第三七項を除けば、意志の自由という問題領域に属してはいない。この問題に関する理論の構成を考える上では、あくまでも傍証的な性格のものである。しかしそうであればこそ、一連のテクストは――他の用例の大部分もこれらに加わって[61]――、人間の判断や行為の発端に自己決定性を認めるデカルトの行き方が、理論の底で理論に方向性を与える〈デカルト的感覚（sensus cartesius）〉とでも呼ぶべきものに導かれていることを、示唆以上にはっきりと示しているだろう。「すべての意志作用」（三五五頁〔T-106〕②）を「みずからを決定する力能」の働きとして捉える理論上の一貫性も、間違いなく、この〈感覚〉の一貫性に下支えされている。

視線を定義Ｉに戻そう。「同じ一つのことを、することが、あるいはしないことが（すなわち、肯定し、あるいは否定することが、追求し、あるいは忌避することが）われわれにはできる」。右に検討したところから、意志の力をこのように規定するデカルトの思考の焦点は、まず、端的な「することができる」に、あるいは端的な「しないことができる」に合わせられていると私たちは理解する。「する」の例が「肯定」と「追求」であり、「否定」と「忌避」が「しない」の例になる。このような焦点の合わせ方を可能にしているもの、「することができる（facere posse）」ことを可能にするもの、それを理論的な語彙で特定すれば、「みずからを決定する（実象的で）肯定的な能力（力能）」となる。

« facultas eligendi, sive arbitrii libertas »(62)という表現からも明らかなように、デカルトはたしかに選択能力を意志の自由と結びつけている。しかし、選択の核をなしているのはあくまでも意志の自己決定性である。あちらかこちらのいずれかを選ぶという選択に関する一般的な了解に従ってデカルト的な選択を考えようとすると、誤ることになる。ただし、この誤りは、選択という所作が人間の心身に深く馴染んだ実感の論理と緊密な関係にあるという、こちらは誤りも正しいもない原基的な事実と結びついている。この点は、銘記しておこう。デカルト研究に多大な貢献をもたらしたベサッドのような卓越した研究者がそれでも避けられなかった誤解は、この点で、たんなる一つの誤解ではない。むしろ、〈自然性という坂を遡る〉ことの難しさを再認識させる一つの契機として受け止めるべきものである。

形式としての選択

それでは、意志があれをするかこれをするかという普通の意味での選択は、定義Ｉから除外されることになるのだろうか。そうではない。「対立する二項のいずれにも」という第二書簡の表現を検討したさい述べたように（三五八頁）、いずれもそれぞれ意志の自己決定による「することができる」と「しないことができる」をいわば横に並べ、その全体を捉えて選択がなされたと考えることを拒む理由はデカルトにはない。それが、自己決定的な力能が選択を実現するということでもある。ただし、このようにして肯定される選択の観念は、徹底的に形式的なものである。つまり、みずからを決定する力能を起点に据える意志理論において、理論上肯定されるものであり、しかし、それ以上でも以下でもない。

なぜ、どのような意味で、そう言えるのか、再び「選択」に関係する用例を通して確認しよう。今度の二例は、両方とも、意志の問題に直結している。

(6) まず、私たちが検討したメラン宛第一書簡のテクスト（第四章二九三頁〔T-95〕）の直前にあった一節である――「あちらではなくこちらを選ぶように自分を後押しするもろもろの理由（raisons qui poussent [l'homme] à choisir un parti plutôt que l'autre）を知ることがより少なければ、人はそれだけいっそう非決定的である（d'autant plus indifférent）ことになる。この点は、誰も否定しないと思われます(63)」。

人が「あちらではなくこちらを選ぶ」に至っていない場合、「だからその人はいまからあちらかこちらを選ぶことができる」というふうにデカルトは考えない。選択肢が残っているとすれば、それは、いずれにも決定できずにいる、つまり迷いとしての非決定状態にとどまっているということである。その状態からの脱却は、懐疑の生成においてそうであったように自覚的な判断停止によるか、あるいは一方の選択を後押しする理由の形成によって実現される。前者は自己覚知を通して可能になり、後者の場合、選択とは実質的にその理由に即した自己決定のことである。いずれにしても、あれかこれかを選択することで非決定状態を解消するというふうにデカルトは考えていない。

(7) この点をより明瞭に示しているのが「不決断（irrésolution）」について述べる『情念論』第一七〇項の冒頭部分である――「不決断というのは一種の恐れであり、なすことのできるいくつもの行為のあいだで魂を秤に載せられたような宙吊り状態にする。そのせいで魂はいかなる行為も実行できず、みずからを決定するに先立って、選ぶため（pour choisir avant que de se déterminer）の時間をもつことになる(64)」。

選択できるというのは、魂が宙吊り状態にあるという意味でネガティヴなことであり、他方で実際に選ぶことは、端的に、みずからを一方へ決定することである。「選択肢のいずれかを取るように決められていない、だから、いずれかを選ぶことができる」というようにデカルトは発想しない。「不決断」は情念に分類されるが、そのラテン語訳である « fluctuatio animi »（直訳的には「魂の揺らぎ」）は、「非決定（indifferentia）」の言い換えとしても用いられる。[65] 選択できるということは、デカルトにとって、むしろ選択できない消極的非決定の状態にとどまっているということである。『情念論』第一四六項に見られる「あれかこれかを選ぶのに非決定でいる（être indifférent à choisir l'un ou l'autre）」という表現が、選択可能性と消極的非決定状態が一つであることを、簡潔に示している（この一体性をベサッドは誤った方向に解釈した）。

最後に、意志があれかこれを選ぶという意味での選択という観念に対するデカルトの執着の薄さを、以上とは異なる角度からも指摘しておこう。すでに考察したように、人はみずからした行為を振り返りつつそれを選択というかたちに再構成できる（第三章二三三頁）。行為の起点に働く「みずからを決定する力能」を見失うのでなければ、デカルトもこの主観的な再構成をあえて虚構として否定するようなことはしないだろう。しかし同時に、デカルトがみずからすすんでこの再構成を有意義なものと認めることもまたないだろう。〈デカルト的感覚〉が求めるものは、むしろ、「完全にわれわれ自身の力の内にあると言えるものはわれわれの思惟（pensées）の他になく、したがって、外的な出来事に関して最善を尽くしてなお成功に至らないようなケースはすべて、そもそもわれわれには不可能なものであった」（註（42））という考え方に馴染むことの方である。「あれも選べた」、「これも選べた」と過去を虚しく振り返るのではなく。

「完全にわれわれ自身の力の内にあると言えるもの」を、『方法叙説』のデカルトは「思惟」と大きく括っていた。この「思惟」を、『省察』以降のデカルトは、「意志」と特定する。「われわれが絶対的な仕方で差配できるものとしては、意志の他に何も残りません」[66]。そのようなものである意志は、どのような仕方で働く力をもっているのか。この点を、端的な「することができる」に――つまり、「することにみずからを決定する」ということに――ポイントを置いて規定したのが、定義Ⅰである。「することができる」を「しないことができる」と同時に考えることで選択の観念を得ることは可能だが、それは形式上そうなるということであり、繰り返せば、それ以上でも以下でもない(67)。

引き続き定義Ⅱの内容を簡単に確認してから、定義Ⅰと定義Ⅱの関係について考えよう。

３　連続性の回復

定義Ⅱと自由

「①〔Ⅱ〕意志とは、知性によってわれわれに提示されるものを肯定し、あるいは否定するために、ないしは追求し、あるいは忌避するために、いかなる外的な力によっても決定されてはいないと感ずるような仕方でわれわれがみずからを赴かしゆく、ということの内にのみ存するものである」。

この定義Ⅱそれ自体について説明するべきことはもうそれほど残っていない。メラン宛第二書簡後半で示される「容易さ」の自由――「より大なる自由とは、自己決定するさいのより大なる容易さの内にある」（三六七頁〔T-108〕⑨）――に関して得た理解を、ほぼそのままあてはめることができるからである。善に関する根拠を知得していることが、意志の自己決定的な働きの容易さを保証する。容易さとは、知性が提示する認識を肯定する方へ意志がおのずから向かう動きの滞りなさであり、条件が整えば必ずそうなるという意味での安定性である。意志が安んじておのずからなる滞りのない動きに身を委ねるそのことが、自由という感覚の実質を構成する。「③一方の側へより大きく傾けばそれだけ、私はより自由にそちらの側を選択する」。容易さの自由は意志が発動する前の時点に見出されるが、この容易さは発動最中にある意志の「働きの容易さ」と呼応して、一つの容易さを形成する。「前」と「最中」の区別を立てていない「第四省察」の定義IIは、この全体として一つをなす「容易さ」について語っている。

「いかなる外的な力によっても決定されてはいないと感ずるような仕方で」という箇所にも触れておく方がよいだろう。これこそ「決められていないから自由だ」という発想から出た表現に他なるまいという誤解がありえないでもないからである。しかし、まず意志の動きに即して考えるなら、「なされるものは、なされたのである以上、なされないままにとどまることできない」(三七〇頁〔T-109〕⑬)、あるいは「自由であること、自発的であること、そして意志的であることが、完全に同一になる」(同⑭)という発動最中の事態に関する説明は、容易さの自由がどこまでも自己充足的な性質のものであることを示している。「いかなる外的な力によっても決定されてはいないと感ずるような仕方で」という定義IIの表現も、同じ性質を裏側から、つまり外的事情との無縁性(実感の論理に見られるのは外的事情への依存性であり、それを私たちは外挿的性格と呼んできた)を示しており、そのことを、デカルトは、ベサッドが誤って理解した②によって明確にしている(このことはまた、「知性」や「対象」の視点からではなくあくまでも意志に即して意志を定義するという方針に定義IIも従っていることを意味している)。その上で、覚知の次元に目を向けるなら、精神はみずからの意志の働きを忘れていることができるというのが容易さの自由に特徴的な意識のあり方だった。「みずからを赴かしゆく」ことにこの自由の基盤があり、この動きが定義IIの規定する意志の本質をなすが、動きそれ自体に関する自己覚知の度合いは逓減した状態にある。それでも度合いがゼロになることはありえない以上、精神は何かを感じ続ける。その感じが、「いかなる外的な力によっても決定されてはいない」という表現を求めたとしても、不思議ではない。「みずからがみずからを」という意識が後退してできた空白部分に入り込むには、むしろふさわしい表現でさえあるだろう(68)。

以上で、定義Ⅰと定義Ⅱのそれぞれについて基本的な理解を得たことになる。ただし、両者の関係を見極めるためには、定義Ⅰに関して先ほどは触れなかった論点をクリアーしておかなければならない。すなわち、定義Ⅱが「容易さ」の自由と対応するのに並行して、定義Ⅰの方は「行使」の自由に対応しているのかどうか。

自由に先立つ定義Ⅰ

対応していない、が答えになる。たしかに、意志の本質を「することができる」と規定する定義Ⅰと、「われわれがもっている肯定的な能力のより大なる使用の内に」ある行使の自由は（〔T-108〕⑨）、同じことを述べているように見えるかもしれない。事実、定義Ⅰと行使の自由は決して無関係ではない。しかし、定義Ⅰは、行使の自由と結びつくのと本質的に同じ資格で、容易さの自由とも結びつく。二つの自由との関係を双方向的に構成する可能性を、定義Ⅰは保持している。ポイントは、定義Ⅰが、定義Ⅱとは異なり、自由に先立つ定義であり、自由という観念に対してそもそも中立無機であるという点にある。

どういうことなのか。非決定状態を前提として、この状態を解消することで成立するのが行使の自由であった。そして、この自由の範型となるのが方法的懐疑における判断の差し止めであった。「思い惑う」状態を、その状態についての自己覚知によって解消することで、行使の自由は実現する。この状態に向けてすでに半ばわれ知らず自己決定していた力能の働きを、「認識」を介して判断停止に向けた自己決定へと転換する。主観的には、覚知によって力能を初めて発動させた、行使したというかたちになる。その意味でこの自由は行使の自由と呼ばれてよい。いずれにしても、先行する消極的非決定状態に対して形成されるものとして実質を得るような自由である。他方、定義Ⅰそれ自体は非決定との関連を未だ何も含んでいない。ベサッドの解釈を検討するさい論脈を確かめたように、まずは定義Ⅱとの関連で、いずれにせよ定義Ⅰよりもあとで、デカルトは非決定に言及する（三八二頁〔T－111〕④）。懐疑の生成過程を振り返った箇所（第四章三〇七頁〔T－99〕）はそのさらにあとである。そうである以上、行使の自由と結びつけようにも、この自由の前提となる状況が定義Ⅰには欠けている。

定義Ⅰと定義Ⅱの関係

定義Ⅰは、すでに述べたように、意志の力の本質を端的な「することができる」に見出す規定である。いま正確を期するなら、何ら特定的な状況を想定することなく意志の力の本質を捉えているのが定義Ⅰである。その上で、「することができる」力を意志が非決定状態にある状況に即して考えれば、この力は行使の自由の根拠となるだろう。しかしそれは、同じ力を意志が真や善の明証的な認識に促されている状況に即して考えれば容易さの自由の根拠となることと、構造としては何も変わらない。意志の力を厳密にそれ自体として規定したのが定義Ⅰであり、「真や善の根拠」に関する認識が現前している状況でこの力がどのように働くのかを示したのが定義Ⅱなのである。意志の力は、何らかの具体的な状況の中で初めて「自由」という意味ないし価値の問題と関わり合うことになる。

一般的な規定である定義Ⅰから、限定的な規定である定義Ⅱへ、デカルトの思考は連続している。二つの定義のあいだに多くの研究者が見出してきたような競合関係は存在しない(69)。定義Ⅰを定義Ⅱから切り離そうとする者は、そうしてみても定義Ⅱの基盤を掘り崩す結果に終わるだけであることを知る必要がある。

私たちのこのような理解を支えるテクスト上の根拠を、もう二つ挙げておこう。

一つ目は、定義Ⅱ前半の次の箇所。「知性によってわれわれに提示されるものを肯定し、あるいは否定するために、ないしは追求し、あるいは忌避するために……」。これも一般には見過ごされてきたところだが、「肯定し、あるいは否定する、ないし追求し、あるいは忌避する」という表現は、明らかに、定義Ⅰが定義Ⅱのさなかで効いていることを示している。「真や善の根拠」に関する認識が現前している場面に持ち込まれている以上、実際に「否定」ないし「忌避」がなされることは――第二書簡の表現を用いれば――「ほとんど不可能である」。それにもかかわらず定義Ⅱの文面に残された「否定」や「忌避」は、定義Ⅱが定義Ⅰの延長線上にあることを示している。意志の対象を考慮に入れない定義Ⅰが、「しない」の例として「否定」や「忌避」を挙げていることに不可解な点はない。意志とその対象の関係を何も含んでいない定義Ⅰについて、「否定」や「忌避」が実際に可能か不可能かなど、問題にしようにもできないからである。

二つ目は、「より大なる自由とは、自己決定するさいのより大なる容易さの内にある」という第二書簡の言葉。これによれば、意志の働きの滞りなさと安定性を実質とする容易さとは、自己決定の容易さに他ならない。容易さの自由は「第四省察」の定義Ⅱと対応し、そして、「みずからを決定する力能」が、定義Ⅰの「することができる（facere posse）」を可能にする。そうだとすれば、右の言葉は、定義Ⅰで示された意志の力が、定義Ⅱの「容易さ」を享受すると述べているのに等しいことになる。すなわち、二つの定義の連続性を認めているのに等しいことになる。

意志的、自己決定的、選択、自由、以上四つの要素の関係がどうなっているか、アウグスティヌスとスアレス（ジェズイット）の場合を第三章の最後（二四五～二四六頁）で図式的に提示した。スアレスについて第四章

（二六二～二六四頁）で確認した要素を加え、デカルトの場合を併記して、考察をいったんまとめることにしよう。

アウグスティヌス

意志的＝自己決定的＝選択／（失われた）自由

スアレス（ジェズイット）

意志的＝自己決定的＝盲目的決意／意志的＝反対項選択＝非決定の自由／意志の無力＝消極的非決定

デカルト

意志的＝自己決定的［定義Ⅰ］↘容易さの自由［定義Ⅱ］

↙最低段階の自由＝非決定→行使の自由＝非決定からの覚醒

デカルトにおいては、前二者の思考のそれぞれどこかに横たわっていた断絶（／）が消滅する。ジェズイットに見られた「意志的」であること内部の分裂が消え、意志における力と無力の対立も意味を失う。デカルト的非決定は、「思い惑う」というその心理的状態において「消極的」とも形容されうるが、事柄それ自体としては「みずからを決定する実象的で肯定的な力能」の所産だからである。この力能が二系列の自由の度合い的展開（→）における共通の起点となり、同時に、自由意志論の表舞台で古来重要な役割を演じてきた「選択」という観念が後景に退く。あらゆる思いや行為と同じく、あれを取るかこれを取るかという意味での選択も、この展開過程の内部では自己決定の一様態として捉えられるためである。そのような捉え方をデカルト自身が戦略的に採用したわけでは必ずしもない。この捉え方の正当性を理論的に説明するようなことを彼はしていない。そのことは、しかし、〈デカルト的感覚〉に他の何よりも近しくあり続けたのが、意志にとっての外的諸要因を捨象して残る自己決定的な力能であったという事実と矛盾はしない。この〈感覚〉のぶれのなさが、関連するテクスト群に内容上の一貫性を保証する。そのようなぶれのなさの背後にある哲学上の諸問題と倫理的なヴィジョンに関しては、本章第一節で論じた通りである。

デカルトは、定義Ⅰから行使の自由へ至る経路を「第四省察」における定義の内には組み込まず、非決定状態を解消する懐疑の成立過程を具体的に描写する場面に埋め込んだ。それだけにとどめたことが、結果として、『哲学原理』やメラン宛書簡で後に語られるこの経路と、同じく定義Ⅰから容易さの自由としての定義Ⅱへ至る経路との関係をたしかに見え難くした。しかし、だから後世のデカルト解釈に混乱が生じたのもやむを得なかったのだと得心すれば済む話ではない。本書を通じて繰り返し問題にした外挿的思考の根深さは、混乱の原因がデカルトの記述にだけあるのでは決してないことを、陰に、陽に、示しているように思われる。

　そのような混乱を解消しながらデカルト的思考の軌跡を辿り直そうと努めてきた前章と本章の試みは、本節の定義解釈をもって一区切りにする。他方で、第一章から第三章を通じて開けてきた哲学史的な展望に、私たちは未だまとまりをつけていない。アウグスティヌスからモリナとスアレスへ至る「捩じれた系譜」（第一章九四頁、

第二章一七四頁、第三章二二八〜二二九頁）とデカルトの自由意志論がどのような仕方で切り結ぶことになるのか。本書の終章として、この点を見届けておきたい。

註

（1）M. Heidegger, *Schellings Abhandlung über das Wesen der menschlichen Freiheit (1809)*, p. 24.

（2）G. W. Leibniz, *Principes de la Nature et de la Grâce, fondés en raison*, nº 4-5, *Die philosophischen Schriften*, éd. Gerhardt, t. 6, p. 599-601.

（3）E. Kant, *Kritik der reinen Vernunft*, B. 132.

（4）R. Descartes, *Med. 4ª*, AT VII, 62 : « attenta et saepius iterata meditatione efficere ».

（5）R. Descartes, *Med. 1ª*, AT VII, 17 : « Animadverti jam ante aliquot annos quam multa, ineunte aetate, falsa pro veris admiserim, et quam dubia sint quaecunque istis postea superextruxi ».

（6）Cf. R. Descartes, *loc. cit.*, AT VII, 23.

（7）明証性の規則は循環論法に基づいているのではないかという疑いは、つとに『省察』への「反論」を用意した著者たちから提出されていた。ガッサンディは次のように述べている。「神が存在しなければならず、その神は欺く者ではないとあなたは確信している。そのことに関する明晰判明な認識をもっているからというのが理由である。他方であなたは、明晰判明な認識は真であるということも確信している。欺く者ではありえない神が存在していることを自分は知っているからというのが理由である」(P. Gassendi, *Disquisitio metaphysica*, éd. B. Rochot, p. 205)。デカルトがこのような仕方で議論を展開していたのなら、たしかに循環と指摘されても仕方がないだろう。しかし本当にそうだったのか。問題の根はどこにあるのか。この点に関する研究は膨大な数に上るが、所雄章『デカルト『省察』訳解』一五八〜一六四頁、一七四頁、三四四〜三四五頁、および村上勝三『数学あるいは存在の重み』第Ⅱ部第二章、以上を併せて参照すれば、問題の全体像が摑めるだろう。

（8）R. Descartes, *Med. 4ª*, AT VII, 62 : « omnis clara et distincta perceptio proculdubio est aliquid, ac proinde a nihilo esse non potest, sed necessario Deum authorem habet, Deum, inquam, illum summe perfectum, quem fallacem esse repugnant ; ideoque proculdubio est vera. »

（9）R. Descartes, *Principia I*, art. 39, AT VIII-1, 19-20 : « Quod [...] sit in nostra voluntate libertas, et multis ad arbitrium vel assentiri vel non assentiri possimus, adeo manifestum est, ut inter primas et maxime communes notiones, quae nobis sunt innatae, sit recensendum. Patuitque hoc maxime paulo ante, cum de omnibus dubitare studentes, eo usque sumus progressi, ut fingeremus aliquem potentissimum nostrae originis authorem modis omnibus nos fallere conari ; nihilominus enim hanc in nobis libertatem esse experiebamur, ut possemus ab iis credendis abstinere, quae non plane certa erant et explorata. »

（10）R. Descartes, *Entretient avec Burman*, AT V, 158 : « descendat modo unusquisque in semetipsum et experiatur annon perfectam et absolutam habeat voluntatem, et an possit quicquam concipere quod in voluntatis libertate se antecellat. »

（11）P. Guenancia, *Descartes, chemin faisant*, 2010, p. 69-70.

（12）A. Arnauld, 4^{ae} *Obj.*, AT VII, 214 : « nihil in se, quatenus est res cogitans, esse posse, cujus conscius non sit. »

（13）R. Descartes, 4^{ae} *Resp.*, AT VII, 246-247 : « notandum est, actuum quidem, sive operationum, nostrae mentis nos semper actu conscios esse ; facultatum, sive potentiarum non semper, nisi potentia ; ita scilicet ut, cum ad utendum aliqua facultate nos accingimus, statim, si facultas illa sit in mente, fiamus ejus actu conscii ». この発言の背後には、次のようなデカルトのさらに基本的な考え方がある。「精神の内には、思惟でないもの、あるいは思惟に依拠していないものは何もない」（4^{ae} *Resp.*, AT VII, 246）。積極的に言えば、「思惟こそが精神の本質を形成する」。そうである以上、「精神はつねに現実的に思惟している（mens semper actu cogitat）」（*à Arnaud*, 04/06/1646, AT V, 193. Cf. 5^{ae} *Resp.*, AT VII, 356, & *à Hyperaspistes*, 08/1641, AT III, 423）。

（14）従来この点は、« conscius / conscientia » はデカルトの頃までもっぱら宗教的な「良心」を指すために用いられ、英語が後に « conscience » から区別する « consciousness » つまり今日的な「意識」の意味はなかったからだ、それで翻訳者たちは戸惑ったからだと考えられてきた。しかし、« conscius / conscientia » の意味がこのような仕方で限定されていたとは、例えば序章註（1）で触れたルイスの研究（C. S. Lewis, *Studies in Words*, 8. conscience and conscious）からしても、にわかには信じ難い。とはいえ、翻訳者たちが戸惑ったこともまた事実であり、この事実は、やはり、すぐあとで触れるマルブランシュにはっきりと認められる現代的な意識概念の確立過程において、デカルトによる « conscius esse » の用法が重要な役割を果たしていたことを示唆しているだろう。« conscius / conscientia » の意味形成過程に生じているこのような「縺れ」をどう解してゆけばよいのか。次の論考において、私たちには未だ目途を立てられないこの問題へのアプローチが一つ提示されている。中畑正志「意識の概念史における小さな縺れ」、西日本哲学会編『哲学の挑戦』二〇一二年所収。

（15） X. Kieft, « Le problème de l'inconscience selon Descartes », *Revue philosophique de la France et de l'Étranger*, 2007, n° 3, p. 308 & 318. キーフトによるデカルト的無意識論は、ロディス・レヴィス（G. Rodis-Lewis）による古典的研究である *Le problème de l'inconscient et le cartésianisme,* 1950 を念頭に置いたものだが、ロディス・レヴィス自身は、私たちとは異なる理由から、無意識の概念を援用はせず（p. 103）、「潜在意識（subconscience）」を認めるところまでに解釈をとどめた。「デカルトにとって、意識とは一連の度合いを、そして縁辺にとりとめのない現象を含むものであり、そうだとすれば、潜在意識を語ることも許されうるだろう」（p. 43）。もっとも、「度合い」ということでロディス・レヴィスが具体的に考えているのは、「幼児が抱く初期的で単純な思惟」と大人の「反省（reflexio）」との落差である。この場合、「反省」というのは、「何かを感じたとき、同時に、それより前の時点では自分がそのように感じていなかったことに気づく」（*à Arnauld*, 29/07/1648, AT V, 221）ということである。これに対して、私たちの考えている度合いは、これとはまた別の意味で語り難いもの、すなわちこのあと引用するエリザベート宛書簡の言葉に窺えるような、道徳的な意識における自覚の深浅である。

（16） 言うまでもなく、マルブランシュが「無意識」について何かを語っていたということではない。周知のように、「意識」を規定する「内的な感じ（sentiment intérieur）」（cf. *De la recherche de la vérité*, liv. III, I, chap. 1, 1, *Œuvre I*, p. 294 etc.）のありようが、ひいては意識というものが、マルブランシュにおいては「闇」となる。「魂にとってこの内的な感じは闇でしかない。どれほど注意してみてもこの感じが魂の内に光を生み出すことはないし、真理を知解させてくれるわけでもない」（*Réponse à M. Régis*, chap. 2, 19, *Œuvre I*, p. 783）。

（17） R. Descartes, *à Élisabeth*, 06/10/1645, AT IV, 305-306 : « tout le plaisir qui en revient, ne peut toucher que la superficie d'âme, laquelle sent cependant une amertume intérieure, en s'apercevant qu'ils sont faux. »

（18） R. Descartes, *à Élisabeth*, 01/1646, AT IV, 355 : « même ceux-là qui se laissent le plus emporter à leurs passions, jugent toujours, en leur intérieur, qu'il y a plus de biens que de maux en cette vie, encore qu'ils ne s'en aperçoivent pas eux-mêmes ».

（19） R. Descartes, *à Mersenne*, 11(12?) /1632, AT I, 263.

（20） R. Descartes, *Lettre de l'auteur à celui qui a traduit le livre*, AT IX-2, 20.

(21) R. Descartes, *Epistora dedicatoria*, AT VIII-1, 2-3.

(22) R. Descartes, *Med.* 4^{a}, AT VII, 60.

(23) R. Descartes, *Epistora dedicatoria*, AT VIII-1, 3.

(24) R. Descartes, *Passions*, art. 154, AT XI, 447 : « la bonne volonté pour laquelle seule [les généreux] s'estiment, et laquelle ils supposent aussi être, ou du moins pouvoir être, en chacun des autres hommes. »

(25) R. Descartes, art. 187, AT XI, 470 : « Et bien qu'ils haïssent les vices, ils ne haïssent point pour cela ceux qu'ils y voient sujets ; ils ont seulement pour eux de la pitié. »

(26) Cf. R. Descartes, *à Élisabeth*, 06/10/1645, AT IV, 309, & *Passions*, art. 94, 147, 187, AT XI, 399, 441, 470.

(27) R. Descartes, *à Silhon*, 03(04?)/1648, AT V, 139.

(28) R. Descartes, *à Mesland*, 09/02/1645, AT IV, 173 : « ① Sed fortasse ab aliis per indifferentiam intelligitur positiva facultas se determinandi ad utrumlibet e duobus contrariis, hoc est ad prosequendum vel fugiendum, affirmandum vel negandum. Quam positivam facultatem non negavi esse in voluntate. ② Imo illam in ea esse arbitror, non modo ad illos actus ad quos a nullis evidentibus rationibus in unam partem magis quam in aliam impellitur, sed etiam ad alios omnes ; ③ adeo ut, cum valde evidens ratio nos in unam partem movet, etsi, moraliter loquendo, vix possimus in contrariam ferri, absolute tamen possimus. ④ Semper enim nobis licet nos revocare a bono clare cognito prosequendo, vel a perspicua veritate admittenda, modo tantum cogitemus bonum libertatem arbitrii nostri per hoc testari. »

(29) Cf. R. Descartes, *Notae in programma*, AT VIII-2, 361 : « ipsum nomen facultatis nihil aliud quam potentiam designat », & 4^{ae} *Resp.*, AT VII, 246 : « facultatum sive potentiarum ».

(30) クレルスリエ（第四章註（20））は「すべての意志作用に関してもまた（sed etiam ad alios omnes）」という箇所を、次のように補ってフランス語に訳している。正しい意訳である。肯定的力能は「あらゆる行為の内に組み込まれており、したがって、この能力を行使することなく意志がみずからを決定することはありえない」（*Lettres de Mr Descartes*, t. 1, p. 507）。

(31) J.-M. Beyssade, *Descartes au fil de l'ordre*, p. 267.

(32) F. Alquié, *La découverte métaphysique de l'homme chez Descartes*, p. 292.

（33） Cf. R. Descartes, *Regulae XVIII*, AT X, 461 ; *à Regius*, 12/1641, AT III, 461 ; *à Clerselier*, 23/04/1649, AT V, 355 ; *2ae Resp.*, AT VII, 138 ; *Principia II*, art. 18, AT VIII-1, 50 etc.

（34） Cf. R. Descartes, *à Buitendijk*, 1643, AT IV, 64 ; *Entretient avec Burman*, AT V, 158 ; *2ae Resp.*, AT VII, 144 etc.

（35） R. Descartes, *Principia IV*, art. 206, AT VIII-1, 328 : « Praeterea quaedam sunt [...] quae absolute ac plusquam moraliter certa existimamus, hoc scilicet innixi metaphysico fundamento, quod Deus sit summe bonus et minime fallax, atque ideo facultas quam nobis dedit ad verum a falso dijudicandum, quoties ea recte utimur, et quid ejus ope distincte percipimus, errare non possit. »

（36） R. Descartes, *Med. 4a*, AT VII, 60 : « illi enim actus [*scil.* actus voluntatis, sive judicia, in quibus fallor] sunt omnino veri et boni, quatenus a Deo dependent ».

（37） この平衡性をカンブシュネルは次のように説明している。「真とは、意志にとって、みずからが求めるある種の善でなければならず、何らかの善を求めるとき、意志は間違いなく真の善を求めている」（D. Kambouchner, *L'homme des passions*, t. 2, p. 373, n. 179）。

（38） R. Descartes, *6ae Resp.*, AT VII, 432 : « naturam omnis boni et veri jam a Deo determinatam ». 第四章二七五頁〔T−90〕②に含まれる表現である。

（39） 以下の研究書でも、アルキエやベサッドの場合と同様、私たちが確かめた「善い」の意味は考慮されていない。M. Gueroult, *Descartes selon l'ordre des raisons*, 1968, t. 1, p. 327 ; N. Grimaldi, *Six études sur la volonté et la liberté chez Descartes*, 1988, p. 82-86 ; H. Bouchilloux, *La question de la liberté chez Descartes ...*, p. 136-139 ; T. Gontier, *Descartes et* la Causa sui, p. 145-146. このような趨勢に対して、マリオンは、意志の行使によって証される善性が「何らかの善に関して〔認識された〕明証性のカウンターバランス」になると正しく捉えているのだが、同時にこの行使を非決定の自由の行使と解釈するために、結局のところ「自殺的意志」という発想を棄てるには至らない（J.-L. Marion, *Sur la théologie blanche de Descartes*, p. 421）。問題の善性を「完全性という観念」と結びつけるゲナンシアの解釈も、方向性としてはマリオン以上に正しいはずであるのだが、それ以上の具体的な説明はされていない（P. Guenancia, *Lire Descartes*, p. 232）。総じて、〔T−106〕③と④に関しては、その前後についても同じだが、説得的な解釈は示されていないのが研究の実情である。

（40） R. Descartes, *à Mesland*, 09/02/1645, AT IV, 173 : « ⑤ Notandum etiam libertatem considerari posse in actionibus voluntatis, vel antequam eliciantur, vel dum eliciantur. »

（41） R. Descartes, *loc. cit.*, AT IV, 173-174 : « ⑥ Et quidem spectata in iis, antequam eliciantur, involvit indifferentiam secundo modo sumptam, non autem primo modo. ⑦ Et quamvis, opponentes judicium proprium imperiis aliorum, dicamus nos esse magis liberos ad ea facienda de quibus nihil nobis ab aliis praescribitur, et in quibus judicium proprium sequi licet, quam ad ea quae nobis prohibentur, ⑧ non ita tamen, judicia nostra, sive cognitiones nostras unas aliis opponendo, dicere possumus nos esse magis liberos ad ea facienda quae nec bona nec mala esse nobis videntur, vel in quibus multas quidem rationes boni, sed totidem alias mali cognoscimus, quam ad ea in quibus multo plus boni quam mali percipimus. ⑨ Major enim libertas consistit vel in majori facilitate se determinandi, vel in majori usu positivae illius potestatis quam habemus, sequendi deteriora, quamvis meliora videamus. ⑩ Atqui si sequamur illud, in quo plures rationes boni apparent, facilius nos determinamus ; si autem oppositum, magis utimur ista positiva potestate ; ⑪ sicque semper agere possumus magis libere circa ea in quibus multo plus boni quam mali percipimus, quam circa illa quae vocamus ἀδιάφορα, sive indifferentia. ⑫ Hocque etiam sensu, ea quae nobis ab aliis imperantur, et absque hoc sponte non essemus facturi, minus libere facimus, quam quae non imperantur ; quia judicium, quod illa factu difficilia sint, opponitur judicio, quod bonum sit facere quae mandata sunt; quae duo judicia, quo magis aequaliter nos movent, tanto plus indifferentiae primo modo sumptae in nobis ponunt. »

（42）「事物の連鎖を因果的に変更することで、外界に働きかける力を感得する」ところにデカルト的自由を見るオリヴォの解釈（G. Olivo, « Une patience sans espérance - Descartes et le stoïcisme », in *Le Stoïcisme aux* XVIe *et* XVIIe *siècles*, p. 243）が基本的なところで誤っていることは、第一章註（48）でも触れた『方法叙説』第三部で示される格律の三つ目を思い出しても、明らかだろう。打ち克つ相手は「運命ではなく私自身」であり、変更すべきは「世界の秩序ではなく私の欲望」であり、慣らいとするべきは、「完全にわれわれ自身の力の内にあると言えるものは思惟の他になく、したがって、外的な出来事に関して最善を尽くしてなお成功に至らないようなケースはすべて、そもそもわれわれには不可能なものであったのだ」という発想の仕方である（AT VI, 25）。

（43） R. Descartes, *Med. 4*^{a}, AT VII, 57-58 : « quo magis in unam propendeo, sive quia rationem veri et boni in ea evidenter intelligo, sive quia Deus intima cogitationis meae ita disponit, tanto liberius illam eligo ».

（44） R. Descartes, *à Mesland*, 09/02/1645, AT IV, 174-175 : « ⑬ Libertas autem spectata in actionibus voluntatis, eo ipso tempore quo eliciuntur, nullam indifferentiam, nec primo nec secundo modo sumptam, involvit ; quia quod fit, non potest manere infectum, quandoquidem fit. ⑭ Sed consistit in sola operandi facilitate ; atque tunc liberum, spontaneum, et voluntarium plane idem sunt. ⑮ Quo sensu scripsi me eo liberius ad aliquid ferri quo a pluribus rationibus impellor ; quia certum est voluntatem nostram majori tunc cum facilitate atque impetu se movere. »

（45） ⑪の「アディアフォラ」はギリシャ語の形容詞「アディアフォロス（ἀδιάφορος）」の複数中性形。名詞形は「アディアフォリア（ἀδιαφορία）」。ストア派に由来するこの概念については、序章註（17）を参照されたい。

（46） Ovidius, *Metamorphoses*, VII, 20-21.

（47） R. Descartes, *à Christine de Suède*, 20/11/1647, AT V, 85 : « le libre arbitre est de soi la chose la plus noble qui puisse être en nous, d'autant qu'il nous rend en quelque façon pareils à Dieu et semble nous exempter de lui être sujets ».

（48） 例えば、古代の教父エイレナイオス（Irenaeus, 130?~202）の『異端論駁』に次のような言葉が見出される。「自由意志は原初より人間のものであり（liberae sententiae ab initio est homo）、自由意志は神のものである。その神に似せて人間は創られた（cujus ad similitudinem factus est）。だからこそ、神への従順を通して善の内にとどまるようにと人間には忠言されるのである」（*Adversus haereses*, IV, 60, 2. テクストは http://www.earlychurchtexts.com で公開されているもの）。

（49） R. Descartes, *Med. 4*[a], AT VII, 57-58 : « ① [voluntas]（Ⅰ）tantum in eo consistit, quod idem vel facere vel non facere (hoc est affirmare vel negare, prosequi vel fugere) possimus,（Ⅱ）vel potius in eo tantum, quod ad id quod nobis ab intellectu proponitur affirmandum vel negandum, sive prosequendum vel fugiendum, ita feramur, ut a nulla vi externa nos ad id determinari sentiamus. ② Neque enim opus est me in utramque partem ferri posse, ut sim liber, ③ sed contra, quo magis in unam propendeo, sive quia rationem veri et boni in ea evidenter intelligo, sive quia Deus intima cogitationis meae ita disponit, tanto liberius illam eligo […]. ④ Indifferentia autem illa, quam experior, cum nulla me ratio in unam partem magis quam in alteram impellit, est infimus gradus libertatis, et nullam in ea perfectionem, sed tantummodo in cognitione defectum, sive negationem quandam, testatur ».

（50） J.-M. Beyssade, *La philosophie première de Descartes*, p. 180-181.

（51） J.-M. Beyssade, *Descartes au fil de l'ordre*, p. 267.

（52） J.-M. Beyssade, *op. cit.*, p. 266.

（53）　J.-M. Beyssade, *Éudes sur Descartes*, p. 110, & *Descartes au fil de l'ordre*, p. 266. このようにして『省察』では棄てられた「積極的非決定、すなわち条件づけを免れた選択能力」が、メラン宛書簡や『哲学原理』に至って前面に押し出される。以上の経緯はベサッドの視野にも当然入っており、経緯の背後に隠れた「一貫性」をベサッドは見出そうと緻密な解釈を試みる（*La philosophie première de Descartes*, p. 182-184 & 198-201）。とはいえここでその試みまで紹介する必要はないだろう。衝くべきところは、あくまでも、解釈の出発点に位置する三つの認定の誤りである。

（54）　Cf. J.-M. Beyssade, *La philosophie première de Descartes*, p. 182, n. 4, & *Éudes sur Descartes*, p. 109. この類いの意訳がたしかに少なくはないリュインヌ候の訳に対して、今日の学問水準に照らしてより客観的な翻訳が『省察』には望まれることをベサッドは強調し、その考えを共有するM・ベイサッド（Michelle Beyssade）が次の新訳を上梓する運びとなる。*René Descartes / Méditation de Philosophie Première*, 1990.

（55）　三例だけ挙げてみよう。「第六省察」の次の一節に見られる「あるいはむしろ（vel potius）」は、たしかに前言を撤回する意図で用いられている。「おそらくは（あるいはむしろ、このあとで言うように、確実に）、私が私とすこぶる緊密に結合している身体をもっているにしても……」（AT VII, 78）。しかし「第四省察」中の次の用例は、前言に正確を期するためのものであり、前言を否定するものではない。「私の内にある思惟する本性、あるいはむしろ、私そのものである思惟する本性は、物体的本性とは異なるものであるのかどうか……」（AT VII, 59）。さらに『哲学原理』第一部第二一項の場合には、前言の言い換え、ないし補足説明にとどまっている。「自分自身とは異なるわれわれ〔の存在〕を保持するほどの力をもっているものは、それだけいっそう自分自身を保持する。あるいはむしろ、いかなるものによっても保持される必要がない」（AT VIII-1, 13）。

果たして、「通常であれば言葉にほとんど無駄をしないデカルト」が、しかも意志の定義という重要な場面で、先立つ部分を「たんに純粋に放棄する」ために「あるいはむしろ」と記したりするものだろうか。むしろ、「記さなければならないとデカルトが考えた」以上、「することが、あるいはしないことが、できる」という前半は「デカルトにとって何らかの価値をもっている」と考えるべきではないか。このように述べるラポルトの直感は、基本的に正しい（J. Laporte, *Études d'histoire de la philosophie française au XVIIe siècle*, p. 67）。しかしそのラポルトも、定義Ⅰと定義Ⅱが対立するという見方から逃れることはできず、そこで対立を緩めるべく注意力低減理論に訴える。この理論が問題のすり替えにしかならないことは、第四章註（45）で指摘した。

（56）　R. Descartes, *Principes I*, art. 8, AT IX-2, 28 : « Il me semble aussi que ce biais est tout le meilleur que nous puissions choisir pour connaître la nature de l'âme, et qu'elle est une substance entièrement distincte du corps ».

(57) R. Descartes, *loc. cit.*, art. 37, AT IX-2, 40 : « on doit nous attribuer quelque chose de plus, de ce que nous choisissons ce qui est vrai, lorsque nous le distinguons d'avec le faux, par une détermination de notre volonté, que si nous y étions déterminés et contraints par un principe étranger. »

(58) R. Descartes, *Discours I*, AT VI, 3 : « si, entre les occupations des hommes, purement hommes, il y en a quelqu'une qui soit solidement bonne et importante, j'ose croire que c'est celle que j'ai choisie ».

(59) R. Descartes, 2^{ae} *Resp.*, AT VII, 149 : « quod ad usum vitae attinet [...] interdum e multis plane ignotis unum eligendum, nec minus firmiter tenendum, postquam electum est [...], quam si ob rationes valde perspicuas fuisset electum ».

(60) R. Descartes, *Med.* 3^{a}, AT VII, 39 : « jam saepe olim judicavi me ab illis [*scil.* impetus naturales] in deteriorem partem fuisse impulsum, cum de bono eligendo ageretur ».

(61) 以下がその例である。*Discours I*, AT VI, 10 ; *Discours II*, AT VI, 16 & 20 ; *Discours III*, 23, 24, 27 ; *Discours V*, AT VI, 41 ; *Discours VI*, AT VI, 73 & 75 ; *Regulae I*, AT X, 361 ; *Recherche de la vérité*, AT X, 501 & 506 ; *Principia III*, art. 4, AT VIII-1, 82 ; *à Mersenne*, 08/101629, AT I, 24 ; *à Ferrier*, 08/10/1629, AT I, 35 ; *à Balzac*, 05/05/1631, AT I, 202 & 204 ; *à Huygens* 01/11/1635, AT I, 592 ; *à Mersenne*, 03/1636, AT I, 339 ; *à Huygens*, 31/03/1636, AT I, 605 ; *à Mersenne*, 05/1637, AT I, 366 ; *à Wilhem*, 08(~12?)/06/1637, AT I, 388 ; *à Mersenne*, 01/1638, AT I, 489 ; *à Vatier*, 22/02/1638, AT I, 563 ; *à Mersenne*, 31/03/1638, AT II, 87 ; *à Mersenne*, 29/06/1638, AT II, 180 ; *à Morin*, 13/07/1638, AT II, 200 & 202 ; *à Hoogelande*, 08/1638, AT II, 347 ; *à Mersenne*, 09/02/1639, AT II, 506 ; *à Huygens*, 27/08/1640, AT III, 758 ; *à Mersenne*, 11/11/1640, AT III, 234 ; *à Mersenne*, 22/12/1641, AT III, 470 ; *à Huygens*, 31/01/1642, AT III, 781 ; *à Vatier*, 17/11/1642, AT III, 596 ; *à Picot*, 02/02/1643, AT III, 616 ; *à Élisabeth*, 11/1643, AT IV, 41 ; *à Élisabeth*, 08/07/1644, AT V, 65 ; *à Élisabeth*, 04/08/1645, AT IV, 263 ; *à Élisabeth*, 01/09/1645, AT IV, 287 ; *à Élisabeth*, 06/10/1645, AT IV, 308 ; *à Mersenne*, 20/04/1646, AT IV, 392 ; *à Chanut*, 15/06/1646, AT IV, 441 ; *à Chanut*, 21/02/1648, AT V, 132 ; *à Pollot*, 1648, AT V, 558 ; *à Chanut*, 26/02/1649, AT V, 291. 他方で、メラン宛第二書簡を除けば、反対項の選択に言及しているのは書簡における次の三例だが、いずれも「これかあれか、どちらかに決めて（選んで）欲しい」と相手に選択権を委ねる場面であり、反対項選択能力の問題に関わるものではない。*A Élisabeth*, 21/07/1645, AT IV, 253 ; *à Huygens*, 17/12/1639, AT II, 703 ; *à Huygens*, 03/01/1640, AT III, 740.

（62）R. Descartes, *Med. 4ª*, AT VII, 56.

（63）R. Descartes, *à Mesland*, 02/05/1644, AT IV, 115 : « [l'homme] est d'autant plus indifférent, qu'il connaît moins de raisons qui le poussent à choisir un parti plutôt que l'autre ; ce qui ne peut, ce me semble, être nié de personne. »

（64）R. Descartes, *Passions*, art. 170, AT XI. 459 : « L'irrésolution est [...] une espèce de crainte qui, retenant l'âme comme en balance entre plusieurs actions qu'elle peut faire, est cause qu'elle n'en exécute aucune, et ainsi qu'elle a du temps pour choisir avant que de se déterminer. »

（65）Cf. R. Descartes, *Entretient avec Burman*, AT V, 158.

（66）R. Descartes, *à Christine de Suède*, 20/11/1647, AT V, 83 : « il ne reste que notre volonté, dont nous puissions absolument disposer ».

（67）従来の諸解釈には欠けていた洞察を、福居純は定義Ⅰに加えている。福居によれば、非決定の自由とは、「〈為す〉と〈為さぬ〉という対立するかにみえる —— かくて、〈観念的に〉区別されるにすぎない —— 働きを〈実在的に〉区別されたものとみなすこと、言うなら、働きを対象という仕方で限定すること、に依拠する事態である」（『デカルトの観念論：『省察』読解入門』二〇〇五年、一四三頁。強調は原文）。意志は「〈為す〉あるいは〈為さぬ〉ことができる」わけだが、意志のこの端的な働き方を、知性は誤って「〈為す〉ことも〈為さぬ〉こともできる」（一四五頁、強調は原文）という選択のかたちに表象してしまう。そのように表象されたものを捉えたのが定義Ⅰであると福居は考える。意志がする端的な自己決定の働きは事後的に選択として再構成されうる、それが自己決定という単純な所作のいわば構造上の宿命であると私たちは述べた。この再構成過程が定義Ⅰに絡んでいることを福居は独自の視点から見抜いている。しかし、なぜ知性が誤作動した結果をわざわざ意志の定義に反映させる必要があるのだろう。この肝心の点を福居は説明していない。忖度すれば、定義Ⅱのみが真性な定義であるという判断がまずあって、それで定義Ⅰの地位を下げるために右のような説明を採用したということであろうか。いずれにしても、理論的背景をどう再構成するのであれ、定義Ⅰを非決定の自由についての規定とする限り、福居の理解も結局のところ広く流布したものと同じになる。すなわち、定義Ⅰによる「非決定の自由」と定義Ⅱによる「内発的同意の自由」は「相互に対立」し、「意志の形相的根拠」を具現するのはもっぱら後者のみ（一四二頁）、ということになる。

（68）「いかなる外的な力によっても決定されてはいないと感ずるような仕方で（ut a nulla vi externa nos ad id determinari sentiamus）」という箇所を、所は「いかなる外的な力にもよることなくわれわれがそうするように決定されているとわれわれが感得するように」と訳している（『デカルト『省察』訳解』三一三頁）。否定の形容詞《 nulla 》の効力を《 a nulla vi externa 》という前置詞句の内側にとどめて、この節の動詞《 determinari 》には及ぼさないという理解の仕方である。私たちが採用した訳といずれがよいのか、文法的に決めることはできない（著者が問い合わせたフランス、イタリアの複数のラティニストは、一致して、右の否定辞は節の動詞にかけるのが自然であると判断しているにしても）。内容的にはどうか。「決定されていると感じる」という感じは、喜ばしき自己忘却状態にある精神の感じ方として、そのような状態にある自己意識として、輪郭が鮮明すぎるように私たちには思われる。あるいは、「決定されていると感じる」ことを自由と結びつけるのは、スピノザ的ではあっても、〈デカルト的感覚〉にはそぐわないというふうにも思われる。

(69) 例外の一つとして、二つの定義の連続性を積極的に認めようとしていたゲルーの解釈が挙げられる。大多数の場合と同様に、ゲルーもまた定義Ⅰが示すのは意志の「本質的な非決定性」であると考える。しかしこの非決定性を、ゲルーは、「みずからの最も深いところから、みずからに最も近しい明晰判明なもろもろの根拠との合致によって、顕現する」ものと考える（M. Gueroult, *Descartes selon l'ordre des raisons*, t. 1, p. 328）。こう考える上でゲルーがしている込み入った説明は省略するが、ポイントは、ジェズイットの自由意志論を踏まえたベサッドが定義Ⅰを反対項選択能力の表現と理解したのとは異なって、ゲルーは「本質的な非決定性」を神の意志に擬えられる「決定の絶対性」として捉えたことにある。すなわちゲルーは、《 facere posse 》の中立無機性を捉えていた。しかしその代償として、《 facere posse 》が「することができる」というきわめて実際的な力でもあるという側面が抜け落ち、全体として知性主義に大きく傾くゲルーのデカルト像に定義Ⅰは取り込まれる。いくら定義Ⅱとの矛盾を免れたといっても、これでは定義Ⅰの解釈として不十分である。

終章　系譜の先端
――「欠損」の帰趨――

アウグスティヌスとジェズイット。それぞれによる意志論ないし自由論のあいだに目立つのは、親近性ではなく、隔たりである。千二百年という時の隔たりに相応する学説史上の隔たりであると同時に、思考の動かし方に関わる端的に哲学的な次元での隔たりでもある。この隔たりが意味するものを捉えるために、悪意志をめぐる古来の議論に現れる「欠損（defectus, defectio）」の概念に私たちは注目した。この概念の不可解さに困惑しながらもそこから視線を逸らすまいとする点にアウグスティヌスの内在志向性が表れる一方で、外挿的思考を徹底するジェズイットにとって、「欠損」は無用の長物となる。あたかもかつての深い困惑を埋め合わせるかのように、あらゆる統制を拒みつつ自己を肯定し続ける際限のない可能性が新たな自由論の内部に現れる。あたかも、「欠損」の見透し難さが意志の放恣に対する歯止めのなさへと反転したかのように、事態は推移する。

古代末期から近世黎明期へと伸びるこの捩じれた系譜に、デカルトはどのような仕方で関わっているのだろう。系譜の先端では何が起こっていたのだろう。

デカルトによる「悪」論

十六世紀の後半を振り返りながら、デカルトの思考における「悪」と「欠損」のありようをまず確認しておこう。『コンコルディア』を支える同時的協働の理論によれば、神は人間がするあらゆる種類の行為に対して協働を与える。とはいえ、行為の主導権を握るのはその善悪を問わず例外なく人間の側であり、協働の影響力は、実質的には、無に等しい（第二章一五九〜一六〇頁）。それでも、神の意志と人間の意志が切り結ぶというそのことは、モリナも否定していない。正確に言えば、切り結びを断つという発想そのものが、モリナの念頭には未だ浮かびようのないものだった。人間的意志の自律性を抑制的に考えるトマス主義者たちも、この点では同じである。彼らの物理的先動論では悪しき行為に対する神の協働を説明することができない。そこで、「神は悪しき行為を人間に許した」という理屈をトミストは持ち出すのだが、そうするのは、神の意志が人為にあまねく行き渡っているという彼らにとっての真理を損なわないためである。デカルトはどうか。「悪（malum）」という言葉は形容詞や副詞形も含めて「第四省察」では用いられていないが、「私は誤り、罪を犯す（fallor et pecco）」という表現からして、判断における「過誤（falsitas）」ないし「誤謬（error）」が「悪」に相当すると解してよいだろう。そして、デカルトの考えでは、「過誤と罪の形相的な根拠」である「欠如（privatio）」に対して、「神の協働は一切必要ない（nollo Dei concursu indiget）(1)」。

「一切必要ない」とデカルトは当然のように言う。「誤謬は、その産出にあたって神の実象的な協働が求められるようなものではない(2)」。こう割り切るデカルトにとって、実効的な神的決定の普遍性というそれまで普遍的であった考え方は、ほとんどどうでもよいものになっている（『哲学原理』第一部第四一項に対する注釈❷も振り返られたい）。当然、デカルトの頭の中で人間の犯す誤ちが神に遡ることはない。「欠如」についてもう少し詳しく述べた次の一節を見てみよう。

何が真であるのかを十分明晰判明に私が認識していない場合、判断を下すことを控えるなら、私が正しく対処していること、そして私が誤らないことは、明らかである。しかしその場合に、肯定し、あるいは否定するなら、私は意志の自由を正しく使用していない。……このような意志の正しからざる使用の内に、過誤の形相をなす欠如（privatio）は存している。ただし、過誤が内在していると言うのは、私から出来する限りでの〔意志の〕働き（operatio）の内にであって、神から私が受け取った〔意志という〕能力（facultas）の内にでもなければ、神に依拠する限りでの〔意志の〕働きの内にでもない。

〔T－112〕『省察』「第四省察」(3)

この少し前で、過誤が生ずるメカニズムをデカルトは説明し（この箇所は次に引用する）、それを受けて過誤の回避方法を示しているのが右のテクストの前半部分。過誤を避けるには、真偽善悪を見極めていない事柄について判断を下すことを控えればよい。見極める以前に性急な判断を下すから、人は過誤に陥るのである。他方、系譜の問題を考える上で重要になってくるのが、過誤の本質を「欠如」として見出す後半部分である。「欠如（privatio）」と「欠損（defectus）」はデカルトにおいて等価であり(4)、「欠如＝欠損」は、神から切り離されて考えられた限りでの意志の「働き」の内にある。他方でその働きも、「神に依拠する限りでは、完全に真であり、善である（omnino veri et boni）」(5)。そして、意志という「能力」の方はつねに、留保なく、そうである。能力それ自体の内にはいかなる「欠如＝欠損」も認められない。『哲学原理』第四部第二〇六項で述べられていたように（第五章三六二頁〔T－107〕）、人間に具わった能力には神の善性が埋め込まれている。この善性が、意志という能力そのものから「誤り、罪を犯す」という観念を遠ざける。

平板化した「欠損」

以上ですべてが尽きるのなら、次のように思われてもおかしくはないかもしれない —— 意志の本性は少なくとも「神の国」において善であったというアウグスティヌスの考えを、デカルトは「地上の国」に引き継いでいる。意志の善性を保持しつつ「欠損」の概念も保存しているデカルトは、その点において、アウグスティヌスを継ぐ者である。しかし、この印象は、決定的な一点において正確さを欠いている。「なぜ、被造意志は悪を犯すことができてしまったのか。なぜ悪を意志するということが起こってしまったのか。神授の善を本性とする意志であったはずなのに」。アウグスティヌスの探求精神を苛み続けたこの問いに、デカルトはまったく関心を示さない。この関心の有無が両者を根本的なところで分け隔てる。

デカルトにおいては、思索の視野から「原罪」という出来事が外されている。そうであればこそ、アウグスティヌスには彼岸のものであった意志の善性をまっすぐ此岸の意志に認めることも可能になる。もちろん、その善性が神授のものであることはそのままに。その限りでは、デカルトもまた、「なぜ、被造意志は悪を犯すことができてしまうのか。なぜ悪を意志するということが現に起こってしまうのか」という問いを此岸の意志に関して立てることができたはずである。「なぜ」という問いを、アウグスティヌスの場合と同様の強い意味で、つまり「原因は何か」という意味で発することは、原理的に可能であったはずである。ところが、デカルトは、「誰も誤ることを欲しない（nemo est qui velit falli）」、「公然と誤ることを欲するような者はいない（nullus sit, qui expresse velit falli）」[6]と確言することで、この可能性をいともあっさり封印する。そうして、右の問いがアウグスティヌス的な意味を担う余地を、自身の思考回路から消去する。「過誤＝悪」が問題になるとすれば、それはひとえに、善き意志が悪を意志するという逆説的な事態の起源に関してではなく、誤ることを欲してはいないのに実際は誤るということが起こる、そのメカニズムに関してであり、それに関してだけである。

> それでは、私の過誤はどこから生ずるのだろう。思うに、意志は知性を越えて広がってゆくものであり、そのような意志を知性と同じ限界の内にとどめ置かず、私の理解していないものへまで拡げるという一事からである。そういったものに関して私は非決定状態にあるために、私は容易に真と善から逸脱し、そうして誤り、罪を犯すことになる。　〔T－113〕『省察』「第四省察」[7]

「悪はどこから（Unde malum）？」という問いがアウグスティヌスの思考を「欠損」という「深淵」に導くとすれば、表現形式は同じでも、「私の過誤はどこから（Unde mei errores）？」というデカルトの問いが、認識の力を越えたものが潜む場所へと彷徨い出ることはない。問いへの答えは、「意志は知性を越えて広がってゆく」という点に尽きている。事柄をしかるべく認識していない私は、非決定状態におかれて（「絶対的な仕方で」言えば、非決定状態をみずから形成しつつ）「思い惑う」。逆に言えば、私は自分の認識の不十分さにも、自分の意志の揺らぎにも、どこかしら曖昧な仕方で気づいている。だからこそ、「思い惑う」という思いが不十分な自己覚知として成立する。このとき、「認識（cognitio）」（第四章三〇七頁〔T－99〕②）が得られれば、「思い惑い」は自覚的な判断停止に転じて過誤は回避されるだろう。反対に、覚知の度合いがさらに低下してゆけば、知性はみずからの状況をほとんど完全に見失い、意志の判断する力が独り歩きすることになる。意志は知性を置き去りにして肯否を下し、「真と善から逸脱し、そうして誤り、罪を犯すことになる」。

「意志の正しからざる使用」の内に「欠如＝欠損」が生ずるかどうかは、それが意志の使用である以上、「知性よりもむしろ意志に懸かっている」(8)。しかし同時に、「欠如＝欠損」は、「思い惑い」を解消する「認識」の欠如でもあり欠損でもある。「過誤は純粋な否定ではなく欠如である。すなわち、何らかの仕方で私の内にあるべきであった認識の欠落である」(9)。こうして、懐疑の生成がそうであったように、過誤のメカニズムもまた知性と意志の二側面から説明される。「過誤というものは、二つの併走する原因に同時的に依存している」(10)。いずれにしても、「欠如＝欠損」に不可解なものは含まれていない。デカルトのもと、« defectus, defectio » は平板な一概念と化している(11)。

可能性の場

しかしそれなら、話はスアレスの場合とどう違うのか。スアレスもまた「欠損」を「過誤」と捉えて、それで十分としていたではないか（第三章二一八頁）――このような疑問がまだ残るかもしれない。

まず、はっきりさせておこう。悪をなす自由と善をなす自由を無差別に肯定する限り、« Unde malum » の問いはそもそも生じようがない。こう問わざるをえないのは、善を本性とするはずの意志が悪を実現してしまったからである。結果を原因に帰そうとすると、矛盾が生じてしまうからである。それでもやはり、意志の他に、現に生じた悪の責めを帰属させることのできる先はない。「欠損」とは、元来、そのように逆説的な帰属先を指示するためのものだった。〈在りて在りうべからざる〉帰属先、それが「欠損」である。これに対して、「罪を犯す自由」を認めるなら、罪＝悪の帰属先は意志であるとすればそれで片はつく。だからモリナは「欠損」を無意味な言葉であると考えた（第一章八九頁〔T-33〕）。アダムの自由に関してはパスカルもまったく同じであり、「地上の国」にパスカルが適用する「悦楽の原理」も、「非決定の自由」と一幅対の関係にある（第一章八八頁）。スアレスはなるほど「欠損」という言葉を棄ててはいないが、その意味は、「過誤（errores）」という言葉で指示される現象のことであり、要するに過誤そのものである。仮に「欠損」という語の使用を禁じられたとしても、スアレスには何も不都合は生じなかっただろう。

モリナ、パスカル、スアレス、三人の精神の眼にアウグスティヌスの見た「欠損」が映ることはない。映る可能性がなかった。「深淵」が閉ざされた（第一章第三節）というのはそういうことである。

しかし、見る可能性がなかった場合と、見ることは可能であったにもかかわらず見なかった場合では、事柄の性質が全然違ってくる。第二の場合には、「私の過誤はどこから？」と問う精神が、にもかかわらずなぜ「深淵」の方へと導かれてゆかなかったのか、という問いが成り立つからである。デカルトにとって、「欠如」はたんなる現象ではない。過誤そのものではない。デカルトは正確に、「私から出来する限りでの〈意志の〉働きの内にある」（〔T-112〕）ものだと述べている。この「ある」の存在論的なステータスをさらに突き詰めようと、デカルトはなぜしなかったのか。なぜ、突き詰めて、〈在りて在りうべからざるもの〉に逢着しなかったのか。「深淵」が拓けてもおかしくはないまさにその場所に、デカルトは別のものを見出したからである。

意志が誤りを犯すとき、そのような意志の働きの内では何が起こっているだろう。意志はそのときどのような状態にあるのだろう。先ほど確認したように、「過誤」は「非決定」と接しており、そうである以上、これは意志だけにとっての問題ではない。過誤に陥ろうとしている精神は、意志の独り歩きを放置してしまうほどに自己覚知の度合いを低下させた状態にある。しかし、この状態は、つねに同時に「認識」という名の覚醒の到来を、自己覚知の度合いが上方へと高められることを、待っている状態でもある。過誤が成立する場所は、そのまま、メラン宛第二書簡において「肯定的な能力のより大なる使用の内にある」とされた自由、すなわち「行使の自由」にとっての可能性の条件でもあるような場所である。場のそのような性質は、たとえ過誤が現実のものになったとしても、何ら変わらない。

デカルトは、「深淵」が拓けるのと同じ場所に、自由の可能性を見出した。その場所を、自己覚知の可能性に拓かれた場所として見出した。こうして——

すべては、あたかも、アウグスティヌスの認識する力が侵入することを拒み、そうして彼を「憂える心（cor inquietum）」[12]の持ち主とした「深淵」が、デカルトのもと人それぞれがもつ意志の力に対する覚知の可能性へと転じられたかのようになっている。かつての「深淵」が困惑を誘うものであることを止め、「悪」という問題が「欠損」の概念ともども平板化したことはジェズイットの場合と同じである。デカルトにおいては、しかし、「原罪」をめぐる思考に纏わりついた不透明性そのものが、自己覚知に拓かれた可能性へと姿を変えたかのようになっている。〈在りて在りうべからざるもの〉が在ったその場所が、自由という観念が多様な意味をもつための場に転じられたかのようになっている。

精神の内在志向性を共有する二人が、それにもかかわらず、推移の前後で同じ場所にまったく異質なものを見たのはなぜなのだろう。アウグスティヌスに関しては、テスタール（M. Testard）による簡にして要を得た次の評言を借りることにしよう。「アウグスティヌスが自身の均衡を支える基盤をみずからの内に見出すことはない。アウグスティヌスの自己は、むしろ、その内へと向けられた視線の下に、不確実なもの、不安定なもの、さまよい動揺を止めないものとして、現れる。その遥か向こうに神という恒常的なるものを見出そうとして」[13]。

デカルトはどうか。その神は――テスタールの言葉に呼応するよう私たちの考えを絞り込んで端的に示すなら――、みずからの無限性を、「似像（imago）」である人間に、その内側に見出される意味の無際限なる可能性というかたちで委ねた神であり、一度その存在を認識した人間がなおも「遥か向こう」に仰ぎ見るようなことは求めない神である。こうして、「自分自身を振り返りさえすれば」（第四章二五九頁〔T-81〕）、「みずからの内へと降りて行きさえすれば」（第五章三四四頁〔T-102〕）、人はそこに自由を見出すことができる。あるいは、そこに自己を見出すことが自由である。神の認識は一度でよいが、みずからの内なる自由は見出されるごとに意味を変えてゆくだろう。

アウグスティヌスとデカルトのあいだに右のような繋がりを見出す上で、スアレスの存在が不可欠であったという点を最後にもう一度思い起こしておこう。内在志向性とは正反対の傾向性に身を委ねたスアレスのもとで、「深淵」はいったんまずたんなる自己肯定の無際限性へと転じられている。この無際限性は、主観の内部が知性と意志の関係によって階層化されている点に、その基盤をもっている。しかし、同時に、その自己肯定を「たんなる」と限定する必要があるのは、この知性には意志の決定を追認する以外のことが構造上できないようになっているからである（第三章二二六〜二二七頁）。自己肯定以外の意味がそこに生ずる余地がないからである。そのような自己肯定のことを〈放恣〉と言う。しかるに、〈放恣〉の本質であるような無際限性と、意味が多様化する可能性にはリミットがない――多様化には深化も含まれるとすればなおのことそうである――という意味でデカルトについて述べた無際限性は、完全に別ものである。たとえ前者を可能にした主観の階層化を前提としなければ後者もまたありえなかったとしても、やはり別ものであると私たちは考える。

ジェズイットにおいて認められるアウグスティヌスとの捻れた系譜が元の向きに捻り直されるということは、

デカルトにおいても起こらない。この点ではスアレスと同じく、デカルトもまた「深淵」に魅入られはしなかった。デカルトは「憂える心」の持ち主ではないし、「懊悩」（第三章二二九頁）に苛まれた人間でもない。むしろ、捻れは、スアレスによってなされたのと同じ向きにもうひと捻りされたと見るべきであろう。そうして捻り切られたとき系譜の先端に拓けた精神風景は、一二〇〇年以上前の内在志向性にも、つい半世紀ほど前の構造化されつつあった主観にも、まったく知られていないものだった。

この先端は、そこで途切れてしまったのだろうか。あるいは、そのさらに先があるのだろうか。本書の枠組みでは処理できないこの問いに答えるだけの力を私たちがつけるには、短くない時間が必要になると思う。ともかくも予定した作業はすべて終えたいま、一度、擱筆しよう。

註

（1） R. Descartes, *Med. 4ª*, AT VII, 60-61 : « Privatio autem, in qua sola ratio formalis falsitatis et culpae consistit, nullo Dei concursu indiget ».

（2） R. Descartes, *Principia I*, art. 31, AT VIII-1, 17 : « [advertendum est, errores] nec esse res, ad quarum productionem realis Dei concursus requiratur ».

（3） R. Descartes, *Med. 4ª*, AT VII, 59-60 : « Cum autem quid verum sit non satis clare et distincte percipio, si quidem a judicio ferendo abstineam, clarum est me recte agere, et non falli. Sed si vel affirmem vel negem, tunc libertate arbitrii non recte utor ; [...] Atque in hoc liberi arbitrii non recto usu privatio illa inest quae formam erroris constituit : privatio, inquam, inest in ipsa operatione, quatenus a me procedit, sed non in facultate quam a Deo accepi, nec etiam in operatione quatenus ab illo dependet. »

（4） 「第四省察」の先立つ箇所で、デカルトは「誤謬とは……たんに欠損である（errorem [...] tantummodo esse defectum）」（AT

VII, 55）と述べている。『哲学原理』第一部第三八項の冒頭箇所も同様である。「われわれが誤謬に陥るのは、われわれの行為における、すなわち自由の行使における欠損であるが、われわれの本性における欠損ではない（defectus quidem est in nostra acitione sive in usu libertatis, sed non in nostra natura）」（AT VIII-1, 19）。意志の「働き」を通して得られるのが「行為」であり、「本性」とは「能力」としての意志であると考えてよい。

（5）R. Descartes, *Med.* 4ª, AT VII, 60.

（6）R. Descartes, *Principia I*, art. 42, AT VIII-1, 21.

（7）R. Descartes, *Med.* 4ª, AT VII, 58 : « Unde ergo nascuntur mei errores? Nempe ex hoc uno quod, cum latius pateat voluntas quam intellectus, illam non intra eosdem limites contineo, sed etiam ad illa quae non intelligo extendo ; ad quae cum sit indifferens, facile a vero et bono deflectit, atque ita et fallor et pecco. »

（8）R. Descartes, *Principia I*, art. 31, AT VIII-1, 17.

（9）R. Descartes, *Med.* 4ª, AT VII, 54-55 : « non enim error est pura negatio, sed privatio, sive carentia cujusdam cognitionis, quae in me quodammodo esse deberet ».

（10）R. Descartes, *loc. cit.*, AT VII, 56.

（11）デカルトにおいて « Unde malum ? » の問いがアウグスティヌス的な意味を失っているという点は、カンブシュネルによってもすでに指摘されている。D. Kambouchner, *Descartes et la philosophie morale*, p. 199-224. たしかに、「第四省察」には「欠損」を典型としてアウグスティヌスに遡る語彙が散見される。しかし、アウグスティヌスの意志論と自由論の方向性を深く規定するこの問いをデカルトが共有していない以上、もっぱら語彙の類縁性を理由に「デカルト哲学の基礎はアウグスティヌス神学から直接引き出されたものである」（Z. Janowski, *Cartesian Theodicy, Descartes' Quest for Certitude*, 2000, p. 17）とするジャノウスキの解釈は、あまりに強引であり、皮相的である。

（12）『告白』の冒頭部分に含まれる表現である。「あなたの内にて安らうまで、私たちの心は憂えることを止めないから（quia inquietum est cor nostrum, donec requiescat in te）」（*Confessiones*, I, 1, 1, BA 13, p. 272）。

（13）M. Testard, *Saint Augustin et Cicéron*, t. 1, p. 351.

補論　「受動（passion）」を「魂の情念（passions de l'âme）」に転ずるもの(*)

『情念論（*Les passions de l'âme*）』において、デカルトは「思惟（pensées）」を大きく二つに区分する。「魂から直接に発し、魂にのみ依存する」意志が「能動」であり、「動物精気により引き起こされ、維持され、強められる」情念が「受動」である（第十七項および第二七項）。ところが、この区分を著作の基本設定としてインプットした読み手を、第四〇項が戸惑わせる。「情念の主要な効果は何か」を論ずるこの項によれば、「情念は、魂を促して、情念が身体にさせようとする事ごとを意志するように仕向ける」。

情念の影響下、意志はみずからの能動性を放棄してしまうのだろうか。当初の二区分は出発点における便宜上のものでしかなかったのだろうか。この疑念を解消するために、受動なる意志という背理の背後で意志が情念とのあいだに保持している関係を浮かび上がらせることを、小論は目的とする。「情念（passions）」は「受動（passion）」性を身体の諸感覚と共有する。しかし、「魂の（de l'âme）」という限定を受け容れるのは情念だけである。私たちの問題は、この限定を可能にするもの――情念をめぐるデカルトの思索を支えているもの――と関わっている。

以下、問いを正確に立て直した上で（Ⅰ～Ⅱ）、「知覚」と「覚知」の検討を踏まえて（Ⅲ～Ⅳ）、結論を二つの側面から提示する（Ⅴ～Ⅵ）。

Ⅰ　身体運動に対する情念の遅れと意志による同意

『情念論』の第一部は五十の項目から構成されている。身体諸器官の説明（第四項～第十六項）、思惟の分類と情念の定義（第十七項～第二九項）[1]、心身合一の機構の解明（第三〇項～第四〇項）。以上が情念に関する基礎説明になる。これを受けて、情念に対して意志はどのような力をもっているのかを問題にする残りの諸項（第四一項～第五〇項）が、広い意味で「道徳（morale）」論になる（三部構成の『情念論』全体からすれば道徳論の序論になる）。基礎説明から道徳論へ叙述が転換する位置にあり、転換を促す役目を果たしているのが第四〇項。長くはないその全文を、まずは掲げよう。

人間におけるあらゆる情念の主要な効果は、魂を促して、情念が身体にさせようとする事ごとを意志するように仕向けることにある（les passions [...] incitent et disposent leur âme à vouloir les choses ...）、という点に注意する必要がある。恐れの感覚〔＝情念〕は魂を促して逃げるように意志（vouloir fuir）させ、大胆の感覚〔＝情念〕は闘うように意志（vouloir combattre）させ、その他の場合も同様である。

『情念論』第四〇項[2]

『情念論』で用いられる「情念」の語には二つの意味があることを最初に断っておこう。身体上の要因と魂の状態双方を含めた広義の情念（以下、情念Lと表記する）と、身体因によって引き起こされるという側面に限定して捉えられる、狭義の情念（同じく情念S）である。このあとで見る第三八項や第三九項のように、情念の生成を身体的要因から説く生理学的記述において言われる情念は情念Sであり、第四〇項以降、情念のもたらす効果や情念を統御する方法などを問題にする場合の情念は情念Lである[3]。この第二の文脈で、情念に対する、あるいは情念のただ中における、意志の働きが問題になる。道徳論に叙述を移行させるべく、それまでの生理学的説明に意志という観点を新たに導入する役割を、第四〇項は担っている。

以上を念頭に、引用したテクストを見てみよう。一読する限り、情念に促された魂が能動であるはずの意志を受動的に行使すると述べられているように見える。能動性と受動性が意志の内部で齟齬を来しているように見える。しかし、本当にそうなのだろうか。事態の全容を明らかにする手始めとして、三回用いられている「意志する（vouloir）」という言葉の意味を探ることにしよう。意志というのは、一般的に言えば、そしてデカルトにおいても通例は、「〜しよう」という精神の志向的な働きの担い手であり、その志向に従って判断や行為を実現させる力である。しかし、第四〇項の場合にはもう少し特定された意味がある。第四〇項の前提となっている第三八項（「情念に伴い、かつ、魂にまったく依存しない身体運動の例」）が、この意味を知るための手掛りになる。

①精気が心臓の神経へ流れることで腺に運動が生じ、この運動によって、恐れが魂の内に生ずる。②また、これと同時にいくらかの精気が逃げるように足を動かす神経へと進むことだけで、腺にはもう一つ別の運動が生じ、この運動によって魂は逃げることを感覚しそれを知覚する。こうして、逃げることは魂の関与なしに、〔身体〕諸器官の構成だけによって身体の内に引き起こされる。　『情念論』第三八項[4]

精気の流れが脳の中央にある腺[5]に運動を起こし、「恐れ」の情念Sが生ずる（①）。他方で、逃げるという身体運動も、その運動感覚も、その感覚への知覚も、情念Sの生起と「同時に」、「魂の関与なしに」、精気の運動「だけで」成立する（②）。しかし、それならば、第四〇項においても、「情念が身体にさせようとすること」の実現に、例えば逃走運動の実現に、「意志する（vouloir）」ことなど必要にならないのではないか[6]。この疑問に対しては、差し当たり、次のように答えることができる。

精気が引き起こす大腿脚の初動に「魂の関与」は必要ないとしても、それだけで逃走という持続的な行為が可能になるわけではない。「機械」（第七項）である身体に生ずる筋肉の初動に魂が同意し、以降の運動に逃走という意味を与えて初めて、運動は心身合一体の行為として持続する。構造上、同意という意志の働きは、筋肉の初動に遅れて成立する。たしかに、第三八項は恐れの情念Sと逃走運動の関係を同時性の観点から捉えているが、情念の生理学的な成立過程を詳細に記した第三六項[7]では、この遅れが正確に考慮されている。身体運動は脳から筋肉神経へ向かう精気の一方向的な運動で発動するのに対して、情念Sの成立は、求心・遠心の循環運動に基づいている。一方向的運動よりも循環運動の方が、完遂するのに長い時間を必要とする。この時間的落差において、落差をいわば利用して、魂は恐れの情念Sに同意する。同意するのは意志である。「逃走運動」および「恐れの情念S」にこの「同意」も加えて三つの契機を包括するのが「恐れの情念L」である。そうである以上、第三八項と第四〇項の説明が食い違っていると考える必要はない。たんに、前者が語っているのは情念Sであり、後者はそれを魂の側から情念Lとして捉え直しているということである。

この点は、第三九項から第四〇項に繋がる筋に即しても確かめることができる。「何らかの恐ろしい対象」（第三六項）を前に、恐れをなして逃げ出す者もあれば、勇気を奮って立ち向かう者もある。この違いを、「人間の脳がすべて同じ仕方で作られているわけではない」という点から説くのが第三九項である。

> ある人々には恐れを引き起こすのと同じ腺の運動が、精気を脳の孔へ進ませるところまでは他の〔むしろ大胆な〕人々の場合も同じである。〔しかし後者の場合〕その孔は、②精気の一部を、身を守るべく手を動かす神経へ導き、①一部を、防御を続けるのに適した精気、つまり防御を続けようとする意志を維持するのに適した精気を作り出せるように血液を刺激して心臓に送る神経へと導くのである。『情念論』第三九項[8]

第三八項と記述の順序は逆になっているが、腺の動きはやはり精気を二つの異なる神経に送る。一方は身体運動に直結する神経（②）、他方は心臓に血液を送る神経（①）。後者が大胆の情念Sを準備する。腺から出発する精気の求心的運動によって血液を送り込まれた心臓には変化が生じ、その変化が精気を再び腺に送り返す。この遠心的運動によって精気が腺を動かすことで、情念Sが生じる。「防御を続けようとする意志を維持するのに適した精気を作り出す」というのは、実質的に、大胆の情念Sを作り出すことである。こうして前項の「恐れ」と本項の「大胆」が対をなし、第四〇項の「意志する（vouloir）」の対象である、「逃げる」と「闘う」の対に繋がってゆく。大胆の情念Sが「防御を続けるに適した」ものであるということは、この情念が、すでに起こっている上腕の運動に遅れて生じていることを示している。しかも、この情念Sは、自身を守ろうとする意志に、いわばその強い同意に、支えられている必要がある。

II 背理の背後へ

精気が引き起こす身体運動に魂が同意する。この同意を担うのが、第四〇項における「意志する（vouloir）」である。これが、先立つ二項との繋がりを考慮に入れることで得られた理解だが、しかし、背理は相変わらず背理のままである。意志は、精気の運動に基づく神経作用と肢体の運動によって受動性を刻印され、その同意は、同意とはいえ、あくまでも「強いられた同意」であるように見える。「意志する」ということ自体、「余剰」であるようにも見える(9)。

このような印象に考察の足許を掬われることを避けるには、目のつけどころを一度変えた方がよいだろう。情念の「効果」として実現される個別の所作＝「事ごと（les choses）」への連続性において「意志する」を眺めるのではなく、「情念が魂を促して意志するように仕向ける」という事態の構造そのものに注意を向けることにしよう。実現される効果は、恐れと逃走であったり、大胆と闘争であったり、状況に応じてさまざまである。その多様な効果をそれでも情念の効果として括ることを可能にする一般的な関係が、情念と意志のあいだで切り結ばれているのではないか。情念と意志は双方とも、ただし異なる意味で、「知覚（perception）」と関わっている。この点が、考察を進める上でのポイントになる。

一方で、情念は、「神経を介して精神に到来する」点で、受動的な知覚である。だからこそ、デカルトは第二七項で情念を定義するにあたって、情念とはまず「知覚」であると言う——情念とは、「魂の知覚（perceptions）

であり、あるいは感覚（sentiments）であり、あるいは情動（émotions）であり、これらはいずれも特に魂と関係づけられ、精気による何らかの運動によって引き起こされ、維持され、強化される」[10]。

他方で、「精神から直接に発して、精神にしか依存していないと思われる」（第十七項）がゆえに能動とされる意志についての知覚を、第十九項は、一般的意味での知覚から区別する。すなわち、「魂を原因とする」知覚である「意志の知覚」。「の（de）」は目的格を示す。つまり、知覚とは、意志の働きに対する知覚であり、意志の働きそれ自体が一階にあるとすれば、その二階を構成する気づきである。このような「意志の知覚」を、情念としての「知覚」と区別するために、以下では「覚知」と呼ぶことにしよう。「われわれは、何かを意志するさい、まさしくそのことによって必ず、そう意志していることを知覚する」[11]と言われるように、覚知は意志の働きにつねに伴っている。逆に言えば、意志が働いている限り、その働きはつねに何らかの仕方で覚知されているはずである。

そうである以上、魂が情念を抱いている第四〇項に意志の働きを刻む « vouloir » にも、情念である知覚と入れ子的な構造を作りながら、やはり何らかの覚知が伴っているだろう。そうだとすれば、情念と意志の関係をそれ自体として問うことは、情念である知覚と意志の覚知の関係を問うことに帰着する[12]。情念を抱く魂は、みずから意志のどのような働きをどのように覚知し、この覚知と情念である知覚がどのように絡み合っているのか。第四〇項を理解するために、そして、身体の働きを蒙ることで魂が抱く「受動」の念が、その魂にとっての「情念」へと転ずる経緯を知るためにも、この問いに対する答えを探す必要がある。

Ⅲ　知覚と覚知

まず、情念である知覚と意志の覚知、それぞれの特徴をもう少し詳しく把握しておこう。最初の二点が知覚について、次の三点が覚知についてである。

ｉ／情念は身体運動という「効果」を伴う。ただし、第四〇項の言う「効果」とは別の意味で、情念そのものが一つの「効果」である。第二五項は、先ほど引用した第二七項の定義に先立って、「われわれがもっぱら魂に関係づける知覚」を、「その効果が魂そのものの内にあるかのようにわれわれが感ずるところの知覚」[13]として説明する。この「効果」は、「例えば、喜びや、怒りや、その他同様の感覚」とされている以上、そしてこれに続く定義からしても、情念のことである。したがって、整理すれば、「情念にはある種の知覚という側面があり、情念は、その知覚の効果として、魂の内部にあるかのように感じられる」ということになる。

ⅱ／魂の能動である意志から区別される情念としての知覚は、「心身間の緊密な結合により混乱を来たし、曖昧にされて（confuses et obscures）」（第二八項）いる。そしてこの知覚は、情念として、「心臓内部に生ずる——したがって血液全体と精気にも生ずる——動きにほとんどつねに伴われているため、この動きが止むまで、われわれの思惟に現前し続ける」（第四六項）。ところで、魂において知覚が現前しているというのは、知覚した内容が魂に現前しているということである。魂が当の情念に関連づけるさまざまな想念、例えば情念の対象や理由が、その内容に当たるだろう。情念としての知覚は、魂がみずからの外にある諸要因を知覚内容に導き入れてしまっているために、混乱と曖昧さを免れない。知覚内容のこのような現前の仕方は、感覚の対象が感覚器官に現前する仕方と「同様」（同項）であることから、情念の定義はその二番目に、「感覚（sentiments）」を置いている。

iii／これに対して、意志の働きそれ自体に対する覚知の内容は、この働きからの距離が最も小さな思惟、すなわち「しようとする」という具体性を欠いた思いに限られる。この「しようとする」を、「〜しようとする」というふうに展開することで、意志は魂が合一体として現実世界に打って出るための楔として働く。このさい、外的な要因の介入が少なければ、あるいはその力が弱ければ、意志はそれだけ容易に「〜」を実現するだろう。デカルトが意志について語り始めるにあたって（第十七項および第十九項）想定していたのもこのようなケースであり、具体的には、記憶を手繰り寄せ（第四二項）、イメージを描き、身体運動を起こす（第四三項）といった、「何かを意志するというただそれだけのことによって」（第四一項）目指す効果がほぼ即時的に実現される場合である。

iv／意志が思うままに作動して結果を実現する右のようなケースでは、「〜しようとする」意志の働きがいちいち覚醒的に覚知されることはない。覚醒される必要がない。覚醒的ではない方が、日常の営みに関わる挙措の大部分は滞りなく流れ、そこで意志は、みずからの働きを忘れていることができる。意志する限りでの魂と、情念や感覚などその他の思惟を抱く魂との距離はほとんどなくなり、魂はいわば意志と化す。そのような場合をモデルに想定していたからこそ、デカルトは、「魂にとって何かを意志することは能動であるが、みずからが意志していると知覚〔＝覚知〕することは、魂における受動であると言うこともできる」と述べながら（対象が先行しなければ知覚もありえないという点で知覚を受動に分類するのがデカルトの基本的な考え方）、すぐさま、両者は「実は同じ一つのものに他ならず、命名はつねに優れたものに従ってなされるから、〔意志と覚知の全体が〕通常は能動と呼ばれる」（第十九項）と追加する。意志の働きに対する覚知の独立性を前面に打ち出すのではなく、両者の一体性を強調する。

v／それにもかかわらず、覚醒的な覚知の可能性を問題にする必要があるのはなぜなのか。あるいは、覚醒的であるかないかというふうに、覚知の度合いを問題にしようとするのはなぜなのか。[14] それは、エリザベートに宛てた次の言葉が含んでいるように、《 morale 》上の要請として、覚醒が求められる場合があるためである。「誰よりも情念に運ばれるがままになっているような人々でさえ、この世の生の内には悪よりも多くの善があると、つねにその内奥では判断しているのです。たとえ自分ではそう気づいていないにしても」（一六四六年一月付、本論第五章三四八頁〔T-104〕）。「情念に運ばれるがままになっている」魂は、みずからの「内奥」における判断する意志の働きをほとんど見失っている。それでも、「つねにその内奥では判断している」のだから、覚知の度合いがゼロになって消失するという事態は考えられていない。本来、「意志の動き」それ自体の内には「魂にとって不明瞭なもの、魂が完全な認識を得ることができないようなものは何もない」[15]。実際には多くの場合不完全であっても、多かれ少なかれ曖昧であっても、魂に関する何らかの自己「認識」があらゆる人の「内奥」にはつねにある。それは、言い換えれば、曖昧な自知を「完全な」自知に近づけることで、「情念に運ばれるがままの」自失状態から脱け出す可能性をあらゆる人が自身の内にもっているということである。たとえ、この可能性を現実化するためには、「思惟に対する反省を積む」[16] という面倒なプロセスを自分の魂に踏ませる必要があるとしても。

Ⅳ　受動と能動、あるいは能動による受動

覚知の特徴として述べた五点目は勝義の道徳論に繋がってゆくが（最後の引用で言われた「反省を積む」という修錬の先に、「意志の働きを自在にする態勢を除けば、真実みずからに属するものは何もないと知る」ことに存する、第一五三項の「高邁」が見えてくる等々）、ここでは第四〇項に関心を絞ろう。エリザベートへの言葉からは、魂は情念を抱き、かつ意志も働き続けているという、事態の双方向性を引き出すだけにしておこう。情念を抱く魂が「意志する」場面を問題にしている第四〇項も、構造としては同じである。そうである以上、能動と受動を対立させて齟齬を云々することで何も明らかにならないのは当然であろう。

「恐れ」であれ、「大胆」であれ、逃走や闘争を求めるほどの情念を抱いている第四〇項の魂において、意志の働きに対する覚知の度合いは相対的に、あるいは相当に、低い。この低さは、情念としての知覚がもつ特徴の二点目として述べた、混乱と曖昧さの度合いと相関していると考えられる。知覚の曖昧さによって、覚知はその度合いを低く押さえ込まれている。

情念が「魂を促して、情念が身体にさせようとする事ごとを意志するように仕向けて」いる状況で、魂は何を知覚し、何を覚知しているのだろう。「情念が身体にさせようとすること」を捨象して残るのは、「情念に促され、仕向けられて、しようとする」である。ここには、「しよう」に対する覚知と「促され、仕向けられている」という事態の受動的性格に関する知覚が混在しているが、まさしくこの〈みずからが動かされている〉という知

覚こそ、情念を他の知覚や感覚から区別するものである。情念という言葉に固有の強さを与えるものである。この知覚は、情念の対象や理由を内容とする知覚とは質的に異なる。事態の受動的性格に関する知覚といま述べたが、正確には、この知覚の実質は、「促され、仕向けられている」という受動の念そのものである。すなわち、「魂の知覚、感覚、情動」という定義の三番目に来る情動性をこの知覚は表現する。あるいはむしろ、知覚自体が情動性を帯びており、ほとんど情動性そのものである。思惟として情念ほど「魂を強く衝き動かし、揺さ振る（l'agitent et l'ébranlent）ものはない」（第二八項）。「衝き動かされ、揺さ振られている」という念こそが、情念という経験の核となる部分を構成する。

魂の「知覚」である「促され、仕向けられる（incitée et disposée）」という受動の念は、魂を「促し、仕向ける（incitent et disposent）」精気の運動を受動態で受け取ったものである。ただし、だからこの「促され、仕向けられる」が情念に固有の部分であり、他方、意志には、「しようとする」、つまり〈みずからが動く〉という側面を割り当てればよい、といった分割的な発想に陥らないよう気をつける必要がある。なぜか。意志の働きと働きへの覚知が関与しなければ、魂が抱いている受動の念も、「魂の情念」に固有な情動性も、ありえないからである。意志を基盤として初めて、受動の念は情念の徴となる。分割的な発想では、この関与性ないし基盤性を捉えられなくなってしまう。

どういうことであるのか、情念の生理学的な生成過程に即して、明らかにしよう。

V　情念を魂に帰属させるもの（passions *de l'âme*）

「促し、仕向ける」を「促され、仕向けられる」と受動に転じてみても、それだけで即座に魂の抱く受動の念が形成されるわけではない。この点に関わるのが、すでに引用した第三六項（註（7））の最後の箇所である。すなわち、「精気は〔脳内〕の孔に入るや特有の運動を腺に引き起こすのだが、この運動は魂をして恐れの情念を感じさせるよう、自然によって設えられている[17]」。腺は、脳における「魂の首座」である。すなわち、魂と身体の接点である。精気の運動を蒙ることで、腺は身体に対する受動性を魂に刻印する。しかし、身体との接点である以上、腺の動かされることが、即座に、「魂に関係づけられる」情念を、すなわち諸感覚にはないような仕方で魂に内在する情念を、構成することはない。第二六項が言うように、情念は「魂にとって、きわめて近しく、また内的なものであるため、魂が情念を感ずるとき、その情念はまさしく感じられた通りのものである他はない」。このようなあり方をしていればこそ、「眠っていようと、夢見ていようと、悲しみを感じ、あるいは何かその他の情念にみずからが動かされていると感ずる（se sentir ému）ならば、魂がみずからの内にその情念を抱いていることは、まったくのところ真実でしかありえない[18]」。

情念が魂に内在するということは、情念に固有の「みずからが動かされていると感ずる」という受動の念を、魂がみずからの内部に抱いていることを意味する。「促され、仕向けられている」というかたちで第四〇項にも現れているこの念は、魂にとって外的な要因を頼ることなく、一つの念としてまとまりを得る。たしかに、人は、喜びに顔が火照り、悲しみに肉が縮こまり、愛に心臓が高鳴り、憎しみに血が疼くことを、また、これらの変容が自分の意にならないどこか向こう側から訪れることを、経験として知っている。しかしこうした変容をどれほどリアルに受け止めたとしても、そのリアリティは、情念に固有の情動性、すなわち受動の念そのものではない。説明の精度を第三六項の次元に高めても、この点に変わりはない。

それならば、魂は何を基盤として「みずからが動かされていると感ずる」ことができるのだろうか。

意志の覚知と区別しながら先ほど特徴を記した情念としての知覚、情念である知覚のことを、ここで改めて取り上げよう。この意味での知覚の生成過程を、第三四項（「いかにして心身は相互に作用し合うか」）が詳細に示している。「魂は、腺に多様な運動が生ずるのに応じて、腺内部の多様な印象を、すなわち多様な知覚（perceptions）を、受け取るようにできている」。そしてこの多様性は、「もろもろの対象に具わっている感覚に対する多様性」に由来する。対象は、実在する物体や人、去来する思い、その他何でもよい。魂の首座である腺を介してこういった外界の諸要因を取り込むがゆえに、知覚は混乱と曖昧さを逃れない。そのような知覚はたしかに合一体のものであり、つねにこのような知覚でもある以上、情念はつねに合一体のものでもある。

ただし、それだけではない。分析的に見て、情念はこのような知覚の「効果」でもあった。知覚の「効果」として、情念は「魂そのものの内にあるかのようにわれわれが感ずるところの」（第二五項）ものである。つまり、情念は、知覚であることによって外的要因を心身の内に取り込みながら、しかし同じく知覚であることによって、魂の内に定位する。ところで、あらゆる思惟の中で「魂そのものの内」にあると言えるのは意志だけである。そうである以上、ここで魂が「感じている」のは意志のみずからする動き以外のものではありえない。魂において、動くという事態を担うことができるものは、定義上、意志の他になく、この点は、情念を抱く魂の場合であっても同じである。すなわち、「促し、仕向ける」という身体に発する働きをみずからの内に見出す魂は、見出しながら、その働きを「促され、仕向けられている」という受動の念に転換している。いや、「その働きを」という言い方は正確ではない。「その働き」そのものは純然たる身体の動きであって、それ自体は魂の「念」となるようなものではないのだから。魂が見出しているのは、むしろ、魂のものである《vouloir》の動きである。すなわち、魂は、心身合一体の魂として抱く混乱を来たし曖昧になった知覚を通して、魂である限りの魂としてみずからの内に現に働いている意志の動き――「しようとする」という能動性の念として知っているはずの動き――を、外界の諸要因と関連づけながら、「促され、仕向けられている」と、われ知らず、解釈している。《vouloir》に固有の〈みずからが動く〉という働きに対する十分な覚醒を欠いた魂は、これを「衝き動かされ、揺さ振られる」（第二八項）という受動の念に融通し、情念の核となる情動性に充填し、そうして受動の念を一つの念として成立させる。

以上が、身体に対する魂の構造的な受動性（passion）が、知覚の混乱と曖昧さを介して、意志の動きを基盤としつつ、「魂の情念（passions *de l'âme*）」に転ずる経緯である。第四〇項における「意志する（vouloir）」は、情念の核となる情動性を支える役目を果たしており、決してたんなる「余剰」物ではない。意志の能動性は放棄されたのではなく、魂によって受動の念として解釈されただけであり、意志そのものが自己矛盾に陥ったわけではない。どのような解釈を魂が施そうとも、《vouloir》が魂に固有な意志の動きであるという事実を曲げることはできない。[19]

VI　再び、身体に導かれて ―― さまざまなる情念へ（*passions* de l'âme）

情念が生まれる一般的な経緯を明らかにするために、「意志する（vouloir）」を、「情念が身体にさせようとする事ごと（les choses）」から切り離して、ここまでの考察を進めてきた。今度は、情念の核をなす情動性と個別の情念の関係に視線を向け変えて、両者の繋がりを回復する番である。魂の外から来るさまざまな要因を織り込まれて曖昧になった知覚を介して、あるいはそのような知覚として、魂は受動の念を抱く。その念が、つねに、同時に、個別の名をもった情念でもあるとすれば、はたしてこの個別化はどのような仕方でなされているのだろう。

物、人、理由、対象など、魂における個別の情念の形成に関与する資格をもつ、魂にとっての外的な要因はさまざまである。しかし、こういったものを個別に取り上げても、喜びや怒りといった個別の情念の組成がある程度分かるだけで、個別化のメカニズムそのものには届かない。このメカニズムを解明するためには、あらゆる外的要因と協働する、その意味で遍在する外的要因のことを考える必要がある。すなわち、魂にとって最も近い〈外〉である身体に渦巻く精気である。精気の運動は、腺を介して情念を引き起こす、情念の「最後にして最も近い原因」（第二九項）である。ただし、私たちが精気の運動を特別視するのはこの原因性のためではない。そうではなく、精気の運動が情念と並行して引き起こす身体運動（「情念が身体にさせようとする事ごと」）が、個別の名をもった情念を魂が抱く上で不可欠の前提となるためである。

この前提の個別性を、情念の個別性に引き継ぐもの。例えば、身体運動が逃走運動であることを、情念が恐れの情念であることに引き継ぐもの。それが、再び、受動の念を支える「意志する」である。これと「情念が身体にさせようとする事ごと」が接続されるとき、そのときすでに、受動という一般的な念は、魂において個別の情念になっているだろう。どういうことなのか、説明しよう。

最初に確認したように、情念Sの生成は身体の初動に遅れを取る。しかし、第四〇項が情念Lという包括的な経験の内側に身体運動を見出す段階で、この順序は転倒される。起こりつつある身体運動を自分が抱いている情念の「効果」であると思うことが、魂にとっては情念Lを抱くということだからである。そのように思えるためには、身体内の運動が魂にとって有意味な運動になっているのでなくてはならない。精気が引き起こす大腿筋の収縮や弛緩ではなく、たとえ「促され、仕向けられた」挙句ではあっても、恐れを抱くみずからがなす逃走運動でなければならない。逃走運動であると、ここでもまた、解釈しなければならない。精気の運動が大腿筋に与える初動だけでは、運動の持続は保証されない。初動に遅れて、しかし遅からず、精気の運動は情念Sを引き起こす。この情念によって、筋肉の初動は逃走運動というかたちで魂に引き継がれる。すなわち、運動の担い手が、純然たる身体から身体に合一した魂へと引き継がれる。実にそのとき、身体運動に導かれていたはずの情念Sは、すでに、運動をそれ自体の「効果」として包括する情念Lとして、念じられている。恐れに慄く魂には自分が運動を担っているなどとは思いも寄らないかもしれないが、それが恐れの情念というものである。大胆の場合は反対に、防ぐは我なりという思いが前面に立つだろう。しかしニュアンスの違いがどうであれ、魂は意志によるのでなければ身体に働きかけることができない。だからこそ、逃走であれ闘争であれ、魂にとって有意味な運動を導くものとして、「意志する」が求められる。すでに駆け出そうと収縮し始めた筋肉の運動を、魂は、「逃走」ないしは「闘争」という名で「〜をしようとする」の「〜」に充填しつつ、「恐れ」ないしは「大胆」という名を同時に見出している。その情念はすでに、逃走ないし闘争を「効果」とする情念Lである。このように精密なプロセスを経て、情念は個別の情念として魂に定着する。

「しようとする」から情念への転化は、情動性を意志の動きが担うという一般的な経緯に沿って実現される。この経緯と並行して、精気の運動が大腿筋に初動を与えている。例えば恐れの場合なら、精気のこの運動は、恐れの情念Sを生むのに適した精気の運動である。しかし、適しているというのはどういうことだろう。大腿筋の運動を逃走運動と解釈させるような仕方で意志の覚知の覚醒度を下げるのに適しているということである。そして、一般的経緯における転化の実現と同期して「意志する」が恐れの情念Lを支えることができるように、意志の覚知を恐れの情念という曖昧なる知覚へ転化するのに適している、ということでもある。この曖昧さの中で、意志の覚知はみずからを半ば見失ったまま受動の念と混ざり合い、ここに「促され、仕向けられて逃走しようとする」という知覚の個別化された全体が現れる。それでも、ここに働くものが意志であり、その働きが能動であることに変わりはない。「強いられた同意」や受動なる意志といった背理は、外見上のものでしかない。

不十分にしか覚醒されていない意志、その結果、受動の念として解釈されることを許しているような意志を、『情念論』は、第二部以降、例えば「欲望」と呼ぶだろう。だからといって、第四〇項の « vouloir » も実は「欲望」にすぎない、せいぜい「似非意志」にすぎないということにはならない。むしろ「欲望」の方こそ、魂が意志の動きに解釈を施しつつ見出した一つの名称なのだから。実に、「魂の欲求とはすべて個別の意志作用である(tous ses appétits sont des volontés)」（第四七項）。その限り、そして解釈された意志を「似非」と呼ぶとするならば、個々の情念はいずれもおよそ「似非意志」である。[20] 詳述する紙幅は残っていないが、他のもろもろの情念の生成にも同様の経緯が見出されるだろう。精気の運動が引き起こす身体運動という魂にとって第一の外的要因を変数として解釈の仕方はさまざまに変わり、それぞれの解釈はそれに見合った情念の名を呼び寄せ、魂はさまざまなる情念を抱く。多様な解釈の背後では魂自身の意志が動き続けて当の情念をも汎通していることを半ば知り、半ば知らずに。

結語に代えて —— 二つの過程

魂は、意志の能動的な動きを「衝き動かされ、揺さ振られる」という受動の念として受け取りながら、同時に、精気が引き起こす個別の身体運動を、みずからの意志が担う個別の運動として、例えば逃走や闘争として、意味づける。この意味づけには恐れや大胆といった個別の情念が伴うが、それは、先行する身体運動をみずからがなす行為として解釈するさいに、「促され、仕向けられる」という一般的な受動の念が恐れや大胆へと個別化されるためである。こうして、情動性の一般的な形成過程と、もろもろの情念の個別的な成立過程が、「意志する（vouloir）」をめぐって同期する。二つの過程が撚り合わされたその先に、「魂の情念（passions de l'âme）」が成立する。第一の過程がなければ « de l'âme » という場が成り立たず、第二の過程がなければ « passions » という複数性が成り立たない。

魂にとって無自覚にも馴染みがあるのは、おそらく、個別の情念が現れてくる過程の方であるだろう。それでも、例えば、「意志の動き」それ自体の内には「魂が完全な認識をもつことができないようなものは何もない」（四三二頁）という言葉は、受動の念と情動性そのものに関する一般的な過程が机上の理論ではないことを示している。このような認識を得ることができればよい、つねにではないにしても、このような認識が求められる場合がある。そうでなければ、デカルトはこのように語らない。
それでは、なぜ、いつ、「意志の動き」そのものを見出すことが求められるのか。右の言葉を引用した箇所でも提示した（そのさい答えの一端に触れてもいる）この問いは、本論を通して幾度か言及した裾野の広い問題と深く関わっている。すなわち、情念を生ずるままに抱くことが、身体という自然に端を発する流れに身を委ねることであるとすれば、右のような認識を求めることは、その流れを遡ろうとすることである。しかしいったい、何のための遡行なのか……。私たちの考えは、形而上学と心理学に即した考察を通してすでに示してある（主に本論第五章第一節）。『情念論』に即したかたちで答えを再度提示しても、本質的なところに変更を加える必要が生ずることはないだろう。

註

（＊）この補論は、「受動を情念と化すもの――デカルト『情念論』第四〇項再論」という題目で、東京大学哲学研究室編『論集二五』二〇〇七年に収められた論考を書き改めたものである。本書の本論ですでに引用したテクストについてその箇所を示す場合と、結論の数行、および本註を含む註の三箇所を例外として、「本論のどこそこで述べたように」といった仕方で内容上の関連ないし呼応関係を示すことはしなかった。その方が一つの『情念論』論としてまとまりがよいと考えたからである。また、逐一断らなくても、意志の汎通性と自己覚知という問題意識を本論と補論が共有していることは、読者の眼に明らかだろうと判断したからでもある。本論の考察領域は形而上学と心理学だった。補論のそれは、『情念論』という著作の性格に対応して、心理学と生理学になる。私たちの考えでは、前者の領域で形成された意志の力とその働き方に関するデカルトの発想には、心身合一体としての人間を対象とする後者の領域に固有の変更を施された上でなお、基本的には変わらない部分が含まれている。問題意識の共有が可能な右の二点はその変わらない部分に属している。他方、逆向きのベクトルで、つまり『情念論』で示された個別の知見を形而上学的意志論の解釈にどこまで活かせるのか、こちらはケースごとに判断するしかない。本論で言及した二箇所

（第五章三五二頁および三九一頁）は、論脈上むしろ活かすべきだと考えられる、どちらかと言えば例外的なケースである。

（1）　分類の概略を示しておこう。もっぱら「精気」の運動によって可能になる肢体の諸機能が「身体にのみ属する」一方で、「思惟」はすべて「魂に帰属する」（第十七項）。「思惟」の内では、「意志」と「意志の知覚」が「能動」（第十九項）であり、「［精気が通る］神経を介して魂に到来する知覚」が「受動」である。後者はさらに「外的対象」、「身体」、「魂」という三つの関係先により、「香り・色・音」（外的感覚）、「飢え・渇き・痛み」（内的感覚）、「情念」の三つに区分される（第二三項）。つまり、情念は、魂に関係づけられる点では意志と通じ、精気の運動により「引き起こされ、維持され、強められる」点では「魂自身によって引き起こされる」意志から離れることになる（第二九項）。

（2）　R. Descartes, *Passions*, art. 40, AT XI, 359 : « [Car] il est besoin de remarquer que le principal effet de toutes les passions dans les homes, est qu'elles incitent et disposent leur âme à vouloir les choses auxquelles elles préparent leur corps : en sorte que le sentiment de la peur l'incite à vouloir fuir, celui de la hardiesse à vouloir combattre, et ainsi des autres. »

（3）　この二義性については D. Kambouchner, *L'homme des passions*, t. 1, p. 321-322 も参照されたい。

（4）　R. Descartes, *op. cit.*, art. 38, AT XI, 358 : « [Au reste,] en même façon que le cours que prennent ces esprits vers les nerfs du cœur suffit pour donner le mouvement à la glande, par lequel la peur est mise dans l'âme, ainsi aussi, par cela seul que quelques esprits vont en même temps vers les nerfs qui servent à remuer les jambes pour fuir, ils causent un autre mouvement en la même glande, par le moyen duquel l'âme sent et aperçoit cette fuite, laquelle peut en cette façon être excitée dans le corps par la seule disposition des organes, et sans que l'âme y contribue. »

（5）　「腺（glande）」は、一般に「松果腺（glande pinéale）」とも呼ばれるが、身体の内で「魂が直接にその機能を果たしている場」（第三二項）であり、「脳実質の中心に位置する」この「小さな腺」の動きによって、精気の流れが変動し、また精気の流れの変化によって腺が動かされる（第三一項）。「精気」ないし「動物精気（esprits animaux）」の方は、神経作用を生み出す原因として神経内部を移動する物質であり、便宜的に言えば、「きわめて微細な空気あるいは風のようなもの」（第八項）である。

（6）　第四〇項の « vouloir » を「欲望（désir）」の情念として理解することはできない。たしかに、「みずからに適していると表象する事ごとを、未来に向けて欲するように魂を仕向ける（dispose [l'âme] à vouloir pour l'avenir les choses ...）」（第八六項）と定義される欲望の構造は、第四〇項の記述と酷似している。しかし、第一に、「防御を続けようとする意志（volonté）」に言及する第三九項を第四〇項は直接引き受けている以上、《 vouloir 》はまず「意志」のことを指すと考える必要がある。第二に、欲望の定義が《 vouloir 》を含むことは《 vouloir 》が欲望であることを即座には意味しない。むしろ、あとで述べるように、意志が個別の情念に組み込まれたかたちで現れるという一般的な構造が問題なのである。

(7) 第三六項の中核部分を引用する。「恐ろしい動物の姿を目にした場合、ある人々の脳は次のような状態になる。腺の上に形成された像から反射した精気が脳を出て、②一部は逃げるために背を向け足を動かす神経に入り、①(α)一部は心臓の入り口を開閉する神経、あるいは血液を心臓に送る他の部分を刺激する神経に入る。その結果、血液は心臓内でつねになく希薄化され、(β)それにより、恐れの情念を維持し、強めるのに適した精気、すなわち、上の神経へと精気を導いた脳の孔を開けておくために、あるいは再び開くために適した精気が、脳に送られることになる。というのも、精気はこれらの孔に入るや特有の運動を腺に引き起こすのだが、この運動は魂をして恐れの情念を感じさせるよう、自然によって設えられているからである」(AT XI, 357)。

①と②の並行性(第三八項に合わせて、情念の側を①、身体運動の側を②としている)が、身体運動と情念生成の並行性を示している。ただし、②における精気の流れが一方向的であるのに対して、①では、(α)から(β)へと精気は往復して環を作り、そうして初めて心臓の働きと脳の働きが連動する。身体運動の場合とは異なって、情念はこの環が閉じるまで生じない。

(8) R. Descartes, *op. cit.*, art. 39, AT XI, 359 : « le même mouvement de la glande, qui en quelques-uns excite la peur, fait dans les autres que les esprits entrent dans les pores du cerveau qui les conduisent partie dans les nerfs qui servent à remuer les mains pour se défendre, et partie en ceux qui agitent et poussent le sang vers le cœur, en la façon qui est requise pour produire des esprits propres à continuer cette defense, et en retenir la volonté. »

(9) 第四〇項に意志の「余剰(redondance)」性という問題を最初に見出したのはドゥラマール。A. J.-L. Delamarre, « Du consentement, Remarques sur *Les Passions de l'âme*, § 40 », in *La passion de la raison, Hommage à Ferdinand Alquié*, éd. J.-L. Marion, 1983, p. 131-143.「強いられた同意(consentement exigé)」はドゥラマールの問題提起を受けたカンブシュネルの表現。D. Kambouchner, « La troisième intériorité : l'institution naturelle des passions et la notion cartésienne du sens intérieur », *Revue Philosophique de la France et de l'Étranger*, 1988-4, p. 473, n. 67.

(10) R. Descartes, *op. cit.*, art. 27, AT XI, 349 : « on peut généralement les définir, des perceptions, ou des sentiments, ou des émotions de

l'âme, qu'on rapporte particulièrement à elle, et qui sont causées, entretenues et fortifiées par quelque mouvement des esprit. »

（11） R. Descartes, *op. cit.*, art. 19, AT XI, 343 : « nous ne saurions vouloir aucune chose que nous n'apercevions par même moyen que nous la voulons. »

（12）『省察』をはじめとする形而上学・心理学においては、知性と意志の二大区分を前提に（『哲学原理』第一部第三二項、本論第四章註（63））、想像・感覚・知性の働きに対する気づきは、知性が担う（「第五答弁」および「第六省察」、本論第四章註（65））、意志についても同様であると考えられる。他方、『情念論』では、意志の覚知も含めて思惟一般が「知覚（perception）」とされ、理性の働きは前景から退く。「理性（entendement）」は、第七五、七六、九一、一四五、一四六の各項で、いずれも控え目に言及されるだけである。その結果、覚知は意志と「同じ一つのもの」（第十九項）として、意志に統合される。情念の定義が示すように、情念にも何らかの知が含まれているが、その知の帰属先として理性という特定の審級が挙げられることはない。情念を引き起こすのが身体であっても、情念に含まれる知の契機は魂に属するというのが『情念論』の基本的な考え方になる。こうして、意志および情念に対する自己知の問題は、意志する限りでの魂（魂それ自体）がもつ覚知と、情念を抱く魂（心身合一体における魂）がもつ知覚の関係に、集約されることになる。

（13） R. Descartes, *op. cit.*, art. 25, AT XI, 347 : « Les perceptions qu'on rapporte seulement à l'âme sont celles dont on sent les effets comme en l'âme meme [...]. Tels sont les sentiments de joie, de colère, et autres semblables ».

（14） カンブシュネルは次のように述べている。「意志作用とその覚知は、「実のところ同じ一つのものに他ならない」（第十九項）。言い換えれば、実象的にみて（réellement）分離不可能であり、実象的な仕方では、思惟として区別されない。しかしこのことは、様態的な（modale）差異を無に帰することを言うものでは決してない。様態上の差異は意志作用と覚知のあいだに残り続ける」(D. Kambouchner, « Discussions de J.-L. Marion « Générosité et phénoménologie » », *Archives de Philosophie*, 54-1, 1991, p. 68)。後に、カンブシュネルはここで言われている「様態的な差異」を、意志と情念に伴う「反省性」ないし「自己回帰性（réflexivité）」の多様性という考えに発展させる（cf. *L'homme des passions*, t. 2, p. 67 sq.）。ただし、カンブシュネルが「反省性」という観点から問うているものは、意志の働きと働きの覚知の関係、つまり一階の思惟と二階の思惟の関係にほぼ限定されている。これに対して、私たちは、覚知という二階の思惟の内部にも度合い上の差異がありうるという点を重視している。この違いに関しては、「反省性」に関するロディス・レヴィスの見解に触れた本論第五章註（15）も参照されたい。

（15） R. Descartes, *à Chanut*, 01/02/1647, AT IV, 602 : « il n'y a rien en tous ces mouvements de sa volonté qui lui [*scil.* âme] fût obscur, ni dont elle n'eût une très parfaite connaissance ».

（16） R. Descartes, *ibid.* : « [l'âme] fit réflexion sur ses pensées. »

（17） 精気の同じ運動が、ある人の場合は恐れではなく大胆さを生み、またある人の場合は逆になる。第三九項によれば、脳の孔の出来具合が人によってさまざまであることから、このような違いが生ずることになる。第三六項はこの点を先取りして、「精気はこれらの孔に入るや特有の運動を腺に引き起こす」と述べている。「特有の運動」というは、その人に特有な孔の出来具合に従って、ということである。このさい、例えば孔の出来具合が恐れの情念を生むのに適したものになっている場合、なぜそうなっているのか、なぜ大胆の情念を生むような孔の出来具合になってはいなかったのか、その理由を説明することは不可能である。孔の出来具合の多様性、各人各様性は、人知を越えている。同じ第三六項が、「この運動は魂をして恐れの情念を感じさせるよう、自然によって設えられている（institué de la nature）」と続けるのは、そのためである。ある人の孔の出来具合がしかじかのようになっているという点は、「自然によって設えられた」としか言いようがない（この設定を変更できるのか。できるとすればどのような範囲で、どのような方法によってなのか。これらはまた別の論点である）。

（18） R. Descartes, *op. cit.*, art. 26, AT XI, 348-349 : « [les passions] sont si proches et si intérieures à notre âme qu'il est impossible qu'elle les sente sans qu'elles soient véritablement telles qu'elle les sent », & « encore qu'on soit endormi et qu'on rêve, on ne saurait se sentir triste ou ému de quelque autre passion, qu'il ne soit très vrai que l'âme a en soi cette passion. »

（19） 宮崎隆は次のように述べている。「この「覚知」を通してはじめて、魂は自己の意志を働かしめ、そうやって、意志は魂「の」能動作用となる」（「『情念論』における力の問題」、デカルト研究会編『現代デカルト論集Ⅲ 日本篇』一九九六年、二五六頁）。すなわち、二階にある覚知を一階で働く意志作用の能動性の条件として、宮崎は捉えている。このように解釈するためには、意志の能動性の側から事態を構成するデカルト的な思考の順序と秩序を転倒させなければならず、しかしその必要がないという点では、本書の本論で扱ったデカルトの形而上学的思索も、『情念論』の心理学・生理学的考察も、変わらないと私たちは考える。

（20） 「似非意志（pseudo-volonté）」は、註（6）に引いた欲望の定義に含まれる「欲する」を説明するためにアルキエが用いた

表現。*Œuvres philosophiques*, éd. F. Alquié, t. 3, p. 984, n. 2.

おわりに

本書とその原型である博士論文の関係について「はしがき」で簡単に述べたことを若干補って、結びの言葉に代えたいと思う。ここに記すのと同様の手続きで執筆する哲学の研究者は多くないかもしれず、だとしたら記録しておいて無駄ではないかもしれないという思いでもある。

「博士論文＝テーズ（thèse de doctorat）」の語源はギリシア語の動詞「テーシス（θέσις）」にあり、「眼前に置く、差し出す」という意味である。私が論文を差し出した相手はフランスの哲学研究者たちだった。教師でもある彼らは、「外国人留学生の書くフランス語が表現の点で拙くとも仕方がない」と考える。しかし、これが自然な配慮から出た考えであることは百も承知しながら、私は自分がそのような配慮を受けることに対して苛立っていた。自分が本気で百年のデカルト研究史全体に異議を唱えようとしていることが、学恩はそういうかたちでこそ返すべきであると考えていることが、このままでは伝わらないと思ったからである。しょせん、配慮は真剣勝負に必要な労力を費やす甲斐のない相手に与えられるものでしかない（こう言っても、そして、彼らが相手の力量を測るさいには内容のみならず表現の巧拙をやはり重要な尺度にしているという点を加えても、彼らの親切と誠実を損なうことにはならないと思う）。そこで私は、領域を哲学に限らず数多のフランス語テクストを範例として筆写し、暗唱し、心の縁辺にぼんやり浮かんできた想念がそれらを形式として表出されることを待つという作業を自分に課した。拙さは小手先でどうにかなるものではなく、言語のリズムを身体化する過程で漸次減らしてゆく他ないだろうと考えたからである。

実際には、待つ過程と並行して範例に断片的な想念を流し込もうと頭は試み始めてもいるのだが、それでまともな文が即座に出来上がることはまず滅多にない。それでも、断片を放置してしばらく経つと、これをあとひと押しひと工夫すれば自分の考えを表現することになるはずだと思える時がふいに訪れる。範例に導かれるようにして、断片的な考えと表現が一塊の有意味なまとまりらしくなってくる。同時に、ばらばらであった文が段落へと展開し始める。もちろん、このような出口を見出さずに中途半端なかたちのまま残されるものの方が数としては圧倒的に多い。一度出来上がったと思ったものが寝て醒めたらまるで使いものになっていないと分かって憮然とすることもしばしばである。しかも、使いものにならないと分かったものへの未練を断ち切ることがまた容易ではない。結局、そのようなもの百への恨めしさを目途の立ったせいぜい十への満足によって辛うじて埋め合わせながら進むというのが実態になった。時間をむやみに喰う半ば肉体的な作業であり、母語で考え、書くことからは質的にかけ離れたプロセスである。私にとってはこれ以外にありえなかった方法ではあったが、最終的に、不具合が少なからず残ったことは言うまでもない。

このような段取りを踏んだ私がみずから元の論文を翻訳することは、私の言語処理能力を大きく超えていた。右の不具合が忠実な翻訳を躊躇わせたことは事実である。しかし、同時に、翻訳をベースにする執筆作業などそもそも生理的な次元で無理な相談であったというのもまた本当である。ともあれ、こうして取りかかった本書の執筆は母語に頼れるのだからずっとスムーズに進むだろう……。ところが、これがあだな期待にすぎないと覚るのに、さほどの時間は要らなかった。右に言った苛立ち、そして自分が本気であることを云々という気持ちの中には、振り返ってみれば、焦りと不安と気負いと、もしかしたら淡い功名心も、紛れ込んでいた。問題を考え直すということは、このような蛮気を消すことでもなければならなかったのだが、それにはそれで自分の自然のあえて逆を行くという側面があった。果たしてどこまでそう出来たのか、覚束ない。デカルトが必ずしも明示的に語っていない事柄を私が引き出して言葉にした箇所が本書にはずいぶんある。とりわけそのような解釈の中には、滞留する力みのせいで伝わり難くなっているものがあってもおかしくはないと思う。

事実はどうなのか。慧眼の方々による判断を仰ぐことができればそれ以上はないというのがいま抱く偽りのない気持ちである。

謝辞

哲学を学ぶ人間は自分の師を書架に求めることができます。それでも、「この人の考えを底まで見透すことはとてもできそうにないけれど、自分にとって学ぶべきものがそこにたくさん潜んでいることは間違いない」と確信させてくれる人――その姿が自分を叱咤しまた抑制してくれる人――を現実に知っていることの価値は書物に代えられません。そのような人に、しかも一人ではなく出会えた点で、私はこの上なく幸運でした。村上勝三先生であり、松永澄夫先生であり、Denis Kambouchner 先生であり、樫村晴香さんであり、今野雅方先生です。それぞれの方への謝意を短くでも区々記したい……。つよくそう思う一方で、同時に、そうするだけのことをお前は本当になしたのか、お前は本当に幸運を活かしたのかという声が執拗に響きます。どの方の存在が欠けても本書はありえなかったという確かな一事を記すにいまはとどめよ、と。

博士論文の着想を得た時点から数えて本書の完成まで九年、「牛になることはどうしても必要です」（夏目漱石）

という言葉を頭から消すことができない私の遅々とした歩みをこの間ずっと見守ってくれた妻・基子に、心から、ありがとう。

本書を世に送り出して下さったのは、知泉書館の小山光夫・高野文子両氏でした。お二方が無名の人間に寄せて下さった信頼の重みはどのような秤にも載せることができません。厚く御礼申し上げます。

本書の出版に当たっては、独立行政法人日本学術振興会平成二五年度科学研究費助成事業、研究成果公開促進費の交付を受けたことを最後に記します。

大西 克智（おおにし・よしとも）

1970年生まれ。東京大学大学院博士課程を経て，パリ第1大学にて哲学博士号取得。2014年より熊本大学文学部准教授。
〔共著〕『哲学への誘いV—自己』（東信堂，2010年），『世界の感覚と生の気分』（ナカニシヤ出版，2012年），『西洋哲学史Ⅲ』（講談社選書メチエ，2012年）。

〔意志と自由〕 ISBN978-4-86285-175-8

2014年2月15日 第1刷印刷
2014年2月20日 第1刷発行

著 者 大 西 克 智
発行者 小 山 光 夫
製 版 ジ ャ ッ ト

発行所 〒113-0033 東京都文京区本郷1-13-2
電話03(3814)6161 振替00120-6-117170
http://www.chisen.co.jp
株式会社 知 泉 書 館

Printed in Japan 印刷・製本／藤原印刷

人名索引

引用文献一覧

基礎資料の邦訳は参照していないものもできる限り付記するようにした。

I. 基礎資料（古代～17世紀の哲学）

ANSELMUS, *L'œuvre d'Anselme de Cantorbéry*, éd. M. Corbin, Cerf, 1987-.

――――― 古田暁訳『アンセルムス全集』聖文舎，1980年。

ARNAULD A. & NICOLE P., *La logique ou l'art de penser*, Flammarion, 1970.

ARISTOTELES, *Catégories ; De l'Interprétation*, trad. J. Tricot, Flammarion, 1984.

――――― 山本光雄訳『命題論』，『アリストテレス全集1』岩波書店，1971年所収。

AUGUSTINUS, *Œuvres de saint Augustin*, Institut d'Études Augustiniennes, Brepols, 1949-.

――――― *Opera Omnia*, éd. Congrégation de Saint Maur, Brepols, 16 vol. (*Patrologiae latinae*, t. 32-47), 1979-1993.

――――― 泉治典訳『自由意志』，『アウグスティヌス著作集3』教文館，1989年所収。

――――― 片柳栄一訳『堅忍の賜物』，『アウグスティヌス著作集10』教文館，1985年所収。

――――― 服部英次郎訳『告白』岩波文庫，全2巻，1976年。

――――― 服部英次郎ほか訳『神の国』岩波文庫，全5巻，1991年。

――――― 小池三郎訳『譴責と恩寵』，『アウグスティヌス著作集10』教文館，1985年所収。

――――― 金子・畑訳『罪の報いと赦しおよび幼児洗礼について』，『アウグスティヌス著作集29』教文館，1999年所収。

BACON R., *Opera hactenus inedita*, éd. R. Steele, H. Milford, 10 vol., 1913-1935.

CHARRON P., *De la Sagesse*, éd. B. de Negroni, Fayard, 1986.

CICERO M. T., *Traité du destin*, éd. A. Yon, Les Belles Lettres, 1933.

――――― *Tusculanes*, éd. G. Fohlen, Les Belles Lettres, 2 vol., 1960-1964.

――――― 五之治昌比呂訳『運命について』，『キケロー選集11』岩波書店，2000年所収。

――――― 大西・谷・西村訳『ウェレース弾劾Ⅱ』，『キケロー選集5』岩波書店，2001年所収。

――――― 木村・岩谷訳『トゥスクルム荘対談集』，『キケロー選集12』岩波書店，2002年所収。

DESCARTES R., *Œuvres de Descartes*, éd. Ch. Adam & P. Tannery (AT), Vrin, 11 vol., 1964-1973.

――――― *Œuvres philosophiques*, éd. F. Alquié, Garnier, 3 vol., 1963-1973.

――――― *Descartes, Correspondance*, éd. Ch. Adam & G. Milhaud (AM), Felix Alcan, 8 vol.,

1936-1963.

——— *René Descartes, Tutte le lettre 1619-1650*, éd. G. Belgioioso, Bompiani, 2005.

——— *Œuvres complètes*, éd. J.-M. Beyssade & D. Kambouchner, t. 3, *Discours de la méthode et essais*, Gallimard, 2009.

——— *René Descartes / Méditation de Philosophie Première*, trad. M. Beyssade, Librairie Générale Française, 1990.

——— *Les textes des* « Meditationes », éd. T. Tokoro, Chuo U.P., 1994.

——— *L'entretien avec Burman*, éd. J.-M. Beyssade, P.U.F., 1981.

——— *Les Passions de l'âme*, éd. G. Rodis-Lewis & D. Kambouchner, Vrin, 2010.

——— *Lettres de Mr Descartes*, éd. C. Clerselier, Charles Angot, 3 vol., 1657-1667.

——— A. Baillet, *La vie de Monsieur Descartes*, D. Horthemels, 2 vol., 1691 / G. Olms, 1972.

——— 『デカルト著作集（増補版）』白水社，全 4 巻，1993 年。

——— 所雄章『デカルト『省察』訳解』岩波書店，2004 年。

——— 山田弘明訳『省察』ちくま学芸文庫，2006 年。

——— 谷川多佳子訳『情念論』岩波文庫，2008 年。

——— 山田・吉田・久保田・岩佐訳『哲学原理』ちくま学芸文庫，2009 年。

Duns Scotus I., *Opera omnia*, éd. L. Wadding, Vivès, 26 vol., 1891-1895.

——— *Opera omnia*, éd. Commisio Scotistica, Civitas Vaticana, 1950-.

——— *Duns Scotus, On the Will and Morality*, éd. A. B. Wolter, The Catholic University of America Press, 1986.

Du Vair G., *La constance et la consolation és calamités publiques*, L'Angelier, 1595.

Epictetus, *Entretiens (Diatribai),* éd. J. Souilhé, Les Belles lettres, 4 vol., 1948-1965.

——— 鹿野治助『人生談義』岩波文庫，全 2 巻，1958 年。

Eustachius a Sanct Paulo, *Summa philosophiae quadripartita de rebus dialecticis, moralibus, physicis et metaphysicis*, Chastellain, 1609.

François de Sales, *Traité de l'amour de Dieu*, P. Rigaud, 1617 / Seuil, 2 vol., 1996.

Gassendi P., *Disquisitio metaphysica seu dubitationes et instantiae adversus Renati Cartesii metaphysicam et responsa*, J. Bleau 1644 / Vrin, 1962.

Gauthier de Bruges B., *Quaestiones disputatae*, éd. E. Longpré, Louvain : Institut supérieur de philosophie de l'universté, 1928.

Gibieuf G., *De libertate Dei et creaturae*, J. Cottereau, 1630.

Henry of Ghent, *Quodlibet*, éd. R. Macken, Leuven U.P., 1979-

Jansenius C., *Augustinus*, J. Zegeri, 1640 / Minerva, 1964.

La Forge L. de, *Traité de l'esprit de l'homme, de ses facultés ou fonctions et de son union avec le corps : suivant les principes de René Descartes*, T. Girard, 1666 / G. Olms, 1984.

Leibniz G. W., *Die philosophischen Schriften von Gottfried Wilhelm Leibniz,* éd. C. I. Gerhardt, Weidmannsche, 7 vol., 1875-1890 / G. Olms, 1965.

——— 米山優訳『理性に基づく自然と恩寵の原理』,『ライプニッツ著作集［9］』工作舎，1989 年所収。
——— 佐々木能章訳『弁神論』,『ライプニッツ著作集［6-7］』工作舎，1991 年。
LIPSIUS J., *Manuductionis ad stoicam philosophiam*, H. Perier, 1604.
——— *Physiologiae stoicorum*, H. Perier, 1604.
LUTHER M., *De servo arbitrio, D. Martin Luthers Werke. Kritische Gesamtausgabe*, t. 18, Weimar Ausgabe, 1883.
——— trad. G. Lagarrigue, *Du serf arbitre*, Gallimard, 2001.
MALEBRANCHE N., *Œuvres*, éd. G. Rodis-Lewis, Gallimard, 2 vol., 1979.
MOLINA L. de, *Libri arbitrii cum gratiae donis, divina praescientia, providentia, praedestinatione et reprobatione Concordia*, éd. J. Rabeneck, Collegium Maximum s.j. et Soc., 1953.
——— trad. A. J. Freddoso, *On Divine Foreknowledge, Part IV of the Concordia*, Cornell U.P., 1988.
——— trad. V. Aubin, « *Concordia* I, partie IV, dispute 52 (extraits) », in *Sur la science divine*, éd. J.-C. Bardout & O. Boulnois, P.U.F, 2002, p. 367-381.
——— trad. J.-P. Anfray, « Libre arbitre et contingence, extraits des disputes 2, 23, 24 et 47 de la *Concordia* », *Philosophie*, n° 82, 2004, p. 3-35.
——— 別宮幸徳訳「ルイス・デ・モリナ 恩寵の賜物，神の予知，摂理，予定および劫罰と自由裁量との調和」,『中世思想原典集成 20・近世のスコラ学』平凡社，2000 年，537-601 頁。
MONTAIGNE M. de, *Les Essais*, éd. Villey-Saulnier, P.U.F., nouvelle éd. 2004.
——— 原二郎訳『エセー』ワイド版岩波文庫，全 6 巻，1991 年。
OCKHAM, G., *Opera philosophica et theologica, Opera theologica*, éd. G. Etzkorn & F. Kelly et al., 4 vol., St. Bonaventure, 1967-1979.
PASCAl B., *Œuvres complètes*, éd. L. Lafuma, Seuil, 1963.
——— *Œuvres complètes*, éd. J. Mesnard, Desclée de Brouwer, 1991.
PLATON, *Œuvres complètes*, Les Belles lettres, 14 vol., 1920-1989.
——— 藤沢令夫訳『国家』岩波文庫，全 2 巻，1979 年。
——— 森・加来・池田訳『法律』岩波文庫，全 2 巻，1993 年。
——— 生島幹三訳『リュシス』,『プラトン全集 第 7 巻』岩波書店，2005 年所収。
PETAU D., *De Libero Arbitrio*, 1643, rééd., lib. III-V de *De opificio sex dierum*, in *De Theologicis dogmatibus*, t. 4, éd. J.-B. Thomas, L. Guerin & Socil, 1868.
SOTO D., *De natura et gratia*, Joannem Foucher, 1549 / Omnysis, 1990.
SPINOZA B. de, *Spinoza Opera*, éd. C. Gebhard, Carl Winters, 5 vol., 1925.
——— 畠中尚志訳『エチカ』岩波文庫，全 2 巻，1951 年。
STOICI, *Stoicorum Veterum Fragmenta*, éd. J. von Arnim, 4 vol., 1905-1924 / nouvelle éd. 1978-1979.

——— *Les Stoïciens*, éd. P.-M. Schuhl, trad. E. Bréhier, Gallimard, 2 vol., 1962.

——— *The Hellenistic philosophers*, A. A. Long & D. N. Sedley, Cambridge U.P., 2 vol., 1987.

——— 中川純男ほか訳『初期ストア派断片集』京都大学学術出版会，全 6 巻，2000-2006 年。

SUÁREZ F., *Opera omnia*, éd. M. D. André & C. Berton, Vivès, 28 vol., 1856-1878 / G. Olms, 1965.

——— trad. J. J. E. Gracia, *The Metaphysics of Good and Evil Acooding to Suárez : Metaphysical Disputations X and XI and Selected Passages from Disputation XXIII and Other Works*, Philosophia, 1989.

——— trad. A. J. Freddoso, *On Efficient Causality, Metaphysical Disputations 17-19*, Yale U.P., 1994.

——— trad. J.-P. Coujou, *Disputes métaphysiques I, II, III de F. Suárez*, Vrin, 1998.

——— trad. A. J. Freddoso, *On Creation, Conservation, and Concurrence, Metaphysical Disputations 20-22*, St. Augustine's Press, 2002.

THOMAS AQUINAS, *Opera omnia*, éd. Commissio Leonina, 50 vol., 1882-.

——— trad. A.-M. Roquet, *Somme théologique*, éd. A. Raulin, Cerf, 4 vol., 1984-1996.

——— 高田三郎ほか訳『神学大全』創文社，全 45 巻，1960-2007 年。

YVES DE PARIS, *De l'indifférence*, D. Thierry, 1638 / Les Belles lettres, 1966.

II. 哲学史研究文献

ALQUIÉ F., *La découverte métaphysique de l'homme chez Descartes*, P.U.F., 1950.

ANGERS J.-E. de, *Recherches sur le stoïcisme aux XVIe et XVIIe siècle*, G. Olms, 1976.

ARIEW R., *Descartes and the last scholastics*, Cornell U.P., 1999.

——— « Scotists, Scotists, Everywhere », *International Society for Intellectual History (ISIH) Intellectual News* 8, 2000, p. 14-21.

BARDOUT J.-C. & Boulnois O (éd.), *Sur la science divine*, P.U.F, 2002.

BEYSSADE J.-M., *La philosophie première de Descartes*, Flammarion, 1979.

——— *Descartes au fil de l'ordre*, P.U.F., 2001.

——— *Études sur Descartes, L'histoire d'un esprit*, Seuil, 2001.

BOUCHILLOUX H., *La question de la liberté chez Descartes, Libre arbitre, liberté et indifférence*, Honoré Champion, 2003.

BOULNOIS O., « La base et le sommet : la noblesse de la volonté selon Duns Scot », in *Les philosophies morales et politiques au Moyen Âge, Actes du IXe Congrès international de philosophie médiévale* éd. B. C. Bazàn, E. Andújar & L. G. Sbrocchi, t. 3, 1995, p. 1183-1198.

——— « Le refoulement de la liberté d'indifférence et les polémiques anti-scotistes de la

métaphysique moderne », *Les Études Philosophiques*, 2002/2, p. 199-237.

BROCHARD V., *Études de philosophie ancienne et de philosophie moderne*, Vrin, 1926 / 4e éd., 1974, p. 320-326.

CARRAUD V., *Pascal et la philosophie*, P.U.F., 1992.

——— *Causa sive ratio, La raison de la cause de Suárez à Leibniz*, P.U.F., 2002.

——— « Entretient avec Descartes ; la fin de l'omniscience », in *Sur la science divine*, éd. J.-C. Bardout & O. Boulnois, P.U.F, 2002, p. 436-447.

CHAPPELL V., « Descartes's Compatibilism », in *Reason, Will, and Sensation : Studies in Descartes's Metaphysics*, éd. J. Cottingham, Oxford U.P., 1994, p. 177-190.

COURTINE J.-F., *Suárez et le système de la métaphysique*, P.U.F., 1990.

——— « Théologie morale et conception du politique chez Suárez », in *Les Jésuites à l'âge baroque (1540-1640)*, éd. L. Giard & L de Vaucelles, Jérôme Million, 1996, p. 261-278.

CRAIG W. L., *The Problem of Divine Foreknowledge and Future Contingent from Aristotle to Suárez*, Brill, 1988.

DELAMARRE A.J.-L., « Du consentement, Remarques sur *Les Passions de l'âme*, § 40 », in *La passion de la raison, Hommage à Ferdinand Alquié*, éd. J.-L. Marion, P.U.F., 1983, p. 131-143.

DUMONT P., *Liberté humaine et concours divin d'après Suárez*, Beauchesne, 1936.

DUMONT S. D., « The Origin of Scotus's Theory of Synchronic Contingency », *The Modern Schoolman*, n° 72, 1955, p. 149-167.

——— « Did Duns Scotus change his Mind on the Will ? », in *Nach der Verurteilung von 1277. Philosophie und Theologie an der Universität von Paris im letzten Viertel des 13 Jahrhunderts. Studien und Texte*, éd. J. A. Aertsen, K. Emery & A. Speer, 2001, p. 719-794.

FAYE E., *Philosophie et perfection de l'homme, De la Renaissance à Descartes*, Vrin, 1998.

FERRIER F., *Un Oratorien, ami de Descartes : Guillaume Gibieuf et sa philosophie de la liberté*, Vrin, 1979.

FREDE M., *Essays in Ancient Philosophy*, Minnesota U.P., 1987.

福居純『デカルトの「観念」論：『省察』読解入門』知泉書館，2005 年。

GABAUDE J.-M., *Liberté et Raison — La liberté cartésienne et sa réflexion chez Spinoza et chez Leibniz*, Presse universitaire de Toulouse, 2 vol., 1970-1972.

GILSON E., *La Liberté chez Descartes et la théologie*, Alcan, 1913 / Vrin, 1982.

——— *Index scolastico-cartésien*, Alcan, 1913 / Vrin, 2e éd. 1979.

——— *Études sur le rôle de la pensée médiévale dans la formation du système cartésien*, Vrin, 1930 / 5e éd. 1984.

GOLDSCHMIDT V., *Le système stoïcien et l'idée de temps*, Vrin, 1953 / 4e éd. 1979.

GONTIER T., *Descartes et* la Causa sui, Vrin, 2005.

GOUHIER H., *L'anti humanisme au XVIIe siècle*, Vrin, 1987.

Gracia J., « Francisco Suárez : The Man in History », *American Catholic Philosophical Quarterly*, 65, 1991, p. 259-266.

Grimaldi N., *Six études sur la volonté et la liberté chez Descartes*, Vrin, 1988.

Guenancia P., *Lire Descartes*, Gallimard, 2000.

——— *Descartes, chemin faisant*, Les Belles Lettres, 2010.

Gueroult M., *Descartes selon l'ordre des raisons*, Aubier-Montaigne, 2 vol., 1968.

Hadot P., *Exercices spirituels et philosophie antique*, Albin Michel, 2002.

廣瀬京一郎「デカルトの自由意志論について」,『聖心女子大学論叢 5』1954 年, 1-29 頁。

Hufter M., « Libre arbitre, liberté et péché chez saint Augustin », *Recherche de théologie ancienne et médiévale*, n° 33, 1966, p. 187-281.

Janowski Z., *Cartesian Theodicy, Descartes' Quest for Certitude*, Kluwer Academic Publishers, 2000.

Kambouchner D., « La troisième intériorité : l'institution naturelle des passions et la notion cartésienne du sens intérieur », *Revue Philosophique de la France et de l'Étranger,* 1988-4, p. 457-484.

——— « Discussion de J.-L. Marion, « Générosité et phénoménologie » », *Archives de Philosophie*, 54-1, 1991, p. 61-70.

——— *L'homme des passions. Commentaires sur Descartes*, Albin Michel, 2 vol., 1995.

——— *Les Méditations métaphysiques de Descartes*, *Introduction générale, Première Méditation*, P.U.F., 2005.

——— *Descartes et la philosophie morale*, Hermann, 2008.

金子晴勇『アウグスティヌスの恩恵論』知泉書館, 2006 年。

Kenny A., « Descartes on the Will », in *Cartesian Studies*, éd. R. J. Butler, Basil Blackwell, 1972, p. 1-31.

Kieft X., « Mémoire corporelle, mémoire intellectuelle et unité de l'individu selon Descartes », *Revue Philosophique de Louvain*, 2006, 104(4), p. 762-786.

——— « Le problème de l'inconscience selon Descartes », *Revue philosophique de la France et de l'Étranger*, 2007-3, p. 307-321.

Knebel S. K., *Wille, Würfel und Wahrscheinlichkeit. Das System der moralischen Notwendigkeit in der Jesuitenscholastik 1550-1700*, Felix Meiner, 2000.

小林道夫『デカルト哲学の体系：自然学・形而上学・道徳論』勁草書房, 1995 年。

熊野純彦『アウグスティヌス主義の射程・素描』, 神崎・熊野・鈴木泉編『西洋哲学史Ⅲ ポストモダンの前に』講談社, 2012 年, 7-43 頁。

Laporte J., *Le rationalisme de Descartes*, P.U.F., 1945 / 4e éd., 2000.

——— *Études d'histoire de la philosophie française au xviie siècle*, Vrin, 1951.

Laberthonnière L., *Études sur Descartes*, Vrin, 2 vol., 1935.

Leahy L., *Dynamisme volontaire et jugement libre. Le sens du libre-arbitre chez quelques commentateurs thomistes de la Renaissance*, Desclée de Brouwer, 1963.

LEBACQZ J., *Libre arbitre et jugement*, Desclée de Brouwer, 1960.

LEFF G., *William of Ockham, The metamorphosis of scholastic discourse*, Manchester U.P., 1975.

LOTTIN, D. O., *Psychologie et morale aux XIIe et XIIIe siècles*, J. Duculot, 2 vol., 1942-1948.

MADEC G., « Du libre arbitre à la liberté par la grâce de Dieu », in *Lectures augustiniennes*, Institut d'Études Augustiniennes, 2001, p. 241-255.

MARION J.-L., *Sur la théologie blanche de Descartes*, P.U.F., 1981 / 2009.

MARITAIN J., *Humanisme intégral*, Aubier, 1947.

MAYER C (éd.), *Augustinus-Lexikon*, Schwabe & Co. AG, 1996-2002.

MCCORD ADAMS M., « Ockham on Will, nature and Morality », in *The Cambridge Companion to Ockham*, éd. P. V. Spade, Cambridge U.P., 1999, p. 245-272.

MEHL E., « Les méditations stoïcienne de Descartes — Hypothèses sur l'influence du stoïcisme dans la constitution de la pensée cartésienne (1619-1637) », in *Le Stoïcisme au XVIe et au XVIIe siècle*, éd. P.-F. Moreau, Albin Michel, 1999, p. 251-280.

MESNARD P., « Du Vair et le néo-stoïcisme », *Revue de l'histoire de la philosophie*, 1928-2, p. 142-163.

MICHON C., *Prescience et liberté, Essai de theologie philosophique sur la providence*, P.U.F., 2004.

宮崎隆「『情念論』における力の問題」，デカルト研究会編『現代デカルト論集Ⅲ 日本篇』勁草書房，1996 年，249-269 頁。

MULLER R., *La doctrine platonicienne de la liberté*, Vrin, 1997.

——— *Les Stoïciens, la liberté et l'ordre du monde*, Vrin, 2006.

村上勝三『観念と存在 デカルト研究 1』知泉書館，2004 年。

———『数学あるいは存在の重み デカルト研究 2』知泉書館，2005 年。

———『感覚する人とその物理学 デカルト研究 3』知泉書館，2009 年。

———『デカルト形而上学の成立（第二版）』講談社学術文庫，2012 年。

中畑正志「意識の概念史における小さな縺れ」，西日本哲学会編『哲学の挑戦』2012 年，230-259 頁。

西村嘉彦「デカルトの自由意志論」，京都哲学会編『哲学研究 47-2』1982 年，168-201 頁。

野田又夫『デカルト』，岩波新書，1966 年。

OLIVO G., « Une patience sans espérance — Descartes et le stoïcisme », in *Le Stoïcisme au XVIe et au XVIIe siècle*, éd. P.-F. Moreau, Albin Michel, 1999, p. 234-250.

大西克智「ヘレニズム復興」，神崎・熊野・鈴木編『西洋哲学史Ⅲ ポストモダンの前に』講談社，2012 年，45-97 頁。

PAGANINI G., « Montaigne, Sanches et la connaissance par phénomènes », in *Montaigne : scepticisme, métaphysique, théologie*, éd. V. Carraud & J.-L. Marion, P.U.F., 2004, p. 107-135.

リーゼンフーバー・クラウス「トマス・アクィナスから近世初期にかけての自由観の変

遷」，松本・門脇・リーゼンフーバー編『トマス・アクィナス研究 没後 700 年記念論文集』創文社，1975 年，245-285 頁。
RODIS-LEWIS G., *Le problème de l'inconscient et le cartésianisme*, P.U.F., 1950 / 2e éd., 1985.
SCHMUTZ J., « La doctrine médiévale des causes et la théologie de la nature pure », *Revue thomiste*, 2001/1-2, p. 217-264.
——— « Du péché de l'ange à la liberté d'indifférence. Les sources angélologiques de l'anthropologie moderne », *Les Études Philosophiques*, 2002/2, p. 169-198.
SCHNEEWIND J. B., *The Invention of Autonomy, A History of Modern Moral Philosophy*, Cambridge U.P., 1998.
田口啓子『スアレス形而上学の研究』南窓社，1977 年。
TESTARD M., *Saint Augustin et Cicéron*, Institut d'Études Augustiniennes, 2 vol., 1958.
所雄章『デカルト I』勁草書房，1996 年。
———『知られざるデカルト』知泉書館，2008 年。
VERNANT J.-P., *Mythe et pensée chez les Grecs*, Maspero, 1965.
VOELKE A.-J., *L'idée de volonté dans le stoïcisme*, P.U.F., 1973.
WATTÉ P., *Structures philosophiques du péché origine — S. Augustin, S. Thomas, Kant*, J. Duculot, 1974.
八木雄二『天使はなぜ堕落するのか 中世哲学の興亡』春秋社，2009 年。
山内志朗『存在の一義性を求めて —— ドゥンス・スコトゥスと十三世紀の〈知〉の革命』岩波書店，2011 年。
———「近世スコラ哲学における形而上学」，佐藤・雨宮・佐々木・黒崎・森編『形而上学の可能性を求めて 山本信の哲学』工作舎，2012 年，185-194 頁。
山田弘明『デカルト『省察』の研究』創文社，1994 年。
———『デカルト哲学の根本問題』知泉書館，2009 年。

III. Varia

Les conciles œcuméniques, t. 2-2, éd. A. Duval, Cerf, 1994.
Dictionnaire de théologie catholique, éd. A. Vacant, E. Mangenot & E. Amann, Letouzey et Ané, 1929-.
Thesaurus linguae latinae, éd. P. Viktor, B. G. Teubner, 1900-.
BERGSON H., *Essai sur les données immédiates de la conscience*, F. Alcan, 1889 / P.U.F., 6e éd., 1997.
——— 合田・平井訳『意識に直接与えられたものについての試論』ちくま学芸文庫，2002 年。
BERLIN, I., *Liberty*, Oxford U.P., 2002.
——— 小川晃一ほか訳『自由論』みすず書房，1971 年。
BREMOND H., *Histoire littéraire du sentiment religieux en France*, t. 4, Bloud et Gay, 1920.

Dodds E. R., *The Greeks and the Irrational*, University of California Press, 1959.
――――― 岩田・水野訳『ギリシァ人と非理性』みすず書房，1972 年。
Dover K. J., *Greek Popular Morality in the Time of Plato and Aristote*, University of California Press, 1974.
Euripides, *Children of Heracles*, Harvard U.P., 1995.
――――― 柳沼重剛訳『ヘラクレスの子供たち』，『ギリシア悲劇 III』筑摩書房，1986 年所収。
Heidegger M., *Schellings Abhandlung über das Wesen der menschlichen Freiheit (1809)*, Max Niemeyer, 1971.
――――― *Von Wesen der menschlichen Freiheit, Einleitung in die Philosophie*, Vittorio Klostermann, 1982.
――――― 齋藤・シュラーダー訳『人間的自由の本質について』創文社（ハイデガー全集第 31 巻），1987 年。
――――― 高山・伊坂ほか訳『シェリング『人間的自由の本質』について』創文社（ハイデガー全集第 42 巻），2011 年。
Homerus, *Odyssée*, Les Belles Lettres, 3 vol., 2000.
――――― *Iliade*, Les Belles Lettres, 3 vol., 1998.
――――― 松平千秋訳『オデュッセイア』岩波文庫，全 2 巻，1994 年。
――――― 松平千秋訳『イリアス』岩波文庫，全 2 巻，1992 年。
Kant E., *Kritik der reinen Vernunft*, Felix Meiner, 1956.
――――― 熊野純彦訳『純粋理性批判』作品社，2012 年。
Kolakowski L., *Chrétiens sans Église — La conscience religieuse et le lien confessionnel au xviie siècle*, Gallimard, 1987.
Lewis C. S., *Studies in Words*, Cambridge U.P., 1960.
Onians R. B., *The Origins of European Thought*, Arno Press, 1973.
Valéry P., *L'homme et la coquille*, Gallimard, 1982.
――――― 齋藤磯雄訳『人と貝殻』，『ヴァレリー全集 9』筑摩書房，19672 年所収。